Rechtsfragen des Netzanschlusses im Stromsektor nach § 17 EnWG

Deutsches und Europäisches Wirtschaftsrecht

Herausgegeben von Jürgen F. Baur

Band 28

PL ACADEMIC RESEARCH

Julian Florin Faasch

Rechtsfragen des Netzanschlusses im Stromsektor nach § 17 EnWG

Unter Berücksichtigung von Arealnetzen, Industriebetrieben sowie Erzeugungsanlagen nach der KraftNAV

PL ACADEMIC RESEARCH

Bibliografische Information der Deutschen Nationalbibliothek
Die Deutsche Nationalbibliothek verzeichnet diese Publikation in der Deutschen Nationalbibliografie; detaillierte bibliografische Daten sind im Internet über http://dnb.d-nb.de abrufbar.

Zugl.: Bonn, Univ., Diss., 2013

Umschlaggestaltung:
© Olaf Gloeckler, Atelier Platen, Friedberg

D 5
ISSN 1617-352X
ISBN 978-3-631-64558-1 (Print)
E-ISBN 978-3-653-03746-3 (E-Book)
DOI 10.3726/978-3-653-03746-3

PL Academic Research ist ein Imprint der Peter Lang GmbH.

Peter Lang – Frankfurt am Main · Bern · Bruxelles · New York · Oxford · Warszawa · Wien

Dieses Buch erscheint in einer Herausgeberreihe bei PL Academic Research und wurde vor Erscheinen peer reviewed.

www.peterlang.com

Vorwort

Die vorliegende Arbeit wurde im Wintersemester 2012/2013 von der Rechts- und Staatswissenschaftlichen Fakultät der Rheinischen Friedrich-Wilhelms-Universität Bonn als Dissertation angenommen. Literatur und Rechtsprechung sind bis Ende Juni 2013 berücksichtigt.

An erster Stelle danke ich meinem hochverehrten Doktorvater, Herrn Professor Dr. Matthias Schmidt-Preuß. Er hat mich von Beginn an für das Energierecht begeistert, mein Interesse an dieser Materie gefördert und die Thematik des Netzanschlusses für meine Doktorarbeit vorgeschlagen. Mit größtem persönlichem Engagement, unermüdlicher Gesprächsbereitschaft und vielfältigen Anregungen betreute er meine Promotion. Auch über das Fachliche hinaus stand er mir mit menschlichem Rat stets zur Seite.

Ebenso sei Herrn Professor Dr. Dr. Wolfgang Durner LL.M. für die zügige Erstellung des Zweitgutachtens gedankt.

Darüber hinaus danke ich dem Herausgeber, Herrn Professor Dr. Jürgen F. Baur, für die Aufnahme der Arbeit in die Schriftenreihe „Deutsches und Europäisches Wirtschaftsrecht".

Nachdrücklicher Dank gilt auch meiner Freundin Carina Eigler. Sie hat mich während meiner Promotion begleitet und mich mit aller Kraft in emotionaler Hinsicht unterstützt.

Meinen Eltern Rolf und Andrea Ursula Faasch möchte ich an dieser Stelle in ganz besonderem Maße herzlich danken für ihre Geduld und ihren Zuspruch in schwierigen Phasen und für den außergewöhnlichen Rückhalt, den sie mir immer gegeben haben. Ohne sie wäre diese Dissertation nicht möglich gewesen. Ihnen widme ich diese Arbeit.

Berlin, im Juni 2013 Julian Florin Faasch

Inhaltsverzeichnis

A. Einleitung

Der Netzanschluss von Industriebetrieben, Arealnetzen sowie Großkraftwerken wirft eine Reihe von rechtlichen Fragestellungen auf.

Bei den industriellen Sonderkunden und Arealnetzbetreibern, die sich auf der Stromentnahmeseite befinden, stellt sich die Frage nach dem Wahlrecht hinsichtlich des richtigen Anschlusspunkts bezogen auf die Spannungsebene.[1] Industrielle Sonderkunden begehren einen Netzanschluss auf Mittel-, Hoch- oder Höchstspannungsebene bzw. den dazwischen liegenden Umspannebenen. Der Grund dafür liegt darin, dass sie einen besonders hohen Strombedarf aufweisen und daher die Kosten für die Netznutzung niedrig halten wollen.[2] Die Kosten für die Netznutzung (Netznutzungsentgelte) hängen von der Zahl der in Anspruch genommenen Netzebenen und Umspannungen ab (sogenanntes „Briefmarkenmodell"). Das Briefmarkenmodell ist ein Netzzugangsmodell, das der Berechnung von Netzentgelten innerhalb eines Regelbereichs dient.[3] Wie bei einer Briefmarke erfolgt die Berechnung mengenspezifisch und ist unabhängig davon, wie weit „Einspeiser" und „Entnehmer" der elektrischen Energie voneinander entfernt sind.[4] Entscheidend ist, wie viele Netzebenen der „Entnehmer" nutzt. Gemäß § 17 Abs. 1 S. 2 StromNEV ist das individuelle Netzentgelt des Netznutzers abhängig von der Anschlussebene der Entnahmestelle.[5] Der Netzanschluss ist für die industriellen Sonderkunden auf einer höheren Spannungsebene lukrativer, da hier weniger Netzebenen beansprucht werden und somit ein geringeres Netznutzungsentgelt

---

1 *Bourwieg*, in: Britz/Hellermann/Hermes (Hrsg.), Energiewirtschaftsgesetz, § 17 EnWG, Rn. 16, 34.

2 *Börner*, in: Bartsch/Röhling/Salje/Scholz (Hrsg.), Stromwirtschaft, Kap. 57, Rn. 5; *Stappert/Johannsen*, in: Rosin/Pohlmann/Gentzsch/Metzenthin/Böwing (Hrsg.), Praxiskommentar zum Energiewirtschaftsgesetz, § 17 EnWG, Rn. 85; *Säcker/Boesche*, in: Säcker (Hrsg.), Berliner Kommentar, § 17 EnWG, Rn. 37.

3 *Böwing*, in: Baur/Salje/Schmidt-Preuß (Hrsg.), Regulierung in der Energiewirtschaft, Kap. 68, Rn. 71.

4 *De Wyl/Thole*, in: Schneider/Theobald (Hrsg.), Recht der Energiewirtschaft, § 16, Rn. 349.

5 *Böwing*, in: Baur/Salje/Schmidt-Preuß (Hrsg.), Regulierung in der Energiewirtschaft, Kap. 68, Rn. 71.

anfällt.[6] Die Netzbetreiber hingegen haben ein großes Interesse daran, Großkunden in einer niedrigen Spannungsebene anzuschließen, da hierdurch ihre Netze besser ausgelastet werden und ihnen dann keine Netznutzungsentgelte entgehen.[7] Dieses Spannungsfeld zwischen den Interessen des Anschlussnehmers und denen des Netzbetreibers soll im Rahmen der Rechtsfragen näher untersucht werden.

Auch bei den Arealnetzbetreibern geht es darum, wer den Anschlusspunkt bestimmt.[8] Die Frage ist, ob dem nachgelagerten Netzbetreiber ein Anspruch auf Anschluss an eine höhere Spannungs- bzw. Umspannebene als die Niederspannungsebene zusteht, wenn dadurch beispielsweise eine Optimierung durch die Einsparung von Netzentgelten ermöglicht wird. Der Kostenvorteil entsteht, indem der Arealnetzbetreiber die Netzentgelte selbst kalkulieren und den Netznutzern auf dem Areal in Rechnung stellen kann.[9] Insoweit wird er frei von der Zahlung der „Briefmarken" an den örtlichen Netzbetreiber, d. h., er schuldet diesem nur das Netznutzungsentgelt für die Ebene des Netzanschlusses.[10]

Beim Netzanschluss von Kraftwerken, die sich auf der Stromeinspeiseseite befinden, stellt sich zunächst die Frage, ob dem Kraftwerksbetreiber auch das Bestimmungsrecht hinsichtlich des Anschlusspunkts zukommt.[11] Für den Kraftwerksbetreiber ist dabei nicht die Spannungsebene von Bedeutung, da diese bereits von der Verordnung in § 1 Abs. 1 a. E. KraftNAV vorgegeben wird. Vielmehr ist die Lage des Netzanschlusses maßgeblich, da diese von wirtschaftlich erheblicher Bedeutung ist.[12] Das folgt aus dem Umstand, dass der Kraftwerksbetreiber die Kosten der Errichtung einer Anschlussleitung zwischen Erzeugungsanlage und Netzanschlusspunkt nach § 8 Abs. 1 KraftNAV zu tragen hat.[13] Der Netzbetreiber wird sich daher um einen Netzanschlusspunkt bemühen, der möglichst

---

6 *Stappert/Johannsen*, in: Rosin/Pohlmann/Gentzsch/Metzenthin/Böwing (Hrsg.), Praxiskommentar zum Energiewirtschaftsgesetz, § 17 EnWG, Rn. 85; zu dieser Problematik bei den Arealnetzen, vgl. *Bourwieg*, in: Britz/Hellermann/Hermes (Hrsg.), Energiewirtschaftsgesetz, § 17 EnWG, Rn. 16.

7 *Säcker/Boesche*, in: Säcker (Hrsg.), Berliner Kommentar, § 17 EnWG, Rn. 37.

8 *Schroeder-Czaja*, in: Riedel/Schroeder-Czaja/Jacobshagen (Hrsg.), Objekt- und Arealnetze, S. 106; *Börner*, in: Bartsch/Röhling/Salje/Scholz (Hrsg.), Stromwirtschaft, Kap. 57, Rn. 5.

9 *Wagemann*, e|m|w, 06/2004, 6 (6).

10 *Wagemann*, e|m|w, 06/2004, 6 (6).

11 *Böwing*, in: Baur/Salje/Schmidt-Preuß (Hrsg.), Regulierung in der Energiewirtschaft, Kap. 67, Rn. 45.

12 *Lück*, in: Säcker (Hrsg.), Berliner Kommentar, Anh. § 17 EnWG, § 6 KraftNAV, Rn. 10.

13 *De Wyl/Thole*, in: Schneider/Theobald (Hrsg.), Recht der Energiewirtschaft, § 16, Rn. 201.

nah an seinem Kraftwerk liegt.[14] Ferner hat er auch andere Ansiedlungsfaktoren (Standort, Kühlwasserverfügbarkeit usw.) zu berücksichtigen.[15] Ein weiteres Problem betrifft die Frage, was der Netzbetreiber unternehmen muss, wenn sich mehrere potentielle Anschlussnehmer an einem wirtschaftlich interessanten Anschlusspunkt zusammenfinden.[16] Die Kraftwerksnetzanschlussverordnung (KraftNAV) bietet sachgerechte Lösungsansätze. Diese gilt es zu vertiefen.

Ferner stellt sich die Frage, ob bei Erzeugungsanlagen, die nicht in den Bereich der KraftNAV fallen, auf die Regelungen der Verordnung entsprechend zurückgegriffen werden kann.

Ziel dieser Arbeit ist es, die rechtlichen Fragestellungen beim Netzanschluss unter Zugrundelegung der hierzu ergangenen Urteile umfassend darzustellen und akzeptable Lösungsvorschläge für das Spannungsfeld zwischen den Interessen des Netzbetreibers und denen der Anschlusspetenten zu erarbeiten.

---

14 *Lück*, in: Säcker (Hrsg.), Berliner Kommentar, Anh. § 17 EnWG, § 6 KraftNAV, Rn. 10.
15 *Fehling*, in: Schneider/Theobald (Hrsg.), Recht der Energiewirtschaft, § 8, Rn. 39 f.
16 *Böwing*, in: Baur/Salje/Schmidt-Preuß (Hrsg.), Regulierung in der Energiewirtschaft, Kap. 67, Rn. 40.

B. Der Netzanschluss von Arealnetzen und Industriebetrieben

I. Netzanschluss von Arealnetzen

1. Begrifflichkeiten

Zunächst gilt es zu klären, was unter einem Arealnetz zu verstehen ist. Arealnetze sind Energieversorgungsnetze. Das ist unstreitig.[17]

a) Energieversorgungsnetz

§ 3 Nr. 16 EnWG bestimmt zwar den Begriff „Energieversorgungsnetz“ als Elektrizitätsversorgungsnetze und Gasversorgungsnetze über eine oder mehrere Spannungsebenen oder Druckstufen mit Ausnahme von Kundenanlagen, besagt jedoch nicht, was unter einem Netz zu verstehen ist.[18] Die Definition des Energieversorgungsnetzes der allgemeinen Versorgung in § 3 Nr. 17 EnWG liefert lediglich eine Antwort auf die Frage, wann ein Netz der allgemeinen Versorgung dient.[19] §§ 3 Nr. 16, Nr. 2 und Nr. 3 EnWG lässt sich zumindest entnehmen, dass Energieversorgungsnetze der Oberbegriff für alle Elektrizitäts- und Gasnetze ist, während der Begriff Elektrizitätsversorgungsnetz Elektrizitätsübertragungs- und –verteilernetze umschreibt.[20]

---

17 *Theobald/Zenke/Dessau*, in: Schneider/Theobald (Hrsg.), Recht der Energiewirtschaft, § 15, Rn. 23; *Säcker/Boesche*, in: Säcker (Hrsg.), Berliner Kommentar, § 17 EnWG, Rn. 18 f.; *Theobald*, in: Danner/Theobald (Hrsg.), Energierecht, § 110, Rn. 11; *Bourwieg*, in: Britz/Hellermann/Hermes (Hrsg.), Energiewirtschaftsgesetz, § 110 EnWG, Rn. 2; *Börner*, in: Bartsch/Röhling/Salje/Scholz (Hrsg.), Stromwirtschaft, Kap. 57, Rn. 3; *Schroeder-Czaja*, in: Riedel/Schroeder-Czaja/Jacobshagen (Hrsg.), Objekt- und Arealnetze, S.50; *Schau*, IR 2007, 122 f.

18 *Boesche*, in: Säcker (Hrsg.), Berliner Kommentar, § 3 EnWG, Rn. 40; *Schroeder-Czaja*, in: Riedel/Schroeder-Czaja/Jacobshagen (Hrsg.),Objekt- und Arealnetze, S. 38; *Börner*, in: Bartsch/Röhling/Salje/Scholz (Hrsg.), Stromwirtschaft, Kap. 57, Rn. 226.

19 *Hellermann*, in: Britz/Hellermann/Hermes (Hrsg.), Energiewirtschaftsgesetz, § 3 EnWG, Rn. 33.

20 *Schau*, IR 2007, 98 (99); *Boesche*, in: Säcker (Hrsg.), Berliner Kommentar, § 3 EnWG, Rn. 8.

Somit steht fest, dass die Definitionen des § 3 EnWG zwar den Netzbegriff voraussetzen, ihn jedoch nicht legal definieren.[21] Das OLG Düsseldorf wagte sich an eine Begriffsbestimmung und definierte in seiner Entscheidung vom 05.04.2006 für den Elektrizitätsbereich „Energieversorgungsnetze als Einrichtungen unterschiedlicher Art, zu denen Freileitungen, Kabel, Umspann- und Schaltanlagen gehören, die zur Übertragung oder Verteilung elektrischer Energie notwendig sind."[22] Dieser Definition hat sich mittlerweile auch die Literatur angeschlossen.[23] Der Definition zufolge sind einzelne Leitungen ohne Verbindung zu anderen Einrichtungen kein Netz.[24] Hierfür hat der Gesetzgeber in § 3 Nr. 12 EnWG den Begriff der Direktleitung sowie der Energieanlage zur Fortleitung von Energie in § 3 Nr. 15 EnWG vorgesehen.[25]

Auch stellt eine Kundenanlage kein Energieversorgungsnetz dar.[26] Das Bedürfnis der Abgrenzung zur Kundenanlage hat der Gesetzgeber auch erkannt und die Definition des Netzes in § 3 Nr. 16 EnWG 2011 insoweit ergänzt, dass zu den Energieversorgungsnetzen nach seinem Verständnis keine Kundenanlagen gehören. Um den Begriff des Elektrizitätsversorgungsnetzes näher zu bestimmen, ist demzufolge eine Abgrenzung zu Direktleitungen im Sinne von § 3 Nr. 12 EnWG und andererseits zu Kundenanlagen nach § 3 Nr. 24 a und § 3 Nr. 24 b EnWG vorzunehmen.[27]

aa) Abgrenzung zur Direktleitung gemäß § 3 Nr. 12 EnWG, zu Stichleitungen und sonstigen Verbindungsleitungen

Der Begriff der Direktleitung, auch Stichleitung genannt,[28] ist in § 3 Nr. 12 EnWG in zwei Varianten definiert. Bei der ersten Variante handelt es sich im Stromsektor um eine Leitung, die einen einzelnen Produktionsstandort, also eine Energieerzeugungsanlage, mit einem Kunden verbindet.[29] Die zweite Variante

---

21 *Boesche*, in: Säcker, Berliner Kommentar, § 3, Rn. 40; *Schroeder-Czaja*, in: Riedel/Schroeder-Czaja/Jacobshagen (Hrsg.),Objekt- und Arealnetze, S. 38.

22 OLG Düsseldorf, RdE 2006, 196 (197).

23 *Leidinger/Berger*, RdE 2009, 161 (163); *Schroeder-Czaja*, in: Riedel/Schroeder-Czaja/Jacobshagen (Hrsg.),Objekt- und Arealnetze, S. 38; *Boesche*, in: Säcker (Hrsg.), Berliner Kommentar, § 3 EnWG, Rn. 41 f.; *Schau*, IR 2007, 98 (99).

24 *Leidinger/Berger*, RdE 2009, 161 (162).

25 *Leidinger/Berger*, RdE 2009, 161 (162).

26 *Schroeder-Czaja*, in: Riedel/Schroeder-Czaja/Jacobshagen (Hrsg.),Objekt- und Arealnetze, S. 40.

27 *Schau*, IR 2007, 98 (101); Schroeder-Czaja, in: Riedel/Schroeder-Czaja/Jacobshagen (Hrsg.), Objekt- und Arealnetze, S. 40-44.

28 *Boesche*, in: Säcker (Hrsg.), Berliner Kommentar, § 3 EnWG, Rn. 24.

29 *Theobald*, in: Danner/Theobald (Hrsg.), Energierecht, § 3 EnWG, Rn. 77.

bezeichnet eine Leitung, die einen Elektrizitätserzeuger und ein Elektrizitätsversorgungsunternehmen zum Zwecke der Versorgung der eigenen Betriebsstätte, einem Tochterunternehmen oder einem Kunden verbindet. Es muss sich also um eine gemeinsame Betriebsstätte des Erzeugers und des Elektrizitätsversorgungsunternehmens handeln.[30]

Unter einer Direktleitung ist vereinfacht ausgedrückt in beiden Varianten eine Leitung zu verstehen, die den Ausgangspunkt der Versorgung (Erzeugungsanlage) mit einem Abnehmer (Kunde oder zum Elektrizitätsversorgungsunternehmen gehörendes Unternehmen) unmittelbar verbindet und über die Strom zum Abnehmer geliefert wird.[31] Die Leitung muss dabei zusätzlich zum Verbundnetz errichtet sein, da sie sonst Bestandteil des Energieversorgungsnetzes wäre.[32]

Verbindungsleitungen bzw. Kabel, die nicht die Voraussetzungen des § 3 Nr. 12 EnWG erfüllen und die beispielsweise vom Anschlusspetenten bei Netzanschlussmaßnahmen errichtet werden (sogenannte Netzanschlussleitungen bzw. Netzanschlusskabel),[33] sind ebenfalls kein Bestandteil des Energieversorgungsnetzes.[34] Sie dienen nur der Herstellung des Netzanschlusses.[35]

Zur Abgrenzung von diesen genannten Leitungsvarianten zum Energieversorgungsnetz muss auf die Eigentumsgrenzen abgestellt werden.[36] Leitungen, die der Anschlusspetent errichtet und die den Netzanschluss ermöglichen, stehen in dessen Eigentum.[37] Im Umkehrschluss sind Leitungen, die sich im Eigentum des Netzbetreibers befinden, als Direktleitungen zu qualifizieren.

bb) Abgrenzung zur Kundenanlage

Vor Einführung der §§ 3 Nr. 25 a und Nr. 25 b enthielt das EnWG keine Definition der Kundenanlage.[38] Die Bewertung, ob eine Kundenanlage oder ein

---

30 *Boesche*, in: Säcker (Hrsg.), Berliner Kommentar, § 3 EnWG, Rn. 24.

31 *Salje*, Energiewirtschaftsgesetz, § 3 EnWG, Rn. 55; *Leidinger/Berger*, RdE 2009, 161 (163); *Börner*, in: Bartsch/Röhling/Salje/Scholz (Hrsg.), Stromwirtschaft, Kap. 57, Rn. 133; *Theobald*, in: Danner/Theobald (Hrsg.), Energierecht, § 3 EnWG, Rn. 77.

32 *Leidinger/Berger*, RdE 2009, 161 (163); *Hellermann*, in: Britz/Hellermann/Hermes (Hrsg.), Energiewirtschaftsgesetz, § 3 EnWG, Rn. 25.

33 *Boesche*, in: Säcker (Hrsg.), Berliner Kommentar, § 3 EnWG, Rn. 24.

34 BGH, Beschluss v. 10.11.2004, Az. VIII ZR 391/03, NJW-RR 2005, 565 (567).

35 *Boesche*, in: Säcker (Hrsg.), Berliner Kommentar, § 3 EnWG, Rn. 24.

36 BGH, NJW-RR 2005, 565 (567).

37 *Börner*, in: Bartsch/Röhling/Salje/Scholz (Hrsg.), Stromwirtschaft, Kap. 57, Rn. 30.

38 *Jacobshagen/Kachel/Baxmann*, IR 2012, 2 (2).

Energieversorgungsnetz vorliegt, war daher meist anhand einer einzelfallbezogenen Bewertung zu ermitteln.[39]

Definitionsansätze waren oft unbefriedigend, da sie entweder technische oder rechtliche Gesichtspunkte unberücksichtigt ließen. Die Bundesnetzagentur definierte beispielsweise die Kundenanlage als „die Gesamtheit der energietechnischen Anlagen an der Liefer-, Leistungs- und Eigentumsgrenze (Netzanschluss- bzw. Zählpunkt) in Abgrenzung zum vorgelagerten Netz, die in der Regel mit der Hausanschlusssicherung/Zähleranlage beginnt".[40]

Mit dem EnWG in der Fassung vom 04.08.2011 hat der Gesetzgeber nun den Begriff der Kundenanlage aufgegriffen und in §§ 3 Nr. 24 a und Nr. 24 b EnWG legal definiert.[41] Er differenziert zwischen Kundenanlagen (Nr. 24 a) und Kundenanlagen zur betrieblichen Eigenversorgung (Nr. 24 b). Unter beiden Typen der Kundenanlage werden Energieanlagen zur Abgabe von Energie (§ 3 Nr. 15 4. Variante EnWG) verstanden. Gemeinsame Voraussetzung beider Typen der Kundenanlagen ist zunächst, dass sich die Anlagen auf einem räumlich zusammengehörenden Gebiet (Nr. 24 a) bzw. Betriebsgebiet (Nr. 24 b) befinden.[42] Unter einem Betrieb wird eine planvoll organisierte Wirtschaftseinheit zur Erzeugung oder zum Absatz von Sachgütern oder Dienstleistungen verstanden.[43] Betriebe können demnach nicht nur industrielle Produktionsstätten sein, wie beispielsweise eine Chemiefabrik, sondern ebenso Dienstleistungsbetriebe oder sonstige unternehmerisch betriebene Einrichtungen.[44] Ein räumlich zusammengehörendes Gebiet kann „nicht nur dann angenommen werden, wenn die betreffende Infrastruktur sich hinsichtlich ihrer räumlichen Ausdehnung auf ein Gebäude beschränkt, sondern auch dann, wenn sie sich außerhalb von Gebäuden über ein größeres Grundstück erstreckt."[45] Dabei ist dem Wortlaut nicht zu entnehmen, dass alle betroffenen Grundstücke auch im Eigentum derselben Person stehen müssen. Denn es ist nicht von „Grundstück",

---

39 *Schalle*, ZNER 2011, 406 (410).

40 Zum Begriffsverständnis vor 2011 vgl. Bundesnetzagentur, Merkblatt für Anträge nach § 110 Abs. 4 EnWG v. 07.09.2006, S. 1.

41 Gesetz zur Neuregelung energiewirtschaftlicher Vorschriften v. 26.07.2011.

42 *Jacobshagen/Kachel/Baxmann*, IR 2012, 2 (3).

43 Weil das Tatbestandsmerkmal wörtlich aus dem § 110 Abs. 1 Nr. 1 EnWG a.F. übernommen wurde, kann auf die hierzu veröffentlichte Litaratur zurückgegriffen werden, vgl. *Helmes*, EnWZ 2013, 23 (24); Bundesnetzagentur, Merkblatt der Regulierungsbehörden für Anträge nach § 110 Abs. 4 EnWG.

44 Bundesrats-Drucksache 248/1/05, S. 9.

45 Bundesnetzagentur, Beschluss v. 07.11.2011, Az.: BK-6 10-208, S. 11 mit Verweis auf Bundestags-Drucksache 17/6072, S. 51.

sondern von dem inhaltlich weiter reichenden Begriff „Gebiet“ die Rede.[46] Zusammengehörend ist das Gebiet dann, wenn sich nach objektiver Betrachtung der Charakter einer Einheit ergibt.[47] Ferner ist beiden Varianten der Kundenanlage gemein, dass sie mit einem oder mehreren Energieversorgungsnetzen (§ 3 Nr. 16 EnWG) oder einer oder mehreren Erzeugungsanlagen verbunden sein müssen. Das bedeutet, dass auch eine Verbindung mit einer Erzeugungsanlage ausreichend ist (sogenannte „Insellösung“).[48] Eine Verbindung mit einem Energieversorgungsnetz ist demzufolge nicht zwingend.[49]

Bei den weiteren Voraussetzungen ist zu differenzieren: Eine Kundenanlage nach § 3 Nr. 24 a EnWG liegt nur dann vor, wenn sie für die Sicherstellung eines wirksamen und unverfälschten Wettbewerbs bei der Versorgung mit Elektrizität und Gas (§ 1 Abs. 2 1. Alternative EnWG) „unbedeutend“ ist. Wann eine Kundenanlage nach § 3 Nr. 24 a EnWG bedeutend oder unbedeutend für den Wettbewerb ist, kann dem Gesetz nicht entnommen werden.[50] Hierbei sind folgende Kriterien heranzuziehen: Zum einen ist die Anzahl der angeschlossenen Letztverbraucher zu berücksichtigen.[51] Ausschließlich der Eigenversorgung und nicht der Verteilung von Energie an Dritte dienende Energieanlagen gehören unproblematisch zur Kundenanlage. Je größer allerdings die Anzahl der an eine Energieanlage unmittelbar oder mittelbar angeschlossenen Letztverbraucher ist, desto mehr deutet dieses Merkmal auf das Vorliegen eines Energieversorgungsnetzes hin.[52] Des Weiteren ist auf die geografische Ausdehnung der Energieanlage abzustellen.[53] Geografisch eng begrenzte „Hausanlagen“ innerhalb von Gebäuden oder Gebäudekomplexen stellen in der Regel Kundenanlagen dar.[54] Auch hier gilt: Je größer das Gebiet ist, die Anlage sich beispielsweise über ein größeres Grundstück und über mehrere

46 Bundesnetzagentur, Beschluss v. 07.01.2013, Az.: BK-6 12-152, S. 9; Bundesnetzagentur, Beschluss v. 07.11.2011, Az.: BK-6 10-208, S. 11.

47 *Schroeder-Czaja*, in: Riedel/Schroeder-Czaja/Jacobshagen (Hrsg.), Objekt- und Arealnetze, S. 55.

48 Bundesrats-Drucksache 343/11, S. 124.

49 Kritisch *Strohe*, CuR 2011, 105 (108).

50 *Jacobshagen/Kachel/Baxmann*, IR 2012, 2 (3).

51 Gemeinsames Positionspapier der Regulierungsbehörden der Länder und der Bundesnetzagentur zu geschlossenen Verteilernetzen gemäß § 110 EnWG, S. 6; *Jacobshagen/Kachel/Baxmann*, IR 2012, 2 (3).

52 Bundesrats-Drucksache 343/11, S. 125; *Jacobshagen/Kachel/Baxmann*, IR 2012, 2 (3).

53 Gemeinsames Positionspapier der Regulierungsbehörden der Länder und der Bundesnetzagentur zu geschlossenen Verteilernetzen gemäß § 110 EnWG v. 23.02.2012, S. 6.

54 Bundesrats-Drucksache 343/11, S. 125.

Gebäude erstreckt, desto eher ist von einem Energieversorgungsnetz auszugehen.[55] Ein weiteres Indiz für die wettbewerbliche Bedeutung einer Energieanlage kann die Menge der über die Anlage an die angeschlossenen Letztverbraucher gelieferten Energie sein.[56] Bei einer geringen durchgeleiteten Energiemenge kann eher darauf geschlossen werden, dass die Anlage unbedeutend für die Sicherstellung des Wettbewerbs ist und somit eine Kundenanlage gegeben ist.

Eine Kundenanlage zur betrieblichen Eigenversorgung nach § 3 Nr. 24 b EnWG setzt das Merkmal der Unbedeutsamkeit für die Sicherstellung eines wirksamen und unverfälschten Wettbewerbs nicht voraus, sondern erfordert, dass die Energieanlage fast ausschließlich dem betriebsnotwendigen Transport von Energie innerhalb des eigenen Unternehmens oder zu verbundenen Unternehmen oder dem Abtransport von erzeugter Energie dient. Dabei handelt es sich um Energieanlagen, die fast ausschließlich der Versorgung des Unternehmens des Betreibers oder mit diesem verbundenen Unternehmen mit Energie dienen.[57] In der letzten im Gesetz aufgeführten Variante muss die Kundenanlage fast ausschließlich zum Abtransport in ein Energieversorgungsnetz bestimmt sein. Diese Variante meint in erster Linie Kundenanlagen, auf denen sich ein Kraftwerk befindet.[58]

Nicht von Bedeutung ist im Gegensatz zur Kundenanlage nach § 3 Nr. 24 a EnWG die Menge der durchgeleiteten Energie. Gemeint sind gerade Konstellationen, in denen die durchgeleitete Energiemenge entsprechend hoch ist.[59] Entscheidend ist allein, dass der Energietransport „fast ausschließlich“ der betrieblichen Eigenversorgung und damit dem Betriebszweck dient.[60] Fraglich ist, was der Gesetzgeber unter „fast ausschließlich“ versteht. Der Wortlaut spricht für eine strenge Auslegung. „Ausschließlich“ bedeutet grundsätzlich 100 % Eigenversorgung. Durch die Beifügung des Wortes „fast“ schafft der Gesetzgeber jedoch einen gewissen Spielraum, da in der Praxis eine 100 % Eigenversorgung

55 Die Bundesnetzagentur hat im Fall der Insel Valentinswerder eine Kundenanlage im Sinne des § 3 Nr. 24 a EnWG angenommen, obwohl sich die Anlage über das gesamte Inselgebiet von 130.000 m^2 erstreckt; vgl. Bundesnetzagentur, Beschluss v. 07.01.2013, Az.: BK-6 12-152, S. 14.

56 Bundesnetzagentur, Beschluss v. 7.11.2011, Az.: BK6 10-208, S. 11.

57 *Schalle*, ZNER 2011, 406 (411).

58 Gemeinsames Positionspapier der Regulierungsbehörden der Länder und der Bundesnetzagentur zu geschlossenen Verteilernetzen gemäß § 110 EnWG v. 23.02.2012, S .6.

59 *Schalle*, ZNER 2011, 406 (411); Gemeinsames Positionspapier der Regulierungsbehörden der Länder und der Bundesnetzagentur zu geschlossenen Verteilernetzen gemäß § 110 EnWG v. 23.02.2012, S. 6.

60 Bundesrats-Drucksache 343/11, S. 126.

nie zu erreichen wäre.[61] Der Anteil der Fremdversorgung darf allerdings nicht mehr als 10 % betragen.[62]

Eine Kundenanlage muss in beiden Konstellationen (§§ 3 Nr. 24 a EnWG und Nr. 24 b EnWG) von ihrem Betreiber zum Zwecke der Belieferung mit Strom unabhängig von der Wahl des Energielieferanten jedem zur Verfügung gestellt werden. Jeder angeschlossene Letztverbraucher kann seinen Energielieferanten frei wählen.[63] Die Betreiber einer Kundenanlage haben daher jedem Energieanbieter zu gestatten, die an die Kundenanlage angeschlossenen Letztverbraucher im Wege der Durchleitung mit Energie zu versorgen. „Exklusivitätsvereinbarungen" durch den Betreiber der Anlage, also eine Bindung an einen Energielieferanten, sind unzulässig.[64]

Die Gewährung des Netzzugangs hat unentgeltlich und diskriminierungsfrei zu erfolgen, so der Wortlaut des Gesetzes. Unentgeltlich bedeutet, dass der Betreiber einer Kundenanlage sowohl von den angeschlossenen Letztverbrauchern als auch von den Energielieferanten kein Nutzungsentgelt fordern darf.[65] Das Merkmal der Diskriminierungsfreiheit verbietet eine Ungleichbehandlung ohne sachlich gerechtfertigten Grund.[66] Werden Energieleitungen im Zusammenhang mit einer Vermietung zur Nutzung durch den Eigentümer/Vermieter zur Verfügung gestellt und die zur Versorgung benötigte Energie durch Dritte an die Letztverbraucher geliefert, spricht dies gegen den Betrieb eines Energieversorgungsnetzes im Sinne des EnWG und für das Vorliegen einer Kundenanlage.[67] Die Energieleitungen können demnach erst dann zu einem Energieversorgungsnetz im Sinne des EnWG werden, wenn sie kommerziell zur Verfügung gestellt werden.[68] Dabei ist zu berücksichtigen, dass im Falle

61 *Jacobshagen/Kachel/Baxmann*, IR 2012, 2 (4).

62 Gemeinsames Positionspapier der Regulierungsbehörden der Länder und der Bundesnetzagentur zu geschlossenen Verteilernetzen gemäß § 110 EnWG v. 23.02.2012, S. 6; *Jacobshagen/Kachel/Baxmann*, IR 2012, 2 (4); *Helmes*, EnWZ 2013, 23 (24).

63 *Schalle*, ZNER 2011, 406 (411).

64 Bundesrats-Drucksache 343/11, S.125; Gemeinsames Positionspapier der Regulierungsbehörden der Länder und der Bundesnetzagentur zu geschlossenen Verteilernetzen gemäß § 110 EnWG v. 23.02.2012, S. 7.

65 Bundesnetzagentur, Beschluss v. 07.01.2013, Az.: BK-6 12-152, S. 11; *Schalle*, ZNER 2011, 406 (411).

66 *Salje*, Energiewirtschaftsgesetz, § 17 EnWG, Rn. 16.

67 Bundesnetzagentur, Beschluss v. 07.01.2013, Az.: BK-6 12-152, S. 11; *Jacobshagen/Kachel/Baxmann*, IR 2012, 2 (4); bereits zuvor: OLG Dresden, RdE 2002, 310 (311).

68 Bundesnetzagentur, BK6 06-053, S.13; *Strohe*, CuR 2011, 105 (106); *Leidinger/Berger*, RdE 2009, 161 (165).

einer prohibitiven Preisgestaltung oder eines sonstigen Umgehungstatbestands das Merkmal der Unentgeltlichkeit nicht erfüllt ist.[69] Ein solcher Fall liegt beispielsweise vor, wenn der Betreiber der Anlage für den Fall der Drittbelieferung mit Energie einen höheren Miet- oder Pachtzins verlangt.[70]

Zusammenfassend lässt sich also sagen, dass die Entgeltlichkeit der Netznutzung als wesentliches Merkmal zur Abgrenzung einer Kundenanlage von einem Energieversorgungsnetz dient.[71]

b) Abgrenzung der Energieversorgungsnetze der allgemeinen Versorgung von sonstigen Energieversorgungsnetzen

Mit einem Blick ins Energiewirtschaftsgesetz lässt sich darüber hinaus feststellen, dass der Gesetzgeber zwischen Energieversorgungsnetzen der allgemeinen Versorgung und sonstigen Energieversorgungsnetzen differenziert.[72]

In Abgrenzung zu § 3 Nr. 16 EnWG hat der Gesetzgeber in § 3 Nr. 17 EnWG geregelt, dass Energieversorgungsnetze der allgemeinen Versorgung „Energieversorgungsnetze (sind), die der Verteilung von Energie an Dritte dienen und von ihrer Dimensionierung nicht von vornherein nur auf die Versorgung bestimmter, schon bei Netzerrichtung feststehender oder bestimmbarer Letztverbraucher ausgelegt sind, sondern grundsätzlich für die Versorgung jedes Letztverbrauchers offen stehen". Hingegen regelt § 3 Nr. 16 EnWG, dass Energieversorgungsnetze „Elektrizitätsversorgungsnetze und Gasversorgungsnetze über eine oder mehrere Spannungsebenen oder Druckstufen" sind.

Fraglich ist, nach welchen Kriterien Energieversorgungsnetze der allgemeinen Versorgung von den sonstigen Energieversorgungsnetzen abzugrenzen sind. Eine Abgrenzung lässt sich anhand des Wortlauts des § 3 Nr. 17 EnWG herbeiführen.[73] Genaugenommen ist auf das Merkmal der Offenheit des Elektrizitätsversorgungsnetzes für die Versorgung jedes Letztverbrauchers abzustellen.[74] Denn

---

69 Bundesrats-Drucksache 343/11, S. 126; *Strohe*, CuR 2011, 105 (106).

70 Gemeinsames Positionspapier der Regulierungsbehörden der Länder und der Bundesnetzagentur zu geschlossenen Verteilernetzen gemäß § 110 EnWG v. 23.02.2012, S. 7.

71 *Krebs*, in: Rosin/Pohlmann/Gentzsch/Metzenthin/Böwing (Hrsg.), Praxiskommentar zum Energiewirtschaftsgesetz, § 110 EnWG, Rn. 27.

72 *Theobald*, in: Danner/Theobald (Hrsg.), Energierecht, § 110 EnWG, Rn. 36.

73 *Hellermann*, in: Britz/Hellermann/Hermes (Hrsg.), Energiewirtschaftsgesetz, § 3 EnWG, Rn. 33; *Theobald*, in: Danner/Theobald (Hrsg.), Energierecht, § 110 EnWG, Rn. 40 f.

74 *Schroeder-Czaja/Jacobshagen*, IR 2006, 50 (53).

§ 3 Nr. 17 EnWG verlangt, dass Energieversorgungsnetze der allgemeinen Versorgung „grundsätzlich für die Versorgung jedes Letztverbrauchers offen stehen". Für die Interpretation dieses Netzoffenheitskriteriums gibt es in der Literatur verschiedene Ansätze.[75] Während die einen hierin die subjektive Bereitschaft des Netzbetreibers, jedermann an sein Netz anzuschließen, als Wesensmerkmal des allgemeinen Versorgungsnetzes sehen,[76] halten andere die objektive Fähigkeit für ausschlaggebend.[77] Letztlich ist eine differenzierende Lösung zu befürworten.[78] Es bietet sich dazu an, die Frage, ob ein Energieversorgungsnetz der allgemeinen Versorgung dient oder nicht, zunächst anhand objektiver Kriterien zu bestimmen.[79] Hierbei sollte zunächst die objektive Beschaffenheit des Netzes bewertet werden, sodass vor allem seine räumliche Ausdehnung sowie seine technische Auslegung (Netzlänge, Leitungsdurchmesser, Maximalkapazitäten etc.) ausschlaggebend sind.[80] Auch ist danach zu fragen, ob über das Netz Haushaltskunden mit Energie beliefert werden.[81] Aus Art. 3 Abs. 3 EltRl (2009/72/EG) ergibt sich nämlich, dass jeder Haushaltskunde einen Grundversorger haben muss. Grundversorger ist nach § 36 Abs. 2 S. 1 EnWG das Energieversorgungsunternehmen, das die meisten Haushaltskunden in einem Netzgebiet der allgemeinen Versorgung beliefert. Daraus folgt, dass Energieversorgungsnetze, die dazu bestimmt sind, auch Haushaltskunden zu versorgen, in der Regel Netze der allgemeinen Versorgung sind.[82]

In einem zweiten Schritt sollte die subjektive Komponente berücksichtigt werden. Damit ist die subjektive Bereitschaft und damit der tatsächliche Wille des Netzbetreibers gemeint, sein Netz der Allgemeinheit zu widmen und jeden Letztverbraucher, der

75 *Holznagel/Schumacher*, ZNER 2006, 210 (212).

76 *Theobald/Zenke/Dessau*, in: Schneider/Theobald (Hrsg.), Recht der Energiewirtschaft § 15, Rn. 9; *Theobald*, in: Danner/Theobald (Hrsg.), Energierecht, § 110 EnWG, Rn. 53; *Schroeder-Czaja/Jacobshagen*, IR 2006, 50 (53); *Riedel/Schroeder-Czaja/Jacobshagen*, in: Held/Theobald (Hrsg.), FS Peter Becker, S. 398; bereits zuvor: BGH, RdE 2004, 222 f.

77 *Meinhold*, ZNER 2005, 196 (198); *Boesche/Wolf*, ZNER 2005, 285 (292); *Rosin*, RdE 2006, 9 (13).

78 So auch Bundesnetzagentur, Merkblatt für Anträge nach § 110 Abs. 4 EnWG (a. F.) v. 07.09.2006, S. 2.; anders *Schroeder-Czaja/Jacobshagen*, IR 2006, 50 (53).

79 *Schroeder-Czaja*, in: Riedel/Schroeder-Czaja/Jacobshagen (Hrsg.), Objekt- und Arealnetze, S. 48.

80 *Schroeder-Czaja*, in: Riedel/Schroeder-Czaja/Jacobshagen (Hrsg.), Objekt- und Arealnetze, S. 48.

81 *Boesche/Wolf*, ZNER 2005, 285 (292).

82 *Boesche/Wolf*, ZNER 2005, 285 (292).

dies wünscht, an sein Netz anzuschließen.[83] Einschränkend muss dabei berücksichtigt werden, dass die bloße Erklärung, nicht jedermann an das Netz anschließen zu wollen oder einzelnen Petenten den Anschluss verweigert zu haben, zur Darlegung nicht genügen kann.[84] Demzufolge sind subjektive Merkmale nur insoweit zu berücksichtigen, wenn diese nach außen erkennbar erscheinen.[85] Es ließe sich beispielsweise in diesem Zusammenhang auf die ausdrückliche oder konkludente Zweckbestimmung bei der Errichtung des Netzes abstellen, d. h. darauf, ob nach dem Willen des Netzbetreibers bei der Errichtung die Versorgung einem bestimmten Geschäftsziel dienen sollte oder ob das Netz schon von vornherein beliebig erweiterbar geplant war.[86] Bei dieser subjektiven Bewertung ist auch die Netzentwicklung zu berücksichtigen.[87] Erhöht sich im Laufe der Zeit die Zahl der Letztverbraucher oder der Energiebedarf im Netz, so kann dieses ausdrücklich oder konkludent durch den Betreiber für die allgemeine Versorgung geöffnet werden. Andererseits können auch offene Energieversorgungsnetze zurückgebaut und nach der Intention des Betreibers aus der allgemeinen Versorgung herausgenommen werden.[88]

c) Exkurs: Übertragungs- und Verteilernetze

Wie bereits erwähnt, differenziert das EnWG darüber hinaus zwischen Übertragungs- und Verteilernetzen.[89] Nach § 3 Nr. 3 und Nr. 10 EnWG dient ein Übertragungsnetz der Übertragung von Elektrizität, ein Verteilernetz der Verteilung von Elektrizität. Was nun genau unter Übertragung und Verteilung zu verstehen ist, bleibt dabei offen. Nach § 3 Nr. 32 EnWG meint Übertragung den Transport von Elektrizität über ein Höchstspannungs- und Hochspannungsverbundnetz zum Zwecke der Belieferung von Letztverbrauchern oder Verteilern, jedoch nicht

---

83 So auch *Rosin*, RdE 2006, 9 (16); stellen nur auf die subjektive Komponente ab *Schroeder-Czaja/Jacobshagen*, IR 2006, 50 (53).

84 Bundesnetzagentur, Merkblatt für Anträge nach § 110 Abs. 4 EnWG (a. F.) v. 07.09.2006, S. 2.

85 *Kussel*, N&R 2007, 21 (24).

86 Bundesnetzagentur, Merkblatt für Anträge nach § 110 Abs .4 EnWG (a. F.) v. 07.09.2006, S. 2; *Theobald/Zenke/Dessau*, in: Schneider/Theobald (Hrsg.), Recht der Energiewirtschaft, § 15, Rn. 9; *Theobald*, in: Danner/Theobald (Hrsg.), Energierecht, § 110 EnWG, Rn. 53 Schroeder-Czaja/Jacobshagen, IR 2006, 50 (53); *Riedel/Schroeder-Czaja/Jacobshagen*, in: Held/Theobald, FS Peter Becker, S. 398.

87 *Holznagel/Schuhmacher*, ZNER 2006, 218 (220).

88 *Boesche/Wolf*, ZNER 2005, 285 (293); *Rosin*, RdE 2006, 9 (13); *Holznagel/Schuhmacher*, ZNER 2006, 210 (212).

89 Siehe oben I. 1. a).

die Belieferung der Kunden selbst.[90] Verteilung umfasst nach § 3 Nr. 38 EnWG den Transport von Elektrizität mit hoher, mittlerer oder niederer Spannung über Elektrizitätsverteilernetze, um die Versorgung von Kunden zu ermöglichen, jedoch nicht die Belieferung der Kunden selbst.[91] Diese Definitionen decken sich im ersten Halbsatz mit der Elektrizitätsbinnenmarkt-Richtlinie, die in Art. 2 Nr. 3 und 5 EltRl (2009/72/EG) die Begriffe Übertragung und Verteilung definiert.[92] Letztes Glied in dieser Kette sind nach § 3 Nr. 29 c) EnWG die örtlichen Verteilernetze. Hierunter versteht man Netze, die im Gegensatz zu den Übertragungs- und Verteilernetzen der Belieferung von Letztverbrauchern über örtliche Leitungen dienen.[93]

Daraus folgt, dass sich die Unterscheidung zwischen Übertragungs-, Verteiler- und örtlichen Verteilernetzen zunächst anhand der Spannung (Höchst-, Hoch-, Mittel- und Niederspannung) durchführen lässt. Das Verteilernetz wird in Nieder-, Mittel- und Hochspannungsebene aufgeteilt. Die Höchstspannung bleibt der Übertragung von Elektrizität vorbehalten.[94] Lediglich im Bereich Hochspannung kann nach den Definitionen in § 3 Nr. 32 und Nr. 37 EnWG nicht nur Übertragung, sondern auch Verteilung von Elektrizität erfolgen.[95] Hier ist dann auf die Funktion des Netzes (Übertragung oder Verteilung) abzustellen. Obwohl Übertragungs- und Verteilnetze nach dem Wortlaut des § 3 Nr. 32 2. Hs. EnWG und § 3 Nr. 37 2. Hs. EnWG nicht die Belieferung von Kunden selbst umfassen, ist es möglich, dass Letztverbraucher, insbesondere Industriekunden, auch aus dem Übertragungs- oder Verteilernetz mit Strom beliefert werden können.[96] Ein Vergleich mit Art. 2 Nr. 3 2. Hs. und Art. 2 Nr. 5 2. Hs. der EltRl (2009/72/EG) zeigt, dass mit der Begrifflichkeit „Belieferung der Kunden selbst“ nur die Versorgung im Sinne von § 3 Nr. 36 2. Variante EnWG gemeint sein kann.[97] Ausgenommen von der

---

90 Bundestags-Drucksache, 15/3917, S. 49.

91 Bundestags-Drucksache, 15/3917, S. 49.

92 *Hellermann*, in: Britz/Hellermann/Hermes (Hrsg.), Energiewirtschaftsgesetz, § 3 EnWG, Rn. 55, 60.

93 *Salje*, Energiewirtschaftsgesetz, § 3 EnWG, Rn. 209; anderer Ansicht *Theobald*, in: Danner/Theobald (Hrsg.), Energierecht, § 3 EnWG, Rn. 231, der unter § 3 Nr. 29 lit c) ausschließlich Gasverteilernetze verstehen will.

94 *Boesche*, in: Säcker (Hrsg.), Berliner Kommentar, § 3 EnWG, Rn. 96.

95 *Theobald*, in: Danner/Theobald (Hrsg.), Energierecht, § 3 EnWG, Rn. 277.

96 *Säcker/Boesche*, in: Säcker (Hrsg.), Berliner Kommentar, § 17 EnWG, Rn. 2; *Bourwieg*, in: Britz/Hellermann/Hermes (Hrsg.), Energiewirtschaftsgesetz, § 17 EnWG, Rn. 13.

97 So spricht der europäische Richtliniengeber in Art. 2 Nr. 3 2. Hs. und Art. 2 Nr. 5 2. Hs. der EltRl (2009/72/EG) ebenfalls von „*Versorgung*“, so *Theobald*, in: Danner/Theobald (Hrsg.), Energierecht, § 3 EnWG, Rn. 252.

Abb. 1: Übersicht über die Spannungsebenen in Deutschland

	Spannung	Stromkreislängen in Deutschland	Anzahl der Transfor-Matoren
Netzebene 7 (Niederspannung)	0,4 kV	1.122.663 km	–
Netzebene 6	→ Umspannung Mittel-/Niederspannung		
Netzebene 5 (Mittelspannung)	6 bis ≤ 60 kV	497.005 km	555.600
Netzebene 4	→ Umspannung Hoch-/Mittelspannung		
Netzebene 3 (Hochspannung)	> 60 bis < 220 kV	76.899 km	7.500
Netzebene 2	→ Umspannung Höchst-/Hochspannung		
Netzebene 1 (Höchstspannung)	220 und 380 kV	35.129 Km	1.100

Eigene Darstellung, 2013;
Daten: Bundesnetzagentur Markt und Wettbewerb, Kennzahlen 2010, S. 20

Übertragung und Verteilung ist damit nur der Vertrieb von Energie an Kunden.[98] Mit anderen Worten darf zur Verteilung und Übertragung nicht auch der Vertrieb von Elektrizität gehören. Diese Tätigkeit bleibt Dritten vorbehalten und bei vertikal integrierten Energieversorgungsunternehmen den nach §§ 7, 7a EnWG bzw. §§ 8 ff. EnWG rechtlich entflochtenen Unternehmen.[99]

Zwischen den jeweiligen Spannungsebenen befinden sich die Umspannebenen, in denen die Spannung in höhere bzw. niedrigere Spannungsebenen mittels Transformatoren umgewandelt wird.[100]

d) Arealnetz

Nachdem geklärt ist, was unter einem (Elektrizitätsversorgungs-) Netz zu verstehen ist und wie Energieversorgungsnetze der allgemeinen Versorgung von sonstigen Energieversorgungsnetzen abzugrenzen sind, stellt sich die Frage, was unter einem Arealnetz zu verstehen ist.[101]

---

98 *Theobald*, in: Danner/Theobald (Hrsg.), Energierecht, § 3 EnWG, Rn. 252; so im Ergebnis auch *Boesche*, in: Säcker (Hrsg.), Berliner Kommentar, § 3 EnWG, Rn. 106.

99 Zur Entflechtung bei Verteilernetzbetreibern und bei Transportnetzbetreibern vgl. *de Wyl/Finke*, in: Schneider/Theobald (Hrsg.), Recht der Energiewirtschaft, § 4, Rn. 18; *Koenig/Kühling/Rasbach*, Energierecht, S. 146 f.

100 Vgl. § 2 Nr. 7 StromNEV.

101 Für einen Fortbestand des Begriffs „Arealnetz" unter dem EnWG 2005 sprechen sich

In der sogenannten Mainova-Entscheidung definierte der BGH das Arealnetz als „eine aus einem oder mehreren Grundstücken bestehende, zu Wohn- oder gewerblichen Zwecken genutzte private Liegenschaft, die zur Versorgung der im Areal ansässigen Letztverbraucher über ein eigenes Niederspannungsverteilernetz verfügt. Dieses Netz ist in der Regel über eine eigene Umspannanlage an die Mittelspannungsebene des vorgelagerten Netzes angeschlossen. Das Arealnetz wird von Unternehmen betrieben, die es entweder selbst errichtet haben oder es vom Eigentümer erworben oder gepachtet haben. Der Arealnetzbetreiber schließt alle anschlusswilligen Endkunden an sein Arealnetz an."[102]

Die Definition stimmte größtenteils mit der des Bundeskartellamts überein, welches das Arealnetz bestimmte als „eine Liegenschaft mit Wohn- und/oder Gewerbebebauung, auf der mehrere Endkunden an eine - im wesentlichen auf dieser Liegenschaft errichtete - Netzanlage zum Zwecke der Stromversorgung angeschlossen werden. Die Arealnetzanlage beinhaltet die Umspannung Mittel- zu Niederspannung. Der Anschluss der Arealnetzanlage muss daher an die Mittelspannungsebene des vorgelagerten Netzbetreibers erfolgen. Ein Areal liegt auch dann vor, wenn die zukünftig auf dem Areal anzuschließenden Stromkunden noch nicht mit Strom versorgt werden, der Arealeigentümer jedoch vertragliche Vereinbarungen hinsichtlich Netzbetrieb und/ oder Stromversorgung auf dem Areal treffen will. (…) Der Arealnetzbetreiber schließt - auch nach Inbetriebnahme der Arealnetzanlage - alle anschlusswilligen Endkunden an sein Arealnetz an."[103] Auch das OLG Düsseldorf zeigte zuvor ein ähnliches Begriffsverständnis.[104] Es stellte jedoch entgegen der Definition des Bundeskartellamts

---

aus: *Theobald/Zenke/Dessau*, in: Schneider/Theobald (Hrsg.), Recht der Energiewirtschaft, § 15, Rn. 23; *Boesche* sowie *Säcker/Boesche*, in: Säcker (Hrsg.), Berliner Kommentar, § 3 EnWG, Rn. 42, § 17 EnWG, Rn. 18 f.; *Hartmann*, in: Danner/ Theobald (Hrsg.), Energierecht, § 17 EnWG, Rn. 32; sowie *Theobald*, § 110 EnWG, Rn. 11; *Bourwieg*, in: Britz/Hellermann/Hermes (Hrsg.), Energiewirtschaftsgesetz, § 110 EnWG, Rn. 2; *Börner*, in: Bartsch/Röhling/Salje/Scholz (Hrsg.), Stromwirtschaft, Kap.57, Rn. 35; *Schroeder-Czaja*, in: Riedel/Schroeder-Czaja/Jacobshagen (Hrsg.), Objekt- und Arealnetze, S. 50; *Schroeder-Czaja/Jacobshagen*, IR 2006, 53 f.; *Boesche/Wolf*, ZNER 2005, 285 f.; *Meinhold*, ZNER 2005, 196 (198); *Lippert*, CuR 2005, 79 f.; *Schau*, IR 2007, 122f; *Strohe*, CuR 2011, 105 (106).

102 BGH, „Mainova", Beschluss v. 28.06.2005, Az. KVR 27/04, abgedruckt in RdE 2005, 222 (222).

103 Bundeskartellamt, „Mainova", Beschluss" v. 08.10.2003, Az. B11-40100-T-12/03, abgedruckt in WuW 2003, 1315 (1316).

104 OLG Düsseldorf, „Mainova", Beschluss v. 23.06.2004, Az. Kart 35/03 (V), VI-Kart 35/03 (V), abgedruckt in RdE 2004, 222 (226).

sowie des BGH fest, dass Arealnetze nur im Ausnahmefall Netze für die allgemeine Stromversorgung sind.[105]

e) „Objektnetze“ nach § 110 EnWG a. F.

Wie sich zeigt, wurde der Begriff des Arealnetzes schon im EnWG vor 2005 vielfach von Rechtsprechung und Literatur verwendet. Dennoch ist er vom Gesetzgeber im Rahmen der Novellierung des EnWG im Jahr 2005 nicht aufgegriffen worden. Stattdessen hat der Gesetzgeber den Begriff des Werksnetzes bzw. schlussendlich den des Objektnetzes geschaffen.

aa) Entwicklung des § 110 EnWG a. F.

Im Gesetzesentwurf der Bundesregierung war eine Sonderregelung zunächst nur für sogenannte Werksnetze vorgesehen.[106] Die Bestimmung hatte im Regierungsentwurf folgenden Wortlaut: „Auf den Betrieb von Energieversorgungsnetzen auf einem räumlich zusammenhängenden Werksgebiet, die überwiegend dem Transport von Elektrizität oder Erdgas innerhalb des eigenen Unternehmens oder zu im Sinne des § 3 Nr. 38 verbundenen Unternehmen (Werksnetze) und nicht der allgemeinen Versorgung (im Sinne des § 3 Nr. 17) dienen, finden die Teile 2 und 3 [...] keine Anwendung.“

Später wurde unter Beibehaltung des materiellen Regelungsgehalts des § 110 EnWG-E die Definition der Werksnetze aus der Vorschrift ausgegliedert und in die allgemeine Vorschrift des § 3 Nr. 40 EnWG-E verlagert.[107] Werksnetze wurden in § 3 Nr. 40 definiert als „Energieversorgungsnetze auf einem räumlich zusammenhängenden Werksgebiet, die überwiegend dem Transport von Elektrizität oder Gas innerhalb des eigenen Unternehmens oder zu im Sinne der Nummer 38 verbundenen Unternehmen und nicht der allgemeinen Versorgung im Sinne der Nummer 17 dienen.“

In der Schlussphase des Gesetzgebungsverfahrens wurden sowohl die Systematik als auch die Terminologie des § 110 EnWG nach eingehenden Diskussionen umfassend verändert.[108] Der Begriff der Werksnetze wurde durch den Begriff

---

105 OLG Düsseldorf, „Mainova“, RdE 2004, 222 (226); OLG Düsseldorf mit Anmerkung *Klaue*, ZNER 2004, 282 (290).

106 Bundestags Drucksache 15/3917, S. 15; zur Entwicklung der Vorschrift vgl. *Rosin*, RdE 2006, 9 (10); *Theobald*, in: Danner/Theobald (Hrsg.), Energierecht, § 110 EnWG, Rn. 6.

107 *Rosin*, RdE 2006, 9 (10) mit Verweis auf Bundesrats-Drucksache 248/05, S. 6.

108 Die Änderung geht zurück auf eine Empfehlung des federführenden Wirtschaftsausschusses, des Innenausschusses und des Rechtsausschusses v. 22.04.2005,

der Objektnetze ersetzt. Die zuvor im allgemeinen Teil (§ 3 EnWG) enthaltene Definition dieser Netzkategorie wurde in den § 110 EnWG verlagert. Durch die Modifikation sollte nach dem Willen des Gesetzgebers eine präzisere Definition der Objektnetze in drei Fallgruppen erfolgen, um die Anwendung der Vorschrift in der Praxis zu erleichtern.[109]

bb) Voraussetzungen des § 110 Abs. 1 EnWG a. F.

Trotz der Unvereinbarkeit mit der EltRl (2003/54/EG) hinsichtlich des Netzzugangs[110] soll im Folgenden auf die Tatbestandsvarianten des § 110 Abs. 1 EnWG eingegangen werden, um eine Vorstellung zu vermitteln, welche Fallgruppen nachgelagerter Netzstrukturen der nationale Gesetzgeber unter § 110 EnWG a. F. zusammenfassen wollte.

(1) Hintergrund der Entscheidung des EuGH

Hintergrund der Entscheidung war ein Vorabentscheidungsersuchen des OLG Dresden, nachdem ein Energieversorgungsunternehmen, namentlich die citiworks AG, dort Beschwerde gegen einen Bescheid der zuständigen Landesregulierungsbehörde (i. S. v. § 110 Abs. 4 EnWG) eingelegt hatte, durch den das Verteilernetz am Flughafen Leipzig/Halle zu einem Objektnetz nach § 110 Abs. 1 Nr. 1 EnWG erklärt worden war.[111] Durch diese Einstufung als Objektnetz hatte die citiworks AG keinen Anspruch auf Netzzugang nach Maßgabe der Vorschriften des EnWG (§ 20 Abs. 1 EnWG), da die Regelungen über den Netzzugang aufgrund der Privilegierungswirkung des § 110 EnWG keine Anwendung finden.

Der EuGH kommt dabei zu dem Ergebnis, dass Art. 20 Abs. 1 EltRl (2003/54/EG), der die Mitgliedstaaten zur Einführung eines Systems für den Zugang Dritter zu den Übertragungs- und Verteilernetzen verpflichtet, einer Bestimmung wie § 110 Abs. 1 Nr. 1 EnWG entgegensteht.[112] Die Befreiungsmöglichkeit nach § 110 Abs. 1 Nr. 1 EnWG ist nach den Ausführungen des EuGH weder von der Richtlinie vorgesehen noch tolerierbar.[113] Wegen der großen Bedeutung des Grundsatzes des freien Netzzugangs müssten die Ausnahmen hiervon auf die in der Richtlinie

---

Bundesrats-Drucksache 248/1/05, S. 9. Durch die Neufassung sollten die Fallgruppen präzisiert und klarer gefasst werden.

109 Bundesrats Drucksache 248/1/05, S. 9.

110 EuGH, Urteil v. 22.05.2008, Az. C-439/06, abgedruckt in CuR 2008, 68 (68f.).

111 OLG Dresden, Beschluss v. 17.10.2006, Az. W 1109/06; vgl, CuR 2006, 134 ff.

112 EuGH, CuR 2008, 68 (70); so auch *Ortlieb/Bier*, N&R 2009, 143 (144).

113 EuGH, CuR 2008, 68 (70).

selbst vorgesehenen Befreiungen beschränkt bleiben.[114] Eine nach Art. 20 Abs. 2, Abs. 8 oder Art. 26 Abs. 1 EltRl (2003/54/EG) mögliche Ausnahme von diesem Grundsatz hat der EuGH verneint.[115]

Nachdem der EuGH die Gemeinschaftswidrigkeit festgestellt hat, musste das vorlegende Gericht (OLG Dresden) nun erneut entscheiden und ist dem EuGH gefolgt.[116] Unstimmigkeiten zwischen Rechtsprechung und Literatur bestehen bei der Frage, ob sich das Urteil des EuGH auf alle Regulierungsausnahmen des § 110 Abs. 1 EnWG bezieht oder nur die Netzzugangsproblematik erfasst sein soll.[117] Der BGH schloss sich Letzterem an.[118] „Die Entscheidung des EuGH besagt lediglich, dass bei Objektnetzen der Anspruch auf Netzzugang für Dritte nicht beeinträchtigt werden darf. Daraus ergibt sich weder etwas für eine Unionsrechtswidrigkeit der Objektnetzfeststellung an sich noch verhält sich die Entscheidung dazu, ob und gegebenenfalls inwieweit die übrigen Rechtsfolgen einer solchen Feststellung mit Unionsrecht vereinbar sind."[119]

(2) Die einzelnen Objektnetztypen

Unter Objektnetzen verstand der Gesetzgeber solche Energieversorgungsnetze, die nicht der allgemeinen Versorgung dienen, also von ihrer Dimensionierung her von vornherein nur auf die Versorgung bestimmter, schon bei Netzerrichtung feststehender oder bestimmbarer Letztverbraucher ausgelegt sind.[120] Ferner musste der Betreiber die personelle, technische und wirtschaftliche Leistungsfähigkeit besitzen, um den Netzbetrieb auf Dauer zu gewährleisten. Für die Anerkennung als Objektnetz musste schließlich eine der in § 110 Abs. 1 Nr. 1-3 EnWG a. F. aufgeführten Fallgruppen einschlägig sein. Mit den sogenannten Betriebsnetzen (§ 110 Abs.1 Nr. 1 EnWG a. F.) wollte der Gesetzgeber solche Netze von der

---

114 So auch: *Stecher*, CuR 2008, 59 (62); *Säcker/Wolf*, in: Säcker (Hrsg.), Integrierte Energieversorgung in geschlossenen Verteilernetzen, S. 74.

115 EuGH, CuR 2008, 68 (70); so auch *Ortlieb/Bier*, N&R 2009, 143 (144).

116 OLG Dresden, Beschluss v. 10.03.2009, Az. W 1109/06 Kart; vgl. ZNER 2009, 278 (279).

117 *Ortlieb/Bier*, N&R 2009, 143 (144); *Becker*, RdE 2008, 126 (130); *Becker*, et 5/2009, 72 f.; *Kühling/Pisal*, RdE 2010, 161 (166); *Boesche*, in: Säcker (Hrsg.), Berliner Kommentar, § 110 EnWG, Rn. 83 f., 121; *Koenig/Kühling/Rasbach*, Energierecht, 2. Auflage, S. 65.

118 BGH, Beschluss v. 24.08.2010, Az. EnVR 17/09, abgedruckt in CuR 2011, 160 (162).

119 BGH, CuR 2011, 160 (162); *Bülhoff*, IR 2010, 248 (249).

120 Zur Abgrenzung zwischen Energieversorgungsnetzen der allgemeinen Versorgung und sonstigen Energieversorgungsnetzen siehe oben a) bb).

Regulierung ausnehmen, die sich auf einem räumlich zusammengehörenden Betriebsgebiet befinden und überwiegend dem Transport von Energie innerhalb des eigenen Unternehmens oder zu im Sinne des § 3 Nr. 38 verbundenen Unternehmen dienen.[121]

Auch die sogenannten Dienstleistungsnetze (§ 110 Abs. 1 Nr. 2 EnWG a. F.) mussten sich nach Vorstellung des Gesetzgebers auf einem räumlich zusammengehörenden privaten Gebiet befinden. Bei dem Gebiet musste es sich im Gegensatz zur Nr. 1 nicht um ein Betriebsgebiet handeln; vielmehr kam jedes private Gebiet gleich welcher Art in Betracht.[122] Ferner musste das auf diesem Gebiet liegende Netz dem Netzbetreiber oder seinem Beauftragten dazu dienen, einen Kreis bestimmbarer Letztverbraucher mit Energie zu versorgen.[123] Die Ausnahmeregelung für Dienstleistungsnetze gemäß § 110 Abs. 1 Nr. 2 EnWG setzte ferner einen gemeinsamen übergeordneten Geschäftszweck voraus, der über reine Vermietungs- und Verpachtungsverhältnisse hinausgeht.[124] Wie weit der sogenannte übergeordnete Geschäftszweck reicht, war umstritten.[125] Die Bundesnetzagentur hatte ein sehr umfassendes Begriffsverständnis. Im Grundsatz konnten auch nicht wirtschaftliche, also insbesondere gemeinnützige Interessen, die die Letztverbraucher gemeinschaftlich verfolgen, in Betracht kommen.[126] Teilweise wurden sogar private Freizeitinteressen, sofern diese gemeinschaftlich verfolgt werden, als Geschäftszweck anerkannt.[127] Konnte ein gemeinsamer Geschäftszweck nun positiv festgestellt werden, so musste dieser durch die umfassende Anwendung des Pflichtenkatalogs des EnWG unzumutbar erschwert werden.[128] Unzumutbar erschwert war der gemeinsame Geschäftszweck dann, wenn dessen Realisierung gefährdet war.[129]

---

121 *Strohe*, et 2005, 747 (747).

122 *Schroeder-Czaja*, in: Riedel/Schroeder-Czaja/Jacobshagen (Hrsg.), Objekt-und Arealnetze, S. 62; *Boesche*, in: Säcker (Hrsg.), Berliner Kommentar, § 110 EnWG, Rn. 15.

123 *Boesche*, in: Säcker (Hrsg.), Berliner Kommentar, § 110 EnWG, Rn. 16.

124 *Kussel*, N&R 2009, 21 (25); *Klemm*, CuR 2005, 111 (114), *Theobald*, in: Danner/Theobald (Hrsg.), Energierecht, § 110 EnWG, Rn. 23.

125 *Klemm*, CuR 2005, 111 (115); *Theobald*, in: Danner/Theobald (Hrsg.), Energierecht, § 110 EnWG, Rn. 23.

126 Bundesnetzagentur, Merkblatt für Anträge nach § 110 Abs. 4 EnWG, S. 4; so auch *Kussel*, N&R 2009, 21 (25).

127 OLG Düsseldorf, ZNER 2008, 171 (173).

128 *Theobald/Zenke/Dessau*, in: Schneider/Theobald (Hrsg.), Recht der Energiewirtschaft, § 15, Rn. 13; *Koenig/Kühling/Rasbach*, Energierecht, 2. Auflage, S. 63; *Boesche*, in: Säcker (Hrsg.), Berliner Kommentar, § 110 EnWG, Rn. 27.

129 BGH, CuR 2011, 160 (162).

Unter den sogenannten „Eigenversorgungsnetzen" (§ 110 Abs. 1 Nr. 3 EnWG a. F.) wurden solche Netze subsumiert, die sich „räumlich auf einem eng zusammenhängenden Gebiet befinden und überwiegend der Eigenversorgung dienen". Die Definition in § 110 Abs. 3 EnWG a. F. umfasste zwei Fälle der Eigenversorgung. Zum einen ist Eigenversorgung die unmittelbare Versorgung eines Letztverbrauchers aus der für seinen Eigenbedarf errichteten Eigenanlage (sogenannte Eigenversorgung im engeren Sinn).[130] Der Begriff der Eigenanlage ist wiederum in § 3 Nr. 13 EnWG geregelt. Hierbei handelt es sich um „Anlagen zur Erzeugung von Elektrizität zur Deckung des Eigenbedarfs, die nicht von Energieversorgungsunternehmen betrieben werden".

Die zweite Variante des § 110 Abs. 3 EnWG a. F. regelt den Fall, dass ein Dritter eine Stromerzeugungsanlage errichtet und betreibt und daraus einen Letztverbraucher versorgt (sogenanntes Contracting).[131] Bei den sogenannten Contracting-Fällen ist Betreiber der Anlage der Contractor, der im eigenen Namen oder durch einen Betriebsführer und auf eigene Rechnung handelt und i. d. R. das Betriebsrisiko trägt.[132] Dafür entrichtet der Letztverbraucher ein Leistungs- und Arbeitsentgelt.[133]

f) „Geschlossene Verteilernetze" nach § 110 EnWG

aa) Entwicklung im Rahmen der EltRl

Die Vorlage der EU-Kommission für eine neue Elektrizitätsbinnenmarktrichtlinie enthielt zunächst keine mit § 110 EnWG vergleichbare Vorschrift.[134] Allerdings führte die durch das laufende EuGH-Verfahren im „citiworks-Fall" hervorgerufene Diskussion auf EG-Ebene zu Vorschlägen des Europäischen Parlaments.[135] Im Juni 2008 verabschiedete das Parlament einen entsprechenden

---

130 *Schroeder-Czaja*, in: Riedel/Schroeder-Czaja/Jacobshagen (Hrsg.) Objekt-und Arealnetze, S. 70; *Boesche*, in: Säcker (Hrsg.), Berliner Kommentar, § 110 EnWG, Rn. 15.

131 *Meinhold*, ZNER 2005, 196 (205); *Koenig/Kühling/Rasbach*, Energierecht, 2. Auflage, S. 63.

132 *Boesche*, in: Säcker (Hrsg.), Berliner Kommentar, § 110 EnWG, Rn. 15; *Klemm*, CuR 2005, 111 (116).

133 *Salje*, Energiewirtschaftsgesetz, § 110 EnWG, Rn. 26.

134 *Ortlieb/Bier*, N&R 2009, 143 (146).

135 *Ortlieb/Bier*, N&R 2009, 143 (146) mit Verweis auf EuGH, Urteil v. 22.05.2008, Az. C-439/06, abgedruckt in CuR 2008, 68 (68f.); zur Entwicklung der geschlossenen

Änderungsvorschlag bezüglich der EltRl (2003/54/EG). Art. 2 der EltRl (2003/54/EG) sollte durch folgende Begriffsbestimmung ergänzt werden: „[Unter einem] Industriegelände [versteht] man eine Fläche in Privatbesitz mit einem Stromversorgungsnetz, das in erster Linie für die Nutzung durch industrielle Verbraucher auf dieser Fläche konzipiert ist.“[136] Art. 26 Abs. 2 a sollte danach lauten: „Die Mitgliedstaaten können Industriegelände von den Bestimmungen der Kapitel III, IV, V, VI, und VII befreien. Das Prinzip des Zugangs Dritter wird von diesen teilweisen Ausnahmen nicht berührt. Die Ausnahmen beeinträchtigen die Funktion öffentlicher Verteilernetze nicht.“[137]

Die Kommission signalisierte jedoch schnell, dass die Vorschriften zu große Ausnahmen von der Regulierung mit sich ziehen würden und beschränkte daher in dem einen Monat später angenommenen Änderungsvorschlag zur Erdgasbinnenmarktrichtlinie die Regelungsausnahmen.[138] Nach Artikel 26 a der GasRl können die Mitgliedstaaten sogenannte „Gewerbegebiete“ nur von der Anwendung von Art. 4, 7, 8 Abs. 1 und 2, Art. 11, Art. 12 Abs. 5, Art. 13, 17, 18, sowie Art. 23 Abs. 1 und/oder Art. 24 der Richtlinie ausnehmen.[139] Unter Gewerbegebieten sollte „ein Gelände in Privatbesitz mit einem von einem Unternehmen betriebenen Erdgasnetz mit Verbindung zum Übertragungs-/ Fernleitungsnetz oder zum Verteilernetz [verstanden werden],

a) das vorwiegend die Versorgung der gewerblichen Tätigkeiten des Netzbetreibers oder verbundener Unternehmen sicherstellt oder
b) das eine begrenzte Anzahl von gewerblichen Verbrauchern oder Kunden beliefert, die mit den gewerblichen Tätigkeiten auf dem Betriebsgelände verknüpft sind.“[140]

Verteilernetze im Rahmen der EltRl vgl. auch *Säcker/Wolf*, in: Säcker (Hrsg.), Integrierte Energieversorgung in geschlossenen Verteilernetzen, S. 28 f.

136 Legislative Entschließung P6-TA(2008)0294; zu finden im öffentlichen Register der Ratsdokumente 10766/08, 2007/0195 (COD), S. 24.

137 Legislative Entschließung P6-TA(2008)0294; zu finden im öffentlichen Register der Ratsdokumente 10766/08, 2007/0195 (COD), S. 91.

138 Legislative Entschließung P6-TA(2008)0347; zu finden im öffentlichen Register der Ratsdokumente 10762/08, 2007/0196 (COD).

139 Legislative Entschließung P6-TA(2008)0347; zu finden im öffentlichen Register der Ratsdokumente 10762/08, 2007/0196 (COD), S. 101.

140 Legislative Entschließung P6-TA(2008)0347; zu finden im öffentlichen Register der Ratsdokumente 10762/08, 2007/0196 (COD), S. 25.

Aber auch diese Regelung schien der Kommission in ihren Rechtsfolgen zu weitreichend zu sein.[141] Im März 2009 einigten sich dann schließlich das Europäische Parlament und der Rat der Europäischen Union.[142] Die neuen Regelwerke traten am 3. September 2009 in Kraft.

In Art. 28 Abs. 1 der neuen EltRl (2009/72/EG) definiert der EU-Gesetzgeber nun sogenannte geschlossene Verteilernetze. Unter einem geschlossenen Verteilernetz wird ein Netz verstanden, durch das in einem geographisch begrenzten Industrie- oder Gewerbegebiet oder Gebiet, in dem Leistungen gemeinsam genutzt werden, Strom verteilt wird, wobei keine Haushaltskunden versorgt werden, und die Tätigkeiten oder Produktionsverfahren der Benutzer dieses Netzes aus konkreten technischen oder sicherheitstechnischen Gründen verknüpft sind, oder mit dem Netz in erster Linie Strom an Netzeigentümer oder -betreiber oder an mit diesen verbundene Unternehmen verteilt wird. Solche Netze können von den Mitgliedstaaten von bestimmten Verpflichtungen, die im Vergleich zu den vorhergehenden Regelungsentwürfen deutlich eingeschränkt wurden, entbunden werden. Nach Art. 28 Abs. 2 EltRl (2009/72/EG) können die Betreiber von geschlossenen Verteilernetzen von den nach Art. 25 Abs. 5 EltRl (2009/72/EG) geltenden Verpflichtungen zur Beschaffung der Energie zur Deckung von Energieverlusten und Kapazitätsreserven im Netz nach transparenten, nicht diskriminierenden und marktorientierten Verfahren sowie der nach Art. 32 Abs. 1 EltRl (2009/72/EG) geltenden Verpflichtung zur Genehmigung von Tarifen oder der Methoden zu ihrer Berechnung vor deren Inkrafttreten gemäß Art. 37 (2009/72/EG) (keine Vorabgenehmigung) befreit werden.

bb) Fassung im EnWG 2011

Der nationale Gesetzgeber hat sich bei der Umsetzung des Artikels 28 der EltRl (2009/72/EG) im Wesentlichen an dessen Wortlaut orientiert.[143] Er sieht ein Energieversorgungsnetz, mit dem Energie zum Zwecke der Ermöglichung der Versorgung von Kunden in einem geografisch begrenzten Industrie- oder Gewerbegebiet oder einem Gebiet verteilt wird, in dem Leistungen gemeinsam genutzt werden, als geschlossenes Verteilernetz an, wenn

---

141 *Ortlieb/Bier*, N&R 2009, 143 (146).

142 Entwurf der Begründung des Rates zum gemeinsamen Standpunkt im Hinblick auf die Annahme einer Richtlinie des Europäischen Parlaments und des Rates über gemeinsame Vorschriften für den Elektrizitätsbinnenmarkt und zur Aufhebung der Richtlinie 2003/54/EG v. 16.12.2008, Dok. 14539/08, Nr. 6.2 (S. 3); m.w.N. *Säcker/Wolf*, in: Säcker (Hrsg.), Integrierte Energieversorgung in geschlossenen Verteilernetzen, S. 27 f.

143 *Jacobshagen/Kachel/Baxmann*, IR 2012, 2 (5); *Strohe*, CuR 2011, 105 (106).

„1. die Tätigkeiten oder Produktionsverfahren der Anschlussnutzer dieses Netzes aus konkreten technischen oder sicherheitstechnischen Gründen verknüpft sind oder

2. mit dem Netz in erster Linie Energie an den Netzeigentümer oder -betreiber oder an mit diesen verbundene Unternehmen verteilt wird; maßgeblich ist der Durchschnitt der letzten drei Kalenderjahre; gesicherte Erkenntnisse über künftige Anteile sind zu berücksichtigen.“ Einschränkend erfolgt die Einstufung nur, „wenn keine Letztverbraucher, die Energie für den Eigenverbrauch im Haushalt kaufen, über das Netz versorgt werden oder nur eine geringe Zahl von solchen Letztverbrauchern, wenn diese ein Beschäftigungsverhältnis oder eine vergleichbare Beziehung zum Eigentümer oder Betreiber des Netzes unterhalten.“

cc) Materielle Voraussetzungen des § 110 EnWG 2011

Von § 110 Abs. 2 S. 1 EnWG erfasst sind zum einen Netze, in denen Tätigkeiten oder Produktionsverfahren der Anschlussnutzer dieser Netze aus konkreten technischen oder sicherheitstechnischen Gründen verknüpft sind (Nr. 1). Die technische oder sicherheitstechnische Verknüpfung erfordert eine über die Energieversorgung hinausgreifende funktionelle Verzahnung der im Netzgebiet ausgeübten Tätigkeiten.[144] Eine technische Verknüpfung liegt beispielsweise vor bei Industrie- und Gewerbeparks mit verbundenen Produktionsprozessen, z. B. bei der Nutzung von Abwärme der Stromerzeugung im Produktionsprozess eines anderen auf dem Areal angesiedelten Unternehmens.[145] Eine sicherheitstechnische Verknüpfung der Tätigkeiten oder Produktionsverfahren kann vorliegen, wenn die Anschlussnutzer ähnliche Anforderungen an die technische Qualität des Netzes haben, die durch das Netz der allgemeinen Versorgung nicht erfüllt werden, z. B. eine gemeinsame Notstromversorgung.[146] Rein wirtschaftliche Verknüpfungen, wie beispielsweise ein gemeinsamer übergeordneter Geschäftszweck, können

---

144 *Säcker/Wolf*, in: Säcker (Hrsg.), Integrierte Energieversorgung in geschlossenen Verteilernetzen, S. 53.

145 Gemeinsames Positionspapier der Regulierungsbehörden der Länder und der Bundesnetzagentur zu geschlossenen Verteilernetzen gemäß § 110 EnWG v. 23.02.2012, S. 11; *Krebs*, in: Rosin/Pohlmann/Gentzsch/Metzenthin/Böwing (Hrsg.), Praxiskommentar zum Energiewirtschaftsgesetz, § 110 EnWG, Rn. 39.

146 *Säcker/Wolf*, in: Säcker (Hrsg.), Integrierte Energieversorgung in geschlossenen Verteilernetzen, S. 52; Gemeinsames Positionspapier der Regulierungsbehörden der Länder und der Bundesnetzagentur zu geschlossenen Verteilernetzen gemäß § 110 EnWG v. 23.02.2012, S. 12.

hingegen die Tatbestandsvoraussetzungen nicht erfüllen. Allerdings können Abnahmestellen, die Hilfeleistungen und unterstützende Prozesse für die Tätigkeiten der Unternehmen bereitstellen, auch wenn sie keine technische oder sicherheitstechnische Verknüpfung aufweisen, in geschlossenen Verteilernetzen nach § 110 Abs. 2 S. 1 Nr. 1 EnWG angesiedelt sein.[147] Hier zählen beispielsweise Wach- oder Aufenthaltsgebäude. Auch soziale Einrichtungen wie Kantinen dürften nach dem Sinn und Zweck der Vorschrift eine Einstufung als geschlossenes Verteilernetz nicht ausschließen.[148]

Der zweite Netztyp, den § 110 Abs. 2 S. 1 EnWG bestimmt, umfasst Netze, mit denen in erster Linie Strom an Netzeigentümer, Netzbetreiber oder an mit diesen verbundene Unternehmen verteilt wird (Nr. 2). Die Beantwortung der Frage, ob ein Netz im Sinne von § 110 Abs. 1 Nr. 2 EnWG „in erster Linie" der Eigenversorgung dient, richtet sich nach dem Verhältnis der verteilten Energiemenge.[149] Hiermit ist gemeint, dass es nur noch im Einzelfall zulässig sein soll, dass über das geschlossene Verteilernetz ein Abnehmer mit Energie versorgt wird, der weder zum Netzeigentümer, -betreiber oder mit diesem verbundenen Unternehmen zählt.[150] Zu fordern ist ein Eigenversorgungsanteil von mehr als 50 %.[151]

§ 110 Abs. 1 S. 1 EnWG verlangt, dass sich die Netze in beiden Fallkonstellationen auf einem geographisch begrenzten Industriegebiet oder Gewerbegebiet oder einem Gebiet befinden, in dem Leistungen gemeinsam genutzt werden. Ein Industrie- oder Gewerbegebiet liegt vor, wenn ein Areal im Wesentlichen durch industrielle oder gewerbliche Nutzung geprägt ist.[152] Ein Gebiet, in dem Leistungen gemeinsam genutzt werden, setzt eine gemeinsame Nutzung von Infrastruktur

147 *Schalle*, ZNER 2011, 406 (407).

148 *Schalle*, ZNER 2011, 406 (407); Gemeinsames Positionspapier der Regulierungsbehörden der Länder und der Bundesnetzagentur zu geschlossenen Verteilernetzen gemäß § 110 EnWG v. 23.02.2012, S. 12.

149 Maßgeblich ist nach § 110 Abs. 2 S. 1 Nr. 2 2. HS EnWG 2011 der Durchschnitt der letzten drei Kalenderjahre. Gesicherte Erkenntnis über künftige Anteile sind zu berücksichtigen (§ 110 Abs.2 S. 1 Nr. 2 3. Hs. EnWG 2011).

150 *Schalle*, ZNER 2011, 406 (408).

151 Gemeinsames Positionspapier der Regulierungsbehörden der Länder und der Bundesnetzagentur zu geschlossenen Verteilernetzen gemäß § 110 EnWG v. 23.02.2012, S. 13; *Scholtka/Helmes*, NJW 2011, 3185 (3190); *Krebs*, in: Rosin/Pohlmann/Gentzsch/Metzenthin/Böwing (Hrsg.), Praxiskommentar zum Energiewirtschaftsgesetz, § 110 EnWG, Rn. 45.

152 Gemeinsames Positionspapier der Regulierungsbehörden der Länder und der Bundesnetzagentur zu geschlossenen Verteilernetzen gemäß § 110 EnWG v. 23.02.2012, S. 10.

oder Dienstleistungen voraus, die über die übliche gemeinsame Nutzung von beispielsweise öffentlicher Infrastruktur wie Straßen hinaus geht.[153]

Sowohl das Industrie- oder Gewerbegebiet, als auch das Gebiet, in dem Leistungen gemeinsam genutzt werden, müssen geographisch begrenzt sein.[154] Zwar bezieht sich das Merkmal der Begrenzung dem Wortlaut nach nur auf das Industrie- oder Gewerbegebiet. Ein Vergleich mit der englischen und französischen Fassung untermauert jedoch, dass das Merkmal beide Varianten erfasst.[155] Geographisch begrenzt ist das Gebiet dann, wenn sich die Netzanlagen auf einem als Einheit erscheinenden, räumlich in sich geschlossenen Gelände befinden. Eine rein physikalische Verbindung des Netzes genügt nicht.[156]

Ferner sollen mit dem Netz keine Letztverbraucher, die Energie für den Eigenverbrauch im Haushalt kaufen, über das Netz versorgt werden. Dabei ist der Begriff „Haushalt" nicht gleich dem „Haushaltskunden" in § 3 Nr. 22 EnWG. Kleine Gewerbetreibende werden hiervon nicht erfasst, eher ist der Begriff des Haushalts mit dem des Verbrauchers in im Sinne von § 13 BGB oder Privatkunden gleichzusetzen.[157] Mit anderen Worten dürfen nur Haushaltskunden im engeren Sinne erfasst werden, also Verbraucher, die Energie überwiegend für den Eigenverbrauch im Haushalt kaufen, was bei der Energiedeckung von Privatwohnungen und –häusern der Fall ist. Die Versorgung einer geringen Zahl von Haushaltskunden im engeren Sinne steht der Einstufung als geschlossenes Verteilernetz nach dem Gesetzeswortlaut dann nicht entgegen, wenn die Haushaltskunden ein Beschäftigungsverhältnis oder vergleichbare Beziehungen zum Eigentümer des Verteilernetzes unterhalten. Von dem Tatbestandsmerkmal „eine vergleichbare Beziehung zum Eigentümer des Verteilnetzes" dürften beispielsweise Werkswohnungen des betreffenden Unternehmens auf dem Werksgelände erfasst sein, die

---

153 *Säcker/Wolf*, in: Säcker (Hrsg.), Integrierte Energieversorgung in geschlossenen Verteilernetzen, S. 42; *Koenig/Kuehling/Rasbach*, Energierecht, S. 69.

154 Richtlinie 2009/72/EG des Europäischen Parlaments und des Rates v. 13. Juli 2009 über gemeinsame Vorschriften für den Elektrizitätsbinnenmarkt und zur Aufhebung der Richtlinie 2003/54/EG.

155 *Säcker/Wolf*, in: Säcker (Hrsg.), Integrierte Energieversorgung in geschlossenen Verteilernetzen, S. 43.

156 Gemeinsames Positionspapier der Regulierungsbehörden der Länder und der Bundesnetzagentur zu geschlossenen Verteilernetzen gemäß § 110 EnWG v. 23.02.2012, S. 10; *Säcker/Wolf*, in: Säcker (Hrsg.), Integrierte Energieversorgung in geschlossenen Verteilernetzen, S.47.

157 *Büdenbender/Rosin*, RdE 2010, 197 (203).

an Dritte vermietet sind.[158] Hinsichtlich des Merkmals „eine geringe Zahl“ ist auf die von den Haushaltskunden im Verhältnis zu den anderen Abnehmern bezogene Energie abzustellen.[159]

Abb. 2: Geschlossene Verteilernetze

<table>
<tr><td colspan="2">Die Netze müssen sich in beiden Konstellationen
Auf einem geographisch begrenzten Industriegebiet oder Gewerbegebiet oder einem Gebiet, in dem Leistungen gemeinsam genutzt werden, befinden</td></tr>
<tr><td>(Nr. 1)
Netze, in denen Tätigkeiten oder Produktionsverfahren der Anschlussnehmer dieser Netze aus konkreten technischen oder sicherheitstechnischen Gründen verknüpft sind</td><td>(Nr. 2)
Netze, mit denen in erster Linie Strom an Netzeigentümer, Netzbetreiber oder an mit diesen verbundenen Unternehmen verteilt wird</td></tr>
<tr><td colspan="2">→ Keine Versorgung von Letztverbrauchern, die Energie für den Eigenverbrauch im Haushalt kaufen oder nur eine geringe Zahl von solchen Letztverbrauchern, wenn diese ein Beschäftigungsverhältnis oder sonstige eine Beziehung zum Eigentümer oder Betreiber des Netzes unterhalten</td></tr>
</table>

Eigene Darstellung, 2013

g) Abschließende Bewertung

Wenn auf die Definitionen der Rechtsprechung abgestellt wird, insbesondere die des BGH, dann könnte die Schlussfolgerung gezogen werden, dass das OLG Düsseldorf einerseits und der BGH und das Bundeskartellamt andererseits ein voneinander abweichendes Begriffsverständnis von einem Arealnetz haben.[160]

Ferner würden sich nach der Definition des BGH die Begriffe des Arealnetzes sowie des Objektnetzes bzw. des geschlossenen Verteilernetzes gegenseitig ausschließen. Nach § 110 Abs. 1 2. HS EnWG a. F. war zwingende Voraussetzung für ein Objektnetz, dass es sich nicht um ein Netz der allgemeinen Versorgung im Sinne

---

158 *Ortlieb/Bier*, N&R 2009, 143 (147); anders Gemeinsames Positionspapier der Regulierungsbehörden der Länder und der Bundesnetzagentur zu geschlossenen Verteilernetzen gemäß § 110 EnWG v. 23.02.2012, S. 14; *Säcker/Wolf*, in Säcker (Hrsg.), Integrierte Energieversorgung in geschlossenen Verteilernetzen, S. 48.

159 *Schalle*, ZNER 2010, 406 (408); *Strohe*, CuR 2011, 105 (107); *Säcker/Wolf*, in Säkker (Hrsg.), Integrierte Energieversorgung in geschlossenen Verteilernetzen, S. 48; *Krebs*, in: Rosin/Pohlmann/Gentzsch/Metzenthin/Böwing (Hrsg.), Praxiskommentar zum Energiewirtschaftsgesetz, § 110 EnWG, Rn. 51.

160 OLG Düsseldorf mit Anmerkung *Klaue*, ZNER 2004, 282 (290).

von § 3 Nr. 17 EnWG handelte. Dies trifft auch auf das geschlossene Verteilernetz nach § 110 EnWG zu, denn eine Versorgung von Letztverbrauchern ist nach § 110 Abs. 2 S. 2 EnWG nicht vorgesehen. Netze der allgemeinen Versorgung und geschlossene Verteilernetze schließen sich somit aus. Das geschlossene Verteilernetz steht nämlich nicht für die Versorgung jedes Letztverbrauchers offen und der Arealnetzbetreiber schließt dann gerade nicht alle anschlusswilligen Kunden im Sinne der Definition des BGH an sein Netz an.

aa) Arealnetz als Netz der allgemeinen Versorgung oder als sonstiges Energieversorgungsnetz

(1) Abweichende Auffassungen

Das Bundeskartellamt führte in seinem Beschluss vom 08.10.2003 aus, dass der Arealnetzbetreiber alle anschlusswilligen Endkunden an sein Arealnetz anschließt. Ein Arealnetz sei als Netz der allgemeinen Versorgung anzusehen, da es von seiner Funktion her der allgemeinen Versorgung zugutekommt.[161] Ein Netz, das ausschließlich der Versorgung eines einzelnen Kunden dient, fällt demnach nicht in diese Kategorie.[162]

In allen drei Fällen des Mainova-Sachverhalts seien die Netze als solche der allgemeinen Versorgung zu qualifizieren.[163]

Die Energieversorgung Offenbach AG begehrte den Anschluss eines Netzes samt Umspannanlage in der sogenannten City West (Galvani- und Solmsstraße), die GETEC Net GmbH den Anschluss eines mit dem Neubau eines Bürogebäudes für die Landesärztekammer Hessen errichteten Netzes in der Rhonestraße und die Energie Direkt GmbH den Anschluss eines Netzes auf dem zu einem Wohngebiet umgewandelten ehemaligen Kasernengelände Friedberger Warte jeweils in Frankfurt am Main.[164]

Die Netze seien von ihrer „Dimensionierung her für eine nicht von vornherein feststehende Anzahl von Endkunden ausgelegt“ und stünden „grundsätzlich allen auf dem Areal aktuell oder zukünftig ansässigen Endkunden offen.“[165] Demnach kann auch die Versorgung einzelner Häuser oder Häuserblocks im konkreten Fall eine allgemeine Versorgung sein.

Das OLG Düsseldorf war gegenteiliger Ansicht. Nach der Definition des Gerichts seien Arealnetze in der Regel keine Netze der allgemeinen Stromversorgung. Die Arealnetzbetreiber seien oftmals nicht bereit und nicht fähig, „jeder-

161 Bundeskartellamt, „Mainova“, WuW 2003, 1315 (1316).
162 *Büdenbender/Rosin*, in: KWK-AusbauG, § 3, Rn. 153.
163 BGH, RdE 2005, 222 (226); vgl. auch *Büdenbender*, EWiR 2005, 887 (888).
164 Bundeskartellamt, „Mainova“ WuW 2003, 1315 (1316).
165 Bundeskartellamt, „Mainova“ WuW 2003, 1315 (1323).

mann unabhängig von seiner Individualität und seiner räumlichen Nähe an ihr Netz anzuschließen und mit Energie zu beliefern."[166] Dies sei insbesondere dann zweifelhaft, wenn das Areal wie bei einem Büroneubau und einem Gewerbepark im konkreten Fall nur aus einem einzigen Grundstück bestehe.[167]

Abb. 3 – 5: Areale in Frankfurt am Main

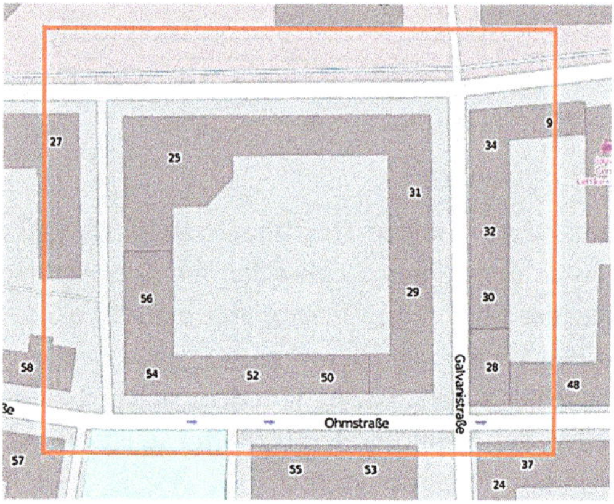

Abb.3: Areal an der Galvani- und Solmsstraße

Abb.4: Areal an der Rhonestraße

---

166 OLG Düsseldorf, „Mainova", RdE 2004, 222 (226).
167 OLG Düsseldorf, „Mainova", RdE 2004, 222 (226).

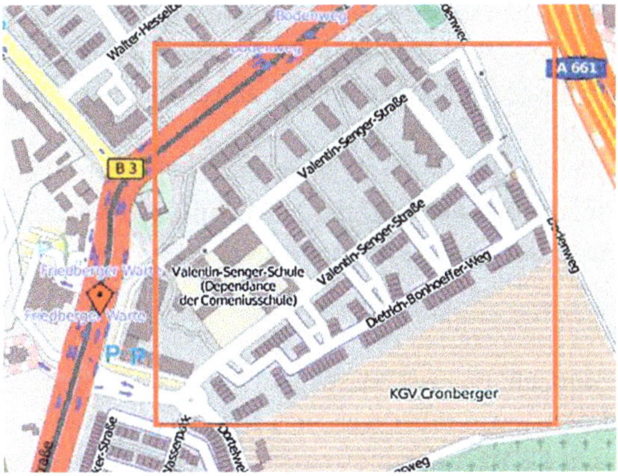

Quelle der Karten: OpenStreetMap 2013

Abb.5: Areal an der Friedberger Warte

Dass Arealnetze keine Netze der allgemeinen Versorgung seien, wurde auch vom Wirtschaftausschusses im Gesetzgebungsverfahren zu § 3 Nr. 17 EnWG vertreten.[168] Die Fassung des Regierungsentwurfs wurde hier auf Empfehlung des Wirtschaftausschusses um eine Alternative zum Begriff des „feststehenden Letztverbrauchers" ergänzt, nämlich um den „bestimmbaren" Letztverbraucher.[169] Als Begründung wird angegeben, dass die Vorschrift (§ 3 Nr. 17 EnWG) der Abgrenzung der Energieversorgungsnetze der allgemeinen Versorgung insbesondere von den Arealnetzen diene.[170] Durch die Einfügung „bestimmbarer Letztverbraucher" sollte klargestellt werden, dass Arealnetze nicht nur in den Fällen vorliegen, in denen das Energieversorgungsnetz auf die Versorgung bereits zum Zeitpunkt der Errichtung des Netzes namentlich bekannter Letztverbraucher ausgerichtet ist, sondern auch dann, wenn das Energieversorgungsnetz von vornherein auf bestimmbare Letztverbraucher ausgerichtet ist, deren Ansiedelung auf dem betroffenen Areal erst angestrebt wird.[171] Das lässt die Schlussfolgerung zu, dass auch der Gesetzgeber unter Arealnetzen nur solche Netze verstehen wollte, die außerhalb der allgemeinen Versorgung liegen.[172]

---

168 Hierzu auch Meinold, ZNER 2005, 196 (197).

169 Bundestags-Drucksache 15/5268, S. 117.

170 Bundestags-Drucksache 15/5268, S. 117.

171 Bundestags-Drucksache 15/5268, S.117.

172 So auch *Säcker/Boesche*, in: Säcker (Hrsg.), Berliner Kommentar, § 17 EnWG, Rn. 47.

Der BGH schloss sich in seiner Rechtsbeschwerdeentscheidung vom 28.06.2005 nicht der Definition des OLG Düsseldorf, sondern der des Bundeskartellamts an und führte aus, dass „der Arealnetzbetreiber alle anschlusswilligen Endkunden an sein Arealnetz anschließt.“[173]

Somit stufen sowohl der BGH als auch das Bundeskartellamt Arealnetze als Netze der allgemeinen Versorgung ein, während der Gesetzgeber und mit ihm auch das OLG Düsseldorf gegenteiliger Ansicht sind.

(2) Stellungnahme

Der Ansicht des Wirtschaftsausschusses ist entgegenzuhalten, dass sich das Tatbestandsmerkmal der Bestimmbarkeit eines Letztverbrauchers zum Zeitpunkt der Netzerrichtung nicht als Abgrenzungsmerkmal eignet, denn jedes Netz erhält bei seiner Errichtung immer eine bestimmte Dimensionierung und ist immer auf die Versorgung bestimmbarer Letztverbraucher ausgerichtet.[174]

Für die Abgrenzung von Energieversorgungsnetzen der allgemeinen Versorgung und sonstigen Energieversorgungsnetzen kann es, wie bereits oben erläutert, nur auf die Offenheit des Netzes für die Versorgung jedes Letztverbrauchers ankommen.[175] Hierbei ist neben objektiven Kriterien, etwa der Fähigkeit, auch die Bereitschaft des Netzbetreibers, jeden Letztverbraucher an sein Netz anzuschließen, soweit diese auch nach außen erkennbar erscheint, maßgeblich.[176] Ob diese Voraussetzung nun erfüllt ist oder nicht, hängt nicht von der Einstufung als Arealnetz ab. Arealnetze in solche der allgemeinen Versorgung nach § 3 Nr. 17 EnWG und sonstige Energieversorgungsnetze nach § 3 Nr. 16 EnWG einzustufen, entspricht auch nicht der Systematik des EnWG. Alle Arealnetze sind grundsätzlich Netze nach § 3 Nr. 16 EnWG. Nur wenn die o. g. Voraussetzungen hinzukommen, ist von Arealnetzen der allgemeinen Versorgung nach § 3 Nr. 17 EnWG zu sprechen.[177] Handelt es sich um ein privates Netz auf einem sehr kleinen Areal, wie beispielsweise in dem Fall des Büroneubaus an der Galvani- und Solmsstraße, lässt sich sagen, soweit dies anhand objektiver Kriterien (hier insbesondere der räumlichen Begrenzung) zu erkennen ist, dass das Netz nur den in dem Gebäudekomplex ansässigen Kunden offenstehen soll. Es liegt somit kein Netz der allgemeinen Versorgung vor. Handelt es sich dagegen um ein sehr großes Areal,

173 BGH, RdE 2005, 222 (223).

174 *Schroeder-Czaja/Jacobshagen*, IR 2006, 50 (53).

175 *Meinhold*, ZNER 2005, 196 (197); *Schroeder-Czaja*, IR 2005, 53 (54).

176 *Rosin*, RdE 2006, 9 (16); *Burmeister/Krause*, emw 2005, 22 (23).

177 *Theobald/Zenke/Dessau*, in: Schneider/Theobald (Hrsg.), Recht der Energiewirtschaft, § 15, Rn. 23.

wie beispielsweise im Fall des ehemaligen Kasernengeländes an der Friedberger Warte, ist es durchaus möglich, dass der Netzbetreiber das Netz wegen möglicher Erweiterungen auf noch freien Flächen im Areal oder benachbarter Grundstücke weiteren Letztverbrauchern, die das Areal besiedeln wollen, öffnet und somit zu einem Netz der allgemeinen Versorgung im Sinne von § 3 Nr. 17 EnWG macht.[178]

Die Frage, ob ein Arealnetz vorliegt, ist also anhand objektiver Kriterien, insbesondere der örtlichen Gegebenheiten, zu bestimmen, unabhängig von der Frage, ob das Netz der allgemeinen Versorgung dient oder nicht.[179] Zusammenfassend lässt sich sagen, dass unter einem Arealnetz ein Netz zu verstehen ist, das sich auf einem eingrenzbaren Gebiet (private Liegenschaft, Betriebsgebiet) befindet, das entweder bisher netztechnisch noch nicht erschlossen ist (sogenanntes Neuareal) oder von dem bisherigen Eigentümer übernommen wird (sogenanntes Altareal). Der Betrieb des Netzes wird einem vom örtlichen Verteilernetzbetreiber abweichenden Netzbetreiber überlassen. Dabei kann ein Arealnetz von seiner Netzstruktur ein klassisches örtliches Verteilernetz sein, das sowohl ein Netz der allgemeinen Versorgung im Sinne von § 3 Nr. 17 EnWG als auch ein sonstiges Energieversorgungsnetz im Sinne von § 3 Nr. 16 EnWG darstellen kann.[180] In Abgrenzung zur Kundenanlage erhebt der Arealnetzbetreiber ein Netznutzungsentgelt.[181]

bb) Arealnetze als Objektnetze oder geschlossene Verteilernetze

Objektnetze nach § 110 Abs. 1 EnWG a. F. standen den obigen Ausführungen entsprechend nicht neben den Arealnetzen als eigene Netzkategorie, sondern waren ein Unterfall der Arealnetze.[182]

---

178 OLG Düsseldorf mit Anmerkung *Klaue*, ZNER 2004, 282 (290).

179 So auch *Boesche*, in: Säcker (Hrsg.), Berliner Kommentar, § 3, Rn. 42; *Theobald/Zenke/Dessau*, in: Schneider/Theobald (Hrsg.), Recht der Energiewirtschaft, § 15, Rn. 25; *Börner*, in: Bartsch/Röhling/Salje/Scholz (Hrsg.), Stromwirtschaft, Kap. 57, Rn. 245.

180 *Theobald/Zenke/Dessau*, in: Schneider/Theobald (Hrsg.), Recht der Energiewirtschaft, § 15, Rn. 25; *Bourwieg*, in: Britz/Hellermann/Hermes (Hrsg.), Energiewirtschaftsgesetz, § 17 EnWG, Rn. 13; *Boesche*, in: Säcker (Hrsg.), Berliner Kommentar, § 3 EnWG, Rn. 42j.

181 *Krebs*, in: Rosin/Pohlmann/Gentzsch/Metzenthin/Böwing (Hrsg.), Praxiskommentar zum Energiewirtschaftsgesetz, § 110 EnWG, Rn. 27.

182 *Säcker/Boesche*, in: Säcker (Hrsg.), Berliner Kommentar, § 17 EnWG, Rn. 18 f.; *Theobald*, in: Danner/Theobald (Hrsg.), Energierecht, § 110 EnWG, Rn. 11; *Bourwieg*, in: Britz/Hellermann/Hermes (Hrsg.), Energiewirtschaftsgesetz, § 110 EnWG, Rn. 2; *Schroeder-Czaja*, in: Riedel/Schroeder-Czaja/Jacobshagen (Hrsg.), Objekt- und Arealnetze, S. 50; *Strohe*, ET 2005, 747 (748).

Unter dem Dach der „Objektnetze“ waren somit drei Typen von Arealnetzen gesetzlich geregelt: Arealnetze, die den Betrieb von Energieversorgungsnetzen auf einem räumlich zusammengehörenden Betriebsgebiet voraussetzen und überwiegend dem Transport von Energie innerhalb des eigenen Unternehmens oder zu verbundenen Unternehmen dienten.[183] Ferner waren von § 110 EnWG a. F. Arealnetze erfasst, die sich auf einem räumlich zusammengehörenden privaten Gebiet befanden und dem Netzbetreiber dazu dienten, durch einen gemeinsamen übergeordneten Geschäftszweck, der über bloße Vermietungs- oder Verpachtungsverhältnisse hinausgeht, bestimmbare Letztverbraucher mit Energie zu versorgen, und schließlich Arealnetze, die sich auf räumlich eng zusammengehörendem Gebiet befinden und überwiegend der Eigenversorgung dienten.[184]

Auch die geschlossenen Verteilernetze nach § 110 EnWG stellen keine eigene Netzkategorie gegenüber Arealnetzen dar, sondern sind genau wie die Objektnetze nach § 110 EnWG a. F. als eine Unterkategorie der Arealnetze zu qualifizieren.[185] Allerdings sind nicht alle Arealnetze zugleich geschlossene Verteilernetze, denn es gibt auch Arealnetze, die nicht die Voraussetzungen des § 110 Abs. 2 EnWG erfüllen. Das dürfte zumindest bei Netzen, die überwiegend Haushaltskunden versorgen, der Fall sein, denn nach § 110 Abs. 2 S. 2 EnWG erfolgt die Einstufung als geschlossenes Verteilernetz nur, wenn keine Haushaltskunden im engeren Sinn oder nur eine geringe Zahl über das Netz versorgt werden.

Die Tatbestandsvoraussetzungen des § 110 EnWG sind nun restriktiver als die des früheren Objektnetztatbestandes (§ 110 EnWG a. F.).[186] Ausgangspunkt ist in beiden Fällen des § 110 Abs. 2 EnWG, dass es sich um ein geographisch begrenztes Industrie- oder Gewerbegebiet handeln muss oder ein geographisch begrenztes Gebiet, in dem Leistungen gemeinsam genutzt werden, sodass die Voraussetzung der örtlichen Eingrenzbarkeit, die wesentliches Merkmal der Arealnetze ist, vorliegt. Sind darüber hinaus die weiteren Voraussetzungen der Nr. 1 und Nr. 2 des § 110 Abs. 2 S. 1 EnWG vorhanden, dann lässt sich das Arealnetz als geschlossenes Verteilernetz qualifizieren. Daraus folgt, dass § 110 Abs. 2 EnWG zum einen (Areal-)Netze, in denen die Tätigkeit oder Produktionsverfahren der Benutzer dieser Netze aus konkreten technischen oder sicherheitstechnischen Gründen verknüpft sind, erfasst. Dieser Netztyp

183 *Schroeder-Czaja/Jacobshagen*, IR 2006, 50 (55).

184 *Meinhold*, ZNER 2005, 196 (198).

185 *Strohe*, CuR 2011, 105 (106).

186 *Schalle*, ZNER 2011, 406 (408); *Strohe*, CuR 2011, 105 (106).

stimmt weitestgehend mit § 110 Abs. 1 Nr. 2 EnWG, den sogenannten „Dienstleistungsnetzen“, überein, wobei statt des übergeordneten Geschäftszwecks auf die Verknüpfung der Tätigkeiten der Netznutzer aus technischen oder aus sicherheitstechnischen Gründen abgestellt wird.[187] Diese Voraussetzung ist bei auf spezifische Produktionsabläufe abgestimmten Versorgungskonzepten, wie beispielsweise bei einem Chemiepark, erfüllt.[188] Jedoch lassen sich technische oder sicherheitstechnische Gründe für die einheitliche Versorgung eines Flughafens oder Einkaufszentrums nicht anführen, sodass diese im Gegensatz zum Dienstleistungsnetz nach § 110 Abs. 1 Nr. 2 EnWG a. F. nicht mehr erfasst sind.[189] Zum anderen erfasst § 110 Abs. 2 EnWG (Areal-)Netze, mit denen in erster Linie Strom an Netzeigentümer, Netzbetreiber oder an mit diesen verbundene Unternehmen verteilt wird. Diese Fallgruppe entspricht im Wesentlichen § 110 Abs. 1 Nr. 1 EnWG a.F., den sogenannten „Werksnetzen“. Auch hier dient das Netz überwiegend dem Transport von Energie innerhalb des eigenen Unternehmens oder zu verbundenen Unternehmen nach § 3 Nr. 38 EnWG.[190]

Die geschlossenen Verteilernetze nach § 110 Abs. 2 EnWG erfüllen in beiden Varianten alle Merkmale der Definition eines Arealnetzes: Sie befinden sich auf einem eingrenzbaren Gebiet. Ferner werden die Netze von einem vom örtlichen Verteilernetzbetreiber abweichenden Betreiber unterhalten, der von seinen Netzkunden ein Entgelt verlangt. Die Netze sind von ihrer Struktur her in der Regel klassische Verteilernetze.

cc) Fazit

Insgesamt lässt sich sagen, dass der Begriff „Arealnetz“ im EnWG nicht aufgegriffen wird und mit ihm daher zunächst auch keine Rechtsfolgen verbunden sind.[191] In der Literatur und Rechtsprechung wird er jedoch weiterhin verwendet, da er sich inzwischen zum Oberbegriff für nachgelagerte Netzstrukturen entwickelt

---

187 *Kühling/Pisal*, RdE 2010, 161 (166); anders *Theobald/Zenke/Dessau*, in: Schneider/Theobald (Hrsg.), Recht der Energiewirtschaft, § 15, Rn. 20.

188 *Strohe*, CuR 2011, 105 (107).

189 Gemeinsames Positionspapier der Regulierungsbehörden der Länder und der Bundesnetzagentur zu geschlossenen Verteilernetzen gemäß § 110 EnWG v. 23.02.2012, S. 12; *Säcker/Wolf*, in: Säcker (Hrsg.), Integrierte Energieversorgung in geschlossenen Verteilernetzen, S. 53.

190 *Säcker/Wolf*, in: Säcker (Hrsg.), Integrierte Energieversorgung in geschlossenen Verteilernetzen, S. 51.

191 *Schau*, IR 2007, 122 (122).

Abb. 6: Zusammenfassende Übersicht zur Einordnung der Arealnetze in das System des EnWG

<table>
<tr><td colspan="4">Oberbegriff: Energieanlagen im Sinne von § 3 Nr. 15 EnWG
⇓</td></tr>
<tr><td colspan="2">⇓
Energieversorgungsnetze</td><td rowspan="4">⇓
Kundenanlagen im Sinne von § 3 Nr. 24 a und b EnWG</td><td rowspan="4">⇓
Direktleitungen im Sinne von § 3 Nr. 12 EnWG</td></tr>
<tr><td>Energieversorgungsnetze der allgemeinen Versorgung im Sinne von § 3 Nr. 16 EnWG</td><td>Energieversorgungsnetze außerhalb der allgemeinen Versorgung im Sinne von § 3 Nr. 17 EnWG</td></tr>
<tr><td>→ Arealnetze, die der allgemeinen Versorgung dienen</td><td>→ Arealnetze als Geschlossene Verteilernetze im Sinne von § 110 Abs. 2 EnWG</td></tr>
<tr><td></td><td>→ Sonstige Arealnetze</td></tr>
</table>

Quelle: Jacobshagen/Kachel/Baxmann, IR 2012

hat.[192] Offensichtlich wollte der Gesetzgeber sich nicht mit einer eigenständigen Definition im EnWG festlegen, sondern Raum für weitere Entwicklungen in der Praxis lassen.[193]

Um die Rechte und Pflichten des Arealnetzbetreibers festzulegen, ist es erforderlich, das Arealnetz den einzelnen Netzkategorien, die das EnWG kennt (Energieversorgungsnetz der allgemeinen Versorgung nach § 3 Nr. 17 EnWG, sonstiges Energieversorgungsnetz nach § 3 Nr. 16 EnWG oder geschlossenes Verteilernetz nach § 110 EnWG) zuzuordnen.[194]

---

192 *Theobald/Zenke/Dessau*, in: Schneider/Theobald (Hrsg.), Recht der Energiewirtschaft, § 15, Rn. 23; *Boesche* sowie *Säcker/Boesche*, in: Säcker (Hrsg.), Berliner Kommentar, § 3 EnWG, Rn. 42, § 17 EnWG, Rn. 18 f.; *Hartmann*, in: Danner/Theobald (Hrsg.), Energierecht, § 17 EnWG, Rn. 32; sowie *Theobald,* § 110 EnWG, Rn. 11; *Bourwieg*, in: Britz/Hellermann/Hermes (Hrsg.), Energiewirtschaftsgesetz, § 110 EnWG, Rn. 2; *Börner*, in: Bartsch/Röhling/Salje/Scholz (Hrsg.), Kap. 57, Rn. 35; *Schroeder-Czaja*, in: Riedel/Schroeder-Czaja/Jacobshagen (Hrsg.), Objekt- und Arealnetze, S. 50; *Börner*, in: Bartsch/Röhling/Salje/Scholz (Hrsg.), Stromwirtschaft, Kap. 57, Rn. 35; *Schau*, IR 2007, 122 (122); *Strohe*, CuR 2011, 105 (106); *Brunner*, Wettbewerb im Stromnetz, Kap. 3, S. 138 sowie S. 244.

193 *Strohe*, et 2005, 747 (748).

194 So auch *Schau*, IR 2007, 122 (122); *Börner*, in: Bartsch/Röhling/Salje/Scholz (Hrsg.), Stromwirtschaft, Kap. 57, Rn. 223 f.

2. Voraussetzungen für den Arealnetzbetrieb

a) Allgemeine Voraussetzungen

Zunächst errichtet und finanziert der Arealnetzbetreiber in aller Regel die elektrischen Anlagen.[195] Hierzu zählt die Herstellung der Verknüpfung mit dem Energieversorgungsnetz (Netzanschluss), deren Kosten für die Errichtung ebenfalls der Arealnetzbetreiber zu tragen hat.[196] Zu den Netzanschlusskosten gehören insbesondere die Kosten für die Beschaffung und Errichtung der Anschlusstechnik, für die elektrische Zuleitung zum Verknüpfungspunkt, also insbesondere Verbindungsleitungen und die zugehörigen Erdarbeiten, sowie die Kosten für Messeinrichtungen und für Transformatorenstationen.[197]

Zugleich erhält der Arealnetzbetreiber das Nutzungsrecht an den elektrischen Vorrichtungen.[198] Dies kann z. B. durch einen Eigentumserwerb erfolgen. Hierfür müssen die Anlagen eine Sonderrechtsfähigkeit erlangen.[199] Andernfalls läge das Eigentum gemäß § 94 Abs. 1 BGB bei dem Eigentümer des Grundstücks, da die elektrischen Vorrichtungen wesentliche Bestandteile des Grundstücks sind.[200] Um sonderrechtsfähig zu sein, müssen die Anlagen Scheinbestandteil nach § 95 BGB werden.[201] Die nachträgliche Zweckänderung wird vertraglich fixiert und es erfolgt eine Übereignung inklusive Übergabe der Anlagen.

Eine andere Möglichkeit ist ein rein schuldrechtlich eingeräumtes Nutzungsrecht an den Anlagen, z. B. durch Abschluss eines Pachtvertrags.[202]

b) Netzanschluss an das vorgelagerte Netz

aa) Anschlussbegehren

Zunächst richtet der Arealnetzbetreiber seinen „Anschlusswunsch" an den Netzbetreiber. Diese Anfrage ist der erste Kontakt des Anschlusspetenten mit dem

---

195 *Mevert/Hobbeling*, e|m|w 6/2004, 42 (42).

196 *Säcker/Boesche*, in: Säcker (Hrsg.), Berliner Kommentar, § 17 EnWG, Rn. 24, 113.

197 Zu den Kosten, die bei EEG-Anlagen entstehen und sich mit denen nach dem EnWG decken, *Schäfermeier*, in: Reshöft, Erneuerbare-Energien-Gesetz, § 13 EEG, Rn. 11; *Säcker/Boesche*, in: Säcker (Hrsg.), Berliner Kommentar, § 17 EnWG, Rn. 24.

198 *Mevert/Hobbeling*, e|m|w 6/2004, 42 (42).

199 *Schweizer*, WuM 06, 415 (416).

200 *Ellenberger*, in: Palandt, BGB, § 94, Rn. 2.

201 *Mahne*, Eigentum an Versorgungsleitungen, S. 145 ff; *Ellenberger*, in: Palandt, BGB, § 95, Rn. 3; *Dörner*, in: Handkommentar BGB, § 95, Rn. 1.

202 *Mevert/Hobbeling*, e|m|w 6/2004, 42 (42).

Netzbetreiber. Der Anschlusspetent muss hierbei Angaben über die Örtlichkeiten und die voraussichtliche Belastung des Netzanschlusses machen, aufgrund derer der Netzbetreiber die Umsetzbarkeit des Netzanschlusses unter Berücksichtigung der Netzverhältnisse überprüft.[203] Gemeinsam mit dem Anschlusspetenten erarbeitet er ein Konzept für den Netzanschluss unter angemessener Berücksichtigung der Interessen des Anschlussnehmers und plant gegebenenfalls eine Netzverstärkung.[204] Der Netzbetreiber unterbreitet dann dem Anschlusspetenten anhand dieses Konzepts ein Angebot für die Errichtung des Netzanschlusses.[205] Hierbei handelt es sich um den sogenannten Netzanschlussvertrag.[206]

bb) Technische Gesichtspunkte

Gegenstand des Netzanschlusses ist die physische Verknüpfung des Arealnetzes mit dem vorgelagerten Energieversorgungsnetz.[207] Notwendige Voraussetzung ist, dass es sich bei dem Arealnetz um ein gleich- oder nachgelagertes Netz handelt. Das ergibt sich aus § 17 Abs. 1 EnWG, der bei Anspruchberechtigten nur gleich- oder nachgelagerte Elektrizitätsversorgungsnetze erwähnt. Damit wird verdeutlicht, dass der Anschluss immer nur hierarchisch „von unten nach oben“ oder auf gleicher Ebene ermöglicht werden soll und nicht seitens vorgelagerter Netze gegenüber nachrangigen Netzen geltend gemacht werden kann.[208] Nachgelagerte Netze sind solche, die im Vergleich zum vorgelagerten Netz eine niedrigere Spannung aufweisen, wobei alle Energieversorgungsnetze erfasst sind, unabhängig davon, ob sie die nach Herstellung des Anschlusses abgenommene Energie an andere Netze, an Händler oder Letztverbraucher weitertransportieren.[209] Bei gleichgelagerten Netzen handelt es sich um horizontal auf der gleichen Ebene angesiedelte Netze, mit anderen Worten um Netze, die mit derselben Spannung arbeiten.[210]

---

203 *Hartmann*, in: Danner/Theobald (Hrsg.), Energierecht, § 17 EnWG, Rn. 73.

204 *Hartmann*, in: Danner/Theobald (Hrsg.), Energierecht, § 17 EnWG, Rn. 73.

205 *Hartmann*, in: Danner/Theobald (Hrsg.), Energierecht, § 17 EnWG, Rn. 73.

206 Zur Frage, was unter einem Netzanschlussvertrag zu verstehen ist, siehe unten 3.a) ee).

207 *Wolf*, in: Säcker (Hrsg.), Handbuch zum deutsch-russischen Energierecht, Kap. 5, Rn. 2; *Stappert/Johannsen*, in: Rosin/Pohlmann/Gentzsch/Metzenthin/Böwing (Hrsg.), Praxiskommentar zum Energiewirtschaftsgesetz, § 17 EnWG, Rn. 14; so auch EuGH, Urteil v. 09.10.2008; Az. Rs. C-239/07.

208 *Bourwieg*, in: Britz/Hellermann/Hermes (Hrsg.), Energiewirtschaftsgesetz, § 17 EnWG, Rn. 13;

209 *Säcker/Boesche*, in: Säcker (Hrsg.), Berliner Kommentar, § 17 EnWG, Rn. 15.

210 *Bourwieg*, in: Britz/Hellermann/Hermes (Hrsg.), Energiewirtschaftsgesetz, § 17 EnWG, Rn.13; *Säcker/Boesche*, in: Säcker (Hrsg.), Berliner Kommentar, § 17 EnWG, Rn. 15;

Der Netzanschluss findet entweder in einer Übergabestation beim Kunden oder in einem Umspannwerk des Netzbetreibers statt.[211] Wird der Netzanschluss im Umspannwerk vorgenommen, so wird das Arealnetz unmittelbar bzw. über Leitungen mit der unterspannungsseitigen Sammelschiene verbunden.[212] Die Sammelschiene ist eine Anordnung von Leitern, die als zentraler Verteiler elektrischer Energie dient, da an sie sämtliche aus einer Netz- oder Umspannebene ankommenden und abgehenden Leitungen angeschlossen sind.[213] Sie stellt nichts anderes dar als einen großen „Mehrfachstecker".

Mit dem Anschluss an die Sammelschiene wird der Arealnetzbetreiber einer Netzebene zugeordnet (vgl. § 17 Abs. 1 S. 2 StromNEV). In zwei Beschlüssen stellte die Bundesnetzagentur fest, dass ein Netzkunde der „Umspannebene" (beispielsweise „Umspannebene Mittel- Hochspannung") zugeordnet werden kann, wenn er mit eigenen Anschlussleitungen an die unterspannungsseitige Sammelschiene der Umspannstation angeschlossen ist.[214] Die Zuordnung wirft im Einzelfall jedoch einige Fragen auf, die es im Folgenden zu beantworten gilt.[215]

3. Rechtliche Grundlage für den Anschluss von Arealnetzen

a) Der Anspruch auf Netzanschluss aus dem Energiewirtschaftsgesetz

aa) Allgemeines zu den §§ 17, 18 EnWG

(1) Regelungsinhalt der §§ 17, 18 EnWG

Eine gesetzliche Definition des Netzanschlusses existiert im EnWG nicht. Er umfasst die technische Anbindung von Letztverbrauchern, Erzeugungs- und Speicheranlagen an das Leitungsnetz sowie von gleich- oder nachgelagerten Netzen untereinander.[216]

Stappert/Johannsen, in: Rosin/Pohlmann/Gentzsch/Metzenthin/Böwing (Hrsg.), Praxiskommentar zum Energiewirtschaftsgesetz, § 17 EnWG, Rn. 19.

211 *Hartmann*, in: Danner/Theobald (Hrsg.), Energierecht, § 17 EnWG, Rn. 35.

212 *Hartmann*, in: Danner/Theobald (Hrsg.), Energierecht, § 17 EnWG, Rn. 35.

213 Bundesnetzagentur, Beschluss v. 02.03.2006, Az. BK 8-05/006; vgl. ZNER 2006, 69 (71); Bundesnetzagentur, ZNER 2010, 102 (103).

214 Bundesnetzagentur, IR 2009, 212, (212).

215 Siehe unten 3. a) cc) (3).

216 *Koenig/Kühling/Rasbach*, Energierecht, S. 63; Wolf, in: Säcker (Hrsg.), Handbuch zum deutsch-russischen Energierecht, Kap. 5, Rn. 7.

Er ist die technische Voraussetzung dafür, einen Netzzugang, also den Bezug oder Absatz von Energie, überhaupt umsetzen zu können.[217]

(2) Abgrenzung der allgemeinen von der besonderen Anschlusspflicht

§ 17 Abs. 1 EnWG gewährt einen grundsätzlichen Anspruch auf Netzanschluss. § 18 Abs. 1 EnWG legt eine allgemeine Anschlusspflicht für Netzbetreiber von Energieversorgungsnetzen der allgemeinen Versorgung von Letztverbrauchern fest. Bereits durch die Gesetzesformulierung „abweichend von § 17 EnWG" wird verständlich, dass § 18 EnWG gegenüber § 17 EnWG die speziellere Vorschrift ist, die bei eröffnetem Anwendungsbereich die Regelung des § 17 EnWG zurücktreten lässt.[218] Liegt eine allgemeine Versorgung in Niederspannung vor, muss der Anschlusspetent sein Anschlussbegehren auf § 18 EnWG stützen.[219] Daraus folgt, dass derjenige, der an Netze mit einer höheren Spannungsstufe angeschlossen werden möchte, einen Netzanschluss nach § 17 Abs. 1 EnWG geltend machen muss.[220] Es muss insofern von einem besonderen Netzanschluss gesprochen werden, auch wenn der Gesetzgeber § 17 EnWG als Grundnorm und § 18 EnWG als speziellere Vorschrift ausgestaltet hat.[221]

(3) Entstehungsgeschichte unter Berücksichtigung des Netzanschlusses von Arealnetzen

Da der Netzanschluss physische und rechtliche Voraussetzung für den Netzzugang ist, war es nicht zufriedenstellend, dass das EnWG 1998[222] keine allgemeine Regelung des Netzanschlusses enthielt. Zwar befasste sich § 10 EnWG 1998 auch

---

217 *Theobald/Zenke/Dessau*, in: Schneider/Theobald (Hrsg.), Recht der Energiewirtschaft, § 15, Rn. 29; *Salje*, in: Baur/Salje/Schmidt-Preuß (Hrsg.), Regulierung in der Energiewirtschaft, Kap. 67, Rn. 1; *Bourwieg*, in: Brix/Hellermann/Hermes (Hrsg.), Energiewirtschaftsgesetz, § 17 EnWG, Rn. 2; *Wolf*, in: Säcker (Hrsg.), Handbuch zum deutsch-russischen Energierecht, Kap. 5; Rn. 3.

218 *Koenig/Kühling/Rasbach*, Energierecht, S. 75; *Salje*, in: Baur/Salje/Schmidt-Preuß (Hrsg.), Regulierung in der Energiewirtschaft, Kap. 67, Rn. 18; *Stappert/Johannsen*, in: Rosin/Pohlmann/Gentzsch/Metzenthin/Böwing (Hrsg.), Praxiskommentar zum Energiewirtschaftsgesetz, § 17 EnWG, Rn. 1; *Büdenbender*, RdE 2005, 285 (288).

219 *Bourwieg*, in: Brix/Hellermann/Hermes (Hrsg.), Energiewirtschaftsgesetz, § 18 EnWG, Rn. 1.

220 *Holznagel/Schumacher*, ZNER 2006, 218 (218); *Salje*, in: Baur/Salje/Schmidt-Preuß (Hrsg.), Regulierung in der Energiewirtschaft, Kap. 67, Rn. 19; *Wolf*, in: Säcker (Hrsg.), Handbuch zum deutsch-russischen Energierecht, Kap. 5, Rn. 8.

221 *Salje*, Energiewirtschaftsgesetz, Vor §§ 17 bis 19 EnWG, Rn. 3.

222 EnWG v. 29.04.1998 i.d.F. v. 20.05.2003.

mit den Voraussetzungen des Netzanschlusses, diese Regelung betraf aber, wie jetzt § 18 EnWG, nur den Sonderfall des Netzanschlusses an das Niederspannungsnetz. § 6 EnWG 1998 regelte demgegenüber jedenfalls dem Wortlaut nach nur den Zugang zu den Strom- und Gasversorgungsnetzen, nicht den Anschluss an das Netz.

Nach § 6 Abs. 1 S. 1 EnWG 1998 hatten „Betreiber von Elektrizitätsversorgungsnetzen anderen Unternehmen das Versorgungsnetz für Durchleitungen zu Bedingungen zur Verfügung zu stellen, die guter fachlicher Praxis entsprechen und nicht ungünstiger sind, als sie von ihnen in vergleichbaren Fällen für Leistungen innerhalb ihres Unternehmens oder gegenüber verbundenen oder assoziierten Unternehmen tatsächlich oder kalkulatorisch in Rechnung gestellt werden."

Ob sich anspruchstellende Arealnetzbetreiber auf diese Vorschrift berufen konnten, war nicht unumstritten. Das LG Frankfurt lehnte einen Anspruch aus § 6 Abs. 1 EnWG 1998 sowohl für den Fall ab, dass der Arealnetzbetreiber den Anschluss seines Arealnetzes an das Versorgungsnetz in Mittelspannung und die Versorgung mit Strom durch den Betreiber des Versorgungsnetzes begehrt, als auch für den Fall, dass der Arealnetzbetreiber die Durchleitung eigenen Stroms durch das Versorgungsnetz zu seinem Arealnetz samt Netzanschluss beantragt.[223] Das LG München bejahte dagegen einen Anspruch des Arealnetzbetreibers auf Anschluss an die Mittelspannungsebene aus § 6 Abs. 1 EnWG 1998.[224] Diese Entscheidung wurde durch das OLG München bestätigt, allerdings gestützt auf § 19 Abs. 4 Nr. 4 GWB.[225] In der Literatur wurde ein Anspruch des Arealnetzbetreibers aus § 6 Abs. 1 EnWG bejaht.[226]

Aufgrund dieser Unstimmigkeiten wurden in der Praxis Netzanschlussansprüche daher meist auf das kartellrechtliche Missbrauchsverbot des § 19 Abs. 4 Nr. 4 GWB gestützt. Dem schloss sich auch der BGH an.[227] Danach sind marktbeherrschende Unternehmen unter bestimmten Voraussetzungen verpflichtet, Wettbewerbern die eigenen Netze bzw. Infrastruktureinrichtungen zur Mitbenutzung zur Verfügung zu stellen, so auch im Falle anspruchstellender Arealnetzbetreiber.[228]

---

223 LG Frankfurt, RdE 2003, 51 (53).

224 LG München, ZNER 2003, 259 (260); *Horstmann*, Netzzugang in der Energiewirtschaft, S. 43.

225 OLG München, GRUR-RR 2004, 156 (157).

226 *Säcker/Boesche*, in: Säcker (Hrsg.), Berliner Kommentar, 1. Aufl., § 6 EnWG, Rn. 17; *Hellermann*, IR 2004, 266 (267); *Hampel*, ZNER 2004, 117 (118); *Galahn*, RdE 2004, 35 (36); *Buntschek*, CuR 2005, 1 (7).

227 BGH „Mainova", RdE 2005, 222 f.; Bundeskartellamt, „Mainova", WuW 2003, 1315 (1316).

228 BGH, „Mainova", RdE 2005, 222 f.; Bundeskartellamt, „Mainova", WuW 2003, 1315 (1316); OLG München, GRUR-RR 2004, 156 (157).

Am 13.07.2005 trat das „Zweite Gesetz zur Neuregelung des Energiewirtschaftsrechts" in Kraft.[229] Dieses enthält erstmals neben den Regelungen des Netzzugangs auch eine umfassende Regelung des Netzanschlusses in den §§ 17 und 18 EnWG.[230] Der Anspruch auf Netzanschluss von Arealnetzbetreibern bemisst sich fortan an § 17 und § 18 EnWG.[231]

Die beiden Vorschriften dienen laut der Begründung zum Regierungsentwurf der Umsetzung des Art. 23 Abs. 2 EltRl (2003/54/EG) und des Art. 25 Abs. 2 GasRl (2003/55/EG).[232] § 23 Abs. 2 EltRl (2003/54/EG) dient unter anderem der Ermächtigung der Regulierungsbehörden zur Festsetzung von Bedingungen für den Anschluss an und den Zugang zu den nationalen Netzen. § 17 Abs. 3 bzw. § 18 Abs. 3 EnWG übertragen diese Kompetenz nicht den Regulierungsbehörden, sondern zulässigerweise der Bundesregierung, die durch Rechtsverordnung mit Zustimmung des Bundesrats die Bedingungen für den Netzanschluss und dessen Nutzung festlegen sowie regeln kann, in welchen Fällen und unter welchen Voraussetzungen die Regulierungsbehörden diese Bedingungen oder Methoden festlegen oder auf Antrag des Netzbetreibers genehmigen können.[233]

(4) Erforderliche Verträge beim Netzanschluss von Arealnetzen

Der Netzanschluss und der Netzzugang setzen entsprechende Verträge zwischen den Anschlussnehmern, Netzbetreibern und Stromlieferanten voraus.[234] Unter den Oberbegriff der Netzverträge lassen sich alle Verträge subsumieren, die sich von ihrem Gegenstand her mit dem Anschluss an das und der Nutzung des elektrischen Netzes befassen.[235] Hierbei handelt es sich um den Netzanschlussvertrag, den Anschlussnutzungsvertrag sowie den Netznutzungsvertrag, der sich mit dem Zugang zum vorgelagerten Netz befasst.[236]

---

229 BGBl. I 2005, S. 1970.

230 *Holznagel/Schumacher*, ZNER 2006, 218 (218).

231 *Boesche*, in: Säcker (Hrsg.), Berliner Kommentar, § 3 EnWG, Rn. 42a; *Bourwieg*, in: Brix/Hellermann/Hermes (Hrsg.), Energiewirtschaftsgesetz, § 17 EnWG, Rn. 13; *Theobald/Zenke/Dessau* in: Schneider/Theobald (Hrsg.), Recht der Energiewirtschaft, § 15, Rn. 23.

232 Bundesrats-Drucksache 613/04, S. 105.

233 Siehe unten 3. a) cc) (6).

234 *Bourwieg*, in: Brix/Hellermann/Hermes (Hrsg.), Energiewirtschaftsgesetz, § 17 EnWG, Rn. 9, 10.

235 *Rosin/Heinlein*, RdE 2005, 29 (29).

236 *Wolf*, in: Säcker (Hrsg.), Handbuch zum deutsch-russischen Energierecht, Kap. 5, Rn. 62; *Säcker/Boesche*, in: Säcker (Hrsg.), Berliner Kommentar, § 17 EnWG, Rn. 3.

(a) Netzanschlussvertrag

§ 17 Abs. 1 EnWG setzt zur Begründung des Netzanschlussverhältnisses den Abschluss eines Netzanschlussvertrags zwischen Anschlussnehmer und Netzbetreiber voraus.[237] Im Netzanschlussvertrag werden alle Einzelheiten, wie beispielsweise die Definition des Anschlusses (Adresse, Spannungsebene), Vertragsdauer, Haftungsbegrenzungen, Anschlusskosten, Baukostenzuschuss, Wartungsfragen, Installation von Messeinrichtungen, Kündigungs- und Zutrittsrechte geregelt.[238] Abgesehen von der im Folgenden problematisierten Frage, an welche Spannungsebene der Kunde angeschlossen wird, bestimmt in dem Netzanschlussvertrag der Netzbetreiber zumindest die konkrete Art und die Lage des Netzanschlusses.[239]

(b) Anschlussnutzungsvertrag

Ferner setzt § 17 Abs. 1 EnWG einen Anschlussnutzungsvertrag voraus.[240] Der Anschlussnutzungsvertrag beinhaltet die Bedingungen zur Nutzung des Netzanschlusses für die Entnahme von Elektrizität.[241] Hierbei werden die gegenseitigen Rechte und Pflichten zwischen dem Netzbetreiber, an dessen Netz das nachgelagerte Arealnetz angeschlossen ist und dem Anschlussnutzer, der im Falle des Arealnetzbetriebs mit dem Anschlussnehmer identisch ist, festgelegt.[242] Sofern Letztverbraucher auf dem Areal angesiedelt sind, sind diese wiederum Anschlussnutzer gegenüber dem Arealnetzbetreiber und schließen einen Anschlussnutzungsvertrag mit dem Arealnetzbetreiber ab.

Von besonderer Bedeutung ist gerade beim Anschluss von Arealnetzen die Haftung des Netzbetreibers bei Störungen der Anschlussnutzung, da sich beim Arealnetzbetrieb eine Störung der Anschlussnutzung auf alle in dem Areal angesiedelten Letztverbraucher auswirken würde. Der Netzbetreiber muss daher

---

237 *Bourwieg*, in: Brix/Hellermann/Hermes (Hrsg.), Energiewirtschaftsgesetz, § 17 EnWG, Rn. 9; für den Niederspannungsbereich vgl. § 2 NAV.

238 *De Wyl/Thole*, in: Schneider/Theobald (Hrsg.), Recht der Energiewirtschaft, § 16, Rn. 130; *Wolf*, in: Säcker (Hrsg.), Handbuch zum deutsch-russischen Energierecht, Kap. 5; Rn. 11.

239 *Hartmann*, in: Danner/Theobald, Energierecht, § 17 EnWG, Rn. 87. Etwas anderes ergibt sich beim Netzanschlusses nach der KraftNAV, siehe im Folgenden unter C. IV. 3. bb) (1) (a).

240 *Bourwieg*, in: Brix/Hellermann/Hermes (Hrsg.), Energiewirtschaftsgesetz, § 17 EnWG, Rn. 10.

241 *De Wyl/Thole*, in: Schneider/Theobald (Hrsg.), Recht der Energiewirtschaft, § 16, Rn. 137; für den Niederspannungsbereich vgl. § 3 NAV.

242 *Bourwieg*, in: Brix/Hellermann/Hermes (Hrsg.), Energiewirtschaftsgesetz, § 17 EnWG, Rn. 10.

im Anschlussnutzungsvertrag verpflichtet werden, die Nutzung dauerhaft zu ermöglichen, insbesondere die Spannung und die Frequenz gleichbleibend zu halten.[243] Hinsichtlich der Haftungsfragen ist es höchstrichterlich entschieden, dass eine Übertragung der Grundsätze der Regelungen zur allgemeinen Grundversorgung auf Anschlussverträge außerhalb der allgemeinen Anschlusspflicht der NAV rechtlich zulässig ist.[244]

(c) Netznutzungsvertrag

Bei der vertraglichen Gestaltung des Netzzugangs ist zwischen Netznutzung einerseits und Stromlieferung andererseits zu unterscheiden.[245]

Der Netznutzungsvertrag ist gesetzlich normiert in § 20 Abs. 1 a S. 1 EnWG, §§ 2 Nr. 7, 23, 24 StromNZV. Er umfasst die Leistung des Netzbetreibers, für die Elektrizitätsversorgung des Kunden oder eines Lieferanten die Netzinfrastruktur zur Verfügung zu stellen und Netzdienste zu erbringen.[246] Damit kommt zum Ausdruck, dass es im Kern nicht um den einmaligen Zugang geht, sondern um die dauerhafte Nutzung der Netzinfrastruktur.[247] Für den Zugangspetenten regelt er die Pflicht zur Zahlung von Netznutzungsentgelten an den Netzbetreiber. Den weiteren Inhalt bestimmt § 24 Abs. 2 StromNZV.[248] Der Netznutzungsvertrag wird gemäß § 20 Abs. 1 a S. 1 EnWG vom Letztverbraucher oder vom Lieferanten mit demjenigen Energieversorgungsunternehmen abgeschlossen, aus dessen Netz die Entnahme von Elektrizität erfolgen soll oder in dessen Netz eingespeist werden soll. Zur Erleichterung der Abwicklung des Netzzugangs hat man es den Netznutzern

243 Zum Niederspannungsbereich vgl. *Hartmann*, in: Danner/Theobald (Hrsg.), Energierecht, § 18 NAV, Rn. 34.

244 BGH, NJW 2004, 2161 (2162); BGH, EWiR 2005, 57 (57); so auch in der Literatur *Hartmann*, in: Danner/Theobald (Hrsg.), Energierecht, § 18 NAV, Rn. 54; *de Wyl/Thole*, in: Schneider/Theobald (Hrsg.), Recht der Energiewirtschaft, § 16, Rn. 130.

245 *Britz*, in: Britz/Hellermann/Hermes (Hrsg.), Energiewirtschaftsgesetz, § 20 EnWG, Rn. 63; *Schulz-Jander*, in: Stuhlmacher/Stappert/Schoon/Jansen (Hrsg.), Grundriss zum Energierecht, Teil 2, Kap. 2, A., Rn. 10.

246 *De Wyl/Thole*, in: Schneider/Theobald (Hrsg.), Recht der Energiewirtschaft, § 16, Rn. 328; *Britz*, in: Britz/Hellermann/Hermes (Hrsg.), Energiewirtschaftsgesetz, § 20 EnWG, Rn. 64.

247 *Säcker/Boesche*, in: Säcker (Hrsg.), Berliner Kommentar, § 20, Rn. 73, 74; *Böwing*, in: Baur/Salje/Schmidt-Preuß (Hrsg.), Kap. 68, Rn. 31.

248 *Koenig/Kühling/Rasbach*, Energierecht. S. 78.

erspart, mit den Betreibern aller betroffenen Netze eigene Vertragsverhältnisse begründen zu müssen.[249]

Auch die Netzbetreiber der verschiedenen aneinandergrenzenden Netzebenen schließen neben den Anschluss- und Anschlussnutzungsverträgen untereinander Netznutzungsverträge ab.[250] Jeder Verteilernetzbetreiber ist aus der Sicht des vorgelagerten Netzbetreibers Netzkunde wie ein Letztverbraucher, der an die gleiche Spannungsebene angeschlossen ist.[251]

Anhand des Netznutzungsvertrags lassen sich die verschiedenen Arealnetzmodelle erläutern:

→ 1. Fall: Auf dem Areal sind Letztverbraucher angesiedelt

Variante 1: Der Arealnetzbetreiber übernimmt die Stromversorgung.

Dazu schließt der Arealnetzbetreiber einen Netznutzungsvertrag mit dem vorgelagerten Netzbetreiber.[252] Die Letztverbraucher auf dem Areal schließen mit dem Arealnetzbetreiber einen integrierten Stromliefervertrag ab, der die Stromlieferung und Netznutzung beinhaltet (einen sogenannten „All inclusive“ Vertrag).[253]

Variante 2: Der Arealnetzbetreiber übernimmt nicht die Stromversorgung. Er ist nur Netzbetreiber. Die Letztverbraucher schließen einen integrierten Stromliefervertrag mit dem Lieferanten. Der Stromlieferant schließt einen Lieferantenrahmenvertrag mit dem Arealnetzbetreiber. Nach § 20 Abs. 1 a S. 2 EnWG ist der Lieferantenrahmenvertrag eine Unterform des Netznutzungsvertrags.[254] Der Lieferantenrahmenvertrag bezieht sich gemäß § 20 Abs. 1 a S. 2 EnWG nicht auf eine bestimmte Entnahmestelle.[255] Er ermöglicht es dem Lieferanten somit gegenüber dem Arealnetzbetreiber, eine Vielzahl von Letztverbrauchern über dessen Netz zu beliefern.[256]

Variante 3: Wie Variante 2, nur handelt es sich bei dem Letztverbraucher um einen Industriekunden. In diesem Fall schließt der Letztverbraucher keinen „All inclusive“ Vertrag ab. Er will in der Regel seine Verhandlungsmacht unmittelbar gegenüber dem Arealnetzbetreiber ausspielen und schließt mit diesem einen Netznutzungsvertrag. Den Liefervertrag schließt er mit seinem Stromlieferanten ab.

---

249 *Britz*, in: Britz/Hellermann/Hermes (Hrsg.), Energiewirtschaftsgesetz, § 20 EnWG, Rn. 67.
250 *De Wyl/Thole*, in: Schneider/Theobald (Hrsg.), Recht der Energiewirtschaft, § 16, Rn. 335.
251 *De Wyl/Thole*, in: Schneider/Theobald (Hrsg.), Recht der Energiewirtschaft, § 16, Rn. 335.
252 *Säcker/Boesche*, in: Säcker (Hrsg.), Berliner Kommentar, § 20, Rn. 106.
253 *Britz*, in: Britz/Hellermann/Hermes (Hrsg.), Energiewirtschaftsgesetz, § 20 EnWG, Rn. 67.
254 *Koenig/Kühling/Rasbach*, Energierecht, S. 79.
255 *Koenig/Kühling/Rasbach*, Energierecht, S. 79
256 *Koenig/Kühling/Rasbach*, Energierecht, S. 79.

→ 2. Fall: Der Eigentümer des einzigen Gewerbe- oder Industriebetriebs auf dem Areal betreibt selbst das Netz. Hierfür schließt der Arealnetzbetreiber einen Netznutzungsvertrag mit dem vorgelagerten Netzbetreiber und einen reinen Stromliefervertrag (also ohne Netznutzung) mit dem Lieferanten.[257]

(d) Dogmatische Einordnung der Verträge

(aa) Netzanschluss

Es stellt sich die Frage, ob § 17 Abs. 1 EnWG einen unmittelbaren Anspruch auf Netzanschluss einräumt, bei dem zumindest einer der Verträge (Netzanschluss- oder Anschlussnutzungsvertrag) kraft Gesetzes zustande kommt, oder einen auf den Abschluss eines dieser Verträge gerichteten Kontrahierungszwang der Netzbetreiber regelt.[258] Im Rahmen der Grundversorgung geht der Gesetzgeber nämlich von einer solchen differenzierenden Lösung aus.[259] Danach soll das Netzanschlussverhältnis durch einen Vertrag zwischen Anschlussnehmer und Netzbetreiber begründet werden.[260] Das Anschlussnutzungsverhältnis soll hingegen kraft Gesetzes zustande kommen.[261]

Fraglich ist, ob dieses Konzept auch auf § 17 EnWG übertragbar ist.[262] Zunächst ist zu klären, wie der Anschlussvertrag im Rahmen von § 17 Abs. 1 EnWG zustande kommt. Nach § 17 Abs. 1 EnWG „haben Betreiber von Energieversorgungsnetzen (...) anzuschließen“. Aus dem Wortlaut folgern Säcker/Boesche, dass sich aus dieser Vorschrift ein unmittelbarer Rechtsanspruch auf Netzanschluss ergebe. Andernfalls hätte es ihrer Ansicht nach heißen müssen: „Betreiber von Energieversorgungsnetzen haben sich mit (...) über den Netzanschluss zu einigen.“[263]

257 *De Wyl/Thole*, in: Schneider/Theobald (Hrsg.), Recht der Energiewirtschaft, § 16, Rn. 335.

258 Diese Frage war schon bei § 6 EnWG a.F. umstritten, vgl. *Säcker/Boesche*, in: Säcker (Hrsg.), Berliner Kommentar, 1. Aufl., § 6 EnWG, Rn. 271. Zu dieser Frage beim Netzzugang *Schmidt-Preuß*, in: FS-Bartlsperger, 573 (582); aktuell: *Bourwieg*, in: Britz/Hellermann/Hermes (Hrsg.), Energiewirtschaftsgesetz, § 17 EnWG, Rn. 7.

259 *Bourwieg*, in: Britz/Hellermann/Hermes (Hrsg.), Energiewirtschaftsgesetz, § 17 EnWG, Rn. 7; *Säcker/Boesche*, in: Säcker (Hrsg.), Berliner Kommentar, § 17 EnWG, Rn. 4.

260 Bundestags Drucksache 15/3917, S. 58.

261 Vgl. § 3 Abs.2 S.1 NAV; Bundestags Drucksache 15/3917, S. 58.

262 *Bourwieg*, in: Britz/Hellermann/Hermes (Hrsg.), Energiewirtschaftsgesetz, § 17 EnWG, Rn. 7.

263 *Säcker /Boesche*, in: Säcker (Hrsg.), Berliner Kommentar, § 17 EnWG, Rn. 3; so auch *Salje*, Energiewirtschaftsgesetz, § 17 EnWG, Rn. 10.

Diese Ansicht verdient jedoch keine Zustimmung.[264] Der Wortlaut von § 17 Abs. 1 EnWG spricht zwar auf den ersten Blick für einen unmittelbaren Rechtsanspruch. Jedoch ergibt sich aus dem Vergleich mit der Vorschrift des § 18 Abs. 1 EnWG etwas anderes, denn auch nach dieser Vorschrift „haben Betreiber von Energieversorgungsnetzen (...) anzuschließen". Der Wortlaut des § 18 Abs. 1 EnWG stimmt insofern mit § 17 Abs. 1 EnWG überein. Im Rahmen von § 18 Abs. 1 S. 1 EnWG geht der Gesetzgeber vom Zustandekommen des Netzanschlussverhältnisses durch Vertrag und dementsprechend von einem Kontrahierungszwang aus.[265] Dies ergibt sich aus § 2 Abs. 2 NAV. Etwas anderes kann aufgrund des identischen Wortlauts daher auch nicht für § 17 Abs. 1 EnWG gelten. Ferner ist eine unmittelbare Vollzugsfähigkeit von § 17 Abs. 1 EnWG mangels Ausgestaltung der Netzanschlussbedingungen durch eine der NAV vergleichbare Rechtsverordnung nicht gegeben, sodass auch aus diesem Grund eine vertragliche Vereinbarung zwischen Netzbetreiber und Anschlussnehmer erforderlich ist.[266] Daher ist die Regelung in § 17 Abs. 1 EnWG als Kontrahierungszwang zwischen Netzbetreiber und Anschlusspetent zu verstehen.[267] Liegen die Voraussetzungen von § 17 EnWG vor, dann müssen sich Netzbetreiber und Anschlusspetent über den Netzanschlussvertrag einigen.

Was den Anschlussnutzungsvertrag betrifft, so lässt sich diese Systematik des § 18 EnWG nicht ohne Weiteres auf § 17 EnWG übertragen.[268] Im Gegensatz zu § 18 Abs. 3 S. 1 Nr. 2 EnWG sieht die Verordnungsermächtigung in § 17 Abs. 3 EnWG nicht vor, dass Regelungen über die Begründung des Rechtsverhältnisses der Anschlussnutzung getroffen werden können.[269] § 17 Abs. 3 S. 2 Nr. 2 EnWG ermächtigt nur zu Regelungen über den Abschluss, den Gegenstand und die Beendigung von Verträgen. Daraus ergibt sich, dass nach der Vorstellung des Gesetzgebers in § 17 EnWG das Anschlussnutzungsverhältnis

---

264 So auch *Bourwieg,* in: Britz/Hellermann/Hermes (Hrsg.), Energiewirtschaftsgesetz, § 17 EnWG, Rn. 7; *Schwartz*, Die Zulässigkeit der Erhebung von Baukostenzuschüssen nach nationalen und europäischen Energierecht, S. 96.

265 *De Wyl/Thole*, in: Schneider/Theobald (Hrsg.), Recht der Energiewirtschaft, § 16, Rn. 97.

266 *Bourwieg*, in: Britz/Hellermann/Hermes (Hrsg.), Energiewirtschaftsgesetz, § 17 EnWG, Rn. 7.

267 So auch *Sieberg*, in: Bartsch/Röhling/Salje/Scholz (Hrsg.), Stromwirtschaft, Kap. 53, Rn. 4; anders *Säcker/Boesche*, in: Säcker (Hrsg.), Berliner Kommentar, § 17 EnWG, Rn. 4; *Salje*, in: Baur/Salje/Schmidt-Preuß (Hrsg.), Regulierung in der Energiewirtschaft, Kap. 67, Rn. 8.

268 So auch *Bourwieg*, in: Britz/Hellermann/Hermes, Energiewirtschaftsgesetz, § 17 EnWG, Rn. 8; *Säcker/Boesche*, in: Säcker (Hrsg.), Berliner Kommentar, § 17 EnWG, Rn. 4.

269 *Bourwieg*, in: Britz/Hellermann/Hermes, Energiewirtschaftsgesetz, § 17 EnWG, Rn. 8.

nicht als gesetzliches Schuldverhältnis, sondern wie das Netzanschlussverhältnis ebenfalls durch Vertrag begründet werden soll.[270]

(bb) Netzzugang

Auch beim Netzzugang stellt sich die Frage, ob § 20 Abs. 1 EnWG einen unmittelbaren Anspruch auf Netzanschluss einräumt oder einen auf den Abschluss eines Vertrags gerichteten Kontrahierungszwang der Netzbetreiber regelt.[271]

Teilweise wird von einer Zweistufigkeit des den Netzzugang betreffenden Rechtsverhältnisses ausgegangen.[272] Während auf der ersten Stufe kraft Gesetzes nach § 20 Abs. 1 EnWG unmittelbar Netzzugang zu gewähren ist, sind auf der zweiten Stufe die den Netzzugang konkretisierenden Verträge nach § 20 Abs. 1 a EnWG i.V.m. § 24 StromNZV abzuschließen.[273]

Jedoch kann im Rahmen von § 20 Abs. 1 EnWG, gerade im Vergleich mit § 17 EnWG, nicht von einem anderen Ergebnis ausgegangen werden, als dass die Vorschrift einen bloßen Kontrahierungszwang begründet. Denn auch hier hat der Gesetzgeber den gleichen Wortlaut „Betreiber von Energieversorgungsnetzen haben (...) zu gewähren" wie in § 17 Abs. 1 EnWG gewählt. Daher scheint hier, gerade auch der Einheitlichkeit halber, § 20 Abs. 1 EnWG so zu interpretieren, dass er eine Verpflichtung zum Abschluss eines entsprechenden Vertrags zum Gegenstand hat.[274] Ferner lassen §§ 23, 24 Abs. 1 und 25 Abs. 1 StromNZV erkennen, dass auch der Verordnungsgeber annahm, dass § 20 Abs. 1 EnWG lediglich einen Anspruch auf Abschluss eines Netznutzungsvertrags begründet.[275] Zwar hat ein zweistufiges Rechtsverhältnis den Vorteil, dass bei Streitigkeiten über die vertragliche Ausgestaltung einzelner Netzzugangsbedingungen vorbehaltlich § 20 Abs. 2 EnWG der Netzzugang vom Netzbetreiber nicht verweigert werden darf.[276] Diese Hürde lässt sich jedoch auch anderweitig überwinden. Unabhängig von der dogmatischen Einordnung des Anspruchsinhalts soll nach höchstrichterlicher Recht-

---

270 *Bourwieg*, in: Britz/Hellermann/Hermes, Energiewirtschaftsgesetz, § 17 EnWG, Rn. 8.

271 *Britz*, in: Hellermann/Hermes/Britz (Hrsg.), Energiewirtschaftsgesetz, § 20 EnWG, Rn. 10.

272 *Salje*, Energiewirtschaftsgesetz, § 20 EnWG, Rn. 26.

273 *Säcker/Boesche*, in: Säcker (Hrsg.), Berliner Kommentar, § 20 EnWG, Rn. 21; *Böwing*, in: Baur/Salje/Schmidt-Preuß (Hrsg.), Regulierung in der Energiewirtschaft, Kap. 68, Rn. 26.

274 So auch *Schmidt-Preuß*, in: FS-Bartlsperger, 573 (582); *Britz*, in: Hellermann/Hermes/Britz (Hrsg.), Energiewirtschaftsgesetz, § 20 EnWG, Rn. 10.

275 *Britz*, in: Hellermann/Hermes/Britz (Hrsg.), Energiewirtschaftsgesetz, § 20 EnWG, Rn. 10; *Schmidt-Preuß*, in: FS-Bartlsperger, 573 (582).

276 *Salje*, Energiewirtschaftsgesetz, § 20 EnWG, Rn. 28.

sprechung eine Leistungsklage unmittelbar auf Netzzugang möglich sein.[277] Bei einer Klage auf Abschluss eines konkret auszuformulierenden und der Klage beizufügenden Vertrags wird die Annahmeerklärung des Vertragspartners durch die Rechtskraft des Urteils ersetzt (vgl. § 894 ZPO).

Abb. 7: Zustandekommen von Netzverträgen nach dem EnWG

		Vertrag	Zustandekommen
Netzanschluss	§ 18 Abs. 1 EnWG	Netzanschlussvertrag	→ durch Verhandlung (Kontrahierungszwang)
		Anschlussnutzungsvertrag	→ kraft Gesetzes
	§ 17 Abs. 1 EnWG	Netzanschlussvertrag und Anschlussnutzungsvertrag	→ durch Verhandlung (Kontrahierungszwang)
Netzzugang	§ 20 Abs. 1, 1 a EnWG i. V. m. § 24 StromNZV	Netznutzungsvertrag	→ durch Verhandlung (Kontrahierungszwang)

Eigene Darstellung, 2013

bb) Der Anspruch eines Arealnetzbetreibers auf Netzanschluss aus § 18 Abs. 1 EnWG

Möglicherweise könnten Arealnetzbetreiber einen Anspruch auf Netzanschluss aus der allgemeinen Anschlusspflicht nach § 18 Abs. 1 S. 1 EnWG herleiten. Ob der Betreiber eines Arealnetzes überhaupt zu den nach § 18 Abs. 1 S. 1 EnWG Anspruchsberechtigten gehört, soll im Folgenden geklärt werden.

Der Kreis der Anschlussberechtigten ist nach dem Wortlaut „jedermann" in § 18 Abs. 1 S. 1 EnWG sehr weitreichend formuliert.[278] Eine Beschränkung auf den in der Grundversorgung in § 3 Nr. 22 EnWG definierten Personenkreis der Haushaltskunden enthält § 18 EnWG nicht.[279] Nur § 18 Abs. 2 S. 1 EnWG schränkt den Kreis der Anschlussberechtigten insoweit ein, als sich hiernach derjenige, der zur Deckung des Eigenbedarfs eine Anlage zur Erzeugung von Elektrizität auch in

---

277 *Britz*, in: Hellerrmann/Hermes/Britz (Hrsg.), Energiewirtschaftsgesetz, § 20 EnWG, Rn. 10 mit Verweis auf BGH, ZNER 2003, 234 (239) sowie Büdenbender, EnWG, § 5, Rn. 74.

278 *De Wyl/Thole*, in: Schneider/Theobald (Hrsg.), Recht der Energiewirtschaft, § 16, Rn. 27.

279 *De Wyl/Thole*, in: Schneider/Theobald (Hrsg.), Recht der Energiewirtschaft, § 16, Rn. 27; *Hartmann*, in: Danner/Theobald (Hrsg.), Energierecht, § 6 NAV, Rn. 10; *Salje*, in: Baur/Salje/Schmidt-Preuß (Hrsg.), Kap. 67, Rn. 21; *Bruhn*, in: Säcker (Hrsg.), Berliner Kommentar, § 18 EnWG, Rn. 18.

Verbindung mit einer Anlage zur Speicherung elektrischer Energie betreibt oder sich von einem Dritten an das Energieversorgungsnetz anschließen lässt, nicht auf einen Anspruch nach § 18 Abs. 1 S. 1 EnWG berufen kann.

Abgesehen von der in § 18 Abs. 2 S. 1 EnWG geregelten Ausnahme bleibt es fraglich, wie weit der Begriff „jedermann" zu verstehen ist.[280] Eine Definition des Begriffs ist im EnWG nicht zu finden. Eine Begrenzung des Anspruchs könnte sich bereits aus der Auslegung des Wortlauts der Vorschrift ergeben, denn anspruchsberechtigt ist nur derjenige, der einen Anschluss in Niederspannung in dem jeweiligen Netzgebiet der allgemeinen Versorgung von Letztverbrauchern nach § 3 Nr. 17 EnWG begehrt.[281] Ausgeschlossen dürften damit schon einmal Anschlusspetenten sein, die beispielsweise an Übertragungsnetze oder örtliche Verteilernetze in Mittelspannung angeschlossen werden wollen.[282] Ferner ist der Vorschrift zu entnehmen, dass die Betreiber solcher Energieversorgungsnetze verpflichtet sind, allgemeine Bedingungen für den Netzanschluss von Letztverbrauchern zu veröffentlichen. Das lässt den Rückschluss zu, dass nur Letztverbraucher angeschlossen werden sollen.[283] Dies könnte jedoch durch den folgenden Halbsatz der Vorschrift entkräftet werden, der besagt, dass zu diesen Bedingungen „jedermann" anzuschließen ist.

Eine Beschränkung des Anspruchs auf bestimmte Personengruppen könnte sich nicht nur aus der Auslegung der Vorschrift selbst, sondern auch aus der Niederspannungsanschlussverordnung (NAV) ergeben.[284] Gemäß § 1 S. 1 NAV regelt die Verordnung die Allgemeinen Bedingungen, zu denen Netzbetreiber jedermann an ihr Energieversorgungsnetz anzuschließen haben.[285] Die Verordnung unterscheidet dabei, wie es der Gesetzgeber in § 18 EnWG schon angedeutet hat, zwischen dem Netzanschluss und der Anschlussnutzung. Anschlussnehmer ist nach § 1 Abs. 2 NAV „jedermann im Sinne des § 18 Abs. 1 S. 1 EnWG, in dessen Auftrag ein Grundstück oder Gebäude an das Niederspannungsnetz angeschlossen wird oder im Übrigen jeder Eigentümer oder Erbbauberechtigte eines Grundstücks oder Gebäudes, das an das

---

280 *Salje*, in: Baur/Salje/Schmidt-Preuß (Hrsg.), Kap. 67, Rn. 21; *Säcker/Boesche*, in: Säcker (Hrsg.), Berliner Kommentar, § 17 EnWG, Rn. 46 sowie *Bruhn*, § 18 EnWG, Rn. 17.

281 *Koenig/Kühling/Rasbach*, Energierecht, S. 75.

282 *Bourwieg*, in: Britz/Hellermann/Hermes (Hrsg.), Energiewirtschaftsgesetz, § 18 EnWG, Rn. 14.

283 *Säcker/Boesche*, in: Säcker (Hrsg.), Berliner Kommentar, § 17 EnWG, Rn. 46.

284 *De Wyl/Thole*, in: Schneider/Theobald (Hrsg.), Recht der Energiewirtschaft, § 16, Rn. 29; *Hartmann*, in: Danner/Theobald (Hrsg.), Energierecht, § 6 NAV, Rn. 10.

285 Vgl. auch Bundesrats-Drucksache 367/06, S. 34 f.

Niederspannungsnetz angeschlossen ist." Anschlussnutzer ist nach § 1 Abs. 3 NAV „jeder Letztverbraucher, der im Rahmen eines Anschlussnutzungsverhältnisses einen Anschluss an das Niederspannungsnetz zur Entnahme von Elektrizität nutzt." Letztverbraucher werden in § 3 Nr. 25 EnWG als natürliche oder juristische Personen bezeichnet, die Energie für den eigenen Verbrauch kaufen. Angesprochen sind damit zunächst Haushaltskunden, bei denen es sich gemäß § 3 Nr. 22 EnWG um Letztverbraucher handelt, die Energie überwiegend für den Eigenverbrauch im Haushalt oder für den einen Jahresverbrauch von 10.000 KWh nicht übersteigenden Eigenverbrauch für berufliche, landwirtschaftliche oder gewerbliche Zwecke kaufen. Alle Kunden, die innerhalb dieser Grenzen Elektrizität nachfragen, sind daher materiell-rechtlich als Letztverbraucher anzusehen.[286] Auch Unternehmen kommen grundsätzlich als Letztverbraucher in Betracht, soweit diese Energie für den eigenen Bedarf kaufen.[287]

Im Ergebnis ist festzuhalten, dass die gesetzlichen Definitionen des Anschlussnehmers und Anschlussnutzers den Schluss nahelegen könnten, dass die Anschlusspflicht des Netzbetreibers nicht auf Letztverbraucher im Sinne des § 3 Nr. 25 EnWG beschränkt sein soll.[288] Der Anschlussnehmer muss nämlich gemäß der Definition in § 1 Abs. 2 NAV die Letztverbrauchereigenschaft nicht erfüllen. Er muss die Energie nur zum Zwecke des Verbrauchs durch einen Letztverbraucher entnehmen.[289] Personenidentität ist zwischen dem Anschlussnehmer und Anschlussnutzer im Übrigen nicht erforderlich.[290]

Beim Arealnetzbetrieb wären die Anschlussnutzer die auf dem Areal angesiedelten Letztverbraucher. Fraglich ist jedoch, ob der Arealnetzbetreiber als Anschlussnehmer in Betracht kommt.[291] Da der Anschlussnehmer nun „jedermann" sein kann, erscheint es vertretbar, dieser Begrifflichkeit auch anspruchsstellende Energieversorgungsnetzbetreiber zuzuordnen.[292]

---

286 *Sieberg*, in: Bartsch/Röhling/Salje/Scholz (Hrsg.), Stromwirtschaft, Kap. 53, Rn. 16.

287 *Sieberg*, in: Bartsch/Röhling/Salje/Scholz (Hrsg.), Stromwirtschaft, Kap. 53, Rn. 16, anders *Bourwieg*, in: Britz/Hellermann/Hermes (Hrsg.), Energiewirtschaftsgesetz, § 18 EnWG, Rn. 14.

288 *De Wyl/Thole*, in: Schneider/Theobald (Hrsg.), Recht der Energiewirtschaft, § 16, Rn. 30.

289 *Bruhn*, in: Säcker (Hrsg.), Berliner Kommentar, § 18 EnWG, Rn. 17.

290 *De Wyl/Thole*, in: Schneider/Theobald (Hrsg.), Recht der Energiewirtschaft, § 16, Rn. 30 mit Verweis auf OLG Koblenz, WuM 1988, 311 (312).

291 Ablehnend *Bourwieg*, in: Britz/Hellermann/Hermes (Hrsg.), Energiewirtschaftsgesetz, § 18 EnWG, Rn. 14; *Säcker/Boesche*, in: Säcker (Hrsg.), Berliner Kommentar, § 17 EnWG, Rn. 46.

292 *Boesche/Wolf*, ZNER 2005, 285 (297).

Hiergegen spricht jedoch, dass von der NAV, auch wenn dies durch die Unterscheidung zwischen Anschlussnehmer und Nutzer etwas missverständlich übermittelt wird, nur Netzanschlussbedingungen für Letztverbraucher erfasst sein sollen. So heißt es in der Begründung: Die NAV regelt die Allgemeinen Bedingungen für die Rechtsbeziehungen zwischen Betreibern von Energieversorgungsnetzen der allgemeinen Versorgung und den Letztverbrauchern.[293] „Die Bestimmungen erfassen die Herstellung des Anschlusses eines Letztverbrauchers an das Niederspannungsnetz, dessen Aufrechterhaltung und die Nutzung des Anschlusses zur Entnahme von Elektrizität."[294] Hintergrund ist, dass einheitliche wirtschaftliche Bedingungen des Netzanschlusses nach § 18 Abs. 1 EnWG nur für eine bestimmte Gruppe von Letztverbrauchern gelten sollen, die vergleichbar erscheinen.[295] Die Anbindung nachgelagerter Netzbetreiber, die den Anschluss zum Zwecke der Weiterbelieferung von Letztverbrauchern nutzen wollen, soll hiervon nicht erfasst sein.[296]

So ist letztlich auch die Formulierung in § 18 Abs. 1 S. 1 EnWG „zu diesen Bedingungen (...) an ihr Energieversorgungsnetz anzuschließen" zu verstehen, mit der unmittelbar an die zuvor im Wortlaut vorgenommene Einschränkung auf den Netzanschluss von Letztverbrauchern Bezug genommen wird.[297]

Neben dem Wortlaut spricht auch die Systematik der §§ 17 und 18 EnWG für ein solches Verständnis.[298] Inhalt des Anspruchs nach § 17 Abs. 1 EnWG ist ein allgemeiner und umfassender Anschluss, der entsprechend des weiten Kreises der Berechtigten vom Anschluss eines Letztverbrauchers bis zu einem Anschluss eines Energieversorgungsnetzes reichen kann.[299] Hat aber nach § 18 Abs. 1 S. 1 EnWG „jedermann", insbesondere auch ein Netzbetreiber, einen solchen Anspruch, so wäre der Anwendungsbereich des § 17 EnWG erheblich beschränkt und die Vorschrift wäre sogar teils überflüssig.[300]

Aus diesem Grund besteht kein Bedürfnis für eine „Jedermann-Berechtigung" aus § 18 Abs. 1 S. 1 EnWG, da alle die, die Letztverbrauchereigenschaft nicht erfüllen, ihr Anschlussbegehren auf § 17 Abs. 1 EnWG stützen können. Aus

293 Bundesrats-Drucksache 367/06, S. 33.

294 Bundesrats-Drucksache 367/06, S. 33.

295 *Bruhn*, in: Säcker (Hrsg.), Berliner Kommentar, § 18 EnWG, Rn. 18.

296 *Bourwieg*, in: Britz/Hellermann/Hermes (Hrsg.), Energiewirtschaftsgesetz, § 17 EnWG, Rn. 14.

297 *Säcker/Boesche*, in: Säcker (Hrsg.), Berliner Kommentar, § 17 EnWG, Rn. 46.

298 *Säcker/Boesche*, in: Säcker (Hrsg.), Berliner Kommentar, § 17 EnWG, Rn. 46.

299 *Koenig/Kühling/Rasbach*, Energierecht, S. 63.

300 *Säcker/Boesche*, in: Säcker (Hrsg.), Berliner Kommentar, § 17 EnWG, Rn. 46.

diesem Grund sind Betreiber nachgelagerter Energieversorgungsnetze und damit Arealnetzbetreiber vom Kreis der Anschlussberechtigten nicht erfasst und können sich nicht auf einen Anspruch nach § 18 Abs. 1 S. 1 EnWG berufen.[301]

cc) Anspruch eines Arealnetzbetreibers auf Netzanschluss nach § 17 EnWG

Der Anspruch aus § 17 Abs. 1 EnWG stellt die zentrale Anspruchsgrundlage beim Netzanschluss von Arealnetzbetreibern dar.[302] Zunächst sollen die allgemeinen Voraussetzungen der Anspruchsgrundlage erläutert werden und dann die spezifischen Problemstellungen geklärt werden.

(1) Allgemeine Voraussetzungen des § 17 Abs. 1 EnWG

Arealnetzbetreiber könnten ihr Begehren auf Netzanschluss auf die besondere Anschlusspflicht des § 17 Abs. 1 EnWG stützen. Hiernach haben „Betreiber von Energieversorgungsnetzen Letztverbraucher, gleich- oder nachgelagerte Elektrizitäts- und Gasversorgungsnetze sowie -leitungen, Erzeugungs- und Speicheranlagen sowie Anlagen zur Speicherung elektrischer Energie zu technischen und wirtschaftlichen Bedingungen an ihr Netz anzuschließen, die angemessen, diskriminierungsfrei, transparent und nicht ungünstiger sind, als sie von den Betreibern der Energieversorgungsnetze in vergleichbaren Fällen für Leistungen innerhalb ihres Unternehmens oder gegenüber verbundenen oder assoziierten Unternehmen angewendet werden.“

(a) Anschlussberechtigte

Anschlussberechtigt sind nach dem Wortlaut der Vorschrift zunächst Letztverbraucher, also nach § 3 Nr. 25 EnWG natürliche oder juristische Personen, die Energie für den eigenen Verbrauch kaufen. Einen Anspruch auf Netzanschluss gemäß § 17 Abs. 1 EnWG haben ferner Betreiber gleich- oder nachgelagerter Elektrizitätsversorgungsnetze oder Elektrizitätsversorgungsleitungen. Zu den Elektrizitätsversorgungsnetzen gehören Übertragungs- und Elektrizitätsverteilernetze (§ 3 Nr. 2 EnWG).[303]

---

301 So im Ergebnis *Bourwieg*, in: Britz/Hellermann/Hermes (Hrsg.), Energiewirtschaftsgesetz, § 18 EnWG, Rn. 14.

302 Börner, in: Bartsch/Röhling/Salje/Scholz (Hrsg.), Stromwirtschaft, Kap. 57, Rn. 207; *Bourwieg*, in: Britz/Hellermann/Hermes (Hrsg.), Energiewirtschaftsgesetz, § 17 EnWG, Rn. 13; *Stappert/Johannsen*, in: Rosin/Pohlmann/Gentzsch/Metzenthin/Böwing (Hrsg.), Praxiskommentar zum Energiewirtschaftsgesetz, § 17 EnWG, Rn. 18.

303 *Bourwieg*, in: Britz/Hellermann/Hermes (Hrsg.), Energiewirtschaftsgesetz, § 17 EnWG, Rn. 13.

Arealnetze könnten somit als nachgelagerte Elektrizitätsverteilernetze nach Abs. 1 angeschlossen werden.[304] Da die Vorschrift nicht verlangt, dass die nachgelagerten Netze der allgemeinen Versorgung dienen müssen,[305] können Betreiber aller erdenklichen Arealnetzstrukturen anschlussberechtigt sein. Dazu zählen neben den Arealnetzen der allgemeinen Versorgung Arealnetze, die als geschlossene Verteilernetze im Sinne des § 110 EnWG zu qualifizieren sind, und Arealnetze, die nicht der allgemeinen Versorgung dienen.[306]

(b) Anschlussverpflichtete

§ 17 EnWG verpflichtet alle Betreiber von Energieversorgungsnetzen, d. h. die Betreiber von Elektrizitäts- und Gasversorgungsnetzen im Sinne von § 3 Nr. 4 EnWG, unabhängig von der Spannungs- oder Druckstufe (vgl. § 3 Nr. 16 EnWG) zum Netzanschluss. Betreiber von Kundenanlagen nach §§ 3 Nr. 24 a und 24 b EnWG sind damit von der Verpflichtung ausgeschlossen, da sie kein Energieversorgungsnetz betreiben.[307]

Ob die Netzbetreiber Eigentümer der Elektrizitätsversorgungsnetze sind, oder ob sie die Elektrizitätsversorgungsnetze lediglich aufgrund einer Berechtigung, begründet durch den Abschluss eines entsprechenden Nutzungsvertrags (z. B. Pachtvertrag), betreiben, ist genau wie beim Arealnetzbetreiber unbeachtlich.[308] Entscheidend ist, dass sich der Anspruch gegen den Inhaber der tatsächlichen Verfügungsbefugnis richtet; denn dieser muss zwangsläufig auch der Netzbetreiber sein, da die tatsächliche Verfügungsbefugnis bereits Voraussetzung für die Netzbetreibereigenschaft ist.[309]

---

304 *De Wyl/Thole*, in: Schneider/Theobald (Hrsg.), Recht der Energiewirtschaft, § 16, Rn. 117; *Säcker/Boesche*, in: Säcker (Hrsg.), Berliner Kommentar, § 17 EnWG, Rn. 18 f.; *Hartmann*, in: Danner/Theobald (Hrsg.), Energierecht, § 17 EnWG, Rn. 32; *Börner*, in: Bartsch/Röhling/Salje (Hrsg.), Kap. 57, Rn. 35; *Schroeder-Czaja*, in: Riedel/Schroeder-Czaja/Jacobshagen (Hrsg.), Objekt- und Arealnetze, S. 50.; *Boesche/Wolf*, ZNER 2005, 285 f.; *Meinhold*, ZNER 2005, 196 (198); *Lippert*, CuR 2005, 79 (80).

305 *Bourwieg*, in: Britz/Hellermann/Hermes, Energiewirtschaftsgesetz, § 17 EnWG, Rn. 13.

306 *Säcker/Boesche*, in: Säcker (Hrsg.), Berliner Kommentar, § 17 EnWG, Rn. 47.

307 *Leidinger/Berger*, RdE 2009, 161 (162); *Jacobshagen/Kachel/Baxmann*, IR 2012, 2 (2); *Stappert/Johannsen*, in: Rosin/Pohlmann/Gentzsch/Metzenthin/Böwing (Hrsg.), Praxiskommentar zum Energiewirtschaftsgesetz, § 17 EnWG, Rn. 33; *Gussone/Wünsch*, WuW 2013, 464 (465), die jedoch eine Anschlussverpflichtung aus dem GWB annehmen.

308 *Säcker/Boesche*, in: Säcker (Hrsg.), Berliner Kommentar, § 17 EnWG, Rn. 16; *Fenzl*, in: Baur/Pritzsche/Simon (Hrsg.), Unbundling in der Energiewirtschaft, Kapitel 7, S. 220.

309 *Sieberg*, in: Bartsch/Röhling/Salje/Scholz (Hrsg.), Stromwirtschaft, Kap. 50, Rn. 21.

Anders als nach der alten Rechtslage sind nach § 17 Abs. 1 EnWG nicht nur marktbeherrschende Unternehmen zur Gewährung eines Netzanschlusses verpflichtet, sondern grundsätzlich alle Netzbetreiber.[310]

(c) Bedingungen des Netzanschlusses

Der Netzanschluss des Arealnetzbetreibers nach § 17 Abs. 1 EnWG hat zu technischen und wirtschaftlichen Bedingungen zu erfolgen, die angemessen, diskriminierungsfrei, transparent und nicht ungünstiger sind, als sie von den Betreibern der Energieversorgungsnetze in vergleichbaren Fällen für Leistungen innerhalb ihres Unternehmens oder verbundenen oder assoziierten Unternehmen angewendet werden.

(aa) Angemessenheit der Netzanschlussbedingungen

Die technischen und wirtschaftlichen Bedingungen, die der Netzbetreiber festlegt, müssen verhältnismäßig im engeren Sinn sein. Zu den technischen Bedingungen gehören alle Umstände, die zur Herstellung des Anschlusses eines Arealnetzes erforderlich sind.[311] Technische Bedingungen sind in der Regel als angemessen zu bewerten, wenn sie auch tatsächlich zur Gewährung einer sicheren, leistungsfähigen und zuverlässigen Energieversorgung erforderlich sind[312] und dabei den technischen Voraussetzungen des Anschlusspetenten gerecht werden.[313] Wirtschaftliche Bedingungen sind dann angemessen, wenn die geforderten Netzanschlussentgelte, die der Anschlusspetent zu entrichten hat, die bei der Errichtung, Betrieb und Instandhaltung des Netzanschlusses anfallenden Kosten des anschlussgewährenden Netzbetreibers decken.[314]

(bb) Diskriminierungsfreiheit (Horizontales Diskriminierungsverbot)

Diskriminierungsfrei ist das Verhalten des Netzbetreibers dann, wenn er alle Netzanschlusspetenten unter Berücksichtigung eventueller Besonderheiten gleich behandelt.[315] Mit anderen Worten schließt das Merkmal der Diskriminierungsfreiheit

---

310 *Bourwieg*, in: Britz/Hellermann/Hermes (Hrsg.), Energiewirtschaftsgesetz, § 17 EnWG, Rn. 5.

311 *Säcker/Boesche*, in: Säcker (Hrsg.), Berliner Kommentar, § 17 EnWG, Rn. 24.

312 *Sieberg*, in: Bartsch/Röhling/Salje/Scholz (Hrsg.), Stromwirtschaft, Kap. 53, Rn. 52.

313 *Koenig/Kühling/Rasbach*, Energierecht, S. 64.

314 Buntscheck, WuW 2006, S. 30 (34); *Koenig/Kühling/Rasbach*, Energierecht, S. 64.

315 *Salje*, Energiewirtschaftsgesetz, § 17 EnWG, Rn. 16; *Wolf*, in: Säcker (Hrsg.), Handbuch zum deutsch-russischen Energierecht, Kap. 5, Rn. 23.

eine Ungleichbehandlung des Anschlusspetenten im Vergleich zu Dritten ohne sachlich gerechtfertigten Grund aus.[316] Beispielsweise können beim Arealnetzbetrieb die technischen Anforderungen an einen Netzanschluss in unterschiedlichen Spannungsebenen einen sachlichen Grund darstellen und eine Ungleichbehandlung rechtfertigen.[317]

(cc) Transparenz

Die Bedingungen, die der Netzbetreiber festlegt, sind dann transparent, wenn sie so zugänglich gemacht werden, dass sie vom Netzanschlusspetenten mit zumutbarem Aufwand nachvollzogen werden können.[318] Dabei sollte eine Darstellung gewählt werden, die für den relevanten Adressatenkreis verständlich ist.[319] Dies gilt gerade für den Fall der Arealnetzbetreiber, die je nach Größe des Unternehmens nicht zwingend fachlich geschulte Mitarbeiter haben, die über die erforderlichen netzwirtschaftlichen und betriebswirtschaftlichen Kenntnisse verfügen.

(dd) Verbot der Schlechterstellung (Vertikales Diskriminierungsverbot)

Als Pendant zu dem horizontalen Diskriminierungsverbot gegenüber allen Dritten hat der Gesetzgeber in § 17 Abs. 1 zusätzlich ein vertikales Diskriminierungsverbot normiert.[320] Danach dürfen die Anschlussbedingungen für Nachfrager auf dem sogenannten externen Markt (Netznutzer ohne wirtschaftlich-rechtliche Verbindungen zum Netzbetreiber-Rechtsträger) nicht ungünstiger sein, als sie von den Betreibern der Energieversorgungsnetze in vergleichbaren Fällen für Leistungen innerhalb ihres Unternehmens oder gegenüber verbundenen assoziierten Unternehmen angewendet werden.[321] Hierunter versteht man den sogenannten internen Markt.[322] In diesem Sinne gilt das

---

316 *Bourwieg*, in: Britz/Hellermann/Hermes (Hrsg.), Energiewirtschaftsgesetz, § 17 EnWG, Rn. 20; *Säcker/Boesche*, in: Säcker (Hrsg.), Berliner Kommentar, § 17 EnWG, Rn. 27.

317 *Säcker/Boesche*, in: Säcker (Hrsg.), Berliner Kommentar, § 17 EnWG, Rn. 24.

318 *De Wyl/Thole*, in: Schneider/Theobald (Hrsg.), Recht der Energiewirtschaft, § 16, Rn. 122; *Wolf*, in: Säcker (Hrsg.), Handbuch zum deutsch-russischen Energierecht, Kap. 5, Rn. 27.

319 *Koenig/Kühling/Rasbach*, Energierecht, S. 65, 117; *Salje*, Energiewirtschaftsgesetz, § 17 EnWG, Rn. 17.

320 *Säcker/Boesche*, in: Säcker (Hrsg.), Berliner Kommentar, § 17 EnWG, Rn. 29.

321 *De Wyl/Thole*, in: Schneider/Theobald (Hrsg.), Recht der Energiewirtschaft, § 16, Rn. 124.

322 *Salje*, Energiewirtschaftsgesetz, § 17 EnWG, Rn. 19.

Gebot: „intern = extern“.[323] Voraussetzung ist allerdings die Vergleichbarkeit der Anschlusssituation.[324]

(2) Umfasst der Anspruch nach § 17 Abs. 1 EnWG ein Wahlrecht des Arealnetzbetreibers hinsichtlich der Netzebene?

Die entscheidende Frage beim Arealnetzbetrieb lautet, inwieweit der nachgelagerte Netzbetreiber darüber befinden kann, an welche Netzebene bzw. Spannungsebene er angeschlossen wird.[325] Wie in der Einleitung schon dargestellt, hat diese Frage wirtschaftlich erhebliche Bedeutung. Erfolgt der Anschluss in Mittelspannung, hat zwar der Arealnetzbetreiber selbst durch entsprechende Anlageninvestitionen für die erforderliche Umspannung zu sorgen. Das ist jedoch günstiger als die Bezahlung des Netzentgelts („Briefmarke“), das für die Umspannung durch den Netzbetreiber bei einem Anschluss an das Niederspannungsnetz anfällt.[326]

Zunächst soll untersucht werden, ob ein Wahlrecht hinsichtlich der Spannungsebene überhaupt von der EltRl gedeckt ist. Im nächsten Schritt ist danach zu fragen, ob sich diese Ansicht auch mit dem EnWG vereinen lässt.

(a) Vereinbarkeit mit den europäischen Vorgaben

Möglicherweise könnte ein Wahlrecht des Anschlussnehmers hinsichtlich der Spannungsebene gegen die Vorgaben der EltRl verstoßen. Art. 32 Abs. 1 S. 1 EltRl (2009/72/EG) regelt, dass die Mitgliedstaaten die Einführung eines Systems für den Zugang Dritter zu den Übertragungs- und Verteilernetzen auf der Grundlage veröffentlichter Tarife gewährleisten, die Zugangsregelung für alle Kunden gilt und nach objektiven Kriterien und ohne Diskriminierung zwischen den Netzbenutzern angewandt wird.

Entscheidend ist dabei, ob der europäische Gesetzgeber unter dem Begriff „Zugang“ auch den Netzanschluss im Sinne von § 17 EnWG versteht oder ob

---

323 Zu diesem Grundsatz beim Netzzugang *Schmidt-Preuß*, FS-Bartlsperger, 573 (581); *Koenig/Kühling/Rasbach*, Energierecht, S. 64.

324 *Säcker/Boesche*, in: Säcker (Hrsg.), Berliner Kommentar, § 17, Rn. 30; *Wolf*, in: Säcker (Hrsg.), Handbuch zum deutsch-russischen Energierecht, Kap. 5, Rn. 25.

325 *Bourwieg*, in: Britz/Hellermann/Hermes (Hrsg.), Energiewirtschaftsrecht, § 17 EnWG, Rn. 16; *Börner*, in: Bartsch/Röhling/Salje/Scholz (Hrsg.), Stromwirtschaft, Kap. 57, Rn. 5; *Stappert/Johannsen*, in: Rosin/Pohlmann/Gentzsch/Metzenthin/Böwing (Hrsg.), Praxiskommentar zum Energiewirtschaftsgesetz, § 17 EnWG, Rn. 36.

326 *Böwing*, in: Baur/Salje/Schmidt-Preuß (Hrsg.), Regulierung in der Energiewirtschaft, Kap. 68, Rn. 71.

hiermit nur das Netzzugangsrecht nach § 20 EnWG gemeint ist. Im deutschen Regulierungssystem ist, systematisch zutreffend, strikt zwischen Netzzugang und Netzanschluss zu unterscheiden.[327] In einer Entscheidung hatte sich der Europäische Gerichtshof zur Klärung dieser Frage mit der Vorgängervorschrift Art. 20 Abs. 1 EltRl (2003/54/EG), die mit dem Wortlaut der Nachfolgevorschrift von 2009 (Art. 32 EltRl 2009/72/EG) in Abs. 1 übereinstimmt, auseinanderzusetzen. Der Gerichtshof kam dabei zu dem Ergebnis, dass die Begriffe „Zugang“ und „Anschluss“ in der Richtlinie unterschiedliche Bedeutung haben.[328] Hiernach betrifft der Begriff „Netzzugang“ das Recht, die Stromnetze zu benutzen, während „Anschluss“ die physische Verbindung mit dem Netz bezeichnet. Die unterschiedliche Bedeutung, so der EuGH, wird insbesondere anhand von Art. 23 Abs. 2 a)[329] der Richtlinie sichtbar, der die Begriffe „Zugang“ und Anschluss“ im selben Satz verwendet und somit zum Ausdruck bringt, dass der europäische Richtliniengeber zwischen Netzanschluss und Netzzugang differenziert.[330]

Daraus lässt sich wiederum schlussfolgern, dass Art. 20 EltRl (2003/54/EG) keine Regelung des Anschlussrechts umfasst und es dem nationalen Gesetzgeber überlassen bleibt, entsprechende Regelungen den Netzanschluss betreffend zu erlassen.[331] Einzige Ausnahme ist die in Art. 3 Abs. 3 S. 3 EltRl (2003/54/EG)[332] enthaltene Vorgabe, wonach die Mitgliedstaaten zur Gewährleistung der Bereitstellung einer Grundversorgung den Verteilerunternehmen die Verpflichtung auferlegen können, Kunden an ihre Netze anzuschließen.[333] Kunden, die Anspruch auf Grundversorgung haben, sind gemäß Art. 3 Abs. 3 S. 1 EltRl (2003/54/EG) alle Haushaltskunden und, soweit die Mitgliedstaaten dies für angezeigt halten, Kleinunternehmen, die weniger als 50 Personen beschäftigen und einen Jahresumsatz oder eine Jahresbilanzsumme von höchstens 10 Mio. Euro haben. Diese Kunden sollen das Recht auf Versorgung mit Elektrizität einer bestimmten Qualität zu angemessenen, leicht und eindeutig vergleichbaren und transparenten Preisen haben.

Die Konsequenz ist also, dass den Mitgliedstaaten bis auf die genannte Ausnahme ein selbstständiger Umsetzungsspielraum bei der Regelung des Netzanschlusses

---

327 *Salje*, Energiewirtschaftsgesetz, Vor §§ 17 – 19 EnWG; *Böwing*, in: Baur/Salje/Schmidt-Preuß (Hrsg.), Regulierung in der Energiewirtschaft, Kap. 68, Rn. 4.
328 EuGH, Urteil v. 09.10.2008, Az. C-239/07; NVwZ 2009, 165 (167).
329 Entspricht Art. 37 Abs. 6 (EltRl 2009/72/EG).
330 EuGH, NVwZ 2009, 165 (167).
331 EuGH, mit Anmerkung *Fischer*, RdE 2009, 177 (179).
332 Entspricht Art. 3 Abs. 3 (EltRl 2009/72/EG).
333 EuGH, NVwZ 2009, 165 (167).

eingeräumt wird.[334] Den Netznutzern wird somit durch die Richtlinie ein Recht auf Netzzugang zum gesamten Stromnetz eingeräumt, die Regelung der Frage, an welche Netzebene der Anschluss zu erfolgen hat, ist jedoch den Mitgliedstaaten überlassen.[335] Die Mitgliedstaaten haben hinsichtlich des Netzanschlusses lediglich das allgemeine Diskriminierungsverbot zu beachten.[336] Mit anderen Worten kann ein Netzanschluss nur aus diskriminierungsfreien Gründen abgelehnt werden. Andernfalls wäre auch das in Art. 20 EltRl (2003/54/EG) bzw. Art. 32 EltRl (2009/72/EG) vorgesehene Netzzugangsrecht der Kunden sinnlos, wenn der Netzbetreiber Kunden in beliebiger Weise den Netzanschluss verweigern könnte.

Hieraus folgt, dass Art. 20 Abs. 1 S. 1 der EltRl (2003/54/EG) sowie auch die Nachfolgevorschrift des Art. 32 Abs. 1 S. 1 EltRl (2009/72/EG), genau wie der EuGH feststellte, nur den Zugang zu den Stromnetzen, nicht jedoch den Anschluss an das Stromnetz regelt. Daraus folgt, dass die Regelung des Netzanschlusses den Mitgliedstaaten überlassen wird.[337] Dabei können die Mitgliedstaaten frei entscheiden, ob sie den Kunden ein freies Wahlrecht hinsichtlich der Anschlussebene einräumen oder nicht. Im nächsten Schritt ist daher zu überprüfen, ob ein freies Wahlrecht hinsichtlich der Spannungsebene gegen nationale Bestimmungen, also gegen das EnWG, verstößt.

(b) Vereinbarkeit mit dem EnWG

Zunächst könnte der Schluss gezogen werden, dass ein Wahlrecht hinsichtlich der Anschlussebene bereits an § 17 Abs. 1 EnWG scheitert. Teilweise wird vertreten, dass die Wahl der Spannungsebene durch den Anschlusspetenten bei einem erstmaligen Netzanschluss nur zu den Bedingungen des Netzbetreibers erfolgen könne.[338] Aus der Formulierung in § 17 Abs. 1 EnWG, nach der Netzbetreiber den Anschlusspetenten zu technischen und wirtschaftlichen Bedingungen, die angemessen und diskriminierungsfrei sind, anzuschließen haben, ergebe sich, dass der Anschlussberechtigte lediglich einen Anspruch auf ein diese Voraussetzungen beachtendes Anschlussangebot habe.[339] Ergibt sich beispielsweise aus der Geschäftspraxis des

334 EuGH mit Anmerkung *Fischer*, RdE 2009, 177 (179).

335 EuGH mit Anmerkung *Fischer*, RdE 2009, 177 (179).

336 EuGH mit Anmerkung *Pirstner-Eber*, EuZW 2009, 12 (14).

337 EuGH mit Anmerkung *Fischer*, RdE 2009, 177 (179).

338 Dies vertritt die Antragsgegnerin und Netzbetreiberin in den Verfahren der Bundesnetzagentur, sogenannter „Agrarfrost-Beschluss“ v. 23.08.2007, Az. BK6 07-013 (Bundesnetzagentur, ZNER 2007, 476) sowie Bundesnetzagentur, Beschluss v. 05.09.2007, Az. BK6 07-022.

339 So die Antragsgegnerin, in: Bundesnetzagentur, „Agrarfrost“, Beschluss v. 23.08.2007, Az. BK6 07-013, Rn. 15; vgl. hierzu auch *Stappert/Jansen*, e|m|w, 01/08, 66 (67).

vorgelagerten Netzbetreibers, dass dieser grundsätzlich Arealnetze nur in Niederspannung anschließt, so handelt er diskriminierungsfrei. Der Arealnetzbetreiber könnte sich, sofern die Bedingungen, die der Netzbetreiber hinsichtlich der Spannungsebene stellt, auch angemessen sind, nur auf einen Anschluss zu diesen Bedingungen berufen, hier auf einen Anschluss in Niederspannung.[340]

Auch § 19 Abs. 1 EnWG könnte für ein solches Verständnis und gegen ein Wahlrecht des Anschlusspetenten hinsichtlich der Spannungsebene sprechen.[341] Nach § 19 Abs. 1 EnWG sind die Netzbetreiber verpflichtet, technische Mindestanforderungen für den Netzanschluss festzulegen und im Internet zu veröffentlichen. Dies könne als Beleg für ein durch die Netzanschlussbedingungen näher ausgestaltetes Bestimmungsrecht des Netzbetreibers auch hinsichtlich der Anschlussebene gewertet werden.[342]

Diese Auffassung, dass § 17 Abs. 1 sowie § 19 Abs. 1 EnWG gegen ein freies Wahlrecht des Anschlusspetenten sprechen, überzeugt jedoch nicht. Zwar erfolgt ein Netzanschluss diskriminierungsfrei, wenn der Netzbetreiber alle Anschlusspetenten unter Berücksichtigung ihrer individuellen Besonderheiten gleich behandelt.[343] Die Angemessenheit der Bedingungen meint jedoch nur, dass der Netzbetreiber für einen Netzanschluss beispielsweise keine überzogenen Entgelte für die Herstellung des Anschlusses, keine überzogenen Baukostenzuschüsse fordern und keine übermäßigen technischen Anforderungen an die Auslegung und den Betrieb der anzuschließenden Anlagen stellen darf.[344] Fiele unter das Merkmal der Angemessenheit auch die Wahl der Spannungsebene, so würde dies im Ergebnis zu einem einseitigen Bestimmungsrecht des Netzbetreibers führen.[345]

Eine Einschränkung des Wahlrechts ist nur im Rahmen von § 17 Abs. 2 EnWG vorzunehmen.[346] Hiernach können Betreiber von Energieversorgungsnetzen einen Netzanschluss nach Absatz 1 verweigern, soweit sie nachweisen, dass ihnen die

---

340 So die Antragsgegnerin, in: Bundesnetzagentur, „Agrarfrost", Beschluss v. 23.08.2007, Az. BK6 07-013, Rn. 15

341 So die Antragsgegnerin, in: Bundesnetzagentur, „Agrarfrost", Beschluss v. 23.08.2007, Az. BK6 07-013, Rn. 21.

342 So die Antragsgegnerin, in: Bundesnetzagentur, „Agrarfrost", Beschluss v. 23.08.2007, Az. BK6 07-013, Rn. 21.

343 *De Wyl/Thole*, in: Schneider/Theobald (Hrsg.), Recht der Energiewirtschaft, § 16, Rn. 128.

344 *Salje*, Energiewirtschaftsgesetz, § 17 EnWG, Rn. 15; *Wolf*, in: Säcker (Hrsg.), Handbuch zum deutsch-russischen Energierecht, Kap. 5, Rn. 24; *Bourwieg*, in: Britz/Hellermann/Hermes (Hrsg.), Energiewirtschaftsgesetz, § 17 EnWG, Rn. 19a.

345 Bundesnetzagentur, „Agrarfrost", Beschluss v. 23.08.2007, Az. BK6 07-013, Rn. 54.

346 *Bourwieg*, in: Britz/Hellermann/Hermes (Hrsg.), Energiewirtschaftsgesetz, § 17 EnWG, Rn. 19 a; *Salje*, in: Baur/Salje/Schmidt-Preuß (Hrsg.), Kap. 67, Rn. 16.

Gewährung des Netzanschlusses aus betriebsbedingten oder sonstigen wirtschaftlichen oder technischen Gründen unter Berücksichtigung der Ziele des § 1 nicht möglich oder nicht zumutbar ist.[347]

Die Auslegung, dass der Netzbetreiber die vom Petenten begehrte Anschlussebene nur unter den Voraussetzungen des § 17 Abs. 2 EnWG verweigern darf und ihm im Rahmen von § 17 Abs. 1 EnWG kein Bestimmungsrecht zusteht, widerspricht auch nicht der Vorschrift des § 19 Abs. 1 EnWG.[348] Zwar ist es richtig, dass die Netzbetreiber nach § 19 Abs. 1 EnWG verpflichtet sind, technische Mindestanforderungen für den Netzanschluss festzulegen und im Internet zu veröffentlichen. Dies spricht aber nur auf den ersten Blick für ein durch die Netzanschlussbedingungen näher ausgestaltetes Bestimmungsrecht des Netzbetreibers auch hinsichtlich der Anschlussebene.[349] Nach dem eindeutigen Wortlaut des § 19 Abs. 1 EnWG hat der Netzbetreiber die bereits „nach § 17 festgelegten Bedingungen" zu berücksichtigen. Zu diesen Bedingungen kann aber nicht die Wahl der Anschlussebene zählen. Bedingungen, die die Wahl der Netzebene betreffen, können nur die Zumutbarkeit betreffen.[350] Das folgt aus § 17 Abs. 3 S. 2 Nr. 3 EnWG. Hiernach kann durch Rechtsverordnung festgelegt sowie näher bestimmt werden, in welchem Umfang und zu welchen Bedingungen ein Netzanschluss nach Abs. 2 zumutbar ist. Dabei kann auch das Interesse der Allgemeinheit an einer möglichst kostengünstigen Struktur der Energieversorgungsnetze berücksichtigt werden, wozu auch Vorgaben hinsichtlich der Wahl der Spannungsebene gehören sollen.[351]

Dass ein solches Bestimmungsrecht vom Gesetzgeber nicht beabsichtigt war, folgt auch aus der Entstehung des § 17 EnWG im Gesetzgebungsverfahren.[352] Versuche der Netzbetreiberverbände, im Gesetzgebungsverfahren zum § 17 EnWG ein einseitiges Bestimmungsrecht des Netzbetreibers hinsichtlich der

---

347 *Wolf*, in: Säcker (Hrsg.), Handbuch zum deutsch-russischen Energierecht, Kap. 5, Rn. 28; genauer, siehe unten (4).

348 Die Bestimmung zielt darauf ab, einheitliche technische Mindestanforderungen für den Netzanschluss zu entwickeln und durch eine Veröffentlichung im Internet transparent zu machen.

349 So auch: Bundesnetzagentur, „Agrarfrost-Beschluss" v. 23.08.2007, Az. BK6 07-013, Rn. 15.

350 *Salje*, in: Baur/Salje/Schmidt-Preuß (Hrsg.), Regulierung in der Energiewirtschaft, Kap. 67, Rn. 16; *Säcker/Boesche*, in: Säcker (Hrsg.), Berliner Kommentar, § 17 EnWG, Rn. 37 f., 129.

351 Bundesrats-Drucksache 613/04, S. 13; zur Verordnungsermächtigung siehe im Folgenden unter (6) (a).

352 Bundesnetzagentur, „Agrarfrost-Beschluss" v. 23.08.2007, Az. BK6 07-013, Rn. 45 f.

Spannungsebene aufzunehmen, waren nicht von Erfolg gezeichnet. So schlugen der Verband kommunaler Unternehmen (VKU) sowie der Verband der Verbundunternehmen und Regionalen Energieversorger in Deutschland (VRE) vor, den § 17 Abs. 1 EnWG um einen Satz 2, der die Lösung der Verbändevereinbarung II plus wiedergeben sollte, zu ergänzen. Dieser sollte festlegen, dass der Netzbetreiber unter Gewährleistung eines sicheren Netzbetriebs den netztechnisch vorgegebenen kostengünstigsten Anschlusspunkt bestimmt.[353] Hierzu führte der VKU aus, dass der Netzbetreiber der Anschlusspflicht nach § 17 Abs. 1 S. 1 EnWG unterliege und er zur Führung eines sicheren, zuverlässigen Netzbetriebs verpflichtet sei. Er allein soll deshalb entscheiden können, wo der technisch geeignete Anschlusspunkt gegeben ist.[354] Der Verband der Elektrizitätswirtschaft (VDEW) vertrat ebenfalls diesen Standpunkt. „In § 17 Abs. 1 müsste klargestellt werden, dass der anschließende Netzbetreiber unter Beachtung der berechtigten Kundeninteressen den geeigneten Anschlusspunkt an sein Netz unter Beachtung eines sicheren Netzbetriebes, einer möglichst kostengünstigen Bereitstellung der Netznutzung für die Gesamtheit der Netzkunden sowie unter Berücksichtigung der künftig zu erwartenden Verbrauchsentwicklung in dem betreffenden Netzbereich festzulegen hat."[355] Zur Begründung trug der VDEW vor, dass die jetzige Regelung zu einseitig auf das Interesse des einzelnen Anschlussnehmers abstelle und in Verbindung mit der Beweislastumkehr in § 17 Abs. 2 EnWG „eine Optimierung einzelner Netzkunden zu Lasten der übrigen Netzkunden" gestatte. Sofern „einzelne Großabnehmer oder auch Arealversorger einen Anschluss an eine höhere Spannungsebene erzwingen könnten, führe dies durch den Grundsatz einheitlicher Netzentgelte innerhalb eines Netzgebiets zwangsläufig zu höheren Netzentgelten für die übrigen Kunden, insbesondere zu Mehrbelastungen der

---

353 Ausschuss-Drucksache 15(9)1511, Schriftliche Stellungnahme des Verbands der Verbundunternehmen und Regionalen Energieversorger in Deutschland - VRE - zur öffentlichen Anhörung am 29. November 2004 in Berlin zum Entwurf eines Zweiten Gesetzes zur Neuregelung des Energiewirtschaftsrechts, S. 257.

354 Ausschuss-Drucksache 15(9)1511, Schriftliche Stellungnahme des Verbands kommunaler Unternehmen - VKU - zur öffentlichen Anhörung am 29. November 2004 in Berlin zum Entwurf eines Zweiten Gesetzes zur Neuregelung des Energiewirtschaftsrechts, S. 11.

355 Ausschuss-Drucksache 15(9)1511, Schriftliche Stellungnahme des Verbands der Elektrizitätswirtschaft - VDEW - zur öffentlichen Anhörung am 29. November 2004 in Berlin zum Entwurf eines Zweiten Gesetzes zur Neuregelung des Energiewirtschaftsrechts, S. 37.

Niederspannungskunden."[356] Zudem wäre eine vorausschauende, Kosten minimierende Netzausbauplanung nicht mehr möglich.[357]

Trotz dieser Forderungen und der Hinweise auf mögliche Auswirkungen durch die Verbände hat der Gesetzgeber diese Vorschläge nicht ins EnWG übernommen. „Folglich hat er sich gegen die Statuierung eines Bestimmungsrechts des Anschlusspunkts durch den Netzbetreiber entschieden".[358] Im Umkehrschluss bedeutet dies, dass das Bestimmungsrecht bezüglich der Netzebene grundsätzlich beim Anschlusspetenten liegen muss.[359]

Ferner spricht die zum 30.06.2007 in Kraft getretene Verordnung zur Regelung des Netzanschlusses von Anlagen zur Erzeugung von elektrischer Energie (KraftNAV) für das grundsätzliche Bestimmungsrecht des Anschlusspetenten.[360] Nach § 6 Abs. 1 Kraft NAV ist „die Gewährung des Netzanschlusses nach § 17 Abs. 2 des Energiewirtschaftsgesetzes [...] insbesondere dann unzumutbar, wenn der begehrte Netzanschlusspunkt technisch nicht zur Aufnahme des erzeugten Stroms geeignet ist". Die Vorschrift spricht vom „begehrten Netzanschlusspunkt". Daraus wird deutlich, dass es grundsätzlich dem Anschlussnehmer obliegen soll, in Ausübung seines Anschlussanspruchs nach § 17 Abs. 1 EnWG denjenigen Punkt zu bestimmen, an dem der Anschluss seiner Anlage erfolgen soll.[361] Das Wahlrecht bezieht sich dabei sowohl auf den Netzbetreiber als auch auf die Netzebene innerhalb des Netzes des jeweiligen Betreibers.

---

356 Ausschuss-Drucksache 15(9)1511, Schriftliche Stellungnahme des Verbands der Elektrizitätswirtschaft - VDEW - zur öffentlichen Anhörung am 29. November 2004 in Berlin zum Entwurf eines Zweiten Gesetzes zur Neuregelung des Energiewirtschaftsrechts, S. 37.

357 Ausschuss-Drucksache 15(9)1511, Schriftliche Stellungnahme des Verbands der Elektrizitätswirtschaft - VDEW - zur öffentlichen Anhörung am 29. November 2004 in Berlin zum Entwurf eines Zweiten Gesetzes zur Neuregelung des Energiewirtschaftsrechts, S. 37.

358 Bundesnetzagentur, „Agrarfrost", Beschluss v. 23.08.2007, Az. BK6 07-013, Rn. 48; anders *Stappert/Jansen*, e|m|w, 01/08, 66 (67), die der Auffassung sind, dass aus der Entstehungsgeschichte der Regelung ein solcher Rückschluss nicht zu folgern sei.

359 Bundesnetzagentur, Beschluss v. 05.09.2007, Az. BK6 07-022, Rn. 58; *Bourwieg*, in: Britz/Hellermann/Hermes (Hrsg.), Energiewirtschaftsgesetz, § 17 EnWG, Rn. 19 a; *Salje*, in: Baur/Salje/Schmidt-Preuß (Hrsg.), Kap. 67, Rn. 16.

360 Bundesnetzagentur, „Agrarfrost", Beschluss v. 23.08.2007, Az. BK6 07-013, Rn. 55.

361 *Lück*, in: Säcker (Hrsg.), Berliner Kommentar, Anh. § 17 EnWG, § 6 KraftNAV, Rn. 10; Bundesnetzagentur, „Agrarfrost", Beschluss v. 23.08.2007, Az. BK6 07-013, Rn. 56; siehe auch im Folgenden unter C. IV. 3. b) bb) (1).

(c) Fazit

In welcher Netzebene der Netzanschluss erfolgen soll, bestimmt nach § 17 Abs. 1 EnWG grundsätzlich der Anschlussnehmer. Dies wird in Rechtsprechung und Literatur mittlerweile unstreitig beim Netzanschluss von Neukunden so gesehen.[362]

Ferner entspricht das dargelegte Verständnis von § 17 Abs. 1 EnWG auch dem marktwirtschaftlichen Grundkonzept.[363] Es gehört zu den „Grundfunktionen eines funktionierenden Wettbewerbsmarkts, dass es der Nachfrageseite überlassen ist, welches (...) Angebot sie von einem Anbieter in Anspruch nehmen will".[364] Würde im Bereich der Stromwirtschaft der Netzbetreiber darüber entscheiden, welches Angebot der Anschlusspetent anzunehmen hat, so würde dieses marktwirtschaftliche Grundkonzept auf den Kopf gestellt werden.[365]

Bei allen Bedenken ist auch zu berücksichtigen, dass dem Netzbetreiber, wie bereits angesprochen, noch das Korrektiv der Unzumutbarkeit in § 17 Abs. 2 EnWG verbleibt.[366] Demnach kann er den Netzanschluss verweigern, sofern er nachweist, dass ihm die Gewährung des Netzanschlusses aus betriebsbedingten oder sonstigen wirtschaftlichen oder technischen Gründen nicht möglich oder zumutbar ist. Dieses Kriterium stellt einen vernünftigen und angemessenen Interessenausgleich dar.[367]

(3) Bestimmung der Anschlussebene

(a) Problemstellung

Aus der freien Wahl der Spannungsebene durch den Anschlusspetenten resultiert eine weitere rechtliche Problemstellung: Wird der Arealnetzbetreiber nun mit der Anschlussleitung an der unterspannseitigen Sammelschiene am Umspannwerk angeschlossen, so stellt sich die Frage, welcher Anschlussebene in diesem Fall der

362 BGH, Beschluss v. 23.06.2009 „Agrarfrost", Az. EnVR 48/08, abgedruckt in RdE 2009, 336 (337); Bundesnetzagentur, Veröffentlichung zu Fragen des Netzanschlusses auf Entnahmeseite, S. 2; *Bourwieg*, in: Britz/Hellermann/Hermes (Hrsg.), Energiewirtschaftsgesetz, § 17 EnWG, Rn. 17; *Säcker/Boesche*, in: Säcker (Hrsg.), Berliner Kommentar, § 17 EnWG, Rn. 38; *de Wyl/Thole*, in: Schneider/Theobald (Hrsg.), Recht der Energiewirtschaft, § 16, Rn. 115; *Buntscheck*, in: WuW 2006, 30 (35); *Meinhold*, ZNER 2005, 196 (199).

363 Bundesnetzagentur, „Agrarfrost", Beschluss v. 23.08.2007, Az. BK6 07-013, Rn. 57.

364 Bundesnetzagentur, „Agrarfrost", Beschluss v. 23.08.2007, Az. BK6 07-013, Rn. 57.

365 So auch Bundesnetzagentur, Beschluss v. 05.09.2007, Az. BK6 07-022, Rn. 69.

366 *Stappert/Johannsen*, in: Rosin/Pohlmann/Gentzsch/Metzenthin/Böwing (Hrsg.), Praxiskommentar zum Energiewirtschaftsgesetz, § 17 EnWG, Rn. 36; *Stappert/Jansen*, e|m|w, 01/08, 66 (68).

367 Bundesnetzagentur, „Agrarfrost", Beschluss v. 23.08.2007, Az. BK6 07-013, Rn. 62.

Netzkunde zuzuordnen ist. Grundsätzlich hat nach § 17 Abs. 1 S. 2 StromNEV der Anschlussnehmer nämlich nur das Netzentgelt zu bezahlen, das sich nach der Anschlussebene der Entnahmestelle richtet. Erfolgt der Netzanschluss in einer Übergabestation beim Kunden selbst, stellt sich diese Problematik nicht, da die Anschlussleitungen in der Regel direkt dem Mittel- oder Hochspannungsnetz zuzuordnen sind.[368] In diesem Fall ist der Kunde klar Mittel- oder Hochspannungskunde.[369]

Ist nun die Anschlussleitung des Arealnetzbetreibers mit der unterspannungsseitigen Sammelschiene der Umspannstation Mittel-/Hochspannung verbunden, so könnte die originäre Anschlussebene sowohl die Mittelspannungsebene (sogenannte „Netzebene 5") als auch die Umspannebene Mittel-/Hochspannung (sogenannte „Netzebene 4") sein, mit der Folge, dass der Arealnetzbetreiber in der ersten Anschlusskonstellation eine „Briefmarke" mehr zu bezahlen hat.[370] Mit anderen Worten ist zu untersuchen, ob die unterspannungsseitige Sammelschiene der nachgelagerten Netzebene zuzurechnen oder als eigene Anschlussebene zu qualifizieren ist. Gehört die Sammelschiene nämlich der nachgelagerten Netzebene an, so ist der Arealnetzbetreiber trotz seiner Anschlussleitung zum Umspannwerk „nur" Netzkunde der „Netzebene 5" und damit Mittelspannungskunde.[371]

(b) Zuordnung der Sammelschiene zur Umspannebene

(aa) Physische und rechtliche Existenz der Umspannebene im Netz

Technisch gesehen handelt es sich bei der Umspannebene um den Bereich des Netzes, in dem die Änderung der Spannungsebene erfolgt. Dieser Vorgang der Änderung der Spannungsebene wird auch als Umwandlung elektrischer Energie bezeichnet. Die Umwandlung erfolgt in jedem Fall im Transformator. Jedes Netz, das über mehrere Spannungsebenen verfügt, enthält somit zwingend einen Umspannbereich, der auch als Umspannebene bezeichnet werden kann.[372]

Es mag zwar dem allgemeinen Sprachgebrauch entsprechen, undifferenziert danach, ob der Netzanschlusspunkt in der Umspannebene oder direkt in der Mittelspannungs-Netzebene liegt, beispielsweise von einem Anschluss an „das Mittelspannungsnetz" zu sprechen.[373] Neben der physikalischen Ungenauigkeit einer solchen Aussage bestehen in rechtlicher Hinsicht gegen ein solches Verständnis

368 *Säcker/Boesche*, in: Säcker (Hrsg.), Berliner Kommentar, § 17 EnWG, Rn. 47.
369 Bundesnetzagentur, Beschluss v. 11.02.2008, Az. BK6 07-043, Rn. 25.
370 Bundesnetzagentur, Beschluss v. 11.02.2008, Az. BK6 07-043, Rn. 27.
371 *Hartmann*, in: Danner/Theobald (Hrsg.), Energierecht, § 17 EnWG, Rn. 56.
372 Das folgt bereits aus § 2 Nr. 7 StromNEV.
373 Bundesnetzagentur, Beschluss v. 11.02.2008, Az. BK6 07-043, Rn. 27.

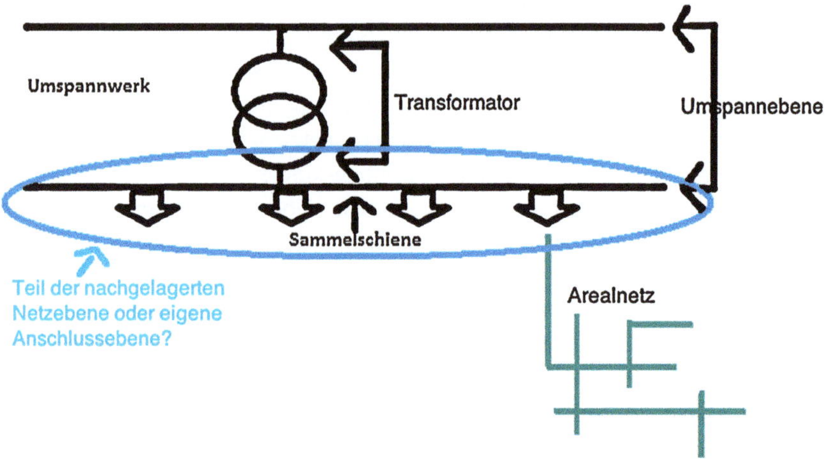

Eigene Darstellung 2013,
Hinsichtlich der Abbildung der elektrischen Bauteile vgl. Danner/Theobald, Energierecht, § 17 EnWG, Rn. 59 f.

Abb. 8: Umspannebene

Bedenken.[374] Eine solche Sichtweise würde dazu führen, dass eine ausdrücklich vorgesehene und in der StromNEV definierte Netzebene, nämlich die Umspannebene, rechtlich nicht existent wäre.[375] Nach der Legaldefinition in § 2 Nr. 7 StromNEV sind unter der Umspannebene die „Bereiche von Elektrizitätsversorgungsnetzen, in welchen die Spannung elektrischer Energie von Höchst- zu Hochspannung, Hoch- zu Mittelspannung oder Mittel- zu Niederspannung geändert wird", zu verstehen. § 3 Abs. 1 StromNEV, der unter Hinweis auf die nachfolgenden Regelungen zusammenfassend die Grundsätze zur Bestimmung der Entgelte für den Zugang zu den Elektrizitätsübertragungs- und Elektrizitätsverteilernetzen festlegt,[376] greift in Satz 4 den Begriff der Umspannebene wieder auf und legt fest, dass die Netzentgelte für jede Netz- und Umspannebene separat zu bestimmen sind.

Die §§ 15 ff. StromNEV regeln die Einzelheiten der Entgeltermittlung.[377] Nach § 16 Abs. 1 StromNEV hat die Zuteilung der Kosten einer Netz- oder Umspannebene

---

374 Bundesnetzagentur, Beschluss v. 11.02.2008, Az. BK6 07-043, Rn. 27, vgl. auch Bundesnetzagentur, ZNER 2006, 69 (71).

375 Bundesnetzagentur, ZNER 2006, 69 (71).

376 Bundesrats-Drucksache 245/05, S. 31.

377 *Bartsch/Meyer/Pohlmann*, in: Säcker (Hrsg.), Berliner Kommentar, § 24 EnWG Anh. B, § 15 StromNEV, Rn. 1.

auf die aus dieser Netz- oder Umspannebene entnehmenden Netznutzer möglichst verursachungsgerecht zu erfolgen.[378] § 17 Abs. 1 S. 2 StromNEV spezifiziert weiter, dass die zur Anwendung kommenden Netzentgelte entfernungsunabhängig und lediglich von der Anschlussnetzebene, der Messvorrichtung der Entnahmestelle und der Benutzungsstundenzahl abhängen.[379]

Eine Nichtbeachtung der Umspannebene in rechtlicher Hinsicht verstieße somit sowohl gegen das in § 17 Abs. 1 StromNEV festgelegte Prinzip der ausschließlich entnahmestellenbezogenen Anwendung von Netzentgelten sowie der in § 16 Abs. 1 StromNEV festgelegten verursachungsgerechten Entgeltbestimmung. Somit steht fest, dass mit dem Gesetzgeber die Umspannebene als selbstständige Netzebene anzuerkennen ist.[380]

(bb) Zuordnung der Sammelschiene zur Umspannebene

Nachdem geklärt ist, dass die Umspannebene sowohl technisch als auch rechtlich existent ist, gilt es zu überprüfen, ob die Sammelschiene, an die der Netzanschluss des Kunden erfolgt, Bestandteil der Umspannebene ist oder zum nachgelagerten Netz gehört. Dies hätte zur Folge, dass der Arealnetzbetreiber im letzteren Fall eine „Briefmarke" mehr zu bezahlen hat, da er eine Netzebene mehr beansprucht.[381]

Für die Zuordnung der Sammelschiene zur Umspannebene spricht zunächst der Wortlaut von § 2 Nr. 7 StromNEV. Danach sind von der Umspannebene die Bereiche von Elektrizitätsversorgungsnetzen umfasst, in denen die Spannung elektrischer Energie von Höchst- zu Hochspannung, Hoch- zu Mittelspannung oder Mittel- zu Niederspannung geändert wird.[382] Mit anderen Worten handelt es sich bei der Umspannebene um den Bereich, in dem die Spannung umgewandelt wird. Damit eine Umwandlung erfolgen kann, ist zumindest ein Transformator erforderlich.[383] Ein solcher ist damit elementares Betriebsmittel der Umspannebene. Offen bleibt aber, ob neben weiteren primärtechnischen Bauteilen auch die Sammelschiene dem Wortlaut nach der Umspannebene zuzuordnen ist.

---

378 Hierzu Bundesrats-Drucksache 245/05, S. 38.

379 Hierzu *Koenig/Kühling/Rasbach*, Energierecht, S. 137; *Böwing*, in: Baur/Salje/Schmidt-Preuß (Hrsg.), Regulierung in der Energiewirtschaft, Kap. 68, Rn. 64.

380 *Säcker/Boesche*, in: Säcker (Hrsg.), Berliner Kommentar, § 17 EnWG, Rn. 24.

381 *Böwing*, in: Baur/Salje/Schmidt-Preuß (Hrsg.), Regulierung in der Energiewirtschaft, Kap. 68, Rn. 88.

382 Zu § 2 StromNEV *Bartsch/Meyer/Pohlmann*, in: Säcker (Hrsg.), Berliner Kommentar, § 24 EnWG Anh. B, § 2 StromNEV, Rn. 2.

383 *Spring*, Elektrische Energienetze, Energieübertragung und -verteilung, S.113 f.

Würde der Gesetzgeber nicht von „Bereichen“, sondern direkt vom Umspannwerk in § 2 Nr. 7 StromNEV sprechen, so wäre die Situation eindeutig, da zu der Primärtechnik eines Umspannwerks neben den bereits erwähnten Transformatoren auch die Schaltanlagen sowie die ober- und unterspannungsseitigen Sammelschienen gehören.[384] Andererseits hätte der Gesetzgeber, wenn er nur die Transformatoren zu der Umspannebene zählen wollte, dies auch so im Gesetz festlegen können. § 2 Nr. 7 StromNEV hätte dann lauten können: „Die Stelle innerhalb von Elektrizitätsversorgungsnetzen, an der sich der Transformator befindet.“ Letztlich spricht der Begriff „Bereich“ für ein weites Verständnis der Vorschrift, denn laut Duden versteht man unter einem Bereich „ein Gebiet von bestimmter Ausdehnung“.[385] Mit Bereich ist dann das gesamte Netzgebiet des Umspannwerks gemeint. Alle weiteren primärtechnischen Bauteile des Umspannwerks sind somit von der Umspannebene erfasst.

Für ein solches Verständnis streitet ferner auch § 19 Abs. 3 StromNEV.[386] Nach Satz 1 dieser Vorschrift ist, sofern ein Netznutzer sämtliche in einer Netz- oder Umspannebene von ihm genutzten Betriebsmittel ausschließlich selbst nutzt, zwischen dem Netzbetreiber und dem Netznutzer für diese singulär genutzten Betriebsmittel ein angemessenes, von den Vorschriften der §§ 15 ff. StromNEV abweichendes Entgelt zu bestimmen. Wenn ein Anschlussnehmer alle in einer Umspannebene vorhandenen Betriebsmittel ausschließlich selbst nutzt, ergibt sich daraus, dass dieser auch in der Umspannebene angeschlossen sein muss.[387] Der Gesetzgeber sieht also die Möglichkeit des Netzanschlusses in der Umspannebene und somit an der Sammelschiene.[388] Hierbei liefe § 19 Abs. 3 S. 4 StromNEV leer, wenn die Sammelschiene nicht der Umspannebene, sondern der nachgelagerten Netzebene zugeordnet würde: Wenn beispielsweise ein im Eigentum des Anschlusspetenten stehendes Mittelspannungskabel direkt zur Sammelschiene führt, ist der Kunde damit direkt in der Umspannebene HS/MS angeschlossen (§ 19 Abs. 3 S. 4 2. HS, 2. Variante StromNEV).[389] Nach dieser Vorschrift ist er dann so zu stellen, als sei er direkt an die vorgelagerte Netzebene angeschlossen.[390]

---

384 Bundesnetzagentur, Beschluss v. 02.03.2006, Az. BK 8 05-006; vgl. Bundesnetzagentur, ZNER 2006, 69 (72).

385 Duden, Das große Wörterbuch der deutschen Sprache, Band 2, S. 534.

386 Bundesnetzagentur, ZNER 2006, 69 (72).

387 Bundesnetzagentur, ZNER 2006, 69 (72).

388 Bundesnetzagentur, ZNER 2006, 69 (72).

389 Bundesnetzagentur, ZNER 2006, 69 (72); Bundesnetzagentur, ZNER 2008, 95 (96).

390 *Böwing*, in: Baur/Salje/Schmidt-Preuß (Hrsg.), Regulierung in der Energiewirtschaft, Kap. 68, Rn. 90.

Andernfalls wäre die Regelung des § 19 Abs. 3 S. 4 StromNEV überflüssig, denn es entstünde kein Vorteil für den Anschlussnehmer hinsichtlich seines Netzentgelts gegenüber anderen Anschlussnehmern, die die Umspannebene nicht wie er ausschließlich selbst nutzen.[391]

Dass der Gesetzgeber die Möglichkeit des Netzanschlusses in der Umspannebene anerkennt, ergibt sich ferner aus § 2 Nr. 3 StromNEV. Hier definiert der Gesetzgeber den Begriff „Entnahmestelle" als den Ort der Entnahme elektrischer Energie aus einer Netz- oder Umspannebene.[392] Hier wird deutlich, dass nach dem Willen des Gesetz- bzw. Verordnungsgebers ein Netzanschluss grundsätzlich in der Umspannebene erfolgen kann. Ein Anschluss kann in den meisten Fällen aber technisch nur an der Sammelschiene erfolgen, so dass auch diese Vorschrift für eine Zuordnung der Sammelschiene zur Umspannebene spricht.

Auch lässt sich die Zuordnung der Sammelschiene zur Umspannebene mit den Zielvorstellungen des EnWG in Einklang bringen, die darin bestehen, eine optimale Verursachungsgerechtigkeit der Entgelte zu erreichen.[393] Kein Kunde soll zuviel zahlen, kein Netzbetreiber zu wenig erhalten. Hierzu hat der Gesetzgeber das Briefmarkensystem entwickelt.[394] Wie erläutert, ist das individuelle Netzentgelt des einzelnen Netznutzers abhängig von der Zahl der beanspruchten Netzebenen.[395] Die Netzentgelte richten sich gemäß § 17 Abs. 1 S. 2 StromNEV nach der Anschlussnetzebene der Entnahmestelle. Würde nun die Sammelschiene zur vorgelagerten Netzebene gehören, so gäbe es keine unterschiedlichen Entgelte für Kunden, die unmittelbar aus einer Netzebene versorgt werden, und Kunden, die aus der Umspannebene über einen Anschluss an der Sammelschiene versorgt werden.[396] Auch dieses Argument spricht für die Zuordnung der Sammelschiene zur Umspannebene.[397]

---

391 Bundesnetzagentur, ZNER 2006, 69 (72); Bundesnetzagentur, Beschluss v. 03.05.2006, Az. BK8 005-165; vgl. Bundesnetzagentur, ZNER 2006, 284 (285).

392 *Bartsch/Meyer/Pohlmann*, in: Säcker (Hrsg.), Berliner Kommentar, § 24 EnWG Anh. B, § 2 StromNEV, Rn. 2.

393 Bundesrats-Drucksache 245/05, S. 38.

394 *Böwing*, in: Baur/Salje/Schmidt-Preuß (Hrsg.), Regulierung in der Energiewirtschaft, Kap. 68, Rn. 55.

395 *Groebel*, in: Britz/Hellermann/Hermes (Hrsg.), Energiewirtschaftsgesetz, § 21 EnWG, Rn. 146.

396 Bundesnetzagentur, ZNER 2008, 95 (96).

397 Im Ergebnis auch zustimmend *Hartmann*, in: Danner/Theobald (Hrsg.), Energierecht, § 17 EnWG, Rn. 64.

(c) Ausnahmekonstellation im Falle einer (n-1)-sicheren Versorgung?

Eine abweichende Bewertung kann möglicherweise dann gerechtfertigt sein, wenn ein Netzkunde an einem sogenannten „nicht eigensicheren Umspannwerk“ angeschlossen ist.[398] Ein nicht eigensicheres Umspannwerk erbringt im Störungsfall die Reservestellung nicht aus einem im gleichen Umspannwerk vorhandenen zweiten Transformator, sondern liefert die Besicherung der ausgefallenen Transformatorleistung aus dem umliegenden 110-kv-Netz.[399] Mit anderen Worten erfolgt in diesem sogenannten (n-1)-Fall die Gewährleistung der Stromversorgung aus der vorgelagerten Spannungsebene. Bei der Netzplanung nach dem sogenannten „(n-1)-Kriterium“ wird gewährleistet, dass beim Ausfall eines Betriebsmittels keine Versorgungsunterbrechung bei den Verbrauchern entsteht.[400]

Wegen dieser Inanspruchnahme des 110-kV-Netzes zwecks Sicherstellung einer (n-1)-sicheren Versorgung und im Hinblick auf die daraus folgende Partizipation am vorgelagerten Netz kann eine Zuordnung der unterspannungsseitigen Sammelschiene zum vorgelagerten Netz dann angemessen sein.[401]

Genau diesen Fall hatte die Bundesnetzagentur in einem Missbrauchsverfahren nach § 31 Abs. 1 EnWG zu überprüfen. Die Antragstellerin, die als nachgelagerter Verteilnetzbetreiber in einen 220-/110-kV-Umspannwerk an die 110-kV-Sammelschiene der Antragsgegnerin angeschlossen ist, bat um die Einordnung der Antragsstellerin als Netzkunde der Umspannebene Höchst-/Hochspannung.[402] Da die Antragsgegnerin die Einordnung als Umspannkunde mit der Folge entsprechend höherer Netznutzungsentgelte verweigerte, beantragte die Antragsstellerin bei der Bundesnetzagentur, das Verhalten der Antragsgegnerin zu überprüfen und die erforderlichen Anordnungen zu treffen, damit zu ihren Gunsten ein Netzentgelt für die Entnahme aus der Umspannebene festgelegt wird. Die Argumentation der Antragsgegnerin, die Antragstellerin nutze im (n-1)-Fall neben der 110-kV-Sammelschienen auch das vermaschte 110-kV-Netz und habe deshalb die normale Hochspannungsbriefmarke zu entrichten, überzeugte die Behörde nicht.[403] Sie

398 Bundesnetzagentur, Beschluss v. 15.04.2009, Az. BK8 07-029, S.8; vgl. auch Bundesnetzagentur, IR 2009, 212 (213).
399 *Hartmann*, in: Danner/Theobald (Hrsg.), Energierecht, § 17 EnWG, Rn. 60.
400 *Rosin/Heinlein*, IR 2005, 27 (38).
401 Bundesnetzagentur, IR 2009, 212 (212).
402 Bundesnetzagentur, IR 2009, 212 (212).
403 Bundesnetzagentur, IR 2009, 212 (213).

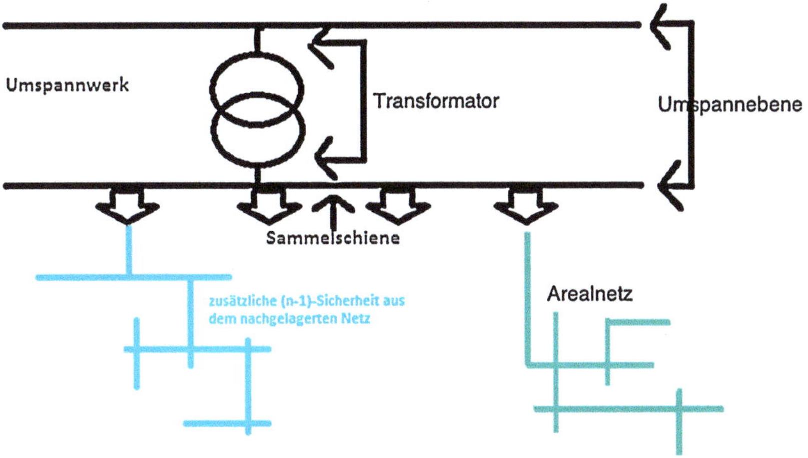

Quelle: Danner/Theobald, Energierecht, § 17 EnWG, Rn. 60.

Abb. 9: (n-1)-Situation durch Absicherung im nachgelagerten Netz

bestätigte die Einordnung der Antragsstellerin als Netzkunde der Umspannebene Höchst-/Hochspannung.[404]

Es ist richtig, dass in einer (n-1)-Situation, also bei Ausfall des Haupttransformators, die Sammelschiene, an welche das Arealnetz angeschlossen ist, nicht mehr allein aus der Umspannebene versorgt wird, sondern auch über das nachgelagerte Netz (Abb. 9, blaues Netz). Bei der Betrachtung kann also nicht nur der Normalfall, in dem der Haupttransformator funktionstüchtig ist und eine 100 %ige Versorgung aus der Umspannebene erfolgen kann, betrachtet werden.[405] Unter diesem Gesichtspunkt könnte es daher sachgerecht sein, den Kunden die Netzebene, aus der die Absicherung erfolgt, mitfinanzieren zu lassen.[406] Entscheidendes Argument, was gegen eine solche Betrachtung spricht, ist jedoch, dass es der vorgelagerte Netzbetreiber in der Hand hätte, die Einordnung als Umspannkunde schlicht dadurch zu verwehren, dass er die (n-1)-sichere Versorgung nicht mehr durch mehrere Transformatoren in einem Umspannwerk, sondern durch eine unterspannungsseitige Vermaschung ermöglicht.[407] So

404 Bundesnetzagentur, IR 2009, 212 (212).
405 *Hartmann,* in: Danner/Theobald (Hrsg.), Energierecht, § 17 EnWG, Rn. 60.
406 *Hartmann*, in: Danner/Theobald (Hrsg.), Energierecht, § 17 EnWG, Rn. 60.
407 Bundesnetzagentur, IR 2009, 212 (212).

könnte der Netzbetreiber jedes Umspannwerk so einstellen, dass im (n-1)-Fall immer die Ersatztransformatoren abgeschaltet werden und eine Versorgung aus der nachgelagerten Netzebene erfolgt mit der Konsequenz, dass alle Umspannkunden auch Kunden der nachgelagerten Netzebene sind.[408]

(4) Wie weit geht das Wahlrecht des Arealnetzbetreibers?

Nachdem geklärt wurde, dass dem Arealnetzbetreiber das freie Wahlrecht hinsichtlich der Spannungsebene zukommt, stellt sich die Frage, wie weit das Bestimmungsrecht des Anschlusspetenten hinsichtlich des Netzanschlusses reicht.[409]

Hierzu bietet sich ein Vergleich mit der Vorschrift des § 6 Abs. 1 und Abs. 2 NAV an, der grundsätzlich auf Versorgungskonstellationen in Niederspannung nach § 1 Abs. 1 NAV begrenzt ist.[410] Nach dieser Vorschrift werden die Netzanschlüsse vom Netzbetreiber selbst hergestellt. § 6 Abs. 2 S. 1 NAV regelt, dass der Netzbetreiber dabei „die konkrete Art, Zahl und Lage des Netzanschlüsse" zu bestimmen hat.

Dass der Netzbetreiber bei der Herstellung des Netzanschlusses ein Mitwirkungsrecht hat, ergibt sich auch aus § 17 Abs. 1 EnWG. Hiernach haben Betreiber von Energieversorgungsnetzen jeden Anschlussnehmer an ihr Netz anzuschließen. Diese Formulierung („haben") zeigt, dass der Netzbetreiber bei der Verwirklichung des Netzanschlusses grundsätzlich tätig werden und die Anschlussmaßnahme selbst oder unter Beauftragung von Erfüllungsgehilfen durchführen muss.[411] Hieraus ergibt sich auch, dass dem Netzbetreiber ein gewisses Bestimmungsrecht zukommen muss.[412] Dieser Grundsatz folgt aus der Verantwortung des Netzbetreibers für das gesamte Versorgungsnetz und auch für den Netzanschluss der an das Netz Angeschlossenen bzw. Anzuschließenden.[413] Es muss dem Netzbetreiber möglich sein, beim Anschluss eines

---

408 Bundesnetzagentur, IR 2009, 212 (212).

409 So auch *Wolf*, in: Säcker (Hrsg.), Handbuch zum deutsch-russischen Energierecht, Kap. 5, Rn. 13.

410 *Stappert/Johannsen*, in: Rosin/Pohlmann/Gentzsch/Metzenthin/Böwing (Hrsg.), Praxiskommentar zum Energiewirtschaftsgesetz, § 17 EnWG, Rn. 58.

411 *Hartmann*, in: Danner/Theobald (Hrsg.), Energierecht, § 6 NAV, Rn. 6 mit Verweis auf *Salje*, Energiewirtschaftsgesetz, § 17 EnWG, Rn. 30.

412 *Hartmann*, in: Danner/Theobald (Hrsg.), Energierecht, § 17 EnWG, Rn. 87.

413 *Hartmann*, in: Danner/Theobald (Hrsg.), Energierecht, § 6 NAV, Rn. 6; *Stappert/Johannsen*, in: Rosin/Pohlmann/Gentzsch/Metzenthin/Böwing (Hrsg.), Praxiskommentar zum Energiewirtschaftsgesetz, § 17 EnWG, Rn. 57.

Arealnetzes in einem künftigen Gewerbeneubaugebiet bereits vorausschauend die Anschlussleitungen so zu dimensionieren, dass der Anschluss weiterer Anschlussnehmer bzw. Netze möglich ist.[414]

Teilweise wird behauptet, dass § 6 Abs. 2 S. 1 NAV auch außerhalb der Niederspannung unmittelbar Anwendung fände und „Art“ und „Lage“ des Netzanschlusses auch die Spannungsebene des Netzanschlusses meine.[415] Weder der Verordnungsbegründung noch den Kommentierungen zu § 6 NAV ist eine derartige Interpretation der Vorschrift zu entnehmen. Ein dahingehender Hinweis in der Kommentierung zum inhaltsgleichen, nunmehr außer Kraft getretenen § 10 Abs. 3 AVBEltV findet sich ebenfalls nicht.[416] Unter dem Gesichtspunkt „Art des Anschlusses“ werden dort lediglich Dimensionierungsfragen angesprochen. Bezüglich der „Lage des Anschlusses“ werden ausschließlich Aspekte im Zusammenhang mit örtlichen Gegebenheiten behandelt.[417] Auf diese Bereiche sollte daher auch das Bestimmungsrecht des Netzbetreibers für Netzanschlüsse außerhalb der Niederspannung begrenzt bleiben.[418]

(5) Können die Betreiber vorgelagerter Netze den Netzanschluss nach § 17 Abs. 2 EnWG gegenüber Arealnetzbetreibern verweigern?

Nachdem geklärt wurde, dass dem Arealnetzbetreiber das freie Wahlrecht hinsichtlich der Spannungsebene zukommt, stellt sich die daran anschließende Frage, ob dem vorgelagerten Netzbetreiber gegenüber dem Arealnetzbetreiber ein Anschlussverweigerungsrecht zusteht.

(a) Verweigerung nach § 17 Abs. 2 EnWG

Der vorgelagerte Netzbetreiber kann gemäß § 17 Abs. 2 EnWG den Anspruch auf Netzanschluss im Sinne einer rechtshemmenden Einwendung verweigern.[419] Dies bedeutet, dass der Anspruch auf Netzanschluss unter den Voraussetzungen des § 17 Abs. 1 EnWG grundsätzlich zunächst entstanden ist und damit

414 *Hartmann*, in: Danner/Theobald (Hrsg.), Energierecht, § 17 EnWG, Rn. 87.

415 So die Antragsgegnerin in dem Missbrauchsverfahren der Bundesnetzagentur, „Agrarfrost-Beschluss“ v. 23.08.2007, Az. BK6 07-13, Rn. 86; vgl. auch Bundesnetzagentur, ZNER 2007, 476 (481).

416 *Hartmann*, in: Danner/Theobald (Hrsg.), Energierecht, § 6 NAV, Rn. 6.

417 Bundesnetzagentur, „Agrarfrost“, ZNER 2007, 476 (481).

418 Bundesnetzagentur, Beschluss v. 05.09.2007, Az. BK6 07-022, Rn. 97.

419 *Sieberg*, in: Bartsch/Röhling/Salje/Scholz (Hrsg.), Stromwirtschaft, Kap. 53, Rn. 63.

auch weiterhin besteht.[420] Der Anspruch ist lediglich nicht durchsetzbar.[421] Die Darlegungs- und Beweislast liegt beim vorgelagerten Netzbetreiber.[422]

Nach § 17 Abs. 2 S. 1 EnWG kann der Anschluss verweigert werden, wenn der Netzbetreiber nachweist, dass ihm die Gewährung „aus betriebsbedingten oder sonstigen wirtschaftlichen oder technischen Gründen unter Berücksichtigung der Ziele des § 1 nicht möglich oder nicht zumutbar ist.“ Nach dem Wortlaut muss also in materieller Hinsicht eine Unmöglichkeit oder Unzumutbarkeit vorliegen.[423] Hierbei kann sich sowohl die Unmöglichkeit als auch die Unzumutbarkeit aus betriebsbedingten als auch aus technischen Gründen ergeben.[424] Ein Fall der wirtschaftlich unmöglichen Herstellung eines Netzanschlusses ist zwar theoretisch denkbar, nämlich dann, wenn die Herstellung des Netzanschlusses zwar an sich möglich ist, ihr aber solche Schwierigkeiten entgegenstehen, dass sie dem Schuldner wegen Überschreitung der „finanziellen“ Opfergrenze nicht aufzubürden ist.[425] Der gesetzlichen Systematik entspricht es aber, dies als Frage der Zumutbarkeit zu behandeln.[426] Mit anderen Worten können ökonomische Erwägungen nur im Rahmen der Zumutbarkeit berücksichtigt werden.[427] Die wirtschaftliche Betrachtungsweise stellt dabei den Schwerpunkt bei der Frage nach der Zumutbarkeit dar.[428] Aber auch betriebsbedingte und technische Gründe, welche die Unzumutbarkeit begründen können, sollen nachfolgend behandelt werden.

---

420 *Sieberg*, in: Bartsch/Röhling/Salje/Scholz (Hrsg.), Stromwirtschaft, Kap. 53, Rn. 63.

421 *Sieberg*, in: Bartsch/Röhling/Salje/Scholz (Hrsg.), Stromwirtschaft, Kap. 53, Rn. 63.

422 *Bourwieg*, in: Britz/Hellermann/Hermes (Hrsg.), Energiewirtschaftsgesetz, § 17 EnWG, Rn. 23; *Salje*, Energiewirtschaftsgesetz, § 17, Rn. 47; *Stappert/Johannsen*, in: Rosin/Pohlmann/Gentzsch/Metzenthin/Böwing (Hrsg.), Praxiskommentar zum Energiewirtschaftsgesetz, § 17 EnWG, Rn. 94.

423 *Koenig/Kühling/Rasbach*, Energierecht, Kap. 3, S. 61; *Salje*, in: Baur/Salje/Schmidt-Preuß (Hrsg.), Regulierung in der Energiewirtschaft, Kap. 67, Rn. 15 f.

424 *Säcker/Boesche*, in: Säcker (Hrsg.), Berliner Kommentar, § 17 EnWG, Rn. 75.

425 So im BGB *Grüneberg*, in: Palandt (Hrsg.), BGB, § 275, Rn. 21.

426 *De Wyl/Thole*, in: Schneider/Theobald (Hrsg.), Recht der Energiewirtschaft, § 16, Rn. 160 ff.

427 *De Wyl/Thole*, in: Schneider/Theobald (Hrsg.), Recht der Energiewirtschaft, § 16, Rn. 160 ff.; *Säcker/Boesche*, in: Säcker (Hrsg.), Berliner Kommentar, § 17 EnWG, Rn. 84.

428 *Bourwieg*, in: Britz/Hellermann/Hermes (Hrsg.), Energiewirtschaftsgesetz, § 17 EnWG, Rn. 29; *Säcker/Boesche*, in: Säcker (Hrsg.), Berliner Kommentar, § 17 EnWG, Rn. 99.

(b) Unmöglichkeit

Die Unmöglichkeit der Einräumung des Netzanschlusses rechtfertigt stets eine Verweigerung.[429] Unmöglich ist eine Leistung, wenn deren Erbringung ausgeschlossen ist, sei es, weil niemand dazu imstande ist (objektive Unmöglichkeit) oder weil der Adressat sie nicht erfüllen kann (subjektive Unmöglichkeit).[430] Die Unmöglichkeit kann sowohl faktisch (siehe dazu im Folgenden) als auch rechtlich begründet sein, wobei das rechtliche Hindernis auch auf der Seite des Anschlusspetenten vorliegen kann, der beispielsweise wegen einer Zwangsverwaltung die Verfügungsbefugnis verloren haben kann.[431]

(aa) Betriebsbedingte Unmöglichkeit

Als betriebsbedingte Verweigerungsgründe kommen solche in Betracht, die auf den innerbetrieblichen Ablauf des Unternehmens, das den Anschluss verweigert, bezogen sind.[432] Hierzu zählt beispielsweise eine akut bestehende, objektiv nachprüfbare, aber nicht überwindbare Personalknappheit.[433] Ferner kommen Gründe in Betracht, die ihre Ursache unmittelbar in der Funktionsfähigkeit der betrieblichen Anlagen haben.[434] Hierzu zählt beispielsweise mangelnde Sicherheit, die sich aus dem Zusammenspiel zwischen Netzbetrieb und Netzanschluss ergeben kann.[435] Diese Sicherheitsmängel müssen allerdings so gravierend sein, dass sie sich auf den gesamten Netzbetrieb des Unternehmens auswirken und der Netzbetrieb sogar als gefährdet angesehen werden muss.[436] Ist der Netzbetrieb des

---

429 *Sieberg*, in: Bartsch/Röhling/Salje/Scholz (Hrsg.), Stromwirtschaft, Kap. 53, Rn. 67.

430 Mit Verweis auf § 275 Abs. 1 BGB *Schulz-Jander*, in: Stuhlmacher/Stappert/Schoon/Jansen (Hrsg.), Grundriss zum Energierecht, Teil 2, Kap. 2, B., Rn. 9; *Grüneberg*, in: Palandt, BGB, § 275, Rn. 6.

431 *Koenig/Kühling/Rasbach*, Energierecht, Kap. 3, S. 67.

432 *Wolf*, in: Säcker (Hrsg.), Handbuch zum deutsch-russischen Energierecht, Kap. 5, Rn. 29; *Salje*, Energiewirtschaftsgesetz, § 17 EnWG, Rn. 52; *Brunner*, Wettbewerb im Stromnetz, Kap. 3, S. 280.

433 *Von Hammerstein*, ZNER 2006, 110 (110); *Brunner*, Wettbewerb im Stromnetz, Kap. 3, S. 294.

434 *Salje*, Energiewirtschaftsgesetz, § 17 EnWG, Rn. 37.

435 *Säcker/Boesche*, in: Säcker (Hrsg.), Berliner Kommentar, § 17 EnWG, Rn. 75; *de Wyl/Thole*, in: Schneider/Theobald (Hrsg.), Recht der Energiewirtschaft, § 16, Rn. 162; so bereits zum EnWG 1998 *Markert*, BB 1997, 1421 (1426).

436 *Brunner*, Wettbewerb im Stromnetz, Kap. 3, S. 280.

Normadressaten nicht als gefährdet anzusehen, kommen sie als rein technische Verweigerungsgründe in Betracht.[437]

(bb) Technische Unmöglichkeit

Technische Unmöglichkeit liegt vor, wenn der Anschluss vom Netzbetreiber technisch nicht realisiert werden kann.[438] Das ist beispielsweise der Fall, wenn keine ausreichende Abnahmestelle, z. B. keine Transformatorenanlage, zur Umschaltung verschiedener Spannungsebenen vorhanden ist. Die technische Unmöglichkeit besteht dann, solange die entsprechende Trafoanlage nicht vorhanden ist.[439] Mangelnde Anschlusskapazität wird vielfach als Beispiel für das Vorliegen eines technischen Verweigerungsgrundes wegen Unmöglichkeit benannt und ist vom Gesetzgeber in § 17 Abs. 2 S. 3 EnWG erwähnt.[440] Die fehlende Anschlusskapazität kann sich daraus ergeben, dass der Anschlusspunkt technisch nicht geeignet ist, den erforderlichen Leistungsbedarf, also die benötigte Strommenge, an dem Anschlusspunkt zu Verfügung zu stellen.[441] Droht bei Erfüllung des Netzanschlussbegehrens eine Netzüberlastung oder ist ein Energieausfall zu befürchten, kann sich der Netzbetreiber sogar auf einen in dem Betrieb seiner Anlagen begründeten (betriebsbedingten) Verweigerungsgrund berufen.[442]

Allerdings ist zu berücksichtigen, dass neben dem Grundsatz der allgemeinen Anschlusspflicht, dem der Netzbetreiber gesetzlich nachkommen muss, auch die Verpflichtung zum bedarfsgerechten Ausbau nach § 11 Abs. 1 EnWG besteht.[443] Da Netzerweiterungsmaßnahmen regelmäßig nicht unmöglich sind, kann sich der Netzbetreiber nur in absoluten Ausnahmefällen auf die mangelnde Anschlusskapazität

---

437 Siehe dazu im Folgenden unter (b) bb) sowie (c) (bb).

438 *De Wyl/Thole*, in: Schneider/Theobald (Hrsg.), Recht der Energiewirtschaft, § 16, Rn. 162; *Stappert/Johannsen*, in: Rosin/Pohlmann/Gentzsch/Metzenthin/Böwing (Hrsg.), Praxiskommentar zum Energiewirtschaftsgesetz, § 17 EnWG, Rn. 70.

439 *Säcker/Boesche*, in: Säcker (Hrsg.), Berliner Kommentar, § 17 EnWG, Rn. 83.

440 *Salje*, in: Baur/Salje/Schmidt-Preuß (Hrsg.), Regulierung in der Energiewirtschaft, Kap. 67, Rn. 15.

441 *Brunner*, Wettbewerb im Stromnetz, Kap. 3, S. 364; zur mangelnden Anschlusskapazität beim Netzanschluss von Kraftwerken siehe im Folgenden unter C. IV. 3. b) bb) (3) (a) (aa).

442 *Wolf*, in: Säcker (Hrsg.), Handbuch zum deutsch-russischen Energierecht, Kap. 5, Rn. 29; bewerten diese Konstellation als Fall der Unzumutbarkeit: *Säcker/Boesche*, in: Säcker (Hrsg.), Berliner Kommentar, § 17 EnWG, Rn. 79.

443 Hierzu *Bourwieg*, in: Britz/Hellermann/Hermes (Hrsg.), Energiewirtschaftsgesetz, § 11 EnWG, Rn. 15.

berufen.[444] Dies ist insbesondere dann der Fall, wenn ein Ausbau nach § 11 Abs. 1 S. 1 a. E. EnWG wirtschaftlich nicht zumutbar ist.[445] Die mangelnde Anschlusskapazität ist ferner streng von einem Fehlen der Netztransportkapazität zu trennen.[446] Dies folgt aus der gesetzlichen Differenzierung zwischen Anschluss- (§§ 17, 18 EnWG) und Zugangsanspruch (§§ 20 ff. EnWG). Diese Trennung nimmt auch § 6 Abs. 2 KraftNAV vor, wonach der Netzanschluss nicht mit dem Hinweis darauf verweigert werden kann, dass in einem mit dem Anschlusspunkt direkt oder indirekt verbundenen Netz Kapazitätsengpässe auftreten oder auftreten werden. Bei fehlender Netzkapazität kann allenfalls der vom Anschluss unabhängige Netzzugang gemäß § 20 Abs. 2 EnWG verweigert werden.[447]

(c) Unzumutbarkeit

In Abgrenzung zur Unmöglichkeit ist bei der Unzumutbarkeit der Netzanschluss zwar realisierbar, der damit verbundene Aufwand oder die daraus erwachsenden negativen Folgen für den Netzbetreiber stehen jedoch in keinem angemessenen Verhältnis zu dem Anschlussbegehren.[448] Über die Zumutbarkeit ist demnach in Abwägung der beiderseitigen unternehmensindividuellen Interessen zu entscheiden, wobei die Zielvorstellungen des EnWG, die in § 1 EnWG niedergelegt sind, zu beachten sind.[449]

(aa) Wirtschaftliche Unzumutbarkeit

(aaa) Beeinträchtigung der Kunden- und Preisstruktur

Als sachliche Rechtfertigung für die Verweigerung des Anschlusses an die nächsthöhere Netzebene wird vorgebracht, dass der Anschluss eines Abnehmers an das Mittelspannungsnetz zum Verlust besonders attraktiver Kunden führe, die dann über das eigene Niederspannungsnetz des Arealnetzbetreibers versorgt würden.[450]

---

444 *Wolf*, in: Säcker (Hrsg.), Handbuch zum deutsch-russischen Energierecht, Kap. 5, Rn. 29.

445 *Brunner*, Wettbewerb im Stromnetz, Kap. 3, S. 293.

446 *Theobald/Zenke/Dessau*, in: Schneider/Theobald (Hrsg.), Recht der Energiewirtschaft, § 15, Rn. 171; *Brunner*, Wettbewerb im Stromnetz, Kap. 3, S. 265 f.

447 *Arndt*, in: Britz/Hellermann/Hermes (Hrsg.), Energiewirtschaftsgesetz, § 20 EnWG, Rn. 202; *Wolf*, in: Säcker (Hrsg.), Handbuch zum deutsch-russischen Energierecht, Kap. 5, Rn. 29.

448 *Koenig/Kühling/Rasbach*, Energierecht, S. 67.

449 *Wolf*, in: Säcker (Hrsg.), Handbuch zum deutsch-russischen Energierecht, Kap. 5, Rn. 31.

450 So die beklagte Netzbetreiberin vor dem OLG München, Urteil v. 03.08.2006, Az. U (K) 5768/05; vgl. auch CuR 2006, 141 f.

Die Arealnetzbetreiber würden dabei versuchen in Gebieten mit einer optimalen Versorgungsdichte tätig zu werden, um dort die Netzentgelte für sich abzuschöpfen. Dieses „Rosinenpicken“ gehe zu Lasten des Betreibers des örtlichen Verteilernetzes.[451]

Der Anschluss eines Arealnetzes sei deshalb wirtschaftlich nicht zumutbar, da eine Beeinträchtigung der Kunden- und Preisstruktur des örtlichen Energieversorgungsnetzes zu befürchten sei, die sich in einer Entgelterhöhung widerspiegele.[452] Die von den Netzbetreibern für das Gemeindegebiet betriebenen Einrichtungen wie Personal-, Betriebs-, Telekommunikations- und Steuerungseinrichtungen und die dafür anfallenden Kosten, die Ausgaben für Schalthandlungen und Störungsdienst, würden ebenso wie die Planungs- und Vorhaltekosten auf die übrigen Grundstücke zu verteilen sein.[453] Damit würden die Kosten der Netzinfrastruktur für die verbleibenden Grundstücke steigen, sodass sich zwangsläufig auch die Netzentgelte erhöhen würden.[454]

Nach überwiegender Ansicht ist die Verweigerung wegen Beeinträchtigung der Kunden- und Preisstruktur gerade beim Netzanschluss von Neukunden nicht möglich.[455] Zwar wirkt es sich positiv auf die Kunden- und Preisstruktur in örtlichen Verteilernetzen aus, wenn die Netzbetreiber den begehrten Netzanschluss auf der Mittelspannungsebene für das Arealnetz ablehnen und stattdessen auf einen Netzanschluss auf der Niederspannungsebene verweisen könnten, da die Netzbetreiber in diesem Fall noch das Netzentgelt für die Niederspannungsebene mit vergütet bekommen.[456] Auswirkungen auf die Kunden- und Tarifstruktur des Netzbetreibers gibt es jedoch nicht, weil es sich bei den Arealen in der Regel um neu zu bebauende Gebiete handelt, auf denen bisher keine Netzkunden angesiedelt sind. Somit kommen zwar keine neuen Kunden dazu, ein Verlust von Bestandskunden erfolgt aber auch nicht.[457]

---

451 So die Mainova vor dem OLG Düsseldorf, CuR 2004, 89 (92).

452 So die Netzbetreiberin vor dem OLG München, CuR 2006, 141 (142).

453 So die Netzbetreiberin vor dem OLG München, CuR 2006, 141 (142); sowie die Mainova vor dem BGH, CuR 2005, 89 (94).

454 So die Netzbetreiberin vor dem OLG München, CuR 2006, 141 (142); sowie die Mainova vor dem BGH, CuR 2005, 89 (94).

455 Bundesnetzagentur, Veröffentlichung zu Fragen des Netzanschlusses auf Entnahmeseite, S. 4; *Säcker/Boesche*, in: Säcker (Hrsg.), Berliner Kommentar, § 17 EnWG, Rn. 38.

456 *Bourwieg*, in: Britz/Hellermann/Hermes (Hrsg.), Energiewirtschaftsgesetz, § 17 EnWG, Rn. 33 f.; vgl. auch BGH, WRP 2005, 1278 (1282).

457 OLG München, CuR 2006, 141 (145); OLG Düsseldorf, ZNER 2004, 282 (287); *Brunner*, Wettbewerb im Stromnetz, Kap. 3, S. 318.

Dem Argument, dass die Arealnetzbetreiber „Rosinenpicken" betreiben, muss entgegengehalten werden, dass im Zuge der Liberalisierung der Energiemärkte nicht nur Wettbewerb auf dem Strommarkt, sondern auch um Netze entstehen soll.[458] Um möglichst profitabel zu agieren, ist eine logische Konsequenz, dass sich die Arealnetzbetreiber zunächst auf ein mit hoher Kundenzahl ausgestattetes Gebiet beschränken.[459] Wettbewerb bringt die Gefahr des „Rosinenpickens" mit sich.[460] So führte das OLG Düsseldorf zu Recht aus, dass auch die örtlichen Verteilernetzbetreiber nicht gehindert sind, in den Wettbewerb um besonders lukrative Netze einzutreten und mit den Arealnetzbetreibern zu konkurrieren.[461]

(bbb) Arealnetze als regulierungsfreier Raum

Ferner argumentieren die Netzbetreiber, dass durch den Anschluss von Arealnetzen ein regulierungsfreier Raum innerhalb eines sonst geschlossenen Verteilernetzes geschaffen werde, der sowohl EG-rechtlichen Vorgaben als auch dem „Postulat eines wirksamen und unverfälschten Wettbewerbs" widerspreche.[462] Eine solche Ausnahme für Arealnetze führe zu einer unzumutbaren Wettbewerbsverzerrung im Verhältnis zwischen dem Arealnetzbetreiber und den zum Anschluss verpflichteten kommunalen Netzbetreibern.[463]

Die Befürchtung, dass durch die Zulassung von Arealnetzen ein kontrollfreier Raum geschaffen würde, kann nicht als berechtigt angesehen werden. Der Arealnetzbetreiber unterliegt der umfangreichen Regulierung des Netzbetriebs nach §§ 11 ff. EnWG, ungeachtet dessen, ob sein Netz als Netz der allgemeinen Versorgung (§ 3 Nr. 17 EnWG), geschlossenes Verteilernetz (§ 110 EnWG) oder als sonstiges Energieversorgungsnetz (§ 3 Nr. 16 EnWG) zu qualifizieren ist.[464] Liegt Letzteres vor, so entfällt lediglich die Verpflichtung des Netzbetreibers zur Gewährung eines Anschlusses in Niederspannung nach § 18 Abs. 1 EnWG. Eine solche Ausnahme führt jedoch nicht zu einer unzumutbaren Wettbewerbsverzerrung im Verhältnis zwischen dem Arealnetzbetreiber und den zum Anschluss verpflichteten Netzbetreibern.[465]

---

458 BGH, CuR 2005, 89 (94).
459 BGH, CuR 2005, 89 (94).
460 BGH, CuR 2005, 89 (94).
461 OLG Düsseldorf, ZNER 2004, 282 (287).
462 So die Netzbetreiberin vor dem OLG München, CuR 2006, 141 (142).
463 So die Netzbetreiberin vor dem OLG München, CuR 2006, 141 (142).
464 hierzu *Bourwieg*, in Britz/Hellermann/Hermes (Hrsg.), Energiewirtschaftsgesetz, § 11 EnWG, Rn. 41.
465 OLG München, CuR 2006, 141 (145).

(ccc) Kein „Vorratsanschluss“

Wenn sich eine konkrete Art der Nutzung des Netzanschlusses noch nicht abzeichne, insbesondere der Kreis der auf dem Areal angesiedelten oder anzusiedelnden Letztverbraucher noch nicht bestimmbar sei, erstrebe der Arealnetzbetreiber eine Art „Vorratsanschluss“, den das EnWG nicht kenne, so die Netzbetreiber. § 17 Abs. 1 EnWG gewähre einen konkreten Netzanschluss, während die Arealnetzbetreiber einen abstrakten Anspruch verfolgen würden. Das wirtschaftliche Risiko eines solchen abstrakten Netzanschlusses trage letztlich der Netzbetreiber.[466]

Wenn die Netzbetreiber behaupten, dass beim Anschluss eines nachgelagerten Netzes die Anschlussnehmer bereits feststehen sollten, bevor ein Anschluss erfolgen kann, entspricht dies nicht dem Verständnis des EnWG. Das Gesetz unterscheidet zwischen Netzen der allgemeinen Versorgung (§ 3 Nr. 17 EnWG) und sonstigen Energieversorgungsnetzen (§ 3 Nr. 16 EnWG). Netze der allgemeinen Versorgung zeichnen sich gerade dadurch aus, dass sie von ihrer Dimensionierung her nicht von vornherein nur auf die Versorgung bestimmter, schon bei der Netzerrichtung feststehender oder bestimmbarer Letztverbraucher ausgelegt sind, sondern grundsätzlich für die Versorgung jedes Letztverbrauchers offen stehen. Da nach den obigen Erläuterungen ein Arealnetz auch ein Netz der allgemeinen Versorgung darstellen kann, könnte sich der Betreiber eines Arealnetzes der allgemeinen Versorgung nie auf § 17 Abs. 1 EnWG berufen, weil der Kreis der Letztverbraucher auf dem Areal noch nicht feststeht. Ein solches Ergebnis ist nicht tragfähig und widerspricht der gesetzgeberischen Intention.[467]

Falls der Netzbetreiber befürchtet, dass eine erhebliche Kostenlast auf ihn zukommt, da die Nutzung des Anschlusses aus seiner Sicht noch nicht hinreichend bestimmt sei, so lässt sich diesem Argument entgegenhalten, dass der Netzbetreiber jederzeit berechtigt ist, die notwendigen Kosten für die Herstellung oder Verstärkung des Netzanschlusses vom Arealnetzbetreiber einzufordern.[468]

---

466 So die Netzbetreiberin vor dem OLG München, Urteil v. 03.08. 2006, Az. U (K) 5768/05; vgl. auch OLG München, CuR 2006, 141 (142).

467 OLG München, ZNER 2006, 264 (265); vgl. hierzu auch *Boesche*, in: Säcker (Hrsg.), Berliner Kommentar, § 3 EnWG, Rn. 42j.

468 *Bourwieg*, in: Britz/Hellermann/Hermes (Hrsg.), Energiewirtschaftsgesetz, § 17 EnWG, Rn. 19b; *Brunner*, Wettbewerb im Stromnetz, Kap. 3, S. 315; zur Kostentragung der Netzanschlusskosten, siehe im Folgenden unter I. 3. a) cc).

(ddd) Fehlende Genehmigung nach § 4 EnWG

Teilweise wird der Netzanschluss mit dem Argument verwehrt, dass für ihn die Genehmigung zur Aufnahme des Netzbetriebs nach § 4 Abs. 1 EnWG erforderlich sei.[469] Andernfalls trage der Netzbetreiber das wirtschaftliche Risiko, im Falle einer Nichtgenehmigung des Netzbetriebs die Anschlussanlagen zurückzubauen.

Nach § 3 EnWG a. F. war die Aufnahme des bloßen Betriebs eines Netzes nur dann genehmigungspflichtig, wenn das Netz zumindest auch der allgemeinen Versorgung diente.[470] Arealnetze außerhalb der allgemeinen Versorgung waren somit nicht genehmigungsbedürftig. Obwohl § 3 Nr. 17 EnWG die Definition der Energieversorgungsnetze der allgemeinen Versorgung weiterhin kennt, enthält § 4 Abs. 1 EnWG nun eine derartige Einschränkung nicht mehr.[471] Grundsätzlich sind damit alle Netzbetreiber, die ein Energieversorgungsnetz im Sinne des § 3 Nr. 16 EnWG betreiben, über alle Spannungsstufen hinweg zur Einholung einer Genehmigung verpflichtet.[472]

Es könnte der Schluss gezogen werden, dass mit Einführung des § 4 EnWG eine Genehmigung der zuständigen Regulierungsbehörde Voraussetzung für ein erfolgreiches Anschlussbegehren nach § 17 Abs. 1 EnWG ist.[473] Für ein solches Verständnis spricht jedoch weder der Wortlaut des § 4 EnWG noch der des § 17 EnWG. § 4 Abs. 1 EnWG erfordert die Aufnahme des Netzbetriebs. Damit ist die tatsächliche Versorgung als Betriebsbeginn gemeint. Maßgeblich ist also der Zeitpunkt, zu dem das Netz seiner Funktion gemäß geschaltet wird, sodass bloße Vorbereitungshandlungen (Bereitstellung von Energieanlagen, Abschluss von Verträgen, Errichtung des Leitungsnetzes) noch keine Betriebsaufnahme darstellen.[474] Auch die Geltendmachung des Anschlussbegehrens nach § 17 Abs. 1 EnWG gehört zu den Vorbereitungshandlungen. Andernfalls wäre nämlich die vorhergehende Errichtung und Fertigstellung des Arealnetzes Voraussetzung für den Anspruch nach § 17 Abs. 1 EnWG.[475] Solch

469 *Schroeder-Czaja*, Objekt- und Arealnetze, S.103; so auch die Netzbetreiberin in OLG München, Urteil v. 03.08.2006, Az. U (K) 5768/05.

470 *Salje*, Energiewirtschaftsgesetz, § 4 EnWG, Rn. 25.

471 *Hermes*, in: Britz/Hellermann/Hermes (Hrsg.), Energiewirtschaftsgesetz, § 4 EnWG, Rn. 6.

472 Zur Abgrenzung von Energieversorgungsnetzen der allgemeinen Versorgung und sonstigen Energieversorgungsnetzen, siehe oben 1.a) bb).

473 Im Ergebnis auch verneinend *Schroeder-Czaja*, in: Riedel/Schroeder-Czaja/Jacobshagen (Hrsg.), Objekt- und Arealnetze, S. 103.

474 *Salje*, Energiewirtschaftsgesetz, § 4 EnWG, Rn. 35; *Säcker/Paul*, in: Säcker (Hrsg.), Berliner Kommentar, § 4 EnWG, Rn. 19 f; *Hermes*, in: Britz/Hellermann/Hermes (Hrsg.), Energiewirtschaftsgesetz, § 4 EnWG, Rn. 9.

475 *Schroeder-Czaja*, in: Riedel/Schroeder-Czaja/Jacobshagen (Hrsg.), Objekt- und Arealnetze, S. 103.

ein Verständnis lässt sich auch aus dem Wortlaut des § 17 Abs. 1 EnWG nicht ableiten. Alles andere würde zu einer Ungleichbehandlung der in § 17 Abs. 1 EnWG genannten Anspruchsberechtigten führen.

Sind alle Verbindungsleitungen installiert und wird das Netz unter Spannung gesetzt, wird der Netzbetrieb tatsächlich aufgenommen.[476] Zu diesem Zeitpunkt ist der Anspruch in der Regel bereits erfüllt, eine Genehmigung nach § 4 Abs. 1 EnWG wird hier erst erforderlich.[477]

(eee) Fehlender Netzanschlussvertrag, insbesondere fehlende Einigung über die Höhe des Anschlussentgelts

Möglicherweise ist eine Anschlussverweigerung aus wirtschaftlichen Gründen gerechtfertigt, weil der Netzanschlussvertrag nicht zustande gekommen ist. Das wirtschaftliche Risiko liege deshalb beim Netzbetreiber, da sich dieser in einer schlechteren Verhandlungsposition befinde, wenn der Anschluss bereits hergestellt sei, ohne dass die einzelnen Anschlussbedingungen ausgehandelt seien.[478]

Es wurde bereits festgestellt, dass § 17 Abs. 1 EnWG einen Kontrahierungszwang von Netzbetreiber und Anschlusspetent hinsichtlich des Netzanschlussvertrags regelt.[479] Problematisch ist nun, dass ein Vertrag unter Umständen nicht zustande kommt, weil sich die Vertragspartner über wesentliche Inhalte, wie beispielsweise die Höhe des Anschlussentgelts sowie die einzelnen technischen Anschlussbedingungen, uneinig sind.[480] Dies kann dazu führen, dass die Durchsetzung des Anspruchs von einer Partei (i. d. R. dürfte dies der Netzbetreiber sein) unter Hinweis auf den mangelnden Vertragsschlusses verweigert wird.[481] Das LG München führte zu dieser Problematik aus, dass der Anschluss nicht deshalb abgelehnt werden könne, weil möglicherweise technische Einzelheiten oder die Höhe des Anschlussentgelts noch offen seien.[482] Selbst wenn das Angebot auf Abschluss des Netzanschlussvertrags des Anschlusspetenten keine Angaben über anschlussrelevante Installationen oder das Entgelt enthalte, recht-

476 *Säcker/Paul*, in: Säcker (Hrsg.), Berliner Kommentar, § 4 EnWG, Rn. 19.

477 *Hermes*, in: Britz/Hellermann/Hermes (Hrsg.), Energiewirtschaftsgesetz, § 4 EnWG, Rn. 9.

478 *Brunner*, Wettbewerb im Stromnetz, Kap. 3, S. 283, die die fehlende Einigung über die Netzanschlussbedingungen als betriebsbedingten Verweigerungsgrund ansehen will.

479 Siehe oben I. 3. a) aa) (4) (d).

480 *Salje*, Energiewirtschaftsgesetz, § 17 EnWG, Rn. 49.

481 So die Netzbetreiberin vor dem LG München, Urteil v. 10.11.2005, Az. 17 HKO 2732/05, abgedruckt in CuR 2006, 21 (22); *Salje*, Energiewirtschaftsgesetz, § 17 EnWG, Rn. 49.

482 LG München, CuR 2006, 21 (23).

fertige dies eine Ablehnung des Anschlussbegehrens durch den Netzbetreiber nicht.[483]

Diese Auffassung verdient Zustimmung. Gegen die Möglichkeit einer Anschlussverweigerung spricht, dass auf diesem Weg „effektiver und funktionsfähiger Wettbewerb bei der Belieferung mit Energie auf Jahre hinaus bis zum Ende des Rechtsstreits über die Höhe des Anschlussentgeltes vereitelt werden könnte."[484] Daher sollten die Netzbetreiber in solchen Fällen den Anschluss vorbehaltlich des Ergebnisses des Rechtsstreits einstweilen und sofort gestatten.[485] Dem Anschlusspetenten ist zu empfehlen, das vom Netzbetreiber veranschlagte Entgelt unter Vorbehalt zu akzeptieren, um so den Vertragsschluss herbeizuführen.[486] Zwar wird der Anschlussnehmer mit „einer erheblichen kalkulatorischen Unsicherheit" belastet.[487] Diesen Nachteil muss er jedoch in Kauf nehmen, da er den Anschluss möglichst schnell verwirklichen möchte.[488] Der Anschlusspetent kann darüber hinaus zu viel gezahlte Beträge zivilrechtlich über § 812 BGB zurückverlangen.[489]

Auch aus prozessualer Sicht bestehen gegen eine solche Lösung keine Bedenken. Es ist im Bereich von § 17 EnWG anerkannt, dass nicht zuerst auf Abschluss eines Netzanschlussvertrags geklagt werden muss.[490] Alles andere würde zu einer erheblichen Erschwerung der Rechtsdurchsetzung führen.[491] Daher kann der Anschlusspetent unmittelbar auf Herstellung des Netzanschlusses klagen. Die erforderliche Zustimmung des Netzbetreibers zum Abschluss des Netzanschlussvertrags kann hierbei durch Rechtskraft des Urteils ersetzt werden.[492] Dieses Ergebnis wird auch durch die Regelung des § 30 Abs. 2 S. 2 Nr. 2 EnWG bekräftigt. Hiernach kann die Regulierungsbehörde bei rechtswidrig verweigerten

---

483 LG München, CuR 2006, 21 (23).

484 *Salje*, Energiewirtschaftsgesetz, § 17 EnWG, Rn. 49 mit Verweis auf OLG Dresden, RdE 2001, 144 (145); so auch *Brunner*, Wettbewerb im Stromnetz, Kap. 3, S. 284 sowie S. 322.

485 *Salje*, Energiewirtschaftsgesetz, § 17 EnWG, Rn. 50.

486 LG München, CuR 2006, 21 (23).

487 *Salje*, Energiewirtschaftsgesetz, § 17 EnWG, Rn. 50.

488 *Salje*, Energiewirtschaftsgesetz, § 17 EnWG, Rn. 50.

489 OLG Celle, ZNER 2010, 394 (397); OLG München, WuW/E DE-R 2010, 3031 (3034); LG Nürnberg-Fürth, N&R 2008, 72 (73).

490 *Bourwieg*, in: Britz/Hellermann/Hermes, Energiewirtschafsgesetz, § 17 EnWG, Rn. 46; *Sieberg*, in: Bartsch/Röhling/Salje/Scholz (Hrsg.), Stromwirtschaft, Kap. 53, Rn. 45; *de Wyl/Thole*, in: Schneider/Theobald (Hrsg.), Recht der Energiewirtschaft, § 16, Rn. 215.

491 *Sieberg*, in: Bartsch/Röhling/Salje/Scholz (Hrsg.), Stromwirtschaft, Kap. 53, Rn. 45.

492 *De Wyl/Thole*, in: Schneider/Theobald (Hrsg.), Recht der Energiewirtschaft, § 16, Rn. 216.

Netzanschlüssen den Netzanschluss anordnen. Die Frage nach der vertraglichen Ausgestaltung des Netzanschlussverhältnisses tritt dahinter zurück.

Zusammenfassend besteht sowohl in materieller als auch in prozessualer Sicht keine Möglichkeit für den Netzbetreiber, den Netzanschluss wegen eines noch zu konkretisierenden Netzanschlussvertrags zu verweigern.

(bb) Technische Unzumutbarkeit

(aaa) Geringerer Sicherheitsstandard im Arealnetz

Die Gewährung des Netzanschlusses könnte aus der Sicht des Netzbetreibers aus technischen Gründen deshalb unzumutbar sein, weil die Anschlusskonzepte der Arealnetzbetreiber erhebliche qualitative Unterschiede zum vorgelagerten Netz aufweisen. Hierzu zählen geringere Standards bei der Sicherheitsausstattung des Netzes. Der Arealnetzbetreiber verlegt dann beispielsweise nur eine einzelne Leitung und verzichtet auf eine Absicherung durch eine zweite. Nach Ansicht der vorgelagerten Netzbetreiber können solche Sicherheitsdefizite sich nicht nur auf die im Areal angesiedelten Letztverbraucher auswirken, sondern auch Auswirkungen auf das vorgelagerte Netz haben.[493]

Soweit ein Netzbetreiber geltend macht, dass das von dem Arealnetzbetreiber geplante Anschlusskonzept technisch weniger sicher sei und die Standards nicht erfülle, die das örtliche Elektrizitätsversorgungsnetz biete, rechtfertigt auch dies nicht die Anschlussverweigerung wegen Unmöglichkeit. Der BGH hat in seiner „Mainova-Entscheidung“ vom 28.06.2005 festgestellt, dass „aus Rechtsgründen nichts dagegen einzuwenden wäre, wenn die Abnehmer innerhalb des Areals im Interesse niedrigerer Preise eine geringere Versorgungssicherheit in Kauf nähmen“.[494] Deshalb kann es dahinstehen, ob die Netzqualität und somit das Niveau der Versorgungssicherheit auf dem Areal geringer ist als die Netzqualität im Gebiet des örtlichen Verteilernetzes.[495] Etwas anderes ergibt sich nur dann, wenn das Anschlusskonzept des Arealnetzbetreibers so schwerwiegende Sicherheitsmängel aufweist, dass die Gewährung des begehrten Anschlusses wegen gravierender Auswirkungen auf das vorgelagerte Netz und dessen Sicherheit unmöglich ist.[496]

Eine solche Situation ist jedoch technisch nicht zu begründen. Das örtliche Verteilernetz ist oftmals als Ring- oder Strahlennetz ausgestaltet.[497] Die einfachste

---

493 So die Mainova vor dem OLG Düsseldorf, CuR 2004, 89 (92).

494 BGH, WRP 2005, 1278 (1283).

495 OLG München, CuR 2006, 141 (146).

496 OLG München, CuR 2006, 141 (146).

497 *Schlabbach*, Elektroenergieversorgung, S. 61.

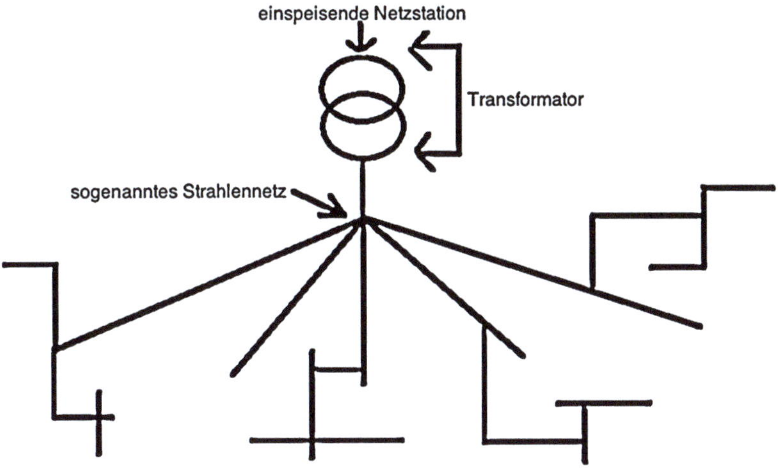

Quelle: Crastan, Elektrische Energieversorgung, S. 386

Abb. 10: Strahlennetz

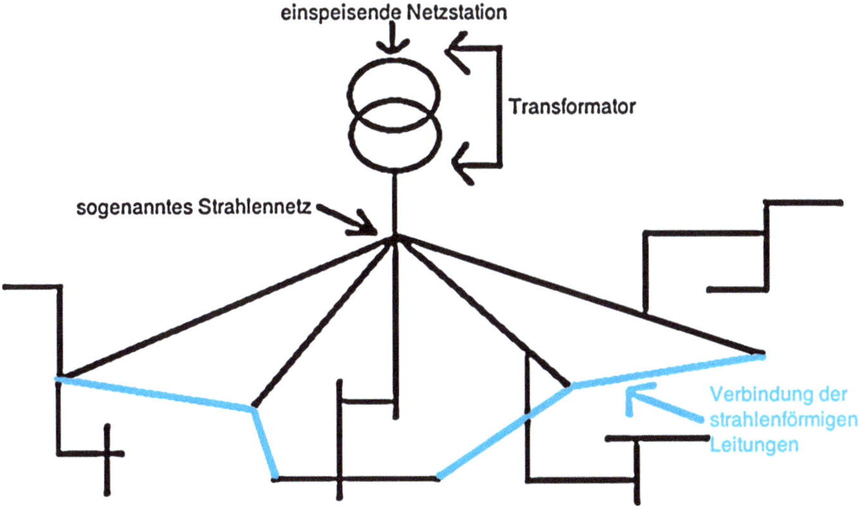

Quelle: Crastan, Elektrische Energieversorgung, S. 386

Abb. 11: Ringnetz

Netzform, das Strahlennetz, findet sich vor allem im Niederspannungsbereich.[498] Die einzelnen Leitungen gehen strahlenförmig von der einspeisenden Netzstation aus.[499]

Bei steigender Lastdichte wird in Niederspannungsnetzen, vor allem aber in Mittelspannungsnetzen, durch die Bildung von Ringen eine Vermaschung des Netzes durchgeführt.[500] Ein Ringnetz ist ein in sich geschlossenes Netz, dessen Enden miteinander verbunden sind.[501]

Die Sicherheit im Verteilernetz hängt hierbei nur davon ab, ob der jeweilige Netzring bzw. -strahl hinreichend abgesichert ist.[502] Bei einer Störung in einer Netzebene fallen im Strahlennetz sowie im Ringnetz zwar alle nachgelagerten Ebenen aus. Auf die vorgelagerte Netzebene hat jedoch eine Störung, beispielsweise im Arealnetz, keine Auswirkungen, denn das Arealnetz ist das letzte Glied in der Kette. Im Falle eines Ringnetzes erfolgt eine zusätzliche Sicherung durch Kuppelschalter bzw. Ringtrennschalter, welche die Störung je nach Lage im Netz isolieren können.[503] Darüber hinaus sind die örtlichen Ring- und Strahlennetze (n-1)-sicher, d. h. sie werden im Störungsfall mit einer Einspeisung aus einem zweiten Netz versorgt.[504] Im Falle des Strahlennetzes werden die beiden Netze (Haupt- und Absicherungsnetz) auf allen oder einigen ausgewählten Abschnitten mit Kuppelschaltern versehen, so dass bei Ausfall eines Teils zwar keine Isolierung der Störung innerhalb des Netzes selbst erfolgen kann, die nachgelagerte Netzebene jedoch aus dem zweiten Netz versorgt werden kann.[505] Daraus ergibt sich, dass eine Störung im Arealnetz keine Auswirkungen auf das vorgelagerte Netz haben kann, da die Auswirkungen einer solchen immer nur in der Netzebene selbst oder in der nachgelagerten Netzebene auftreten können.

(bbb) Negative Auswirkungen auf die Netzstruktur

Darüber hinaus wird vielfach auf die negativen Auswirkungen auf die gesamte Netzstruktur verwiesen. Durch die Gewährung von Anschlüssen in Mittelspannung

---

498 *Schlabbach*, Elektroenergieversorgung, S. 61.
499 *Hosemann*, Elektrische Energietechnik, Band 3, S. 343 f.
500 *Crastan*, Elektrische Energieversorgung 1, Band 1, Kap. 9, S. 386.
501 *Schlabbach*, Elektroenergieversorgung, S. 61.
502 Bundesnetzagentur, „Agrarfrost-Beschluss“, ZNER 2007, 476 (481).
503 *Hosemann*, Elektrische Energietechnik, Band 3, S. 357.
504 Zum (n-1)-Kriterium bei den Übertragungsnetzen *Bourwieg*, in: Britz/Hellermann/Hermes (Hrsg.), Energiewirtschaftsgesetz, § 13 EnWG, Rn. 5; *Hosemann*, Elektrische Energietechnik, Band 3, S. 357.
505 *Hosemann*, Elektrische Energietechnik, Band 3, S. 357.

und den daran anschließenden Betrieb nachgelagerter Netze entstünden vermehrt „Inseln" innerhalb eines sonst einheitlichen Verteilernetzes.[506]

Auch dieses Argument rechtfertigt eine Verweigerung der Gewährung des Anschlusses auf Mittelspannung nicht. Der BGH hat hierzu festgestellt, dass die sogenannte „Inselbildung" eine hinzunehmende Folge der Liberalisierung der Energiemärkte sei.[507] Er verwies dazu auch auf § 17 Abs. 3 S. 2 Nr. 3 EnWG, wonach es der Gesetzgeber in der Hand habe, das Strukturinteresse künftig stärker zu berücksichtigen.[508] Solange der Gesetzgeber jedoch für eine solche Regelung keine Notwendigkeit sieht, ist nicht damit zu rechnen, dass er eine auf § 17 Abs. 3 S. 1 EnWG gestützte Verordnung erlassen wird.[509]

Auch ist die Einheitlichkeit des Netzes als ein in der Energiewirtschaft zu beachtender Grundsatz normativ nicht vorgegeben.[510] § 18 Abs. 1 S. 1 EnWG liegt zwar die Vorstellung eines für die Gemeinde verantwortlichen Energieversorgungsunternehmens zugrunde, welches als Träger der allgemeinen Versorgung von Letztverbrauchern jedermann an sein Versorgungsnetz anzuschließen hat. Jedoch ist es gesetzlich nicht ausgeschlossen, dass im Gebiet einer Gemeinde mehrere Energieversorgungsnetze vorhanden sind. Dabei kann es sich sowohl um Netze der allgemeinen Versorgung als auch um sonstige Energieversorgungsnetze handeln, die nicht unter § 3 Nr. 17 EnWG fallen.[511] Dies wird insbesondere durch § 110 EnWG gestützt, der davon ausgeht, dass es in einem Netzgebiet auch geschlossene Verteilernetze geben kann.[512] Diese geschlossenen Verteilernetze, die unter den Oberbegriff der Arealnetze fallen, tragen gerade zu einer „Inselbildung" bei. Dies nimmt der Gesetzgeber aber bewusst in Kauf.[513]

(cc) Betriebsbedingte Unzumutbarkeit

Als betriebsbedingte Verweigerungsgründe kommen solche in Betracht, die auf den innerbetrieblichen Ablauf des Unternehmens, das den Anschluss verweigert, bezogen sind.[514] Technische Sicherheitsdefizite begründen einen betriebsbedingten

---

506 So die Mainova vor dem OLG Düsseldorf, CuR 2004, 89 (92) sowie vor dem BGH, RdE 2005, 222 (226).

507 BGH, RdE 2005, 222 (226).

508 BGH, RdE 2005, 222 (226).

509 BGH, RdE 2005, 222 (226); OLG München, CuR 2006, 141 (145).

510 OLG Düsseldorf, ZNER 2004, 282 (285).

511 Zum § 10 EnWG a. F. OLG Düsseldorf, ZNER 2004, 282 (285).

512 Verweist auf § 110 EnWG a. F. *Brunner,* Wettbewerb im Stromnetz, Kap. 3, S. 353.

513 So auch *Brunner,* Wettbewerb im Stromnetz, Kap. 3, S. 353.

514 *Wolf,* in: Säcker (Hrsg.), Handbuch zum deutsch-russischen Energierecht, Kap. 5, Rn. 29; *Salje*, Energiewirtschaftsgesetz, § 17 EnWG, Rn. 52; *Brunner*, Wettbewerb im Stromnetz, Kap. 3, S. 280.

Verweigerungsgrund, soweit sie sich auf die Funktionsfähigkeit des Netzes auswirken.[515] Diese Sicherheitsmängel müssen allerdings so gravierend sein, dass sie den gesamten Netzbetrieb des Unternehmens beeinflussen und der Netzbetrieb sogar als gefährdet angesehen werden kann.[516] Von möglichen Sicherheitsdefiziten im Arealnetz können nach den obigen Ausführungen allenfalls die auf dem Areal angesiedelten Letztverbraucher betroffen sein. Auswirkungen auf das vorgelagerte Netz sind nicht zu befürchten,[517] sodass Sicherheitsmängel im Arealnetz nicht zu einem betriebsbedingten Verweigerungsgrund führen können.

(d) Rechtsprechung zur Verweigerung von Netzanschlüssen

Die Problematik der Verweigerung von Netzanschlüssen gegenüber Arealnetzbetreibern ist Gegenstand zweier wichtiger Entscheidungen. Dies sind die Entscheidung des OLG München vom 03.08.2006 und die des BGH vom 28.06.2005.[518] Zunächst soll hierzu eine Auswertung der Entscheidung des OLG München vom 03.08.2006 erfolgen und anschließend ein Vergleich zur sogenannten „Mainova-Entscheidung" des BGH gezogen werden.

(aa) Sachverhalt

Die Klägerin versorgt größere Wohn- und Gewerbeliegenschaften mit Strom, indem sie die Netzinfrastruktur auf den Arealen herstellt. Sie errichtet beispielsweise Transformatoranlagen, die den über die Mittelspannungsebene des örtlichen Netzbetreibers bezogenen Strom auf Niederspannung für den Gebrauch in gewerblichen Objekten umspannen (klassischer Arealnetzbetrieb). Bei der Beklagten handelt es sich um eine Netzbetreiberin, die im bayerischen Raum tätig ist.

Der Sachverhalt stellt sich wie folgt dar: Auf einem Grundstück in München wird ein Neubau errichtet, der an Gewerbetreibende vermietet werden soll.[519] Die Klägerin möchte auf dem Grundstück die für die Elektrizitätsversorgung erforderlichen Mittelspannungsleitungen, Schaltanlagen und Transformatoren zur Niederspannungsversorgung der einzelnen Mieter errichten. Im Gegenzug verpflichtet der Grundstückseigentümer die Mieter vertraglich dazu, das

515 *Salje*, Energiewirtschaftsgesetz, § 17 EnWG, Rn. 37.
516 *Brunner*, Wettbewerb im Stromnetz, Kap. 3, S. 280.
517 Siehe oben (bb) (aaa).
518 OLG München, CuR 2006, 141 (siehe oben Fn. 422) sowie BGH, RdE 2005, 222 (siehe oben Fn. 101).
519 OLG München, CuR 2006, 141 (141).

Elektrizitätsversorgungsnetz der Klägerin entgeltlich zu benutzen.[520] In der Wahl des Lieferanten zur Stromversorgung sollen die Mieter frei sein. Die Klägerin verlangt von der Beklagten den Anschluss des Arealnetzes an die von der Beklagten betriebene Mittelspannungsebene nach § 17 Abs. 1 EnWG.[521] Nach Ansicht der Beklagten könne der Netzanschluss sowohl wegen wirtschaftlicher als auch wegen technischer Unzumutbarkeit nach § 17 Abs. 2 EnWG verweigert werden.[522] Im Kern beruft sie sich dabei auf die unter (c) genannten Argumente.[523]

(bb) Begründung des Gerichts und Parallelen zur Mainova-Entscheidung

Der Sachverhalt weist deutliche Parallelen zur Mainova-Entscheidung des BGH vom 28.06.2005 auf. Im Mainova-Fall wollten die Getec Net GmbH, die Energieversorgung Offenbach AG (EVO) sowie die Energie Direkt GmbH (ED) im Gebiet der Mainova AG Arealnetze betreiben. Die Mainova weigerte sich grundsätzlich, solche Arealnetze anzuschließen. Wesentlicher Unterschied ist die Rechtsgrundlage der Entscheidungen. Während der Mainova-Beschluss noch zur alten Rechtslage erfolgte und sich der BGH auf § 19 Abs. 1 und Abs. 4 Nr. 4 GWB stützte, hat sich das OLG München mit dem Ansprüchen aus dem EnWG, insbesondere § 17 Abs. 1 EnWG, auseinandergesetzt.

Beim Vergleich der Vorschriften fallen Gemeinsamkeiten auf. Nach § 19 Abs. 1 GWB ist die missbräuchliche Ausnutzung einer marktbeherrschenden Stellung durch ein oder mehrere Unternehmen verboten. Ein Missbrauch liegt nach Abs. 4 der Vorschrift insbesondere vor, „wenn ein marktbeherrschendes Unternehmen als Anbieter oder Nachfrager einer bestimmten Art von Waren oder gewerblichen Leistungen sich weigert, einem anderen Unternehmen gegen angemessenes Entgelt Zugang zu den eigenen Netzen oder anderen Infrastruktureinrichtungen zu gewähren [...]; dies gilt nicht, wenn das marktbeherrschende Unternehmen nachweist, dass die Mitbenutzung aus betriebsbedingten oder sonstigen Gründen nicht möglich oder nicht zumutbar ist.“ Interessant ist insofern der letzte Halbsatz der Vorschrift, der mit § 17 Abs. 2 EnWG vergleichbar erscheint, denn hiernach kann der Netzanschluss verweigert werden, wenn dieser aus betriebsbedingten oder sonstigen wirtschaftlichen oder technischen Gründen nicht möglich ist. Folglich sind auch erhebliche Parallelen in der Argumentation zu erkennen. Die Mainova

520 OLG München, CuR 2006, 141 (141).
521 OLG München, CuR 2006, 141 (141).
522 OLG München, CuR 2006, 141 (141).
523 Siehe oben unter (c).

verweist auch auf die Unzumutbarkeit des Netzanschlusses.[524] Neben dem Argument, dass sie als allgemeiner Versorger mit Strom im Sinne des § 10 Abs. 1 EnWG 2003 der Allgemeinen Anschluss- und Versorgungspflicht unterliege und sie dieser Pflicht im Falle eines Arealnetzbetriebs in den streitgegenständlichen Gebieten nicht mehr nachkommen könne, stützt sie sich genau wie die Beklagte vor dem OLG München auf das Argument, dass im Falle einer Zulassung von Arealnetzen im Verteilernetz eine Veränderung der Kundenstruktur drohe und das System allgemeiner Tarife nicht erhalten werden könne.[525] Weiter argumentiert sie, dass sie, um ihre Aufgabe als allgemeiner Versorger zu angemessenen Preisen erfüllen zu können, darauf angewiesen sei, dass nicht nur unattraktive Kunden in Niederspannung an ihr Netz angeschlossen sind. Sie ist der Auffassung, dass die Geschäftsmodelle der Getec, ED und der EVO nicht auf Leistungswettbewerb, sondern auf „Rosinenpicken" ausgerichtet sind, mit dem Ziel, das Netznutzungsentgelt für die Umspannung von Mittelspannung zu Niederspannung unter dem Schutz der vom örtlichen Netzbetreiber erhobenen Preise zu vereinnahmen.[526] Sofern im Areal die Netzanlagen weniger Kosten verursachen als im übrigen Gemeindegebiet, könne der Arealnetzbetreiber die Differenz zwischen den Erlösen aus der Netznutzung und den im Areal angefallenen Netzkosten vereinnahmen.[527] Die Mainova könne sich von solchen Absichten freisprechen, denn die von ihr bei Mittel-/Niederspannungsanschlüssen vermiedenen Kosten für das Niederspannungsnetz kämen allen Tarifkunden zugute.[528]

Auch beruft sie sich genau wie die Beklagte vor dem OLG München auf Sicherheitsaspekte. Sie ist der Auffassung, dass die Versorgungssicherheit innerhalb eines Arealnetzes schlechter sei als außerhalb, weil dieses Netz nur mit einer einzigen Leitung an die vorgelagerte Mittelspannungsebene der Mainova angeschlossen sei.[529] Im Übrigen sei zu beobachten, dass die Netzarchitektur auch in den Arealnetzen schlechter sei als außerhalb, weil aufgrund des bestehenden Kostendrucks auf Redundanzen verzichtet werde. Dies könne auch negative Auswirkungen auf ihr vorgelagertes Mittelspannungsnetz haben.

---

524 So die Mainova in dem Verfahren vor dem Bundeskartellamt, Beschluss v. 08.10.2003, Az. B11 - 40 100 – T - 12/03, abgedruckt in WuW 2003, 1315 (1323).

525 So die Mainova vor dem OLG Düsseldorf, RdE 2004, 222 (227).

526 So die Mainova vor dem Bundeskartellamt, WuW 2003, 1315 (1323); OLG Düsseldorf, RdE 2004, 222 (227).

527 So die Mainova vor dem Bundeskartellamt, WuW 2003, 1315 (1323).

528 So die Mainova vor dem Bundeskartellamt, WuW 2003, 1315 (1323).

529 So die Mainova vor dem OLG Düsseldorf, RdE 2004, 222 (226).

Ferner, so die Mainova, sei bei einer generellen Zulassung von Arealnetzen die Einheitlichkeit des Stromverteilernetzes nicht mehr gegeben.[530] Langfristig drohe so eine Zersplitterung der Verteilernetze, was zu einer nicht auszuschließenden Verschlechterung der Versorgungssicherheit führen könne.

Der BGH hat, genau wie vorinstanzlich das Bundeskartellamt und das OLG Düsseldorf, der Mainova untersagt, der Getec, ED und EVO den Anschluss ihrer Arealnetze an das örtliche Mittelspannungsnetz zu verweigern.[531]

Die Beklagte vor dem OLG München war dennoch überzeugt, dass das Gericht trotz vergleichbarer Rechtslage von der Rechtsprechung des BGH abweichen müsse, da die Erwägungen in der Mainova-Entscheidung im neuen Energiewirtschaftsrecht keine Grundlage mehr fänden. „Im Unterschied zum bisherigen Energiewirtschaftsrecht, das auf die Liberalisierung gesetzt hat, hat durch das Energiewirtschaftsgesetz 2005 ein Paradigmenwechsel stattgefunden“, so die Beklagte.[532] Der Gesetzgeber vertraue nicht mehr uneingeschränkt auf die Wirksamkeit des liberalisierten Marktes für den Stromhandel zur Erzielung guter Ergebnisse für den Verbraucher. Es würden nun auch Gemeinwohlaspekte wie Preisgünstigkeit und langfristige Sicherung der Energieversorgung in den Vordergrund gestellt, was sich insbesondere aus § 1 Abs. 1, Abs. 2 EnWG ergebe.[533] Da die Beklagte ein Energieversorgungsnetz der Allgemeinversorgung im Sinne von § 3 Nr. 17 EnWG betreibe, habe sie gemäß § 2 Abs. 1 EnWG die Verpflichtung, ihre Versorgungsaufgabe im Sinne von § 1 EnWG durchzuführen. Bei der Prüfung von Netzanschlussansprüchen müssten daher die Ziele der preisgünstigen und langfristig sicheren Versorgung der Allgemeinheit beachtet werden.[534]

Das OLG München ist dieser Auffassung in seiner Entscheidung genau wie zuvor das LG München nicht gefolgt. Das Gericht vertritt die Ansicht, dass die Erwägungen, die der BGH in dem vor dem Inkrafttreten des zweiten Gesetzes zur Neuregelung des Energiewirtschaftsrechts erlassenen Mainova-Urteil angestellt hat, auch nach der derzeitigen Rechtslage unter der Geltung des novellierten Energiewirtschaftsgesetzes ihre Gültigkeit behalten.[535] Bei der Rechtslage nach dem aktuellen EnWG kann unter Berücksichtigung des in § 1 EnWG genannten Gesetzeszwecks nicht, wie dies die Beklagte geltend macht, von

---

530 So die Mainova vor dem OLG Düsseldorf, RdE 2004, 222 (225).

531 BGH, ZNER 2005, 227 (229).

532 So die beklagte Netzbetreiberin vor dem OLG München, CuR 2006, 141 (145).

533 So die beklagte Netzbetreiberin vor dem OLG München, CuR 2006, 141 (145).

534 So die beklagte Netzbetreiberin vor dem OLG München, CuR 2006, 141 (145).

535 CuR 2006, 141 (145); LG München, Urteil v. 10.11.2005, Az. 17 HK O 2732/05.

einem sogenannten „Paradigmenwechsel“ gegenüber der Rechtslage, auf der die Mainova-Entscheidung beruht, gesprochen werden, so der Senat.[536] Zweck des Energiewirtschaftsgesetzes ist es zwar nach § 1 Abs. 1 EnWG neben einer verbraucherfreundlichen, effizienten und umweltverträglichen leitungsgebundenen Versorgung, auch eine möglichst sichere und preisgünstige Versorgung der Allgemeinheit mit Elektrizität und Gas zu gewährleisten. Ferner diene nach § 1 Abs. 2 EnWG die Regulierung des Netzbetriebs der Sicherung eines langfristig angelegten leistungsfähigen und zuverlässigen Betriebs von Energieversorgungsnetzen.[537] Die nähere Austarierung der in § 1 Abs. 1 und Abs. 2 EnWG genannten Ziele kann jedoch nur im Rahmen der jeweiligen Vorschriften des Energiewirtschaftsgesetzes erfolgen.[538] Durch die Verordnungsermächtigung in § 17 Abs. 3 Satz 2 Nr. 3 EnWG habe es der Verordnungsgeber letztlich in der Hand, Bestimmungen zu treffen, die im Rahmen des § 17 EnWG eine stärkere Berücksichtigung der Ziele des § 1 EnWG ermöglichen. Mangels einer derartigen Verordnung bleibe es bei der Abwägung, die der BGH in der Mainova-Entscheidung vorgenommen hat.[539] Die Argumente der Beklagten wies das OLG München somit sogar unter Berufung auf die Mainova-Entscheidung des BGH zurück.

(cc) Stellungnahme

Interessant ist, dass die Netzbetreiberin vor dem OLG München trotz eindeutiger Rechtsprechung des BGH versucht hat, eine von der Mainova-Rechtsprechung abweichende Entscheidung des Gerichts zu erwirken, die darauf gerichtet wäre, den Netzanschluss nachgelagerter Netzbetreiber in ihrem Netz auf die Niederspannungsebene zu begrenzen. Kernstück ihrer Argumentation ist, dass nach ihrer Ansicht ein sogenannter „Paradigmenwechsel“ stattgefunden hat. Mit dem EnWG 2005 würden nun auch Gemeinwohlaspekte wie Preisgünstigkeit und eine langfristige Sicherung der Energieversorgung in den Vordergrund gestellt, was sich aus § 1 Abs. 1 und Abs. 2 EnWG ergebe. Richtig ist, dass § 1 Abs. 1 EnWG als Zielbestimmung des EnWG neben den Merkmalen Verbraucherfreundlichkeit, Effizienz, Sicherheit und Umweltverträglichkeit auch die Preisgünstigkeit der allgemeinen leitungsgebundenen Versorgung benennt und § 1 Abs. 2 EnWG, der den Zweck der Regulierung regelt, auch auf die Sicherung eines langfristig angelegten leistungsfähigen und zuverlässigen Betriebs der Energieversorgungsnetze

---

536 OLG München, CuR 2006, 141 (145).
537 OLG München, CuR 2006, 141 (145).
538 OLG München, CuR 2006, 141 (145).
539 OLG München, CuR 2006, 141 (145).

zielt. Auch mit dem EnWG 2011 hat sich hieran nichts geändert. Die Versorgung der Allgemeinheit mit Elektrizität und Gas soll nun zunehmend auf erneuerbaren Energien beruhen, so § 1 Abs. 1 EnWG.[540]

Fest steht jedoch auch, dass bereits mit dem EnWG von 1935 das Ziel verfolgt wurde, die „Energieversorgung so sicher und billig wie möglich zu gestalten", und sich dieses frühere Ziel einer möglichst billigen Energieversorgung seit dem EnWG 1998 sprachlich etwas verändert im Gesetzeszweck der Preisgünstigkeit wiederfindet, sodass sich aus § 1 Abs. 1 EnWG insofern kein „Paradigmenwechsel" ableiten lässt.

Fraglich ist, ob sich mit § 1 Abs. 2 EnWG ein Paradigmenwechsel begründen lässt. Die Vorschrift legt erstmals im EnWG die Leistungsfähigkeit und Zuverlässigkeit des Netzbetriebs als spezielles Ziel der Netzregulierung fest. Allerdings benennt § 1 Abs. 2 EnWG neben diesem Merkmal als Ziel der Regulierung auch die Sicherstellung eines wirksamen und unverfälschten Wettbewerbs bei der Versorgung mit Energie, sodass dies auch nicht zwingend dafür spricht, dass der Gesetzgeber nicht mehr uneingeschränkt auf die Wirksamkeit des liberalisierten Marktes vertraue. Um die Argumentation nicht sofort ad absurdum zu führen, ist darüber nachzudenken, welche Funktion der Zweckkonkretisierung in § 1 Abs. 1 und Abs. 2 EnWG überhaupt zukommt. Eine Möglichkeit wäre es, in § 1 EnWG eine unverbindliche Vorstellung und Zielangabe zu sehen, die weder Judikative noch Exekutive noch die Marktbeteiligten zu binden vermag.[541] Auch könnte § 1 EnWG als reine Bezugsnorm für Verweisungen verstanden werden. Mehrfach verweist nämlich der Gesetzgeber auf § 1 EnWG. So werden in § 17 Abs. 2 EnWG sowie § 20 Abs. 2 EnWG die Ziele des § 1 EnWG wieder aufgegriffen. Am sinnvollsten erscheint es allerdings, in § 1 Abs. 1 und Abs. 2 EnWG eine Art Auslegungsleitlinie zu sehen, die den Regelungsgehalt aller Vorschriften des EnWG begrenzt und bestimmt.[542] Das gilt insbesondere für die Konkretisierung unbestimmter Rechtsbegriffe, für die Präzisierung des Zweckes, an dem sich Ermessensentscheidungen zu orientieren haben, und für die Identifizierung derjenigen öffentlichen Belange, die im Rahmen von Abwägungs- und Normsetzungsentscheidungen zu berücksichtigen sind.[543]

---

540 Bundestags-Drucksache, 17/6072, S. 50.

541 *Säcker/Timmermann*, in: Säcker (Hrsg.), Berliner Kommentar, § 1 EnWG, Rn. 1.

542 So auch *Salje*, Energiewirtschaftsgesetz, § 1 EnWG, Rn. 60; *Hellermann/Hermes*, in: Britz/Hellermann/Hermes (Hrsg.), Energiewirtschaftsgesetz, § 1 EnWG, Rn. 40; *Büdenbender*, EnWG, § 1, Rn. 52; *Köhn*, ZNER 2005, 16 (17).

543 *Hellermann/Hermes*, in: Britz/Hellermann/Hermes (Hrsg.), Energiewirtschaftsgesetz, § 1 EnWG, Rn. 40.

Das OLG München stellt in einem weiteren Schritt fest, dass nur der Verordnungsgeber im Rahmen von § 17 EnWG die Möglichkeit habe, die Ziele des EnWG zu berücksichtigen.[544] Diese Ansicht geht aber fehl, da es nicht nur der Verordnungsgeber durch § 17 Abs. 3 Satz 2 Nr. 3 EnWG in der Hand hat, Bestimmungen zu treffen, die eine stärkere Berücksichtigung der Ziele des § 1 EnWG ermöglichen, sondern sich nach § 17 Abs. 2 EnWG auch Betreiber von Energieversorgungsnetzen im Rahmen ihrer Verweigerungsmöglichkeit auf die in § 1 EnWG festgelegten Ziele berufen können. Dies lässt sich aus der Formulierung in Absatz 2 der Vorschrift ableiten, wonach die Unmöglichkeit bzw. die Unzumutbarkeit „unter Berücksichtigung der Ziele des § 1 EnWG" zu bestimmen ist.[545] Hieraus folgt, dass die Beklagte zulässigerweise ihre Argumentation auf § 1 EnWG stützen kann. Jedoch kann sie nicht allein die Ziele heranziehen, von denen sie ausschließlich profitiert. Wenn bei der Verweigerungsmöglichkeit die Preisgünstigkeit der Versorgung sowie die Sicherung eines leistungsfähigen und zuverlässigen Betriebs der Netze berücksichtigt werden, kann dies nämlich nicht auf Kosten anderer Zielsetzungen des EnWG erfolgen. § 1 Abs. 2 EnWG nennt als Ziel der Regulierung die Sicherstellung eines wirksamen und unverfälschten Wettbewerbs bei der Versorgung mit Energie. Dieses Ziel muss dabei genauso beachtet werden wie alle anderen, da die Prinzipien des § 1 EnWG keinem wie auch immer gearteten pauschalen Rangverhältnis unterliegen, wonach im Falle der Kollision ein bestimmtes Ziel Vorrang vor einem anderen hat.[546] Mit anderen Worten bedeutet dies, dass Wettbewerb einerseits sowie Preisgünstigkeit und langfristige Sicherung der Versorgung andererseits gegenüberzustellen sind. Da Wettbewerb jedoch nicht die Preisgünstigkeit und Sicherung der Versorgung ausschließt, stößt die Argumentation der beklagten Netzbetreiberin hier an ihre Grenzen.

(6) Was ergibt sich aus der Verordnungsermächtigung nach § 17 Abs. 3 EnWG für den Arealnetzbetrieb?

(a) Hintergrund der Ermächtigung und Kritik

§ 17 Abs. 3 S. 1 EnWG enthält eine Ermächtigung für die Bundesregierung, durch Rechtsverordnungen mit Zustimmung des Bundesrats die Bedingungen oder die Methoden für die Festlegung der technischen und wirtschaftlichen Bedingungen

544 OLG München, IR 2006, 229 (230).

545 Siehe oben, B. I. 3. a) cc) (5) (c).

546 *Salje*, Energiewirtschaftsgesetz, § 1 EnWG, Rn. 58; *Theobald*, in: Danner/Theobald (Hrsg.), Energierecht, § 1 EnWG, Rn. 5.

für den Netzanschluss zu bestimmen.[547] § 17 Abs. 3 S. 2 EnWG konkretisiert die Verordnungsermächtigung im Hinblick auf die möglichen Inhalte der Rechtsverordnungen. Insbesondere kann nach § 17 Abs. 3 S. 2 Nr. 3 S. 1 EnWG durch Rechtsverordnung (unter angemessener Berücksichtigung der Interessen der Betreiber von Energieversorgungsnetzen und der Anschlussnehmer) festgelegt werden, „in welchen Umfang und zu welchen Bedingungen ein Netzanschluss nach Absatz 2 zumutbar ist“. In diesem Zusammenhang könnte auch geregelt werden, ob und unter welchen Voraussetzungen und ggf. auf welcher Ebene Arealnetze an das örtliche Verteilernetz anzuschließen sind.[548] Nach Satz 2 ist bei der Zumutbarkeit auch „das Interesse der Allgemeinheit an einer möglichst kostengünstigen Struktur der Energieversorgungsnetze“ zu berücksichtigen. Dieser ergänzende Satz 2 des § 17 Abs. 3 S. 2 Nr. 3 EnWG wurde auf Veranlassung des Bundesrats in dem Gesetzgebungsverfahren zum EnWG im Jahr 2005 eingefügt.[549] Dies war nach Auffassung des Bundesrats erforderlich, da mit der Liberalisierung verstärkt ein Zielkonflikt zwischen angestrebtem Wettbewerb einerseits und einer weiterhin kostengünstigen Netzinfrastruktur für die allgemeine Versorgung andererseits prognostiziert wurde, dem besonders beim Arealnetzbetrieb Bedeutung zuzumessen sei.[550]

Auch der Verband kommunaler Unternehmen (VKU) sah diese Problematik. Die zunächst im EnWG vorgesehene uneingeschränkte Zulassung von „Arealnetzen“ als zusätzliche Verbindung zwischen lokalem Verteilernetz und Endkunden generiere einen Gegensatz zwischen freiem Netzzugang einerseits und dem Prinzip der Gleichpreisigkeit und Preisgünstigkeit der Netznutzungsentgelte für alle Letztverbraucher andererseits.[551] Seiner Ansicht nach erhöhe der Anschluss von Arealnetzen zwangsläufig die Netznutzungsentgelte für diejenigen Endkunden, die auf einen Anschluss an das allgemeine Versorgungsnetz angewiesen bleiben.

In der Verordnungsermächtigung zur Konkretisierung der Zumutbarkeit (für den Netzbetreiber) soll durch Einfügung des Satzes 2 daher klargestellt werden, dass dabei nicht nur betriebswirtschaftliche Belange des Netzbetreibers zu

---

547 Hierzu *Bourwieg*, in: Britz/Hellermann/Hermes (Hrsg.), Energiewirtschaftsgesetz, § 17 EnWG, Rn. 48; *Salje*, Energiewirtschaftsgesetz, § 17 EnWG, Rn. 63; *Säcker/Boesche*, in: Säcker (Hrsg.), Berliner Kommentar, § 17 EnWG, Rn. 149.

548 Bundesrats-Drucksache 613/04, S. 4; hierzu auch *Bourwieg*, in: Britz/Hellermann/Hermes (Hrsg.), Energiewirtschaftsgesetz, § 17 EnWG, Rn. 49; *Säcker/Boesche*, in: Säcker (Hrsg.), Berliner Kommentar, § 17 EnWG, Rn. 132.

549 Bundesrats-Drucksache 613/04, S. 4.

550 Bundesrats-Drucksache 613/04, S. 4.

551 Stellungnahme des Verbandes kommunaler Unternehmen zum Entwurf eines zweiten Gesetzes zur Neuregelung des Energiewirtschaftsgesetzes, S. 12.

berücksichtigen sind. Vielmehr sollte bei der Konkretisierung des Anschlussrechts durch Verordnung auch das Allgemeinwohlinteresse an einer kostengünstigen Netzinfrastruktur für die allgemeine Versorgung berücksichtigt werden.[552] Die Berücksichtigung dieses Strukturinteresses in der Verordnung könnte dann z. B. in der Weise erfolgen, dass Arealnetzbetreiber, soweit sie Letztverbraucher in Niederspannung beliefern wollen, nur Anspruch auf den Anschluss an das Niederspannungsnetz mit entsprechender Netzentgeltpflicht haben, so dass insoweit die strukturbedingten Kostenvorteile des Areals teilweise dem Netzbetrieb der allgemeinen Versorgung erhalten bleiben und so ein vertretbarer Kompromiss im o.g. Zielkonflikt erreicht wird.[553]

Fest steht allerdings, dass die Beschränkung auf eine „möglichst kostengünstige Struktur der Energieversorgungsnetze" als zu einseitig erscheint, da die weiteren in § 1 Abs. 1 und Abs. 2 niedergelegten Ziele vollkommen unberücksichtigt gelassen werden.[554] Wird das Interesse der Allgemeinheit an einer kostengünstigen Energieversorgung derart betont, dann wird das Ziel eines effizienten Wettbewerbs in einer mit § 1 Abs. 1 und Abs. 2 nicht zu vereinenden Weise vernachlässigt.[555]

(b) Aktuelle Situation

Am 13.07.2005 ist das Energiewirtschaftsgesetz vom 07.07.2005 in Kraft getreten. In den Jahren 2011 und 2012 wurde das EnWG nochmals umfassend überarbeitet. Eine Verordnung gemäß § 17 Abs. 3 EnWG, in der die technischen und wirtschaftlichen Bedingungen für einen Netzanschluss festgelegt werden können, existiert bis heute nicht. Es besteht jedoch durch § 17 Abs. 3 S. 2 Nr. 3 EnWG zumindest die Möglichkeit, das „Ob" und das „Wie" des Netzanschlusses der Arealnetzbetreiber zu regeln, jedoch hat der Verordnungsgeber bisher keinen Anlass für eine solche Verordnung gesehen.

Allerdings kann der Anschluss nicht mit der Begründung verweigert werden, dass die nach § 17 Abs. 3 EnWG erforderlichen Rechtsverordnungen noch nicht ergangen seien, sodass abgewartet werden müsse, in welchem Umfang und zu welchen Bedingungen ein Netzanschluss nach Absatz 2 zumutbar ist.[556]

---

552 Bundesrat-Drucksache 613/04, S. 4.

553 Bundesnetzagentur, „Agrarfrost", ZNER 2007, 476 (477).

554 *Säcker/Boesche*, in: Säcker (Hrsg.), Berliner Kommentar, § 17 EnWG, Rn. 25.

555 *Säcker/Boesche*, in: Säcker (Hrsg.), Berliner Kommentar, § 17 EnWG, Rn. 25.

556 *Salje*, Energiewirtschaftsgesetz, § 17 EnWG, Rn. 67; *Brunner*, Wettbewerb im Stromnetz, Kap. 3, S. 269.

dd) Welche Folgekosten sind mit dem Netzanschluss aus § 17 EnWG verknüpft?

Beim Netzanschluss von Arealnetzbetreibern ist neben der Diskussion um die Wahl der Spannungsebene die Frage zu klären, welche Kosten ein Arealnetzbetreiber bei einer erstmaligen Netzeinbindung seiner Anlage an das Verteiler- bzw. Übertragungsnetz zu tragen hat. Die Frage, welche Kosten für den Netzkunden beim Wechsel der Spannungsebene anfallen, wird im Rahmen des Netzanschlusses von Industriekunden behandelt.

(1) Differenzierung zwischen Netzanschlusskosten, Netzausbaukosten und Baukostenzuschuss beim Anschluss von Arealnetzen

Zunächst fallen bei einem Netzanschluss, d. h. der Herstellung der physikalischen Verbindung mit dem Energieversorgungsnetz, die Kosten für diese Anschlussmaßnahmen an.[557] Hierunter werden die sogenannten Netzanschlusskosten verstanden.[558] Netzanschlusskosten sind die Kosten, die für bauliche Maßnahmen außerhalb des Netzes anfallen und dazu dienen, die Verknüpfung des Arealnetzes mit dem vorgelagerten Netz zu ermöglichen.[559] Der BGH stellte in seinem Beschluss vom 01.10.2008 beispielsweise fest, dass es sich bei der Verlegung eines Verbindungskabels zwischen einer Energieerzeugungsanlage und einer rund 350 Meter entfernten Trafostation um eine Netzanschlussmaßnahme handele.[560] Mit anderen Worten sind von den Netzanschlusskosten solche Maßnahmen erfasst, die die Funktionsfähigkeit des Netzanschlusses gewährleisten sollen, nicht jedoch Maßnahmen, die dem allgemeinen Versorgungsnetz in irgendeiner Weise zugutekommen.[561] Maßnahmen, die dem Versorgungsnetz nützen, zählen zu den Netzausbaukosten. Ein Netzausbau liegt also dann vor, wenn die Maßnahme sich unmittelbar auf das Netz auswirkt.[562] Hierzu zählen unter anderem Maßnahmen, die dazu dienen, die Lastfähigkeit des Netzes zu verstärken, oder die die Errichtung von Anlagen bei Netzerweiterung betreffen.[563] Die Beseitigung von

557 *Salje*, in: Baur/Salje/Schmidt-Preuß (Hrsg.), Regulierung in der Energiewirtschaft, Kap. 67, Rn. 2.

558 *Bourwieg*, in: Britz/Hellermann/Hermes (Hrsg.), Energiewirtschaftsgesetz, § 17 EnWG, Rn. 19b; *Stenneken/Thomale*, N&R 2007, 51 (53); VDN, Einheitliche Berechnungsmethoden für Baukostenzuschüsse, S. 7.

559 *De Wyl /Thole*, in: Schneider/Theobald (Hrsg.), Recht der Energiewirtschaft, § 16, Rn. 177.

560 BGH, RdE 2009, 146 (148).

561 *Von Hammerstein*, ZNER 2006, 110 (111).

562 *De Wyl/Thole*, in: Schneider/Theobald (Hrsg.), Recht der Energiewirtschaft, § 16, Rn. 178.

563 *De Wyl/Hartmann*, IR 2006, 218 (220); *de Wyl/Hartmann/von Petz*, ZNER 2007, 132 (136); *von Hammerstein*, ZNER 2006, 110 (111).

Netzkapazitätsengpässen gehört demnach eindeutig zum Netzausbau.[564] Eine Abgrenzung zu den Netzanschlussmaßnahmen kann im Einzelfall schwierig sein. Als Indiz eignet sich daher die Frage danach, ob die Installation der elektrischen Bauteile (sogenannte „Betriebsmittel") dem Anschlussnehmer oder dem Netzbetreiber wirtschaftlich dienen.[565]

Schlussendlich gilt es noch, Baukostenzuschüsse von den Netzanschlusskosten sowie von den Netzausbaukosten abzugrenzen. Baukostenzuschüsse (BKZ) sind nach § 11 Abs. 1 NAV solche Kosten, die der Netzbetreiber bei wirtschaftlich effizienter Betriebsführung für die Erstellung oder Verstärkung der örtlichen Verteileranlagen einschließlich Transformatorenstationen einmalig vom Anschlusspetenten verlangen kann, soweit sich diese Anlagen zumindest teilweise dem Versorgungsbereich zuordnen lassen, in dem der Netzanschluss erfolgt. Diese Kosten resultieren in Abgrenzung zu den Netzanschlusskosten nicht unmittelbar aus der Anbindung der elektrischen Anlage des Kunden an das Netz.[566] Es handelt sich bei den Baukostenzuschüssen auch nicht, wie der Wortlaut des § 11 Abs. 1 NAV nahelegt, um einen Ausgleich der Baukosten für die Errichtung von Versorgungsanlagen im Sinne von Erdaushebungs- und Leitungsverlegungsarbeiten.[567] Die Erhebung von Baukostenzuschüssen ist somit nicht unmittelbar an zeitnahe konkrete Netzerweiterungen oder Netzverstärkungen gekoppelt.[568] Tatsächlich ist der Inhalt des Baukostenzuschusses die erstmalige Einräumung und die dauerhafte Vorhaltung (Reservierung) von Netzkapazität am Anschlusspunkt.[569] Hierbei muss der Anschlussnehmer dem Netzbetreiber anzeigen, wie viel Leistung er benötigt. Der Netzbetreiber kann dementsprechend das Netz dem Leistungsbedarf des Kunden

---

564 *Hartmann*, in: Danner/Theobald (Hrsg.), Energierecht, § 17 EnWG, Rn. 95.

565 *De Wyl/Thole*, in: Schneider/Theobald (Hrsg.), Recht der Energiewirtschaft, § 16, Rn. 178.

566 *De Wyl/Thole*, in: Schneider/Theobald (Hrsg.), Recht der Energiewirtschaft, § 16, Rn. 180.

567 So das Verständnis nach allgemeinen Sprachgebrauch vgl. *Hermann*, in: Hermann/Recknagel/Schmidt-Salzer (Hrsg.), Kommentar II zu den Allgemeinen Versorgungsbedingungen für Elektrizität, Gas, Fernwärme und Wasser, § 9 AVBEltV, Rn. 1.

568 *Stappert/Johannsen*, in: Rosin/Pohlmann/Gentzsch/Metzenthin/Böwing (Hrsg.), Praxiskommentar zum Energiewirtschaftsgesetz, § 17 EnWG, Rn. 43; VDN, Einheitliche Berechnungsmethoden für BKZ, S. 7 f.

569 *Boesche*, in: Säcker (Hrsg.), Berliner Kommentar, Anh. § 18 EnWG, § 11 NAV, Rn. 7; *Bourwieg*, in: Britz/Hellermann/Hermes (Hrsg.), Energiewirtschaftsgesetz, § 17 EnWG, Rn. 19 b; *Stappert/Johannsen*, in: Rosin/Pohlmann/Gentzsch/Metzenthin/Böwing (Hrsg.), Praxiskommentar zum Energiewirtschaftsgesetz, § 17 EnWG, Rn. 43; anders *Brunner*, Wettbewerb im Stromnetz, Kap. 3, S. 415, die als Grund der Erhebung des Baukostenzuschusses kausale vom Anschlusspetenten verursachte Netzverstärkungsmaßnahmen fordert.

anpassen. Diese sogenannte Lenkungs- bzw. Steuerungsfunktion des Baukostenzuschusses dient der Vermeidung unnötiger Investitionen und der Ermöglichung einer bedarfsgerechten Netzausbauplanung durch den Netzbetreiber.[570]

(2) Kostentragung der Netzanschlussmaßnahmen

Netzanschlusskosten sind vom Anschlussnehmer zu tragen.[571] Das lässt sich zunächst daraus ableiten, dass nach § 17 Abs. 1 EnWG ein Netzanschluss zu „angemessenen wirtschaftlichen Bedingungen" erfolgen soll.[572] Angemessen wären die Bedingungen dann nicht, wenn der Netzbetreiber die gesamten Kosten für die Verknüpfung der elektrischen Anlage des Anschlusspetenten mit seinem Verteilernetz zu tragen hat. Des Weiteren spricht für die Kostentragung des Anschlussnehmers, dass selbst das EEG und die KraftNAV, die beide bestimmte Vorhaben privilegieren sollen, von einer Kostentragungspflicht des Anschlussnehmers hinsichtlich der Netzanschlusskosten ausgehen (vgl. § 8 Abs. 1 KraftNAV, § 13 Abs. 1 EEG).[573] Hintergrund hierfür ist letztlich das allgemeine Verursachungsprinzip.[574] Die Anschlussanlagen werden allein für den Anschlussnehmer errichtet und nur von ihm genutzt. Sie kommen nicht dem Netzbetreiber bzw. der Allgemeinheit zugute. Beispielsweise muss der Arealnetzbetreiber die Kosten für die Verbindungsleitung zwischen seinem Netz und dem Netzanschlusspunkt tragen, soweit er diese alleine nutzt. Wird die Verbindungsleitung nun von weiteren Anschlussnehmern genutzt, so ist die Leitung nicht mehr Teil der Netzanschlusskosten.[575]

Etwas anderes gilt auch dann, wenn die Betriebsmittel zum Netzanschluss im Eigentum des Netzbetreibers verbleiben. Da es sich um Anlagegüter des Netzbetreibers handelt, kann dieser die Betriebsmittel in seine Netzentgeltkalkulation einstellen und somit die Kosten, die für die Wartung und Instandhaltung entstehen,

---

570 VDN, Einheitliche Berechnungsmethoden für BKZ, S. 7 f.; so auch: Bundesnetzagentur, Positionspapier zu BKZ, S. 2.

571 *Bourwieg*, in: Britz/Hellermann/Hermes (Hrsg.), Energiewirtschaftsgesetz, § 17 EnWG, Rn. 19 b; *Schwartz*, Die Zulässigkeit der Erhebung von Baukostenzuschüssen nach nationalen und europäischen Energierecht, S. 70.

572 *De Wyl/Thole*, in: Schneider/Theobald (Hrsg.), Recht der Energiewirtschaft, § 16, Rn. 177, *Säcker/Boesche*, in: Säcker (Hrsg.), Berliner Kommentar, § 17 EnWG, Rn. 26.

573 Bundesrats-Drucksache 283/07, S. 23.

574 Zu diesem Grundsatz vgl. *Lück*, in: *Säcker* (Hrsg.), Berliner Kommentar, Anh. § 17 EnWG, § 8 KraftNAV, Rn. 2; *Wolf*, in: Säcker (Hrsg.), Handbuch zum deutsch-russischen Energierecht, Kap. 5, Rn. 51.

575 *De Wyl/Thole*, in: Schneider/Theobald (Hrsg.), Recht der Energiewirtschaft, § 16, Rn. 201; *Hartmann*, in: Danner/Theobald (Hrsg.), Energierecht, § 9 NAV, Rn. 14.

über die Netzentgelte zurückerhalten.[576] Hier ist die alleinige Kostentragungspflicht des Anschlussnehmers nicht mehr angemessen.[577]

(3) Kostentragung des Netzausbaus

Die Kosten des Netzausbaus sind vom Netzbetreiber zu tragen. Dies ergibt sich zum einen aus § 11 Abs. 1 S. 1 EnWG, wonach Betreiber von Energieversorgungsnetzen verpflichtet sind, ein sicheres, zuverlässiges und leistungsfähiges Netz zu betreiben, zu warten und bedarfsgerecht auszubauen, soweit dies wirtschaftlich zumutbar ist.

Für den Netzbetreiber besteht aber die Möglichkeit, die Kosten auf alle Netznutzer umzulegen.[578] War der Netzausbau bedarfsgerecht und entsprechen die Kosten denen eines effizienten und strukturell vergleichbaren Netzbetreibers, können sie bei der Kalkulation der Netzentgelte berücksichtigt werden.[579] Eine Ausnahme gilt nur für Kosten singulär genutzter Betriebsmittel (Bauteile einer elektrischen Anlage) nach § 19 Abs. 3 StromNEV. Aus der Vorschrift ergibt sich, dass zwischen dem Netzbetreiber und dem Netznutzer für diese singulär genutzten Betriebsmittel gesondert ein angemessenes Entgelt zu vereinbaren ist, wenn ein Netznutzer alle in einer Netz- oder Umspannebene vorhandenen Betriebsmittel selbst nutzt. Hier können die Kosten für den Netzausbau nicht auf alle Netznutzer umgelegt werden, sondern nur in das individuell kalkulierte Entgelt einfließen.[580]

(4) Kostentragung der Baukostenzuschüsse

(a) Rechtsgrundlage für die Erhebung von Baukostenzuschüssen in allen Spannungsebenen

(aa) Baukostenzuschüsse nach der EltRl 2009/72/EG

Die EltRl 2009/72/EG sieht die Erhebung eines Baukostenzuschusses für Netzbetreiber nicht vor. Aus Art. 32 der Richtlinie ergibt sich, dass die Mitgliedstaaten die Einführung eines Systems für den Zugang Dritter zu den Übertragungs- und

576 § 8 Abs. 1 S. 2 NAV regelt dies für den Bereich der Niederspannung.

577 *Hartmann*, in: Danner/Theobald (Hrsg.), Energierecht, § 17 EnWG, Rn. 94.

578 *Bourwieg*, in: Britz/Hellermann/Hermes (Hrsg.), Energiewirtschaftsgesetz, § 11 EnWG, Rn. 39 f.; *de Wyl/Thole*, in: Schneider/Theobald (Hrsg.), Recht der Energiewirtschaft, § 16, Rn. 178.

579 *Hartmann*, in: Danner/Theobald (Hrsg.), Energierecht, § 17 EnWG , Rn. 96; vgl. § 23 Abs. 1 S. 1, S. 2 Nr. 1 ARegV.

580 *De Wyl/Thole*, in: Schneider/Theobald (Hrsg.), Recht der Energiewirtschaft, § 16, Rn. 179.

Verteilernetzen auf der Grundlage veröffentlichter Tarife zu gewährleisten haben. Dabei gibt die Richtlinie nur vor, dass der Netzzugang nach objektiven Kriterien und diskriminierungsfrei zu gewähren ist. Fragen des Netzanschlusses sind hier nicht geregelt. Dem nationalen Gesetzgeber ist es somit überlassen, eine eigene Netzanschlussregelung zu schaffen.[581] Mangels weiterer Vorgaben der Richtlinie könnte der nationale Gesetzgeber dem Netzbetreiber die Möglichkeit eröffnen, für den Fall des Netzanschlusses ein gesondertes einmaliges Entgelt in Form eines Baukostenzuschusses zu erheben.[582] Hierzu müsste es sich allerdings beim Baukostenzuschuss um eine Frage des Netzanschlusses handeln und nicht um eine des Netzzugangs. Hierfür spricht, dass im Unterschied zu den Netzentgelten der Baukostenzuschuss einmalig vom Anschlussnehmer erhoben wird und nicht über den Verbrauch vom Netznutzer (bzw. mittelbar vom Anschlussnutzer als Stromkunden) gezahlt wird.[583] Ferner spricht hierfür auch die Regelung des § 9 Abs. 1 S. 1 StromNEV. Die Vorschrift besagt, dass neben den Netzanschlusskosten Baukostenzuschüsse von den Netzkosten in Abzug zu bringen sind. Hieraus lässt sich ebenfalls schließen, dass Baukostenzuschüsse mit dem Netzanschluss und nicht mit dem Zugang verknüpft sind.[584]

(bb) Situation vor Inkrafttreten des EnWG

Im Gesetzgebungsverfahren zum EnWG in den Jahren 2004 und 2005 war die Erhebung von Baukostenzuschüssen gegenüber den Anschlusspetenten noch umstritten. Der Verband der Industriellen Energie- und Kraftwirtschaft (VIK) sowie der Bundesverband der Deutschen Industrie (BDI) forderten in ihrer Stellungnahme vor dem Ausschuss für Wirtschaft und Arbeit, den Entwurf des § 17 EnWG um eine Bestimmung zu ergänzen, die regeln sollte, dass „Baukostenzuschüsse für das vorgelagerte Netz nicht erhoben werden können".[585] Der Gesetzgeber hat dem Verlangen der Verbände, eine derartige Regelung zu erlassen, jedoch nicht entsprochen und die Bedenken, die der VIK und der BDI im Gesetzgebungsverfahren zu § 17 EnWG vorbrachten, nicht berücksichtigt.[586] Argumentiert wird von Seiten

---

581 Siehe oben, B. I. 3. a) cc) (2) (a).

582 Anders *Schwartz*, Die Zulässigkeit der Erhebung von Baukostenzuschüssen nach nationalen und europäischen Energierecht, S. 166.

583 *Hartmann*, in: Danner/Theobald (Hrsg.), Energierecht, § 11 NAV, Rn. 10.

584 *De Wyl/Thole*, in: Schneider/Theobald (Hrsg.), Recht der Energiewirtschaft, § 16, Rn. 180.

585 Ausschuss-Drucksache 15(9)1511, S. 82, S. 245.

586 So vertrat der BDI, „dass Baukostenzuschüsse, die nach der AVBEltV für die Errichtung vorgelagerter Netze in gewissem Umfang von Tarifabnehmern gefordert werden

des Gesetzgebers, dass Baukostenzuschüsse die Kosten des Netzbetriebs senken, die im Rahmen der Kalkulation der Netznutzungsentgelte zugrunde gelegt werden, und damit der Gesamtheit der Stromkunden zugutekommen.[587] Auch der Anschlussnehmer, der zunächst einen individuellen Baukostenzuschuss zahlen muss, kann langfristig mit niedrigeren Netznutzungsentgelten rechnen.[588] Für den Netzbetreiber ist die Erhebung eines Baukostenzuschusses deshalb vorteilhaft, weil er sein Netz dem Leistungsbedarf seiner Netzkunden entsprechend anpassen kann.

(cc) Situation im EnWG

(aaa) Die Regelung des § 11 NAV im Bereich der Niederspannung

§ 11 NAV regelt, dass „der Netzbetreiber (...) von dem Anschlussnehmer einen angemessenen Baukostenzuschuss zur teilweisen Deckung der bei wirtschaftlich effizienter Betriebsführung notwendigen Kosten für die Erstellung oder Verstärkung der örtlichen Verteileranlagen des Niederspannungsnetzes einschließlich Transformatorenstationen verlangen" kann. § 11 Abs. 1 NAV gibt also vor, inwieweit bestimmte Kosten über das Instrument der Baukostenzuschüsse an den Anschlussnehmer weitergegeben werden können.[589] Zum einen dürfen nur Kosten verlangt werden, die bei wirtschaftlich effizienter Betriebsführung entstehen. Erfasst werden also Kosten, die bei der Erstellung oder Verstärkung der Verteilungsanlagen nicht zu vermeiden sind, wobei der Investitionsaufwand der Höhe nach erforderlich gewesen sein muss.[590] Ferner wird der Anspruch auf Zahlung eines Baukostenzuschusses auf die Kosten der örtlichen Verteileranlagen einschließlich der Umspannstation begrenzt. Die Nutzung vorgelagerter Netzebenen durch die Anschlussnehmer soll nur noch über die Netzentgelte abgerechnet werden.[591] Demzufolge dürfen für einen Anschlussnehmer, der

---

durften, in erster Linie ein Finanzierungsinstrument darstellen, mit dem der Netznutzer einen Teil der Netzinvestitionen vor- oder auch nachfinanziert. Im Zusammenhang mit der Bildung kostenorientierter Netznutzungsentgelte haben BKZ heute keine Berechtigung mehr, weil die notwendigen Investitionsmittel über die Netzentgelte ‚verdient' werden. Die Erhebung von BKZ widerspricht dem Gebot der Kosten- und Entgelttransparenz. Sie verhindern, da ihre Bemessung und Erhebung von Netzbetreiber zu Netzbetreiber unterschiedlich gehandhabt werden, die Vergleichbarkeit der Netzentgelte und können zur Diskriminierung führen."

587 Bundesrats-Drucksache 367/06, S. 45.

588 Bundesrats-Drucksache 367/06, S. 45.

589 *Stenneken/Thomale*, N&R 2007, 51 (53).

590 *Stenneken/Thomale*, N&R 2007, 51 (53).

591 *Hartmann*, in: Danner/Theobald (Hrsg.), Energierecht, § 11 NAV, Rn. 16.

an das Niederspannungsnetz angeschlossen ist, keine Kosten des Mittel- oder Hochspannungsnetzes in den Baukostenzuschuss einbezogen werden.[592] Die Begrenzung dient zum einen dazu, den Baukostenzuschuss überhaupt einzugrenzen, und zum anderen dazu, eine vereinfachte Berücksichtigung von Baukostenzuschüssen bei der Berechnung der Entgelte für den Netzzugang zu ermöglichen.[593] Eine weitere Einschränkung ergibt sich aus § 11 Abs. 1 S. 2 NAV. Hier hat der Verordnungsgeber festgelegt, dass der Netzbetreiber mit dem Baukostenzuschuss maximal 50 % der notwendigen Kosten vom Anschlusspetenten verlangen darf. Auch darf der Netzbetreiber gemäß § 11 Abs. 3 NAV nur für den Teil der Leistungsanforderung, der 30kW übersteigt, einen Baukostenzuschuss verlangen. Für den Netzanschluss typischer Einfamilienhäuser kann damit kein Baukostenzuschuss mehr anfallen.[594]

(bbb) Zulässigkeit außerhalb der Niederspannung

Im Niederspannungsbereich findet sich somit in § 11 NAV eine normative Anspruchsgrundlage zur Forderung eines Baukostenzuschusses des Netzbetreibers gegenüber einem Anschlusspetenten. Für Anschlusspetenten außerhalb der Niederspannung fehlt eine der NAV entsprechende Regelung.[595] § 17 EnWG selbst enthält keine konkreten Vorgaben für die Erhebung von Baukostenzuschüssen. Auch eine Verordnung nach § 17 Abs. 3 EnWG, in der die Erhebung von Baukostenzuschüssen geregelt ist, ist bisher nicht ergangen.[596]

Für die Möglichkeit der Erhebung von Baukostenzuschüssen außerhalb der Niederspannung spricht zunächst § 9 Abs. 1 S. 1 Nr. 4 StromNEV.[597] Die StromNEV regelt die Festlegung der Methode zur Bestimmung der Entgelte für den Zugang zu den Elektrizitätsübertragungs- und Elektrizitätsverteilernetzen, also in allen Spannungsstufen. Nach § 9 Abs. 1 S. 1 Nr. 4 StromNEV sind Baukostenzuschüsse von den Netzkosten abzuziehen. Das lässt den Rückschluss zu, dass der Gesetzgeber bzw. Verordnungsgeber die Erhebung von Baukostenzuschüssen

---

592 Bundesrats-Drucksache 367/06, S. 45.

593 Bundesrats-Drucksache 367/06, S. 45.

594 *Hartmann*, in: Danner/Theobald (Hrsg.), Energierecht, § 11 NAV, Rn. 18 mit Verweis auf Bundesrats-Drucksache 367/06, S. 45; *Ahnis/de Wyl*, IR 2007, 102 (106).

595 *Stappert/Johannsen*, in: Rosin/Pohlmann/Gentzsch/Metzenthin/Böwing (Hrsg.), Praxiskommentar zum Energiewirtschaftsgesetz, § 17 EnWG, Rn. 42.

596 *De Wyl/Thole*, in: Schneider/Theobald (Hrsg.), Recht der Energiewirtschaft, § 16, Rn. 180.

597 *De Wyl/Hartmann/Bergmann*, IR 2009, 26 (27); *Hartmann*, in: Danner/Theobald (Hrsg.), Energierecht, § 11 NAV, Rn. 32.

in allen Spannungsebenen für möglich hält. Auch Abs. 2 der Vorschrift spricht dafür. Zwar ist hier nur die Rede von Baukostenzuschüssen im Zusammenhang mit Netzanschlüssen, die der Einspeisung von Energie dienen, jedoch ergibt sich hieraus auch, dass der Gesetzgeber die Erhebung von Baukostenzuschüssen außerhalb der Niederspannung nicht ausschließt.[598]

Ferner sprechen die gesetzlichen Ausschlusstatbestände dafür, dass der Gesetzgeber von einer grundsätzlichen Zulässigkeit der Erhebung von Baukostenzuschüssen ausgeht. So regelt § 8 Abs. 3 KraftNAV beispielsweise, dass der Anschlussnehmer einen Baukostenzuschuss nicht zu tragen hat.[599] Da der Netzanschluss von Erzeugungsanlagen nach der KraftNAV in Netzebenen weit oberhalb der Niederspannung erfolgt, zeigt dies, dass der Gesetzgeber grundsätzlich davon ausgeht, dass auch ein Baukostenzuschuss außerhalb der Niederspannung gefordert werden kann.

Auch die Bundesnetzagentur schloss sich in ihrem Positionspapier der Auffassung an, dass Netzbetreiber berechtigt sind, für Netzanschlüsse auch außerhalb des Anwendungsbereichs der NAV Baukostenzuschüsse von den Anschlusspetenten zu verlangen.[600] In der Literatur ist die Erhebung von Baukostenzuschüssen ebenfalls auch außerhalb der Niederspannung anerkannt.[601]

(ccc) Anspruchsgrundlage

Fraglich ist, auf welche Anspruchsgrundlage bzw. Ermächtigung die Erhebung von Baukostenzuschüssen zu stützen ist, denn eine hinreichend klar definierte Anspruchsgrundlage für die Forderung von Baukostenzuschüssen außerhalb der Niederspannung ist, wie bereits festgestellt, nicht gegeben.

Zum einen wird § 11 Abs. 1 NAV, der nur die Erhebung von Baukostenzuschüssen beim Netzanschluss in Niederspannung regelt, als „allgemeiner

---

598 *De Wyl/Hartmann/Bergmann*, IR 2009, 26 (27).

599 *Lück*, in: Säcker (Hrsg.), Berliner Kommentar, Anh. § 17 EnWG, § 8 KraftNAV, Rn. 12; *Altrock/Oschmann/Theobald* erkennen eine solche Befreiung auch für EEG-Anlagenbetreiber an, vgl. Erneuerbare-Energien-Gesetz, § 13 EEG, Rn. 46.

600 Bundesnetzagentur, Positionspapier zur Erhebung von Baukostenzuschüssen (BKZ) für Netzanschlüsse im Bereich von Netzebenen oberhalb der Niederspannung, S.1.

601 *Stappert/Johannsen*, in: Rosin/Pohlmann/Gentzsch/Metzenthin/Böwing (Hrsg.), Praxiskommentar zum Energiewirtschaftsgesetz, § 17 EnWG, Rn. 42; *Säcker/Boesche*, in: Säcker (Hrsg.), Berliner Kommentar, § 17 EnWG, Rn. 6; *Hartmann*, in: Danner/Theobald (Hrsg.), Energierecht, § 17 EnWG, Rn. 86, 97; *Bourwieg*, in Britz/Hellermann/Hermes (Hrsg.), Energiewirtschaftsgesetz, § 17 EnWG, Rn. 19 b; *de Wyl/Hartmann/Bergmann*, IR 2009, 26 (27); *Rosch/Hartmann/van der Velden*, IR 2010, 170 (170); *Blumenthal-Barby/Hartmann*, EnZW 2013, 108 (109).

Rechtsgrundsatz“ interpretiert, der auch auf den Netzanschluss in höheren Spannungsebenen entsprechend Anwendung findet und somit herangezogen werden könne.[602] Hiergegen spricht jedoch, dass die NAV explizit nur für den Niederspannungsbereich gilt und der Gesetzgeber zudem grundsätzlich für den Bereich höherer Spannungsebenen eine Ermächtigung zum Erlass einer Verordnung, die auch die Erhebung von Baukostenzuschüssen regeln könnte, in § 17 Abs. 3 EnWG vorgesehen hat.

Herzuleiten ist der Anspruch auf Erhebung eines Baukostenzuschusses jenseits der Niederspannung daher unmittelbar aus § 17 Abs.1 EnWG.[603] Expressis verbis besteht ein solcher Anspruch allerdings nicht.[604] Betrachtet man den Wortlaut von § 17 Abs. 1 EnWG, so ergibt sich, dass Betreiber von Energieversorgungsnetzen Letztverbraucher und Betreiber nachgelagerter Netze zu technischen und wirtschaftlichen Bedingungen an ihr Netz anzuschließen haben, die angemessen, transparent und diskriminierungsfrei und nicht ungünstiger sind als die gegenüber den unternehmens- oder konzerninternen Nachfragern verlangten Bedingungen. Mit anderen Worten muss sich die entsprechende Klausel im Netzanschlussvertrag, die eine Erhebung von Baukostenzuschüssen vorsieht, an den genannten Merkmalen messen lassen. Die Klausel muss somit angemessen, transparent und diskriminierungsfrei sein.[605]

Im Folgenden gilt es daher, die Funktion sowie die Berechnungsgrundlage der Baukostenzuschüsse in Einklang mit den Merkmalen der Angemessenheit, Transparenz und Diskriminierungsfreiheit zu bringen. Das Angemessenheitskriterium des § 17 Abs. 1 EnWG wurde bislang nicht durch eine Verordnung konkretisiert. Daher müssen die Anforderungen an das Angemessenheitskriterium im Wege ei-

---

602 *De Wyl /Thole*, in: Schneider/Theobald (Hrsg.), Recht der Energiewirtschaft, § 16, Rn. 180; *vom Wege*, in: Zander/Riedel, Praxishandbuch Energiebeschaffung, II.1.3.8, S. 23; *Boesche*, in: Säcker (Hrsg.), Berliner Kommentar, Anh. § 18 EnWG, § 11 NAV, Rn. 44 f.

603 *Blumenthal-Barby/Hartmann*, EnZW 2013, 108 (113); *Hartmann*, in: Danner/ Theobald (Hrsg.), Energierecht, § 17 EnWG, Rn. 86, 97; *Rosch/Hartmann/van der Velden*, IR 2010, 170 (170); *Brunner*, Wettbewerb im Stromnetz, Kap. 3, S. 408, *Schwartz*, Die Zulässigkeit der Erhebung von Baukostenzuschüssen nach nationalen und europäischen Energierecht, S. 160.

604 *Rosch/ Hartmann/van der Velden*, IR 2010, 170 (170); *de Wyl/vom Wege*, ZNER, 2008, 20 (22); *Boesche*, in: Säcker (Hrsg.), Berliner Kommentar, Anh. § 18 EnWG, § 11 NAV, Rn. 44 f.

605 *Bourwieg*, in Britz/Hellermann/Hermes (Hrsg.), Energiewirtschaftsgesetz, § 17 EnWG, Rn. 19 b; Bundesnetzagentur, Beschluss v. 29.03.2010, Az. BK6 09-001, S. 8; *Rosch/ Hartmann/van der Velden*, IR 2010, 170 (170); *Schwartz*, Die Zulässigkeit der Erhebung von Baukostenzuschüssen nach nationalen und europäischen Energierecht, S. 95 f.

ner Auslegung dieses unbestimmten Rechtsbegriffs festgelegt werden. Fest steht, dass es nicht als angemessen zu bewerten ist, wenn ein Netzbetreiber einen überhöhten Baukostenzuschuss verlangt.[606]

Die Forderung von Baukostenzuschüssen muss ferner transparent sein. Das Transparenzgebot betrifft zwei Aspekte, erstens die Möglichkeit des Anschlussnehmers zur Kenntnisnahme der Bedingungen und zweitens die Möglichkeit der inhaltlichen Prüfung dieser Bedingungen, hier insbesondere die Berechnungsgrundlage des Baukostenzuschusses.[607]

(b) Berechnungsgrundlage für die Erhebung von Baukostenzuschüssen

Die Höhe der Baukostenzuschüsse ist außerhalb der Niederspannung mangels einer mit der NAV vergleichbaren Verordnung nur anhand der Tatbestandsmerkmale des § 17 Abs. 1 EnWG auszurichten. Dies bedeutet, dass die Baukostenzuschüsse insbesondere transparent sein müssen.[608] Mangels einer entsprechenden Verordnung ist theoretisch entgegen § 11 Abs. 1 S. 2 NAV auch ein Baukostenzuschuss von 100 % der Kosten der dem Versorgungsbereich zuzuordnenden Anlagen möglich.[609]

Als Berechnungsgrundlage für Baukostenzuschüsse außerhalb der Niederspannung empfiehlt sich zur Gewährleistung der Transparenz der Berechnung das sogenannte „Leistungspreismodell" der Bundesnetzagentur.[610] Hiernach ergibt sich der Baukostenzuschuss also aus einer Multiplikation der vertraglich vereinbarten Leistungsbereitstellung mit dem veröffentlichten und der Regulierungsbehörde

---

606 *Salje*, Energiewirtschaftsgesetz, § 17 EnWG, Rn. 15; *Stappert/Johannsen*, in: Rosin/Pohlmann/Gentzsch/Metzenthin/Böwing (Hrsg.), Praxiskommentar zum Energiewirtschaftsgesetz, § 17 EnWG, Rn. 42, 45.

607 *Schwartz*, Die Zulässigkeit der Erhebung von Baukostenzuschüssen nach nationalen und europäischen Energierecht, S. 110; Bundesverband neuer Energieanbieter, Kommentierung zum EnWG-Änderungsgesetz 2011, S. 5.

608 Bundesnetzagentur, Beschluss v. 29.03.2010, Az. BK6 09-001, S. 8.

609 *Hartmann*, in: Danner/Theobald (Hrsg.), Energierecht, § 11 NAV, Rn. 35; *vom Wege*, in: Zander/Riedel/Kraus (Hrsg.), Praxishandbuch Energiebeschaffung, II.1.3.8, S. 23.

610 Bourwieg, in: Britz/Hellermann/Hermes (Hrsg.), Energiewirtschaftsgesetz, § 17 EnWG, Rn. 19b; für den Bereich der Niederspannung hat sich das „2-Ebenen Modell" des VDN bewährt, vgl. VDN, Einheitliche Berechnungsmethoden für Baukostenzuschüsse, S.15 (abrufbar unter www.bdew.de). Der VDN (Verband deutscher Netzbetreiber) war einer der vier rechtlich eigenständigen Fachverbände des Verbands der Elektrizitätswirtschaft (VDEW). Der VDN hat sich im Oktober 2007 mit dem BGW, dem VDEW und dem VRE zum Bundesverband der Energie- und Wasserwirtschaft (BDEW) zusammengeschlossen.

angezeigten Leistungspreis der jeweiligen Netzebene für eine Jahresbenutzungsstundenzahl von mehr als 2.500.[611] Vorteil dieser Regelung ist eine einfache Nachprüfung der Berechnung von Baukostenzuschüssen. Damit wird dieses Modell auch den gesetzlichen Vorgaben des § 17 Abs. 1 EnWG insbesondere zur Transparenz der Netzanschlussbedingungen gerecht.[612]

Das Leistungspreismodell der Bundesnetzagentur wird in der Literatur und Praxis kritisiert. Rechtliche Bedenken folgern de Wyl/Hartmann/Bergmann im Kern daraus, dass es bedenklich sei, sich von dem Rechtsgedanken des § 11 NAV bzw. von dessen sogenannter Leitbildfunktion soweit zu entfernen, dass über die Baukostenzuschüsse nicht mehr eine anteilige Deckung der Kosten für die Erstellung oder Verstärkung des Netzes möglich sein soll, sondern durch das Anknüpfen an den Leistungspreis sämtliche Netzkosten Berücksichtigung finden.[613] Eine solche Kalkulation stehe im Gegensatz zu dem seit Jahren anerkannten Verständnis der Energiewirtschaft, dass Baukostenzuschüsse sich nur an den Kosten für die Erstellung der Netzinfrastruktur messen lassen müssen.[614] Auch der VDN weist darauf hin, dass „Baukostenzuschussregelungen in höheren Spannungsebenen grundsätzlich mit den in der NAV geltenden Grundprinzipien vereinbar sein sollen."[615] Die Berücksichtigung von Kosten, die nicht der Errichtung, Erweiterung bzw. Verstärkung von Netzanlagen zuzuordnen sind, solle nach dem VDN bei der Erstellung eines sachgerechten Baukostenzuschusses auch in höheren Netzebenen nicht angesetzt werden, da diese Kostenanteile nicht in einem direkt bestimmbaren Verhältnis zur Höhe von Leistungsanforderungen der Anschlussnehmer ständen.[616]

Die Ansichten übersehen jedoch, dass dem Baukostenzuschuss inzwischen keine (Vor-)Finanzierungsfunktion hinsichtlich der Errichtung oder Erweiterung von Netzanlagen mehr zukommt. Zwar hat „die (vor-)finanzierende Wirkung des Baukostenzuschusses für den Aufbau der Stromnetze oder deren Wiederaufbau nach dem zweiten Weltkrieg noch im Vordergrund

---

611 Bundesnetzagentur, Positionspapier zur Erhebung von Baukostenzuschüssen (BKZ) für Netzanschlüsse im Bereich von Netzebenen oberhalb der Niederspannung, S. 1.

612 Bundesnetzagentur, Positionspapier zur Erhebung von Baukostenzuschüssen (BKZ) für Netzanschlüsse im Bereich von Netzebenen oberhalb der Niederspannung zu BKZ, S. 2 f.

613 *De Wyl/Hartmann/Bergmann*, IR 2009, 26 (28).

614 *De Wyl/Hartmann/Bergmann*, IR 2009, 26 (28).

615 VDN, Einheitliche Berechnungsmethoden für Baukostenzuschüsse, S. 15 (abrufbar unter www.bdew.de).

616 VDN, Einheitliche Berechnungsmethoden für Baukostenzuschüsse, S. 15.

Abb. 12: Übersicht über die Kostentragung

	Netzanschlusskosten	Netzausbaukosten	Baukostenzuschuss
Abgrenzung	Alle Maßnahmen, die allein vom Anschlusspetenten genutzt werden und diesem zu Gute kommen, insbesondere Kosten für die Herstellung oder die Änderung, den Betrieb und die Instandhaltung des Netzanschlusses	Alle Maßnahmen, die dem Netz zugutekommen und damit der Allgemeinheit dienen, insbesondere Beseitigung von Kapazitätsengpässen	Einmalige Aufwendungen für die Erstellung oder Verstärkung des Netzes bei wirtschaftlich effizienter Betriebsführung → während das „Ob“ unstreitig ist, ist die Höhe des BKZ umstritten
Kostentragung	Anschlussnehmer	Netzbetreiber	Anschlussnehmer
Rechtsgrundlage	§ 17 Abs. 1 EnWG; Rückschluss aus § 9 Abs. 1 S. 1 NAV, § 8 Abs.1 KraftNAV, § 13 Abs. 1 EEG)	§ 11 Abs.1 S.1 EnWG	§ 17 Abs. 1 EnWG, § 11 Abs. 1 S. 1 NAV analog; Rückschluss aus § 9 Abs. 1 S. 1 Nr. 4 StromNEV

Eigene Darstellung, 2013

gestanden“.[617] Heutzutage sind die Kosten des Ausbaus der Stromnetze grundsätzlich aus den genehmigten Erlösobergrenzen zu finanzieren.[618] Auch würde eine Betrachtungsweise, nach der nur der Kunde einen BKZ zu zahlen hat, dessen Anschlussbegehren sich unmittelbar in einer Netzausbaumaßnahme niedergeschlagen hat, dazu führen, „dass immer nur der ‘letzte’ Anschlussnehmer, den der Netzbetreiber mit der vorhandenen Netzkapazität nicht mehr bedienen kann, einen Baukostenzuschuss zu tragen hätte, während der ‘vorletzte’ Anschlussnehmer von der Baukostenzuschusszahlung befreit wäre, da für ihn die vorhandene Netzkapazität noch ausgereicht hat.“[619] Heutzutage

617 Bundesnetzagentur, Beschluss v. 29.03.2010, Az. BK6 09-001, S. 8; VIK Mitteilungen, 4/2010, 39 (40).

618 Bundesnetzagentur, Beschluss v. 29.03.2010, Az. BK6 09-001, S. 8; *Koenig/Kühling/Rasbach*, Energierecht, S. 132.

619 Bundesnetzagentur, Beschluss v. 29.03.2010, Az. BK6 09-001, S. 11; zur kostenorientierten Erhebung der BKZ, vgl. *Schwartz*, Die Zulässigkeit der Erhebung von Baukostenzuschüssen nach nationalen und europäischen Energierecht, S. 81.

dient der Baukostenzuschuss vielmehr als wichtiges Lenkungselement, das erforderlich ist, um den Netzanschluss seinem tatsächlichen Leistungsbedarf entsprechend zu beantragen und überhöhten Kapazitätsanforderungen des Netzkunden sinnvoll entgegenzutreten.[620] Könnte sich nämlich der Kunde in Annahme einer künftigen Bedarfsentwicklung ohne wirtschaftliche bzw. finanzielle Konsequenz jede von ihm gewünschte Netzanschlusskapazität bereitstellen lassen, wäre zu erwarten, dass dies angesichts der Verpflichtung des Netzbetreibers, jederzeit die maximal mögliche Leistung zu erbringen, „zu völlig überdimensionierten und damit ineffizienten Netzen mit unabsehbaren Folgen für die Höhe der Netzentgelte" führen würde.[621] Um ineffizienten Netzen entgegenzuwirken, ist daher ein Steuerungsinstrument von Nöten, welches den Anschlussnehmer dazu veranlasst, nur die tatsächlich von ihm benötigten Kapazitäten im Netz zu beanspruchen.[622]

Diese Funktion erfüllt der Baukostenzuschuss und eben nicht eine (Vor-) Finanzierungsfunktion, sodass die Kritik an dem Berechnungsmodell der Bundesnetzagentur zurückgewiesen werden muss.

b) Der Anspruch auf Netzanschluss aus dem Kartellrecht

Möglicherweise könnten Arealnetzbetreiber ihr Anschlussbegehren auf das GWB stützen. Allerdings schließt § 111 Abs. 1 S. 1 EnWG die Anwendbarkeit der §§ 19, 20 GWB ausdrücklich für Bereiche aus, für die das EnWG eine abschließende Regelung trifft. Die §§ 17, 18 EnWG sind Bestandteil des Teils 3 des EnWG und stellen eine abschließende Regelung für den Netzanschluss im Strom- bzw. Gassektor dar (vgl. § 111 Abs. 2 EnWG), sodass sich Arealnetzbetreiber nicht auf die §§ 19, 20 GWG berufen können.[623]

4. Das Wegezugangsrecht der Gemeinde

Eine weitere Hürde, die der Arealnetzbetreiber nehmen muss und die mit dem Netzanschluss eng verzahnt ist, ist der Zugang zu den öffentlichen Verkehrswegen

620 *Blumenthal-Barby/Hartmann*, EnWZ 2013, 108 (108).

621 Bundesnetzagentur, Beschluss v. 29.03.2010, Az. BK6 09-001, S. 8.

622 Bundesnetzagentur, Beschluss v. 29.03.2010, Az. BK6 09-001, S. 8.

623 *Hölscher*, in: Britz/Hellermann/Hermes (Hrsg.), Energiewirtschaftsgesetz, § 111 EnWG, Rn. 3.

der Gemeinde.[624] Das Zugangsrecht benötigt der Arealnetzbetreiber, um seine Leitungen zur Elektrizitätsversorgung des Areals verlegen zu können.[625]

Der geplante Arealnetzbetrieb könnte daran scheitern, dass die Gemeinde die Nutzung ihrer öffentlichen Verkehrswege für die Verlegung von Leitungen, die für das nachgelagerte Arealnetz erforderlich sind, nicht ermöglicht.[626] Unter diesem Gesichtspunkt verfolgt die Regelung des § 46 Abs. 1 EnWG das Ziel, durch die Einräumung eines Rechtsanspruchs auf diskriminierungsfreie Vergabe von Wegerechten sicherzustellen, dass „die Gemeinde ihre Position als zivilrechtlicher Eigentümer der Straßengrundstücke" nicht ausnutzt, indem sie ihre Stadtwerke oder andere Energieversorgungsnetzbetreiber dadurch vor Konkurrenz schützt, dass sie Arealnetzbetreibern keine Wegenutzungsrechte erteilt.[627]

a) Wegezugangsrecht aus § 46 Abs. 1 S. 1 EnWG

Nach § 46 Abs. 1 S. 1 EnWG haben Gemeinden „ihre öffentlichen Verkehrswege für die Verlegung und den Betrieb von Leitungen [...] zur unmittelbaren Versorgung von Letztverbrauchern im Gemeindegebiet diskriminierungsfrei durch Vertrag zur Verfügung zu stellen."

Fraglich ist, ob sich Arealnetzbetreiber überhaupt auf § 46 Abs. 1 S. 1 EnWG berufen können, da diese Vorschrift fordert, dass das Wegerecht nur für die Verlegung von Leitungen zur unmittelbaren Versorgung von Letztverbrauchern gestattet werden muss. Fraglich ist daher gerade beim Arealnetzbetrieb, ob die Leitungen für die unmittelbare Versorgung von Letztverbrauchern bestimmt sind.

aa) Leitungsbegriff

Unter Leitungen im Sinne von § 46 Abs. 1 EnWG sind Energieanlagen zu verstehen, soweit sie zur Fortleitung oder Abgabe von Energie dienen (§ 3 Nr. 15

---

624 *Börner*, in: Bartsch/Röhling/Salje/Scholz (Hrsg.), Stromwirtschaft, Kap. 57, Rn. 9.

625 *Börner*, in: Bartsch/Röhling/Salje/Scholz (Hrsg.), Stromwirtschaft, Kap. 57, Rn. 9; *Koenig/Kühling/Rasbach*, Energierecht, S. 211.

626 *Wegner*, in: Säcker (Hrsg.), Berliner Kommentar, § 46 EnWG, Rn. 1; vgl. BGH, NVwZ-RR 2009, 104 (106), hier verweigerte die Gemeinde die Verlegung eines Verbindungskabels unter und neben der gemeindeeigenen Straße.

627 So auch *Wegner*, in: Säcker (Hrsg.), Berliner Kommentar, § 46 EnWG, Rn. 3 mit Verweis auf *Büdenbender*, EnWG, § 13, Rn. 5; ähnlich *Ahnis/Bartsch*, IR 2013, 122 (123); *Koenig/Kühling/Rasbach*, Energierecht, S. 211; Bundestags-Drucksache 13/7274, S. 21.

EnWG).[628] Da eine Beschränkung auf bestimmte Spannungsstufen der Vorschrift nicht zu entnehmen ist, fallen darunter nicht nur Niederspannungs-, sondern auch Mittelspannungsleitungen.[629] Vom Leitungsbegriff umfasst ist ferner auch das Zubehör der Leitungen.[630] Hierunter fallen beispielsweise Ortsnetzstationen oder Kabelschränke.[631]

Geht es um die Planung eines Arealnetzes, ist beim Leitungsbegriff zu unterscheiden: Zum einen können die Leitungen erfasst sein, mit denen die Arealnetze an die Sammelschiene des örtlichen Umspannwerks angeschlossen werden. Ferner können die auf dem Areal liegenden Leitungen gemeint sein. Allerdings liegt das Eigentum an dem Grundstück bzw. Grundstücken, auf denen das Arealnetz errichtet wird, in der Regel in privater Hand, so dass die Einflussnahme der Gemeinde so weit nicht reicht. Der Eigentümer des Grundstücks hat den Arealnetzbetreiber in der Regel damit beauftragt, das Arealnetz zu errichten, bzw. errichtet es selbst, sodass der Arealnetzbetrieb am Wegerecht bezüglich der auf dem Areal liegenden bzw. zu verlegenden Leitungen nicht scheitern wird.[632]

Problematisch werden könnte es jedoch bei den Leitungen, die vom Areal zur Sammelschiene des örtlichen Umspannwerks führen. Hier könnte eine Verweigerung des Wegerechts durch die Gemeinde in Betracht kommen.

bb) Öffentliche Verkehrswege

Für den Leitungsbau müssten öffentliche Verkehrswege beansprucht werden. Hierunter fallen Straßen, Wege und Plätze, die dem öffentlichen Verkehr gewidmet sind.[633] Hierzu gehören die gemäß den einschlägigen Straßengesetzen förmlich dem öffentlichen Verkehr gewidmeten Wege, aber auch nur faktisch für den öffentlichen Verkehr geöffnete Wege sind hierunter zu subsumieren.[634]

---

628 *Hellermann*, in: Britz/Hellermann/Hermes (Hrsg.), Energiewirtschaftsgesetz, § 46 EnWG, Rn. 36;

629 *Theobald*, in: Danner/Theobald (Hrsg.), Energierecht, § 46 EnWG, Rn. 17.

630 *Salje*, Energiewirtschaftsgesetz, § 46 EnWG, Rn. 32.

631 *Wegner*, in: Säcker (Hrsg.), Berliner Kommentar, § 46 EnWG, Rn. 27.

632 *Boesche*, in: Säcker (Hrsg.), Berliner Kommentar, § 3 EnWG, Rn. 42e; *Börner*, in: Bartsch/Röhling/Salje/Scholz (Hrsg.), Stromwirtschaft, Kap. 57, Rn. 9; *Mevert/Hobbeling*, e|m|w 6/2004, 42 (42).

633 *Hellermann*, in: Britz/Hellermann/Hermes (Hrsg.), Energiewirtschaftsgesetz, § 46 EnWG, Rn. 35; *Wegner*, in: Säcker (Hrsg.), Berliner Kommentar, § 46 EnWG, Rn. 24.

634 *Theobald*, in: Danner/Theobald (Hrsg.), Energierecht, § 46, Rn. 16; BGH, ZNER 2009, 144 (145).

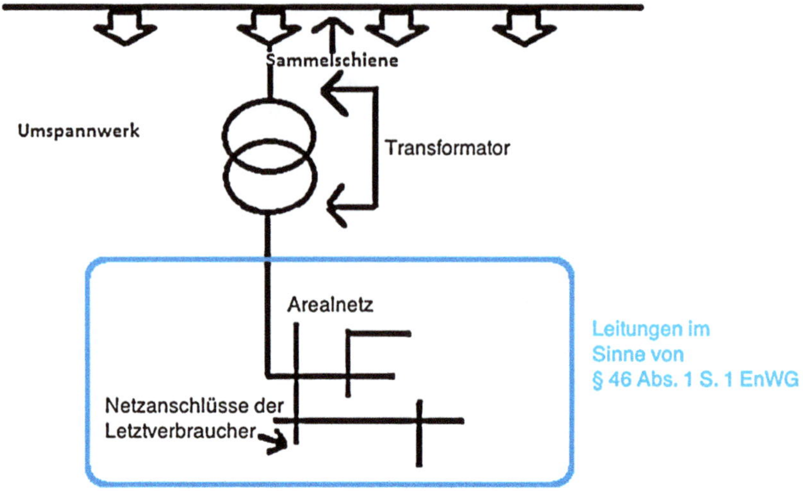

Eigene Darstellung, 2013

Abb. 13: Leitungen im Sinne von § 46 Abs. 1 S. 1 EnWG

cc) Unmittelbare Versorgung von Letztverbrauchern

Der Anspruch auf Zugang zu den öffentlichen Verkehrswegen besteht nur, wenn mit den Leitungen die unmittelbare Versorgung von Letztverbrauchern durchgeführt werden soll. Fraglich ist daher gerade beim Arealnetzbetrieb, ob die Leitungen für die unmittelbare Versorgung von Letztverbrauchern bestimmt sind oder ob über die Leitungen nur mittelbar Letztverbraucher versorgt werden. Der Arealnetzbetreiber selbst ist nämlich kein Letztverbraucher, er bezieht den Strom, um ihn dann an die auf dem Areal angesiedelten Letztverbraucher zu verteilen.

Teilweise wird vertreten, dass das Zugangsrecht immer dann zu gewähren ist, wenn auch Letztverbraucher aus dem betreffenden Netz versorgt werden.[635] Von dem Zugangsanspruch ausgeschlossen sind demnach nur Leitungen, über die gar keine Letztverbraucher beliefert werden. Nach dieser Ansicht kann sich der Arealnetzbetreiber hinsichtlich der Verlegung der Leitung zum Umspannwerk auf das Zugangsrecht aus § 46 Abs. 1 S. 1 EnWG berufen.

Nach der Gegenansicht ist nicht auf das Vorhandensein eines Netzes für die Letztverbraucherversorgung abzustellen. Es komme vielmehr darauf an, ob eine

635 *Wegner*, in: Säcker (Hrsg.), Berliner Kommentar, § 46 EnWG, Rn. 28.

Leitung vorliege oder nicht.[636] Zwar bestehe der Zusammenhang zwischen Netz und Leitung darin, dass Netze aus miteinander verbundenen und vermaschten Leitungen bestehen, dennoch gebe es entsprechend dem Wortlaut des § 46 Abs. 1 EnWG nur einen Anspruch auf die Verlegung von Leitungen, nicht auf die von Netzen.[637] Von der unmittelbaren Letztverbraucherversorgung durch Leitungen können nur solche Leitungen erfasst sein, die vom Ausgangspunkt, also dem Stamm, von dem sie abzweigen, zu den einzelnen Letztverbrauchern führen.[638] Im Falle eines Arealnetzes sind die Leitungen gemeint, die von der auf dem Areal befindlichen Umspannstation Mittel-/Niederspannung als Ausgangspunkt zu den einzelnen auf dem Areal angesiedelten Letztverbrauchern führen (siehe Abbildung unten). Die Leitung, die das Arealnetz mit der Sammelschiene des vorgelagerten Netzes verbindet, ist hingegen hiervon nicht erfasst, sie dient in diesem Sinne nur „mittelbar" der Letztverbraucherversorgung.

Für die letztgenannte Ansicht spricht der Wortlaut der Vorschrift. Diese spricht nur von Leitungen und nicht von Netzen. Der Gesetzgeber hat offensichtlich nur zum Zweck der direkten Letztverbraucherversorgung das Zugangsrecht zum öffentlichen Wegerecht der Gemeinde regeln wollen. Daher erscheint auch die Differenzierung zwischen mittelbarer und unmittelbarer Letztversorgung gerechtfertigt. Diese Ansicht vertritt auch der BGH. Mit Urteil vom 11.11.2008 hat er entschieden, dass die Verlegung einer Leitung, mit der lediglich ein Zugang zu einem vorhandenen Netz geschaffen werden soll, nicht unter § 46 Abs. 1 S. 1 EnWG falle, weil die Leitung nicht der unmittelbaren Versorgung von Letztverbrauchern im Gemeindegebiet dient.[639] Das führt nun dazu, dass sich die Arealnetzbetreiber bei der Verlegung der Leitung von der Umspannstation ausgehend zur Sammelschiene des örtlichen Verteilernetzes nicht auf den Anspruch aus § 46 Abs. 1 S. 1 EnWG berufen können.

b) Wegezugangsrecht aus § 19 Abs. 4 Nr. 4, § 20 GWB

Ein Wegezugangsrecht der Arealnetzbetreiber könnte sich jedoch aus § 19 Abs. 1, Abs. 4 Nr. 4 GWB ergeben. Im EnWG wird der Fall des Wegezugangsrechts zur Errichtung von Netzen und Leitungen, die mittelbar der

---

636 *Albrecht*, in: Schneider/Theobald (Hrsg.), Recht der Energiewirtschaft, § 9, Rn. 41; *Salje*, Energiewirtschaftsgesetz, § 46 EnWG, Rn. 39.

637 *Salje*, Energiewirtschaftsgesetz, § 46 EnWG, Rn. 39.

638 *Hellermann*, in: Britz/Hellermann/Hermes (Hrsg.), Energiewirtschaftsgesetz, § 46 EnWG, Rn. 37; OLG Brandenburg, RdE 2008, 292 (293).

639 BGH, Urteil v. 01.10.2008, Az. VIII ZR 21/07, abgedruckt in NVwZ-RR 2009, 596 (597).

Letztversorgung dienen, nicht geregelt, sodass die Vorschrift des § 111 Abs. 1 EnWG einem Anspruch aus § 19 Abs. 1, Abs. 4 Nr. 4 GWB nicht entgegensteht.[640] Nach § 19 Abs. 4 Nr. 4 GWB liegt ein Missbrauch dann vor, wenn ein marktbeherrschendes Unternehmen als Anbieter oder Nachfrager einer bestimmten Art von Waren oder gewerblichen Leistungen sich weigert, einem anderen Unternehmen gegen angemessenes Entgelt Zugang zu den Netzen und anderen Infrastruktureinrichtungen zu gewähren, wenn es dem anderen Unternehmen aus rechtlichen oder tatsächlichen Gründen ohne die Mitbenutzung nicht möglich ist, auf dem vor- oder nachgelagerten Markt als Wettbewerber des marktbeherrschenden Unternehmens tätig zu werden.

Die Gemeinde ist Eigentümer der Infrastruktureinrichtung, nämlich der öffentlichen Verkehrswege, und ist bei der Vergabe der Wegerechte marktbeherrschend im Sinne von § 19 Abs. 4 Nr. 4 GWB.[641] Umstritten ist allerdings, worauf sich diese marktbeherrschende Stellung beziehen muss. Es kann dabei zum einen um den Markt gehen, dem die Infrastruktureinrichtung zuzuordnen ist, zum anderen kann auch der vor- oder nachgelagerte Markt, auf dem der Petent tätig werden will, gemeint sein.[642] Nach Ansicht des BGH ist es für den Tatbestand ausreichend, dass der Normadressat über eine beherrschende Stellung auf dem Markt der Infrastruktureinrichtung verfügt.[643]

Dem Arealnetzbetreiber ist es auch ohne die Nutzung der öffentlichen Verkehrswege nicht möglich, auf dem nachgelagerten Markt tätig zu werden. Allerdings muss der Antragsteller begehren, „als Wettbewerber" des Unternehmens, gegen das sich der Anspruch richtet, tätig zu werden.[644] Sofern die Gemeinde auch im Bereich des Netzbetriebs tätig ist, dürfte eine Wettbewerbsstellung zu bejahen sein. In diesem Fall kann sich der Arealnetzbetreiber auf § 19 Abs. 1, Abs. 4 Nr. 4 GWB berufen. Ist dies nicht der Fall, kann sich eine Verpflichtung der Gemeinde zur Gewährung des Wegezugangsrechts aus § 20 Abs. 1 GWB ergeben.

Nach § 20 Abs. 1 GWB dürfen „marktbeherrschende Unternehmen [...] ein anderes Unternehmen in einem Geschäftsverkehr, der gleichartigen Unternehmen üblicherweise zugänglich ist, weder unmittelbar noch mittelbar unbillig behindern

---

640 *Hölscher*, in: Britz/Hellermann/Hermes (Hrsg.), Energiewirtschaftsgesetz, § 111 EnWG, Rn. 3.

641 *Albrecht*, in: Schneider/Theobald (Hrsg.), Recht der Energiewirtschaft, § 9, Rn. 30; *Becker*, IR 2004, 151 (152).

642 *Wiedemann*, in: ders. (Hrsg.), Kartellrecht, § 23, Rn. 67.

643 BGH, Beschluss v. 28.06.2005, Az. KVR 27/04, abgedruckt in WuW/E DE-R 1520 (1523).

644 *Wiedemann*, in: ders. (Hrsg.), Kartellrecht, § 23, Rn. 69.

oder gegenüber gleichartigen Unternehmen ohne sachlich gerechtfertigten Grund unmittelbar oder mittelbar unterschiedlich behandeln."

Mit anderen Worten muss die Gemeinde, wenn sie das Begehren auf Zugang zu den öffentlichen Verkehrswegen verneint, diskriminierungsfrei handeln.[645] Diskriminierungsfrei handelt sie dann, wenn eine Ungleichbehandlung sachlich gerechtfertigt ist. Hierbei ist eine Interessenabwägung vorzunehmen, die die auf die Freiheit des Wettbewerbs gerichtete Zielsetzung der jeweiligen Regelungen berücksichtigt.[646] Ein sachlich rechtfertigender Grund könnte sich für die Gemeinden daraus ergeben, dass sie dem Betreiber des Netzes der allgemeinen Versorgung bereits den Leitungsbau gewährt haben, um damit die Erfüllung öffentlicher Aufgaben zu fördern. Hier überwiegt das Interesse an der Erfüllung öffentlicher Aufgaben gegenüber dem Individualinteresse des Arealnetzbetreibers, mit seinem Geschäftsmodell Gewinne zu erzielen.[647] Anders ist die Situation dann zu beurteilen, wenn der Arealnetzbetreiber selbst ein Netz der allgemeinen Versorgung plant. Hier verfolgt er Interessen des Gemeinwohls, sodass einen Ungleichbehandlung unter diesen Aspekten nicht gerechtfertigt erscheint.

Ferner können Erwägungen, die bei der Verweigerung des Netzanschlusses angebracht werden und dort nicht einschlägig sind, auch keine Ungleichbehandlung im Rahmen von § 20 Abs. 1 GWB rechtfertigen, da andernfalls eine Umgehung des § 17 EnWG zu besorgen wäre. So kann sich beispielsweise aus dem Interesse an einem einheitlichen, nicht zersplitterten Gemeindenetz kein zulässiges Unterscheidungskriterium für eine Ungleichbehandlung ergeben.[648] Vielmehr steht auch hier das Interesse, Wettbewerb zu schaffen und die Energiemärkte zu liberalisieren, im Vordergrund, wie der BGH in seiner Mainova-Entscheidung ausführte.[649]

5. Die Pflichten des Arealnetzbetreibers beim Netzbetrieb

Nimmt der Arealnetzbetreiber den Netzbetrieb auf, dann kann er sich den Pflichten eines klassischen Verteilernetzbetreibers nicht entziehen.

---

645 Im Rahmen von § 19 Abs. 1, Abs. 4 Nr. 4 GWB müsste die Gemeinde nachweisen, dass die Nutzung der öffentlichen Verkehrswege nicht möglich oder nicht zumutbar ist. Auch hier muss eine Interessenabwägung stattfinden.

646 *Bechtold*, in: ders. (Hrsg.), GWB, § 20, Rn. 51.

647 *Albrecht*, in: Schneider/Theobald (Hrsg.), Recht der Energiewirtschaft, § 9, Rn. 48.

648 *Theobald*, in: Danner/Theobald (Hrsg.), Energierecht, § 46 EnWG, Rn. 21.

649 BGH, CuR 2005, 89 (95).

Gemäß § 4 Abs. 1 EnWG erfordert die Aufnahme des Betriebs eines Energieversorgungsnetzes die Genehmigung durch die nach Landesrecht zuständige Behörde.[650] Der Arealnetzbetreiber muss nach § 4 Abs. 2 EnWG die personelle, technische und wirtschaftliche Leistungsfähigkeit besitzen, um den Netzbetrieb entsprechend den Vorschriften des EnWG auf Dauer zu gewährleisten.[651]

Handelt es sich bei dem Arealnetzbetreiber um ein vertikal integriertes Energieversorgungsunternehmen oder ist der Arealnetzbetreiber als rechtlich selbständiger Verteilernetzbetreiber im Sinne von § 3 Nr. 38 EnWG mit einem vertikal integrierten Energieversorgungsunternehmen verbunden, so gelten für ihn diese bzw. diesen die Entflechtungsvorschriften der §§ 6 bis 7b EnWG.[652]

Von der Pflicht zur rechtlichen und operationellen Entflechtung sind die Arealnetzbetreiber in der Regel ausgenommen. Sowohl § 7 Abs. 2 EnWG als auch § 7a Abs. 7 EnWG sehen vor, dass vertikal integrierte Energieversorgungsunternehmen hinsichtlich der Betreiber von Elektrizitätsverteilernetzen, an deren Netz weniger als 100.000 Kunden unmittelbar oder mittelbar angeschlossen sind, die entsprechenden Verpflichtungen nicht zu erfüllen haben.[653] Mit dieser „de minimis" Regelung soll gewährleistet werden, dass kleinere Unternehmen, bei denen der Aufwand rechtlicher und operationeller Entflechtungsmaßnahmen mit Blick auf die Entflechtungsziele nicht mehr verhältnismäßig wäre, von diesen Vorschriften ausgeklammert werden.[654]

Der Arealnetzbetreiber kann unter Umständen verpflichtet werden, Dritte an sein Elektrizitätsverteilernetz gemäß § 17 Abs. 1 EnWG anzuschließen.[655] Handelt es sich bei dem Elektrizitätsverteilernetz um ein Energieversorgungsnetz der allgemeinen Versorgung von Letztverbrauchern, so hat der Arealnetzbetreiber nach § 18 Abs. 1 EnWG allgemeine Bedingungen für den Netzanschluss von Letztverbrauchern in Niederspannung und für die Anschlussnutzung durch Letztverbraucher zu veröffentlichen sowie zu diesen Bedingungen jedermann an das Netz anzuschließen und die Nutzung des Anschlusses zur Entnahme von Energie zu gestatten. Ferner hat der Arealnetzbetreiber Stromlieferanten den Netzzugang nach § 20 Abs. 1 EnWG zu

---

650 *Börner*, in: Bartsch/Röhling/Salje/Scholz (Hrsg.), Stromwirtschaft, Kap. 57, Rn. 245.

651 Hierzu *Säcker/Paul*, in: Säcker (Hrsg.), Berliner Kommentar, § 4 EnWG, Rn. 38.

652 Zu den verschiedenen Erscheinungsformen der Entflechtung vgl. *Koenig/Kühling/Rasbach*, Energierecht, S. 144.

653 *Koenig/Kühling/Rasbach*, Energierecht, S. 157.

654 Bundestags-Drucksache, 15/3917, S.52; dazu ausführlich *Storr*, in: Baur/Salje/Schmidt-Preuß (Hrsg.), Regulierung in der Energiewirtschaft, Kap. 86, Rn. 11; sowie *Franke*, in: Baur/Salje/Schmidt-Preuß (Hrsg.), Regulierung in der Energiewirtschaft, Kap. 36, Rn. 18.

655 *Börner*, in: Bartsch/Röhling/Salje/Scholz (Hrsg.), Stromwirtschaft, Kap. 57, Rn. 245.

gewähren.[656] Die Netznutzungsentgelte sind nach den dafür geltenden Regelwerken (ARegV, StromNEV) zu kalkulieren und ggf. zu veröffentlichen.[657]

Handelt es sich bei dem Arealnetzbetreiber um den Grundversorger im Sinne von § 36 Abs. 2 EnWG, so hat er nach § 36 Abs. 1 EnWG für das Netzgebiet allgemeine Bedingungen und allgemeine Preise für die Versorgung in Niederspannung oder Niederdruck öffentlich bekannt zu geben und im Internet zu veröffentlichen und zu diesen Bedingungen und Preisen jeden Haushaltskunden zu versorgen.[658]

Ferner treffen den Arealnetzbetreiber Sicherheits- und Zuverlässigkeitspflichten bezüglich seines Netzes.[659] Hierzu gehört beispielsweise nach § 49 EnWG, dass Energieanlagen so zu errichten und zu betreiben sind, dass die technische Sicherheit gewährleistet ist. § 52 EnWG verpflichtet die (Areal-)Netzbetreiber, der Bundesnetzagentur jährlich einen Bericht über alle in ihrem Netz im letzten Kalenderjahr aufgetretenen Versorgungsunterbrechungen vorzulegen.

Schließlich sind Betreiber von Energieversorgungsnetzen nach § 92 EnWG verpflichtet, Beiträge für den laufenden Aufwand der Bundesnetzagentur zu entrichten.

6. Rechtsschutzmöglichkeiten

a) Das Missbrauchsverfahren vor der Regulierungsbehörde nach §§ 30, 31 EnWG

Sowohl den Arealnetzbetreibern als auch den nach § 17 EnWG verpflichteten Netzbetreibern stellt das EnWG Rechtsschutz vor den Regulierungsbehörden zur Verfügung. Das Missbrauchsverfahren gemäß § 31 Abs. 1 EnWG ist dann einschlägig, wenn der Betroffene durch das Verhalten eines Betreibers von Energieversorgungsnetzen erheblich in seinen Interessen beeinträchtigt wird.[660] Anders als in §§ 19, 20 Abs. 1 GWB ist eine marktbeherrschende Stellung des Netzbetreibers keine Anspruchsvoraussetzung, sodass als Verfahrensgegner nicht nur der Netzbetreiber, der den Anschluss verweigert, sondern auch der Arealnetzbetreiber in Betracht kommt.[661]

---

656 *Börner*, in: Bartsch/Röhling/Salje/Scholz (Hrsg.), Stromwirtschaft, Kap. 57, Rn. 245.

657 *Koenig/Kühling/Rasbach*, Energierecht, S. 115, 119.

658 Hierzu *Busche*, in: Säcker (Hrsg.), Berliner Kommentar, § 36 EnWG, Rn. 5.

659 *Bourwieg*, in: Britz/Hellermann/Hermes (Hrsg.), Energiewirtschaftsgesetz, § 49 EnWG, Rn. 3.

660 *Schütte*, in: Baur/Salje/Schmidt-Preuß (Hrsg.), Regulierung in der Energiewirtschaft, Kap. 94, Rn. 57 ff.

661 *De Wyl/Thole*, in: Schneider/Theobald (Hrsg.), Recht der Energiewirtschaft, § 16, Rn. 206.

Die Regulierungsbehörde hat dabei zu prüfen, ob das Verhalten des Netzbetreibers mit den Vorgaben in §§ 17 bis 28 a EnWG als wesentlichen Bestimmungen über den Netzanschluss und den Netzzugang samt der auf ihrer Grundlage bislang ergangenen Rechtsverordnungen (wie StromNEV, StromNZV, NAV StromG-VV sowie ARegV) übereinstimmt.[662] Als relevantes Verhalten kommt bei den Netzbetreibern eine Verweigerung des Netzanschlusses, ohne dass die Voraussetzungen nach § 17 Abs. 2 EnWG gegeben sind, in Betracht. Arealnetzbetreibern können Verzögerungen beim Netzanschluss vorgeworfen werden, was insbesondere dann der Fall ist, wenn sie versuchen, den Abschluss des Netzanschlussvertrags zu erschweren, um für sie vorteilhafte Bedingungen auszuhandeln. Ergibt die Prüfung nach § 31 Abs. 1 S. 2 EnWG, dass das Verhalten nicht mit den Regelungen übereinstimmt, so kann die Regulierungsbehörde gemäß § 30 Abs. 2 EnWG vorgehen, indem sie den Netzbetreiber verpflichtet, eine Zuwiderhandlung abzustellen.[663]

b) Rechtsschutz vor den Zivilgerichten

aa) Beschwerde gegen Entscheidungen der Regulierungsbehörden

(1) Überblick

Nach § 75 Abs. 1 EnWG ist gegen Entscheidungen der Regulierungsbehörden die Beschwerde das zulässige Rechtsmittel.[664] Obwohl das Beschwerdeverfahren der §§ 75 ff. EnWG dem Verwaltungsrechtsschutz dient, werden energiewirtschaftliche Verwaltungssachen in § 75 Abs. 4 EnWG ausdrücklich der ordentlichen Gerichtsbarkeit zugewiesen.[665] Insofern ersetzt die Beschwerde nach den §§ 75 ff. EnWG die Klage vor den Verwaltungsgerichten.[666] Es lässt sich somit sagen, dass das Energiewirtschaftsgesetz einen „Doppelcharakter“ hat, denn es „ist zugleich Energiezivil- wie -verwaltungsrecht“.[667]

662 *Schütte*, in: Baur/Salje/Schmidt-Preuß (Hrsg.), Regulierung in der Energiewirtschaft, Kap. 94, Rn. 13; *de Wyl/Thole*, in: Schneider/Theobald (Hrsg.), Recht der Energiewirtschaft, § 16, Rn. 208.

663 *Robert*, in: Britz/Hellermann/Hermes (Hrsg.), Energiewirtschaftsgesetz, § 31 EnWG, Rn. 25.

664 *Schmidt-Preuß*, in: Säcker (Hrsg.), Berliner Kommentar, EnWG Einl. C., Rn. 249.

665 *Stockmann*, in: Säcker (Hrsg.), Berliner Kommentar, § 75 EnWG, Rn. 1; *Theobald/Zenke/Lange*, in: Schneider/Theobald (Hrsg.), Recht der Energiewirtschaft, § 20, Rn. 8.

666 Zur Begründung vgl. Bundestags-Drucksache 15/3917, S. 71, 75.

667 *Schmidt-Preuß*, in: Säcker (Hrsg.), Berliner Kommentar, EnWG Einl. C., Rn. 247.

Sachlich zuständig für die Beschwerde ist nach § 75 Abs. 4 EnWG das Oberlandesgericht. Nach § 106 Abs. 1 EnWG entscheidet dort der Kartellsenat. Örtlich zuständig ist ausschließlich das für den Sitz der Regulierungsbehörde zuständige Gericht, wenn die Landesregierung in den Fällen, in denen es mehrere Oberlandesgerichte im Bundesland gibt, nicht von ihrer Kompetenz nach § 106 Abs. 2 i. V. m. § 92 Abs. 1 GWB Gebrauch gemacht hat.[668] Nach § 106 Abs. 2 EnWG ist es den Landesregierungen aufgrund entsprechender Geltung des § 92 GWB möglich, in den Fällen, in denen es mehrere Oberlandesgerichte in einem Bundesland gibt, Rechtssachen nach §§ 75 ff. EnWG einem Oberlandesgericht mittels Rechtsverordnung zuzuweisen.[669]

Wendet sich der Arealnetzbetreiber gegen eine Entscheidung der Regulierungsbehörde, die ihn beschwert, so ist die Anfechtungsbeschwerde nach § 75 Abs. 1 S. 1 EnWG die statthafte Beschwerdeart.[670] Neben der Anfechtungsbeschwerde ist die Verpflichtungsbeschwerde in § 75 Abs. 3 EnWG geregelt.[671] Die Verpflichtungsbeschwerde ist auf Erlass einer Entscheidung gerichtet, wobei zwischen der Weigerungsbeschwerde nach § 75 Abs. 3 S. 1 EnWG und der Untätigkeitsbeschwerde nach § 75 Abs. 3 S. 2 EnWG unterschieden wird.[672] Neben der Verpflichtungsbeschwerde ist die allgemeine Leistungsbeschwerde zwar gesetzlich nicht geregelt, nach der Rechtsprechung jedoch im EnWG anerkannt.[673] Stellt der Netzbetreiber im Laufe des Beschwerdeverfahrens den begehrten Netzanschluss her, ist die Fortsetzungsfeststellungsbeschwerde statthaft. Auch die Fortsetzungsfeststellungsbeschwerde ist in § 75 EnWG nicht erwähnt, jedoch nach § 83 Abs. 2

---

668 *Theobald/Zenke/Lange*, in: Schneider/Theobald (Hrsg.), Recht der Energiewirtschaft, § 20, Rn. 12.

669 So ist beispielsweise für Entscheidungen der Bundesnetzagentur das OLG Düsseldorf aufgrund von § 2 Kartellsachenkonzentrations-VO NW zuständig, obwohl nach § 75 Abs. 4 EnWG ohne eine entsprechende Verordnung das OLG Köln zuständig wäre; weitere Beispiele siehe *Theobald/Zenke/Lange*, in: Schneider/Theobald (Hrsg.), Recht der Energiewirtschaft, § 20, Rn. 12.

670 *Hanebeck*, in: Britz/Hellermann/Hermes (Hrsg.), Energiewirtschaftsgesetz, § 75 EnWG, Rn. 3.

671 *Hilzinger*, in: Baur/Salje/Schmidt-Preuß (Hrsg.), Regulierung in der Energiewirtschaft, Kap. 55, Rn. 11.

672 *Theobald/Zenke/Lange*, in: Schneider/Theobald (Hrsg.), Recht der Energiewirtschaft, § 20, Rn. 17, 18; *Stockmann*, in: Säcker (Hrsg.), Berliner Kommentar, § 75 EnWG, Rn. 10; hierzu auch *Schmidt-Preuß*, in: Säcker (Hrsg.), Berliner Kommentar, EnWG Einl. C., Rn. 249.

673 BGH, IR 2007, 206 (206); OLG Düsseldorf, RdE 2010, 35 (37).

S. 2 EnWG zulässig bei Erledigung des Anfechtungs- oder Verpflichtungsbegehrens nach Beschwerdeeinlegung.[674]

(2) Beschwerdebefugnis im Rahmen der Anfechtungsbeschwerde

Für den vorliegenden Fall der Anfechtungsbeschwerde sind alle Verfahrensbeteiligten beschwerdebefugt.[675] Beteiligte an dem Verfahren vor dem Beschwerdegericht sind nach § 79 Abs. 1 und Abs. 2 EnWG der Beschwerdeführer, die Regulierungsbehörde sowie Personen und Personenvereinigungen, deren Interessen durch die Entscheidung erheblich berührt werden und die die Regulierungsbehörde auf ihren Antrag zu dem Verfahren nach § 66 EnWG beigeladen hat.[676] „Dieses Konzept ist der Regelung im GWB nachempfunden."[677]

Eine Besonderheit ergibt sich, wenn Personen Beschwerde einlegen, die am behördlichen Verfahren nicht beteiligt waren.[678] Problematisch erscheint dies, da der Gesetzgeber gerade die Beschwerdebefugnis von der behördlichen Beiladung abhängig macht. Jedoch muss der Beschwerdeführer nach überwiegender Ansicht in diesem Fall weder eine nachträgliche behördliche Beiladung anstreben noch erfolgt eine faktische Beiladung durch das Gericht.[679] Vielmehr muss er darlegen, durch die Entscheidung in subjektiven Rechten verletzt zu sein.[680] Insoweit ist auch im Rechtsschutz nach dem EnWG „ein subjektives öffentliches Recht unentbehrlich."[681] Daher wäre es „konsequent, den in § 65 Abs. 3 S. 4 GWB für das Eilverfahren beschrittenen Weg auch im Hauptsacheverfahren einzuschlagen und – wie auch sonst im Verwaltungsrecht – für einen Aufhebungsanspruch eine

674 *Hanebeck*, in: Britz/Hellermann/Hermes (Hrsg.), Energiewirtschaftsgesetz, § 75 EnWG, Rn. 11.

675 *Theobald/Zenke/Lange*, in: Schneider/Theobald (Hrsg.), Recht der Energiewirtschaft, § 20, Rn. 28.

676 *Schmidt-Preuß*, in: Säcker (Hrsg.), Berliner Kommentar, EnWG Einl. C., Rn. 250.

677 *Schmidt-Preuß*, in: Säcker (Hrsg.), Berliner Kommentar, EnWG Einl. C., Rn. 250.

678 *Schmidt-Preuß*, in: Säcker (Hrsg.), Berliner Kommentar, EnWG Einl. C., Rn. 250; *Theobald/Zenke/Lange*, in: Schneider/Theobald (Hrsg.), Recht der Energiewirtschaft, § 20, Rn. 37; *Hilzinger*, in: Baur/Salje/Schmidt-Preuß (Hrsg.), Regulierung in der Energiewirtschaft, Kap. 55, Rn. 48.

679 *Hanebeck*, in: Britz/Hellermann/Hermes (Hrsg.), Energiewirtschaftsgesetz, § 75 EnWG, Rn. 4; anders *Salje*, Energiewirtschaftsgesetz, § 75 EnWG, Rn. 27.

680 BGH, WuW/E DE-R 1544 (1545); auch *Hilzinger*, in: Baur/Salje/Schmidt-Preuß (Hrsg.), Regulierung in der Energiewirtschaft, Kap. 55, Rn. 48; *Hanebeck*, in: Britz/Hellermann/Hermes (Hrsg.), Energiewirtschaftsgesetz, § 75 EnWG, Rn. 4; *Theobald/Zenke/Lange*, in: Schneider/Theobald (Hrsg.), Recht der Energiewirtschaft, § 20, Rn. 37.

681 *Schmidt-Preuß*, in: Säcker (Hrsg.), Berliner Kommentar, EnWG Einl. C., Rn. 250.

Rechtsverletzung (...) zu fordern."[682] Dies gilt nicht nur für das GWB, sondern muss auch auf das EnWG Anwendung finden.[683]

(3) Exkurs: Das subjektiv-öffentliche Recht im EnWG

Daran schließt sich die Frage an, wann eine Norm des EnWG überhaupt ein subjektiv-öffentliches Recht gewährt. Um dies zu ermitteln, ist grundsätzlich zwischen bipolaren und multipolaren Konfliktlagen zu unterscheiden.[684] Die klassischen Rechtsschutzprobleme im Verwaltungsrecht treten im bipolaren Verhältnis zwischen Privaten und Staat in Erscheinung. Private wehren sich hier gegen ein bestimmtes Handeln des Staats oder begehren von Letzterem ein bestimmtes Verhalten.[685] Im Gegensatz dazu sind multipolare Konfliktlagen dadurch gekennzeichnet, dass sich der Sache nach zwei Private im Verwaltungsrecht als Träger kollektiver Interessen gegenüberstehen.[686] Im Mittelpunkt steht damit die „Bürger-Bürger-Relation".[687] In bipolaren Verhältnissen kann auf die Schutznormtheorie zurückgegriffen werden, wonach eine Norm dann ein subjektiv-öffentliches Recht vermittelt, wenn sie mindestens auch dem Schutz der individuellen Bürgerinteressen dient.[688] In multipolaren Konfliktlagen gelangt die Schutznormtheorie jedoch an ihre Grenzen, da sich im Zweifelsfall jeder der beiden Kontrahenten auf die Vermutung berufen kann.[689] Statt nach der Schutznormtheorie ist somit in multipolaren Konfliktlagen das subjektiv-öffentliche Recht nach Maßgabe der normativen Austarierung der kollidierenden Privatinteressen zu ermitteln. Hierfür bietet sich die von Schmidt-Preuß entwickelte Konfliktschlichtungsformel an. Danach verleiht eine Ordnungsnorm ein subjektiv-öffentliches Recht, wenn sie „die kollidierenden Privatinteressen in ihrer Gegensätzlichkeit und Verflochtenheit wertet, begrenzt, untereinander gewichtet und derart in ein normatives Konfliktschlichtungsprogramm einordnet, dass die

---

682 *Schmidt-Preuß*, in: Säcker (Hrsg.), Berliner Kommentar, EnWG Einl. C., Rn. 250.

683 *Schmidt-Preuß*, in: Säcker (Hrsg.), Berliner Kommentar, EnWG Einl. C., Rn. 250.

684 *Schmidt-Preuß*, in: Säcker (Hrsg.), Berliner Kommentar, EnWG Einl. C., Rn. 251.

685 *Schmidt-Preuß*, Kollidierende Privatinteressen im Verwaltungsrecht, S. 2.

686 *Schmidt-Preuß*, Kollidierende Privatinteressen im Verwaltungsrecht, S. 2; *ders.*, in: FS-Schenke, S. 1167 (1169).

687 *Schmidt-Preuß*, Kollidierende Privatinteressen im Verwaltungsrecht, S. 2; *ders.*, in: FS-Schenke, S. 1167 (1169).

688 *Kopp/Schenke*, VwGO, § 42, Rn. 83; Zur historischen Entwicklung der von Bachof – basierend auf Bühler – formulierten Schutznormtheorie vgl. *Schmidt-Preuß*, Kollidierende Privatinteressen im Verwaltungsrecht, S. 189 f.

689 *Schmidt-Preuß*, Kollidierende Privatinteressen im Verwaltungsrecht, S. 205 f.

Verwirklichung der Interessen des einen Privaten notwendig auf Kosten des anderen geht."[690] Diese Formel ist in der Literatur auf große Resonanz gestoßen[691] und auch in der Rechtsprechung aufgegriffen worden.[692]

Da die Rechtsfragen vorliegend hauptsächlich den Netzanschluss zum Gegenstand haben, ist zu fragen, ob § 17 EnWG Drittschutz vermittelt. Dies ist anhand der Konfliktschlichtungsformel zu überprüfen.

Während der Anschlusspetent „die Anbindung an das Netz nach seiner Wahl begehrt", möchte „der Netzbetreiber (...) als Systemverantwortlicher (...) seine Belange wahren."[693] Somit werden die kollidierenden Privatinteressen in § 17 EnWG tatbestandlich anerkannt und gewertet.[694] Auch liegt eine normative Begrenzung vor, da beide sich beim Netzanschluss nicht voll durchsetzen können.[695] Eine Austarierung der gegenläufigen Interessen, also eine Gewichtung, ist ebenfalls gegeben.[696] Das normative Konfliktschlichtungsprogramm ergibt sich in § 17 Abs. 1 EnWG aus den Kriterien der Diskriminierungsfreiheit und Angemessenheit.[697] Hinzu kommt die Verweigerung nach § 17 Abs. 2 EnWG bei Unmöglichkeit oder Unzumutbarkeit des Netzanschlusses.[698] Schließlich kann der Netzbetreiber seine Interessen nur auf Kosten des Anschlusspetenten durchsetzen et vice versa.[699] Somit sind die Voraussetzungen der Formel erfüllt. § 17 EnWG ist damit drittschützend.

---

690 *Schmidt-Preuß*, Kollidierende Privatinteressen im Verwaltungsrecht, S. 247 f. sowie S. 713 f.; *ders.*, in: Säcker (Hrsg.), Berliner Kommentar, EnWG Einl. C., Rn. 251.

691 *Kopp/Schenke*, VwGO, § 42, Rn. 120; *Schmidt-Aßmann*, in: Maunz/Dürig, GG Kommentar, Art. 19, Rn 140; *Wahl*, in: Schoch/Schneider/Bier (Hrsg.), VwGO, Vorb. § 42, Rn. 77, 91, 102; *Koch/Rubel/Heselhaus*, Allgemeines Verwaltungsrecht, § 8, Rn. 62; im Energierecht: *Merk*, Recht der gaswirtschaftlichen Netzregulierung – Der Zugang zu den Gasversorgungsnetzen nach § 20 Abs. 1 b EnWG, S. 579.

692 BVerwGE 101, 364 (371 f.); OVG Münster, NVWZ 2000, 336 (336f.).

693 *Schmidt-Preuß*, Kollidierende Privatinteressen im Verwaltungsrecht, S. 778.

694 *Schmidt-Preuß*, Kollidierende Privatinteressen im Verwaltungsrecht, S. 761 sowie S. 778.

695 *Schmidt-Preuß*, Kollidierende Privatinteressen im Verwaltungsrecht, S. 761.

696 *Schmidt-Preuß*, Kollidierende Privatinteressen im Verwaltungsrecht, S. 761.

697 *Schmidt-Preuß*, Kollidierende Privatinteressen im Verwaltungsrecht, S. 761; zum Netzzugang *Schmidt-Preuß*, in: Säcker (Hrsg.), Berliner Kommentar, EnWG Einl. C., Rn. 251.

698 *Schmidt-Preuß*, Kollidierende Privatinteressen im Verwaltungsrecht, S. 778.

699 *Schmidt-Preuß*, Kollidierende Privatinteressen im Verwaltungsrecht, S. 762.

(4) Rechtschutzbedürfnis im Rahmen der Anfechtungsbeschwerde

Das Rechtsschutzbedürfnis erfordert das Vorliegen einer formellen Beschwer.[700] Eine solche ist gegeben, wenn die angefochtene Entscheidung der Regulierungsbehörde nicht in vollem Umfang dem Antrag des Beschwerdeführers entspricht.[701] Hinzukommen muss eine materielle Beschwer.[702] Sie wird bejaht, wenn der Beteiligte durch die angefochtene Verfügung in seinen wirtschaftlichen Interessen unmittelbar und individuell betroffen ist.[703] Eine Ausnahme gilt nur für die Regulierungsbehörden.[704] Ihre Aufgabe ist es, eine zutreffende Anwendung des EnWG zu gewährleisten.[705] Sie sind deshalb immer beschwert, wenn nicht gesetzesgemäß entschieden wurde.[706]

(5) Verpflichtungsbeschwerde

Im Rahmen der Verpflichtungsbeschwerde muss der Beschwerdeführer geltend machen, durch die Ablehnung oder Unterlassung der begehrten Entscheidung in eigenen Rechten verletzt zu sein.[707] Die Beschwerde kann daher nur Erfolg haben, wenn ihm ein Anspruch auf die begehrte Entscheidung zusteht, so § 75 Abs. 3 S. 1 EnWG. Dies verlangt im Rahmen der Zulässigkeit der Beschwerde nichts anderes als die Klagebefugnis in § 42 Abs. 2 VwGO.[708] Wann eine Norm im EnWG ein subjektiv-öffentliches Recht gewährt, wurde unter (3) geklärt. Insoweit kann auf die Ausführungen verwiesen werden.

---

700 *Hanebeck*, in: Britz/Hellermann/Hermes (Hrsg.), Energiewirtschaftsgesetz EnWG, § 75 EnWG, Rn. 6.

701 *Hanebeck*, in: Britz/Hellermann/Hermes (Hrsg.), Energiewirtschaftsgesetz, § 75 EnWG, Rn. 6.

702 BGH, WuW/E DE-R 2138 (2140); *Hilzinger*, in: Baur/Salje/Schmidt-Preuß (Hrsg.), Regulierung in der Energiewirtschaft, Kap. 55, Rn. 45; *Theobald/Zenke/Lange*, in: Schneider/Theobald (Hrsg.), Recht der Energiewirtschaft, § 20, Rn. 38; zum Kartellrecht vgl. *Werner*, in: Wiedemann (Hrsg.), Kartellrecht, § 54, Rn. 27.

703 BGH, WuM 2009, 55 (56); BGH, NJW-RR 2008, 425 (425).

704 *Hilzinger*, in: Baur/Salje/Schmidt-Preuß (Hrsg.), Regulierung in der Energiewirtschaft, Kap. 55, Rn. 45.

705 *Hanebeck*, in: Britz/Hellermann/Hermes (Hrsg.), Energiewirtschaftsgesetz, § 75 EnWG, Rn. 7; zum Kartellrecht vgl. *Bechtold*, in: ders. (Hrsg.), GWB, § 63, Rn. 8.

706 *Hilzinger*, in: Baur/Salje/Schmidt-Preuß (Hrsg.), Regulierung in der Energiewirtschaft, Kap. 55, Rn. 45.

707 *Theobald/Zenke/Lange*, in: Schneider/Theobald (Hrsg.), Recht der Energiewirtschaft, § 20, Rn. 17.

708 Siehe hierzu *Kopp/Schenke*, VwGO, § 42, Rn. 59.

bb) Rechtsbeschwerde zum BGH

Gegen den Beschluss des OLG kann Rechtsbeschwerde beim BGH gemäß § 86 Abs. 1 EnWG eingelegt werden. Voraussetzung für eine Rechtsbeschwerde ist grundsätzlich die Zulassung durch das Beschwerdegericht. Als Zulassungsgründe führt § 86 Abs. 2 EnWG die grundsätzliche Bedeutung der Rechtsfrage (Nr. 1) und das Erfordernis einer Entscheidung des BGH zur Fortbildung des Rechts oder zur Sicherung einer einheitlichen Rechtsprechung (Nr. 2) aus. Letzteres ist der Fall, wenn eine Rechtsfrage noch nicht höchstrichterlich entschieden ist oder die Beschwerdeentscheidung von der Rechtsprechung des BGH oder eines anderen OLG abweicht.[709] Ohne Zulassung ist die Rechtsbeschwerde nur möglich, wenn eine der Voraussetzungen des § 84 Abs. 4 EnWG gegeben ist. Hierzu muss einer der im Katalog unter der Nr. 1 bis 6 aufgeführten Verfahrensmängel vorliegen und gerügt werden.[710]

cc) Vorläufiger Rechtsschutz

(1) Anordnung der aufschiebenden Wirkung

Die Beschwerde gegen eine Entscheidung der Regulierungsbehörde hat gemäß § 76 Abs. 1 EnWG keine aufschiebende Wirkung. Die Regelung stellt somit eine erhebliche Ausnahme von dem ansonsten geltenden, in § 80 VwGO geregelten verwaltungsprozessualen Grundsatz dar.[711] Daraus folgt, dass die angefochtene Entscheidung unmittelbar umzusetzen ist.[712] Netzbetreiber, die den Netzanschluss verweigert haben, können daher nicht erst das Beschwerdeverfahren abwarten. Sie sind verpflichtet mit Verfügung der Regulierungsbehörde den Netzanschluss herzustellen.

§ 77 Abs. 3 S. 2 EnWG sieht jedoch die Möglichkeit vor, dass die Regulierungsbehörde die Vollziehung aussetzen kann, wenn der Beschwerde keine aufschiebende Wirkung zukommt.[713] Gleichfalls kann das Beschwerdegericht auf

---

709 *Stockmann/Nothdurft*, in: Säcker (Hrsg.), Berliner Kommentar, § 86 EnWG, Rn. 32; *Klose*, in: Wiedemann (Hrsg.), Kartellrecht, § 54, Rn. 120.

710 Hierzu *Ackermann/Petzold*, in: Baur/Salje/Schmidt-Preuß, Regulierung in der Energiewirtschaft, Kap. 62, Rn. 4.

711 *Theobald/Zenke/Lange*, in: Schneider/Theobald (Hrsg.), Recht der Energiewirtschaft, § 20, Rn. 75; *Chatzinerantzis*, in: Baur/Salje/Schmidt-Preuß, Regulierung in der Energiewirtschaft, Kap. 63, Rn. 3; hierzu im Verwaltungsprozeßrecht *Kopp/Schenke*, VwGO, § 80, Rn. 22.

712 *Stockmann*, in: Säcker (Hrsg.), Berliner Kommentar, § 76 EnWG, Rn. 1.

713 *Hanebeck*, in: Britz/Hellermann/Hermes (Hrsg.), Energiewirtschaftsgesetz, § 77 EnWG, Rn. 6.

Antrag die aufschiebende Wirkung ganz oder teilweise anordnen, wenn entweder nach § 77 Abs. 3 S. 4 i. V. m. S. 1 Nr. 2 EnWG ernstliche Zweifel an der Rechtmäßigkeit der angefochtenen Verfügung bestehen oder die Vollziehung für den Betroffenen nach § 77 Abs. 3 S. 4 i. V. m. S. 1 Nr. 3 EnWG eine unbillige, nicht durch überwiegende öffentliche Interessen gebotene Härte zur Folge hätte.[714]

(2) Vorläufige Anordnungen

Bis zu ihrer endgültigen Entscheidung kann die Regulierungsbehörde nach § 72 EnWG vorläufige Anordnungen treffen. Ist ein Beschwerdeverfahren gegen eine Entscheidung der Behörde anhängig, so geht das Recht zum Erlass einstweiliger Anordnungen nach § 76 Abs. 3 EnWG i. V. m. § 72 EnWG von der Regulierungsbehörde auf das Gericht über.[715] Der Erlass einer einstweiligen Anordnung setzt voraus, dass der Antragssteller einen Anordnungsanspruch und einen Anordnungsgrund glaubhaft macht.[716]

dd) Entscheidungen nach § 102 EnWG

Neben den erwähnten Rechtsschutzmöglichkeiten nach dem EnWG steht dem Anschlusspetenten und dem Netzbetreiber auch der zivile Rechtsweg offen.[717] So besteht beispielsweise die Möglichkeit eines Verfahrens in der Hauptsache im Sinne der Erhebung einer allgemeinen Leistungsklage auf Netzanschluss.[718] Hierbei handelt es sich gemäß § 102 Abs. 1 S. 1 EnWG um eine bürgerliche Rechtsstreitigkeit, die sich unmittelbar aus dem EnWG ergibt.[719] Sachlich ausschließlich zuständig ist nach dieser Vorschrift das Landgericht.

Als weitere Beispiele für bürgerlich-rechtliche Streitigkeiten, die sich unmittelbar aus dem EnWG ergeben, sind Unterlassungs- oder Schadensersatzansprüche nach § 32 EnWG zu benennen. Schadensersatz kann der Arealnetzbetreiber nach § 32 Abs. 1, Abs. 3 EnWG dann verlangen, wenn der Netzbetreiber vorsätzlich oder fahrlässig

714 *Hanebeck*, in: Britz/Hellermann/Hermes (Hrsg.), Energiewirtschaftsgesetz, § 77 EnWG, Rn. 11.

715 *Chatzinerantzis*, in: Baur/Salje/Schmidt-Preuß, Regulierung in der Energiewirtschaft, Kap. 63, Rn. 39.

716 Dies resultiert aus einer Übertragung der verwaltungsprozessualen Regelung des § 123 VwGO auf das EnWG vgl. hierzu *Säcker/Schönborn/Wolf*, NVwZ 2006, 865 (865).

717 *De Wyl/Thole*, in: Schneider/Theobald (Hrsg.), Recht der Energiewirtschaft, § 16, Rn. 215.

718 *De Wyl/Thole*, in: Schneider/Theobald (Hrsg.), Recht der Energiewirtschaft, § 16, Rn. 215.

719 Vgl. *Hilzinger*, in: Baur/Salje/Schmidt-Preuß, Regulierung in der Energiewirtschaft, Kap. 53, Rn. 5; *Hölscher*, in: Britz/Hellermann/Hermes (Hrsg.), Energiewirtschaftsgesetz, § 102 EnWG, Rn. 5.

gegen eine Vorschrift der Abschnitte 2 und 3 des EnWG oder gegen eine aufgrund der Vorschriften dieser Abschnitte erlassene Rechtsverordnung verstoßen hat.[720] Auch ein Verstoß gegen eine auf der Grundlage dieser Vorschriften ergangene Entscheidung der Regulierungsbehörde rechtfertigt einen Anspruch aus § 32 Abs. 1 EnWG.

c) Rechtsschutz vor den Verfassungsgerichten

Für Arealnetzbetreiber besteht grundsätzlich die Möglichkeit, nach Ausschöpfung des Rechtswegs Verfassungsbeschwerde zu erheben. Aber auch Netzbetreibern, die per höchstrichterlicher Entscheidung verpflichtet worden sind, Arealnetzbetreibern den Netzanschluss zu gewähren, steht der Weg zum Verfassungsgericht offen. Diese Möglichkeit hat die Mainova AG ergriffen, nachdem der BGH mit Entscheidung vom 28.06.2005 die Verpflichtung zum Netzanschluss bestätigt hat.[721]

Die Nichtannahme zur Entscheidung zeigt allerdings, dass es kommunalen Energieversorgungsunternehmen, die sowohl öffentliche als auch private Anteilseigner aufweisen, in der Regel schwer fallen dürfte, sich mit Erfolg auf die Verletzung von Verfassungsrecht, insbesondere der Grundrechte, zu berufen.[722] Die Frage der Grundrechtsfähigkeit von Energieversorgungsunternehmen, die sich anteilig oder komplett in öffentlicher Hand befinden, gilt es daher anhand der Entscheidung des Bundesverfassungsgerichts vom 18.05.2009 zu untersuchen.

aa) Überblick zur Grundrechtsträgerschaft gemischt-wirtschaftlicher Unternehmen im Energiesektor

Ausgangspunkt jeder Frage nach der Grundrechtsfähigkeit juristischer Personen, auch kommunaler Energieversorgungsunternehmen, ist Art. 19 Abs. 3 GG.[723] Hiernach gelten die Grundrechte auch für inländische juristische Personen, soweit sie ihrem Wesen nach auf diese anwendbar sind. Juristische Personen sind nach der Rechtsprechung des Bundesverfassungsgerichts dann als Grundrechtsinhaber anzusehen und in den Schutzbereich bestimmter materieller Grundrechte einzubeziehen, „wenn deren Bildung und Betätigung Ausdruck der freien Entfaltung der privaten natürlichen Personen ist, insbesondere wenn der Durchgriff auf die hinter ihnen

720 *De Wyl/Thole*, in: Schneider/Theobald (Hrsg.), Recht der Energiewirtschaft, § 16, Rn. 212.

721 BGH, „Mainova“, Beschluss v. 28.06.2005, Az. KVR 27/04; vgl. RdE 2005, 222 (222); nachgehend BVerfGE, Beschluss v. 18.05.2009, Az. 1 BvR 1731/05, abgedruckt in RdE 2009, 252 (252).

722 So auch *Engelhoven/Fuhlrott/Schümann*, Anmerkung zu BVerfGE, Beschluss v. 18.05.2009, abgedruckt in EWiR 2009, 609 (610).

723 *Zimmermann*, JuS 1991, 294 (294).

stehenden Menschen es als sinnvoll und erforderlich erscheinen lässt."[724] Das ist dann anzunehmen, wenn sich die juristische Person in einer mit einer natürlichen Person vergleichbaren grundrechtstypischen Gefährdungslage befindet.[725] Dies ist bei den wirtschaftsbezogenen Grundrechten der Art. 12 Abs. 1 und Art. 14 GG der Fall.[726]

Des Weiteren ist bei der Frage nach der Grundrechtsfähigkeit danach zu differenzieren, ob es sich um juristische Personen des Privatrechts oder solche des öffentlichen Rechts handelt. Während im ersten Fall die Grundrechtsfähigkeit bejaht werden kann,[727] ist Gegenteiliges bei den juristischen Personen des öffentlichen Rechts der Fall.[728] Juristische Personen des öffentlichen Rechts nehmen öffentliche Aufgaben wahr, die ihnen aufgrund des Gesetzes zugewiesen sind.[729] Sie handeln also nicht „in Wahrnehmung unabgeleiteter, ursprünglicher Freiheiten, sondern aufgrund von Kompetenzen, die vom Gesetz zugeordnet sind."[730] Die Regelung dieser Beziehungen und die Entscheidung daraus resultierender Konflikte seien nicht Gegenstand der Grundrechte, weil der unmittelbare Bezug zum Menschen fehle.[731] Eine grundrechtstypische Gefährdungslage sei in diesen Fällen nicht gegeben.[732] Das gelte insbesondere auch dann, wenn sich der Staat zur Erfüllung seiner Aufgaben einer von ihm geschaffenen juristischen Person des Privatrechts bediene, die sich in seinem Eigentum befinde.[733] Dies sei vor allem bei gemischtwirtschaftlichen Unternehmen der Fall.[734] Gemischtwirtschaftliche Unternehmen sind Unternehmen, die gemeinsam von der öffentlichen Hand (Bund, Ländern, Gemeinden) und privatwirtschaftlich orientierten Gesellschaftern getragen werden.[735]

So hat das Bundesverfassungsgericht bereits 1989 entschieden, dass ein Energieversorgungsunternehmen, das sich zu 72 % in öffentlicher Hand befindet, nicht grundsrechtsfähig sei. Das Gericht stützte seine Begründung dabei auf zwei

---

724 BVerfGE 21, 362 (369); BVerfGE 61, 82 (101); BVerfGE 68, 193 (205).

725 BVerfGE 45, 63 (79).

726 *Schmidt-Preuß*, in: Säcker (Hrsg.), Berliner Kommentar, EnWG Einl. C., Rn. 180.

727 BVerfGE 22, 380 (382); 66, 116 (130).

728 BVerfGE 21, 362 (369); 26, 228 (244); 35, 263 (271); 39, 302 (312); 45, 63 (78); 61, 82 (101); 68, 193 (206); 70, 1 (15).

729 BVerfGE, DVBl. 2001, 63 (64).

730 BVerfGE, DVBl. 2001, 63 (64).

731 BVerfGE, DVBl. 2001, 63 (64).

732 BVerfGE 45, 63 (79).

733 BVerfGE 45, 63 (79); 68, 193 (212); 70, 1 (15).

734 BVerfGE 21, 362 (369).

735 *Sachs*, in: ders. (Hrsg.), Grundgesetz Kommentar, Art. 19, Rn. 112.

Argumente. Zum einen dienten Energieversorgungsunternehmen der Daseinsvorsorge.[736] Dadurch, dass die Daseinsvorsorge eine ihnen per Gesetz zugewiesene öffentliche Aufgabe sei, komme eine Grundrechtsfähigkeit nicht in Betracht.[737] Zum anderen sei die Grundrechtsfähigkeit in jedem Fall dann abzulehnen, wenn der Hoheitsträger die Möglichkeit habe, entscheidenden Einfluss auf die Gesellschaft auszuüben, was bei einer Beteiligung von 72 % zu bejahen sei.[738]

bb) Kritik

Im Hinblick auf die Grundrechtsfähigkeit von Unternehmen in öffentlicher Hand bestätigt die „Mainova-Entscheidung“ des Bundesverfassungsgerichts die bestehende Rechtsprechung, die bei gemischtwirtschaftlichen Unternehmen die Grundrechtsfähigkeit verneint.[739] Der Beschluss des Bundesverfassungsgerichts greift die Argumente auf, die für das Gericht auch im „HEW-Beschluss“ maßgeblich waren. Ob diese Argumentation tragfähig ist, gilt es im Folgenden zu untersuchen. Zum einen geht es dabei um die Frage, ob ab einem gewissen Beteiligungsgrad von einem entscheidenden Einfluss durch die staatlichen Anteilseigner ausgegangen werden kann. Zum anderen gilt es zu klären, ob die Energieversorgung eine öffentliche Aufgabe darstellt und damit dem Gemeinwohl dient. Schließlich ist danach zu fragen, wie der Grundrechtsschutz der privaten Anteilseigner gewährleistet werden kann.[740]

(1) Grad der Beteiligung

Zunächst könnte der Grad der Beteiligung der öffentlichen Hand dafür ausschlaggebend sein, dass einem Energieversorger die Grundrechtsfähigkeit abgesprochen wird.[741] Bei den meisten Energieversorgern dürfte sich der Anteil der öffentlichen Hand irgendwo zwischen einer Bagatellbeteiligung und einer „Fast“-Eigengesellschaft einpendeln.[742] Fraglich ist, ab welchem Schwellenwert nun davon ausgegangen werden kann, dass die öffentliche Hand das Unternehmen beherrscht.

---

736 BVerfGE, RdE 1990, 151 (152).
737 BVerfGE, RdE 1990, 151 (152).
738 BVerfGE, RdE 1990, 151 (152).
739 BVerfGE, RdE 2009, 252 (253).
740 Unter diesen Kriterien untersucht auch *Gutbrodt* die Grundrechtsfähigkeit gemischtwirtschaftlichen Energieversorgungsunternehmen vgl. RdE 2012, 280 (281).
741 BVerfGE, RdE 2009, 252 (253); BVerfGE, RdE 1990, 151 (152).
742 *Dreier*, in: ders. (Hrsg.), Grundgesetz Kommentar, § 19, Rn. 72.

Das Bundesverfassungsgericht hat in seinem Beschluss festgestellt, dass dies bei einer Beteiligung von über 75 % der Stadt Frankfurt an der Mainova AG der Fall sei.[743] Diese Auffassung deckt sich insoweit mit einer in der Literatur vertretenen Auffassung. Hiernach wird gefordert, ab einer Beteiligungsquote von „50 % + x" eine Grundrechtsberechtigung des gemischtwirtschaftlichen Unternehmens abzulehnen, weil ab diesem Beteiligungsgrad von einer entscheidenden Einflussnahme auszugehen sei.[744]

Diese Auffassung und mit ihr die des Bundesverfassungsgerichts sind jedoch abzulehnen. Dies ergibt sich daraus, dass auch eine Mehrheitsbeteiligung der öffentlichen Hand nicht immer ihre Durchsetzung ermöglicht.[745] Auch die Geschäftsführung eines gemischtwirtschaftlichen Unternehmens ist dem Interesse des Unternehmens verpflichtet und dementsprechend nicht den Weisungen der Mehrheitsgesellschafter vollständig unterworfen.[746] Für den Fall einer AG wäre außerdem noch zu prüfen, ob eine hinreichende Einflussnahme z. B. aufgrund der bestehenden Konsortialverträge zwischen den Aktionären, der Größe und Besetzung des Aufsichtsrats, der Ausgestaltung der zustimmungsbedürftigen Geschäfte und der ggf. abgeschlossenen Beherrschungs- oder Eingliederungsverträge besteht.[747]

Darüber hinaus ist der Grad der Beteiligung der öffentlichen sowie der privaten Teilhaber für die Frage nach der Grundrechtsberechtigung der Gesellschaft irrelevant, da „die Grundrechtsträgerschaft der Gesellschaft, nicht die ihrer Anteilseigner in Rede steht."[748]

(2) Die Wahrnehmung öffentlicher Aufgaben durch Energieversorgungsunternehmen

Die Kammer stützt die Argumentation zudem darauf, dass die von der Mainova wahrgenommene Energieversorgung als öffentliche Aufgabe, dem Gemeinwohl dienend, zu qualifizieren sei und ihr deshalb kein Grundrechtsschutz zukomme.[749]

---

743 BVerfGE, RdE 2009, 252 (253).

744 *Badura*, DÖV 1998, 437 (442); *Gersdorf*, Öffentliche Unternehmen im Spannungsfeld zwischen Demokratie- und Wirtschaftlichkeitsprinzip, S. 138; *Möstl*, Grundrechtsbindung öffentlicher Wirtschaftstätigkeit, S. 73, 90.

745 *Gutbrodt*, RdE 2012, 280 (285).

746 So zum AktG, BGHZ 36, 296 (300).

747 *Gutbrodt*, RdE 2012, 280 (285).

748 *Schmidt-Preuß*, in: Säcker (Hrsg.), Berliner Kommentar, EnWG Einl. C., Rn. 180; *ders.*, Kollidierende Privatinteressen im Verwaltungsrecht, S. 68 f., S.718 f.; siehe auch im Folgenden unter (3).

749 BVerfGE, RdE 2009, 252 (253).

Dafür, dass Energieversorger weiterhin öffentliche Pflichten zu erfüllen haben, könnte die Vorschrift des § 36 EnWG sprechen.[750] § 36 Abs. 1 S. 1 EnWG schreibt vor, dass Energieversorger für Netzgebiete, in denen sie die Grundversorgung der Haushaltskunden durchführen, jeden Haushaltskunden den gesetzlichen Vorgaben entsprechend zu versorgen haben.[751] Ferner müssen sie nach § 18 Abs. 1 EnWG gewährleisten, dass jedermann ans Netz angeschlossen werden kann und die Nutzung des Anschlusses sichergestellt ist. Auch ist in § 1 Abs. 1 EnWG statuiert, dass eine möglichst sichere, preisgünstige, verbraucherfreundliche, effiziente und umweltverträgliche leitungsgebundene Versorgung der Allgemeinheit mit Elektrizität sichergestellt werden soll. Adressat dieses Statuts sollen insbesondere die Energieversorger sein.[752] Aus diesen Aufgabenzuweisungen kann jedoch nicht geschlossen werden, dass die Energieversorgung eine öffentliche Aufgabe ist.

Das Argument, dass Energieversorgungsunternehmen öffentliche Pflichten wahrnehmen und sie deshalb nicht grundrechtsfähig seien, ist heutzutage im Zuge der Liberalisierung der Energiemärkte nicht mehr tragfähig.[753] Versorgungsunternehmen treten nunmehr als Wirtschaftsunternehmen am Markt auf und stehen im offenen Wettbewerb mit anderen Energieversorgern.[754] Die oben genannten Pflichten nach §§ 36, 18 und 1 EnWG sind letztlich Ausprägungen der umfassenden Energieregulierung. Eine öffentliche Aufgabe, die dem Gemeinwohl dient, erfüllen Energieversorgungsunternehmen jedoch nicht.[755] Ferner zeigt sich die mangelnde Praktikabilität der Auffassung des Bundesverfassungsgerichts an einem weiteren Argument. Im Zuge der Liberalisierung der Strommärkte sind viele Energieversorgungsunternehmen in 100 %-iges Privateigentum übergegangen. Logisch weitergedacht müsste diesen ebenfalls die

---

750 *Gutbrodt*, RdE 2012, 280 (284).

751 *Theobald*, in: Schneider/Theobald (Hrsg.), Recht der Energiewirtschaft, § 1, Rn. 78; *Hellermann*, in: Britz/Hellermann/Hermes (Hrsg.), Energiewirtschaftsgesetz, § 36 EnWG, Rn. 1; zum Normzweck auch *Busche*, in: Säcker (Hrsg.), Berliner Kommentar, § 36 EnWG, Rn. 1.

752 Anders *Hellermann/Hermes*, in: Britz/Hellermann/Hermes (Hrsg.), Energiewirtschaftsgesetz, § 1 EnWG, Rn. 22b.

753 *Gutbrodt*, RdE 2012, 280 (284).

754 *Schmidt-Preuß*, in: Säcker (Hrsg.), Berliner Kommentar, EnWG Einl. C., Rn. 180; Kühne, Anmerkung zu BVerfGE, Beschluss v. 18.05.2009, abgedruckt in JZ 2009, 1069 (1072).

755 *Kühne*, Anmerkung zu BVerfGE, Beschluss v. 18.5.2009, JZ 2009, 1069 (1072); *Gutbrodt*, RdE 2012, 280 (284).

Grundrechtsfähigkeit abgesprochen werden, da sie weiterhin ihre „gesetzlich zugewiesene, öffentliche Aufgabe“ erfüllen.[756]

Gegen die Einordnung der Energieversorgung als öffentliche Aufgabe spricht ferner der Vergleich mit den Nachfolgeunternehmen der ehemaligen Monopolunternehmen der Deutschen Bundesbahn und Bundespost, die nach überwiegender Ansicht grundrechtsfähig sind.[757] Das Bundesverwaltungsgericht hat die Telekom AG mit Urteil vom 25.04.2001 trotz mehrheitlichen Aktieneigentums des Bundes wegen ihrer ausschließlich privatwirtschaftlichen Tätigkeit und Aufgabenstellung ganz selbstverständlich als grundrechtsfähig angesehen.[758] Das Bundesverfassungsgericht stellt hier sogar darauf ab, dass ein beherrschender Einfluss des Bundes auf die Unternehmensführung ausgeschlossen sei.[759]

(3) Mangelnder Grundrechtsschutz der privaten Anleger

Ferner wird die Entscheidung deshalb kritisiert, weil sie die grundrechtlichen Schutzbedürfnisse der Anteilseigner ignoriere.[760] In der Literatur geht die wohl h.M. deshalb davon aus, dass gemischtwirtschaftliche Unternehmen am Grundrechtsschutz im gleichen Umfang partizipieren sollten wie sonstige juristische Personen des Privatrechts.[761] Andere Auffassungen, die beispielsweise die Idee eines reduzierten Grundrechtsschutzes befürworten, der in dem Maß der Beteiligung der öffentlichen Hand abnehmen soll, scheitern an mangelnder Praktikabilität.[762]

Zu Begründung stellt die h.M. darauf ab, dass eine Berufung der Minderheitengesellschafter auf Grundrechte weiterhin möglich sein muss. „Wer sich als privater Anleger an Energieversorgungsunternehmen, die sich überwiegend in öffentlicher Hand befinden, beteiligt, verfolgt typischerweise dieselben Interessen, die auch mit anderen privatwirtschaftlichen Beteiligungen verknüpft sind.“[763] Er ist genauso Grundrechtsträger wie jemand, der sich an einer zu 100 % in Privatbesitz befindlichen Gesellschaft beteiligt. Wenn der Grundrechtsschutz juristischer Personen grundsätzlich von den Interessen der dahinter stehenden Menschen

---

756 *Kühne*, Anmerkung zu BVerfGE, Beschluss v. 18.5.2009, JZ 2009, 1069 (1072).

757 *Gutbrodt*, RdE 2012, 280 (281, 283).

758 BVerwGE, 114, 1160 (189).

759 BVerfGE 115, 205 (189); BVerfG, NvwZ 2004, 719 (720).

760 *Gutbrodt*, RdE 2012, 280 (285).

761 Bereits zum HEW-Beschluss *Bleckmann*, Grundrechte, S. 131; *Ehlers*, JZ 1990, 1089 (1096); *Huber*, in: v. Mangoldt/Klein/Starck, GG Kommentar, Art. 19, Rn. 290.

762 *Bethge*, Zur Problematik von Grundrechtskollisionen, S. 66; *Storr*, Der Staat als Unternehmer, S. 277.

763 *Koppensteiner*, NJW 1990, 3105 (3109).

abhängig gemacht wird, dann kann er gemischtwirtschaftlichen Unternehmen nicht versagt werden, da sich zumindest der privatwirtschaftliche Teil auf Grundrechte berufen könnte.[764] Andernfalls würde durch eine Beteiligung der öffentlichen Hand der Grundrechtsschutz der Privatbeteiligten vollends ausgehebelt.[765]

Dieser Auffassung kann jedoch nicht gefolgt werden. Das ergibt sich daraus, dass zwischen der Ebene der Anteilseigner und jener des Unternehmens als solches differenziert werden muss. Für die Grundrechtsfähigkeit gemischtwirtschaftlicher Unternehmen spricht, dass diese sich als juristische Personen des Privatrechts verselbstständigt haben.[766] So führt Schmidt-Preuß aus, dass „die Rechtsordnung ihnen Eigengewicht und Autonomie verliehen hat. Sie können Grundstücke kaufen, Emissionen begeben oder (Firmen-)Tarifverträge abschließen. Kraft Gründungsakt und rechtlicher Verfassung verfügen sie über Eigenständigkeit und rechtliche Aktionsfähigkeit."[767] Es kann nicht angehen, dass sie zwar vor jedem Zivil- oder Verwaltungsgericht klagen können, ihnen aber mangels Beschwerdebefugnis der Weg zum Bundesverfassungsgericht verwehrt sein soll.[768] Die Versagung des Rechtsschutzes kommt daher einer Diskriminierung gleich.[769] Zur Begründung der Grundrechtsfähigkeit gemischtwirtschaftlicher Unternehmen ist somit nicht auf die Existenz von Minderheitsaktionären abzustellen, sondern vielmehr auf die Grundrechtsträgerschaft der Gesellschaft an sich.[770] Darüber hinaus wäre die Rechtssicherheit nicht mehr gewährleistet, wenn „die Zulässigkeit der Verfassungsbeschwerde von der Nachverfolgung ggf. sekundenschneller Transaktionen am Aktienmarkt abhängen sollte" und somit darüber entscheidet, ob einem Unternehmen die Grundrechtsberechtigung zukommt oder eben nicht.[771]

Die dargestellten Erwägungen lassen sich auch auf Energieversorgungsunternehmen übertragen, die sich zu 100 % in öffentlicher Hand befinden. Auch ihnen gebührt der volle Rechtsstatus, der die Grundrechtsfähigkeit umfassen muss.[772] Ferner gilt auch hier, dass „die Zuerkennung des Grundrechtsschutzes und der

---

764 *Koppensteiner*, NJW 1990, 3105 (3109); *Zimmermann*, JuS 1991, 294 (295); *Schoch*, Jura 2001, 201 (206); *Manssen*, Staatsrecht/1, Rn. 134.

765 So auch *Arnauld*, DÖV 1998, 437 (450); *Schoch*, Jura 2001, 201 (206); *Zimmermann*, JuS 1991, 294 (300).

766 *Schmidt-Preuß*, Kollidierende Privatinteressen im Verwaltungsrecht, S. 68, S. 718.

767 *Schmidt-Preuß*, in: Säcker (Hrsg.), Berliner Kommentar, EnWG Einl. C., Rn. 180.

768 *Schmidt-Preuß*, in: Säcker (Hrsg.), Berliner Kommentar, EnWG Einl. C., Rn. 180.

769 *Schmidt-Preuß*, in: Säcker (Hrsg.), Berliner Kommentar, EnWG Einl. C., Rn. 180.

770 *Schmidt-Preuß*, in: Säcker (Hrsg.), Berliner Kommentar, EnWG Einl. C., Rn. 180.

771 *Schmidt-Preuß*, in: Säcker (Hrsg.), Berliner Kommentar, EnWG Einl. C., Rn. 180.

772 *Schmidt-Preuß*, Kollidierende Privatinteressen im Verwaltungsrecht, S. 68 f., S. 718 f.

Erfolg einer Verfassungsbeschwerde nicht von der Zufälligkeit des An- oder Verkaufs einer Aktie abhängig sein können."[773] Somit ist Eigengesellschaften gleichermaßen die Grundrechtsberechtigung zuzusprechen.[774]

cc) Ergebnis

Insgesamt zeigt sich, dass das Bundesverfassungsgericht der Mainova AG zu Unrecht die Grundrechtsfähigkeit abgesprochen hat. Es wäre wünschenswert gewesen, wenn das Bundesverfassungsgericht die dogmatischen Fragen der Grundrechtsfähigkeit einerseits und die Folgen der Liberalisierung für die Energiewirtschaft andererseits stärker in den Blick genommen hätte.[775] Auch Energieversorgern, die sich ganz oder teilweise in öffentlicher Hand befinden, muss die Möglichkeit eingeräumt werden, Rechtsschutz vor dem Bundesverfassungsgericht zu erlangen.[776]

II. Netzanschluss von Industriebetrieben

1. Problematik

Industrielle Sonderkunden begehren meist den Netzanschluss auf der Mittel-, Hoch- oder Höchstspannungsebene.[777] Da sie einen hohen Strombedarf aufweisen, sind sie an niedrigen Kosten für die Netznutzung interessiert. Das Netznutzungsentgelt des Industriekunden hängt nach dem sogenannten „Briefmarkenmodell" von der Zahl der in Anspruch genommenen Netzebenen und Umspannungen ab. Dabei erfolgt die Berechnung mengenspezifisch und ist unabhängig davon, wie weit Einspeiser und Entnehmer der elektrischen Energie voneinander entfernt

---

773 *Schmidt-Preuß*, Kollidierende Privatinteressen im Verwaltungsrecht, S. 68 f., S. 718 f.

774 *Schmidt-Preuß*, Kollidierende Privatinteressen im Verwaltungsrecht, S. 68 f., S. 718 f.; *ders.*, in: Säcker (Hrsg.), Berliner Kommentar, EnWG Einl. C., Rn. 180; *Pieroth*, NWVBl. 1992, 85 (88).

775 *Gutbrodt*, RdE 2012, 280 (286); *Kühne*, Anmerkung zu BVerfGE, Beschluss v. 18.05.2009, JZ 2009, 1069 (1072).

776 *Schmidt-Preuß*, in: Säcker (Hrsg.), Berliner Kommentar, EnWG Einl. C., Rn. 180.

777 *Buntscheck*, WuW 2006, 30 (35); *Bourwieg*, in: Britz/Hellermann/Hermes (Hrsg.), Energiewirtschaftsgesetz, § 17 EnWG, Rn. 37; *Hartmann*, in: Danner/Theobald (Hrsg.), Energierecht, § 17 EnWG, Rn. 32; *Börner*, in: Bartsch/Röhling/Salje/Scholz (Hrsg.), Stromwirtschaft, Kap. 57, Rn. 5.

sind.[778] Entscheidend ist, wie viele Netzebenen der Industriekunde nutzt. Gemäß § 17 Abs. 1 S. 2 StromNEV ist das individuelle Netzentgelt des Netznutzers abhängig von der Anschlussebene der Entnahmestelle.

Demnach ist der Netzanschluss für die industriellen Sonderkunden auf einer höheren Spannungsebene lukrativer, da hier weniger Netzebenen beansprucht werden und somit ein geringeres Netznutzungsentgelt anfällt. Lässt sich der Industriekunde beispielsweise an das Mittelspannungsnetz anschließen, so hat er fünf Briefmarken zu zahlen (Höchstspannung, Umspannung Höchst-/Hochspannung, Hochspannung, Umspannung Hoch-/Mittelspannung sowie Mittelspannung). Findet der Anschluss in Niederspannung statt, so kommen noch zwei Briefmarken dazu (Umspannung Mittel-/Niederspannung sowie Niederspannung).[779]

Abb. 14: Netznutzungsentgelte 2012

Netznutzungsentgelte: (Arbeitspreis, Ct/kWh)	Niederspannung	Mittelspannung	Hochspannung
Jahres-Benutzungsdauer bis 2500 Stunden	3,15 Ct/kWh	2,35 Ct/kWh	1,68 Ct/kWh
Jahres-Benutzungsdauer über 2.500 Stunden	1,26 Ct/kWh	0,55 Ct/kWh	0,12 Ct/kWh

Quelle: Energiedienst Netze GmbH, Rheinfelden 2012[780]

Grundsätzlich sollte es einem Industriekunden freistehen, an die Spannungsebene seiner Wahl angeschlossen zu werden, auch wenn er bereits über einen Netzanschluss verfügt.[781] Erfüllt er die technischen Voraussetzungen, wie z. B. die Anforderungen für die Umspannung des Mittel- bzw. Hochspannungsstroms – Installation einer Transformatorenstation und eines Niederspannungsnetzes zwecks Direktanschlusses an ein nahe gelegenes Umspannwerk oder eine nahe gelegene

778 *De Wyl/Thole*, in: Schneider/Theobald (Hrsg.), Recht der Energiewirtschaft, § 16, Rn. 349; *Böwing*, in: Baur/Salje/Schmidt-Preuß (Hrsg.), Regulierung in der Energiewirtschaft, Kap. 68, Rn 71.

779 Zu dem sogenannten „Briefmarkenmodell“ *Böwing*, in: Baur/Salje/Schmidt-Preuß (Hrsg.), Regulierung in der Energiewirtschaft, Kap. 68, Rn. 55, 78.

780 Abrufbar unter http://www.energiedienst-netze.de/cms/netznutzung/netzentgelte/2012/alle_preiseblaetter.php (abgerufem am 23.10.2012).

781 *Säcker/Boesche*, in: Säcker (Hrsg.), Berliner Kommentar, § 17 EnWG, Rn. 37; *Bourwieg*, in: Britz/Hellermann/Hermes (Hrsg.), Energiewirtschaftsgesetz, § 17 EnWG, Rn. 34, 38 f.; *Büdenbender*, RdE 2009, 285 (289 f.); Bundesnetzagentur, § 17 EnWG: Veröffentlichung zu Fragen des Netzanschlusses auf Entnahmeseite, S. 2.

Anschlussleitung höherer Spannung – , um den Strom abzunehmen, sollte dem Anschluss an die gewünschte Netzebene nichts im Wege stehen.[782]

Da für den Erwerb oder die Errichtung der erforderlichen Trafostationen nicht unerhebliche Kosten aufzuwenden sind, kann der Anschluss von Abnehmern mit geringem Verbrauch regelmäßig bereits an den Anschaffungskosten scheitern.[783] Sind die technischen Voraussetzungen erfüllt, so stellt der Status quo, die Versorgung über das Niederspannungsnetz, keine vertretbare Lösung dar. Der Kunde würde mit den für ihn höheren Kosten der niedrigeren Spannungsebene belastet, obwohl er über die technischen Einrichtungen eines Direktanschlusses an das Mittelspannungsnetz verfügt. Daher sollte ihm die Möglichkeit eingeräumt werden, seinen (höheren) Strombedarf zu technisch und wirtschaftlich optimalen Bedingungen zu beziehen.[784] Optimale Bedingungen können aber nur durch einen Anschluss an das Mittel-, Hoch- oder Höchstspannungsnetz gewährleistet werden. Entsprechendes gilt bei einem höheren Bedarf des Kunden, der bislang über das Mittelspannungsnetz versorgt wurde und Anschluss an die nächsthöhere Spannungsebene, das Hoch- bzw. Höchstspannungsnetz, begehrt.[785]

Die Wahl der Spannungsebene hat jedoch nicht nur Einfluss auf die vom Anschlusspetenten zu zahlenden Netznutzungsentgelte, sondern kann auch Auswirkungen auf die Auslastung des Netzes in der jeweiligen Spannungsebene und somit eine Erhöhung der Netznutzungsentgelte für die übrigen Anschlussnehmer in den verschiedenen Netzebenen zur Folge haben.[786] Wenn der Netzbetreiber das Niederspannungsnetz elektrizitätswirtschaftlich auch für die zum Mittelspannungsnetz wechselwilligen Kunden ausgelegt hat, könnte es bei Verlassen des Niederspannungsnetzes und dem Anschluss dieser Kunden an das Mittelspannungsnetz zu einer Unterauslastung des Niederspannungsnetzes

782 *Säcker/Boesche*, in: Säcker (Hrsg.), Berliner Kommentar, § 17 EnWG, Rn. 24.

783 Der Erwerb einer Transformatorenstation kostet bei einer benötigten Leistung zwischen 300 und 600 kV ca. 30.000 Euro, so *Säcker/Boesche*, in: Säcker (Hrsg.), Berliner Kommentar, § 17 EnWG, Rn. 24.

784 Bundesnetzagentur, § 17 EnWG: Veröffentlichung zu Fragen des Netzanschlusses auf Entnahmeseite, S. 2.

785 BGH, Beschluss v. 23.06.2009, „Agrarfrost“, Az. EnVR 48/08, vgl. BGH, RdE 2009, 336 (337); *Säcker/Boesche*, in: Säcker (Hrsg.), Berliner Kommentar, § 17 EnWG, Rn. 41; *Salje*, in: Baur/Salje/Schmidt-Preuß (Hrsg.), Regulierung in der Energiewirtschaft, Kap. 67, Rn. 5.

786 *Bourwieg*, in: Britz/Hellermann/Hermes (Hrsg.), Energiewirtschaftsgesetz, § 17 EnWG, Rn. 40; BGH, Beschluss v. 23.06.2009, „Agrarfrost“, Az. EnVR 48/08; vgl. RdE 2009, 336 (337).

kommen, so die Netzbetreiber.[787] Da der Betrieb des Niederspannungsnetzes im Wesentlichen durch Festkosten für die Errichtung und die Wartung des Netzes gekennzeichnet ist, ergibt sich für den Netzbetreiber infolge des Wechsels dieser Kunden zur Mittelspannungsebene ein Einnahmeausfall.[788] Die Folge ist, dass der Netzbetreiber entweder diesen Ausfall zulasten seines Unternehmensergebnisses hinnimmt oder versuchen kann, den Einnahmeausfall durch entsprechende Preiserhöhungen für die verbleibenden Niederspannungskunden auszugleichen.[789]

2. Voraussetzungen für den Industriebetrieb

Wie beim Arealnetzbetrieb ist auch hier der Netzanschluss unabdingbare Voraussetzung dafür, dass der Industriebetrieb Strom beziehen kann.[790] Der Netzanschluss findet in der Regel in einem Umspannwerk des Netzbetreibers statt. Dort wird die vom Industriebetrieb kommende Leitung über Schaltanlagen mit einer Sammelschiene des Umspannwerks verbunden.[791]

3. Rechtliche Grundlage für den Anschluss von Industriekunden

a) Anspruch eines Industriekunden auf Netzanschluss nach § 18 Abs. 1 S. 1 EnWG

aa) Voraussetzungen

Der Kreis der Anschlussberechtigten ist nach dem Wortlaut „jedermann" in § 18 Abs. 1 S. 1 EnWG denkbar weit. Eine Beschränkung auf den in der Grundversorgung in § 3 Nr. 22 EnWG definierten Personenkreis der Haushaltskunden, also solche Kunden, die Energie für den Haushalt oder für berufliche, landwirtschaftliche

787 Siehe im Folgenden unter 3. b) (4) (b).

788 Siehe im Folgenden unter 3. b) (4) (c) (aa).

789 So die betroffene Netzbetreiberin vor dem OLG Düsseldorf, „Agrarfrost", Beschluss v. 25.06.2008, Az. VI-3 Kart 210/07 (V), vgl. OLG Düsseldorf, RdE ZNER 2008, 238 (240); vgl. auch *Büdenbender*, RdE 2005, 285 (287).

790 *Koenig/Kühling/Rasbach*, Energierecht, S. 62.

791 *Hartmann*, in: Danner/Theobald (Hrsg.), Energierecht, § 17 EnWG, Rn. 35.

oder gewerbliche Zwecke mit einem Bedarf bis zu 10000 kWh im Jahr kaufen, enthält § 18 EnWG nicht.[792]

Zwar haben nach dem Wortlaut Betreiber von Energieversorgungsnetzen jedermann an ihr Netz anzuschließen, die Vorschrift ist jedoch auf den Netzanschluss im Niederspannungsnetz, soweit dieses ein Teil des Energieversorgungsnetzes der allgemeinen Versorgung ist, begrenzt.[793] Kunden, deren Energiebedarf in Höchst-, Hoch- oder Mittelspannung besteht, stützen sich daher nicht auf § 18 Abs. 1 EnWG.[794]

Verlangt ein Industriekunde dennoch einen Netzanschluss nach § 18 Abs. 1 S. 1 oder ist er bereits in Niederspannung angeschlossen und steigt sein Jahresstrombedarf erheblich, so kann auch aus der Sicht des Netzbetreibers ein Anschluss an eine höhere Spannungsstufe sinnvoll sein.[795] Sollte der Anschluss nur in Niederspannung hergestellt werden, so müsste extra zu diesem Zweck das Netz ausgebaut werden.[796] „Gegenüber einem solchen wirtschaftlich nicht vertretbaren Verlangen wird sich der Netzbetreiber in der Regel auf Unzumutbarkeit nach § 18 Abs. 1 S. 2 EnWG berufen können."[797]

bb) Fazit

Zwar können sich Industriekunden auf ihren Anspruch nach § 18 Abs. 1 S. 1 EnWG berufen. Ein Anschluss in Niederspannung wäre jedoch nicht zufriedenstellend, da sich der Kostenvorteil hinsichtlich der Netzentgelte nur mit dem Anschluss in der nächsthöheren Spannungsebene verwirklichen lässt.

b) Anspruch eines Industriekunden auf Netzanschluss nach § 17 EnWG

Der Anspruch aus § 17 Abs. 1 EnWG stellt die zentrale Anspruchsgrundlage beim Netzanschluss von Industriekunden dar. Zunächst sollen die allgemeinen Voraus-

---

792 *De Wyl/Thole*, in: Schneider/Theobald (Hrsg.), Recht der Energiewirtschaft, § 16, Rn. 50.

793 *Bourwieg*, in: Britz/Hellermann/Hermes (Hrsg.), Energiewirtschaftsgesetz, § 18 EnWG, Rn. 14; *Salje*, in: Baur/Salje/Schmidt-Preuß (Hrsg.), Regulierung in der Energiewirtschaft, Kap. 67, Rn. 18.

794 *Wolf*, in: Säcker (Hrsg.), Handbuch zum deutsch-russischen Energierecht, Kap. 5, Rn. 8.

795 *Sieberg*, in: Bartsch/Röhling/Salje/Scholz (Hrsg.), Stromwirtschaft, Kap. 53, Rn. 16.

796 *Sieberg*, in: Bartsch/Röhling/Salje/Scholz (Hrsg.), Stromwirtschaft, Kap. 53, Rn. 16.

797 *Sieberg*, in: Bartsch/Röhling/Salje/Scholz (Hrsg.), Stromwirtschaft, Kap. 53, Rn. 16; für den Fall eines verringerten Strombedarfs *Bündenbender*, RdE 2005, 285 (287); *Brunner*, Wettbewerb im Stromnetz, Kap. 3, S. 311.

setzungen der Anspruchsgrundlage erläutert werden, dann die spezifischen Problemstellungen geklärt werden.

aa) Allgemeine Voraussetzungen des § 17 Abs. 1 EnWG

Industriekunden werden ihr Begehren auf Netzanschluss auf die besondere Anschlusspflicht des § 17 Abs. 1 EnWG stützen.

(1) Anschlussberechtigte

Anschlussberechtigt sind nach dem Wortlaut der Vorschrift zunächst Letztverbraucher, also nach § 3 Nr. 25 EnWG natürliche oder juristische Personen, die Energie für den eigenen Verbrauch kaufen. Unter den Begriff des Letztverbrauchers fallen zunächst Haushaltskunden gemäß § 3 Nr. 22 EnWG, die Energie überwiegend für den Eigenverbrauch im Haushalt oder für den einen Jahresverbrauch von 10.000 kWh nicht übersteigenden Eigenverbrauch für berufliche, landwirtschaftliche oder gewerbliche Zwecke kaufen.[798] Aber auch industrielle Sonderkunden kommen grundsätzlich als Letztverbraucher in Betracht, sodass neben Haushaltskunden auch die Industrieversorgung erfasst ist.[799] Die Gegenüberstellung von Letztverbrauchern und Unternehmen in § 3 Nr. 24 EnWG könnte zwar dahingehend verstanden werden, dass Unternehmen nicht zugleich auch Letztverbraucher sein können.[800] Maßgeblich ist jedoch die Zweckbestimmung beim Energiekauf.[801] Sobald ein Unternehmen Energie für den eigenen Bedarf kauft, fällt es unter den Begriff des Letztverbrauchers.[802] Industrielle Sonderkunden können demnach ihren Anspruch auf Netzanschluss auf § 17 Abs. 1 EnWG stützen, da sie zum Kreis der Anspruchsberechtigten gehören.[803]

(2) Anschlussverpflichtete

§ 17 EnWG verpflichtet alle Betreiber von Energieversorgungsnetzen, d. h. die Betreiber von Elektrizitäts- und Gasversorgungsnetzen im Sinne von § 3 Nr. 4 EnWG unabhängig von der Spannungs- oder Druckstufe (vgl. § 3 Nr. 16 EnWG). Anders als nach der alten Rechtslage sind nach § 17 Abs. 1 EnWG nicht nur

---

798 *Sieberg*, in: Bartsch/Röhling/Salje/Scholz (Hrsg.), Stromwirtschaft, Kapitel 53, Rn. 16.
799 *Theobald*, in: Danner/Theobald (Hrsg.), Energierecht, § 3 EnWG, Rn. 208.
800 *Sieberg*, in: Bartsch/Röhling/Salje/Scholz (Hrsg.), Stromwirtschaft, Kap. 53, Rn. 16.
801 *Sieberg*, in: Bartsch/Röhling/Salje/Scholz (Hrsg.), Stromwirtschaft, Kap. 53, Rn. 16.
802 *Bourwieg*, in: Britz/Hellermann/Hermes (Hrsg.), Energiewirtschaftsgesetz, § 17 EnWG, Rn. 12; *Sieberg*, in: Bartsch/Röhling/Salje/Scholz (Hrsg.), Stromwirtschaft, Kap. 53, Rn. 16.
803 *Hartmann*, in: Danner/Theobald (Hrsg.), Energierecht, § 17 EnWG, Rn. 32.

marktbeherrschende Unternehmen zur Gewährung eines Netzanschlusses verpflichtet, sondern grundsätzlich alle Netzbetreiber.[804]

(3) Bedingungen des Netzanschlusses

Nach § 17 Abs. 1 EnWG hat der Netzanschluss des Industriekunden genau wie der des Arealnetzbetreibers nach § 17 Abs. 1 EnWG zu technischen und wirtschaftlichen Bedingungen zu erfolgen, die angemessen, diskriminierungsfrei, transparent und nicht ungünstiger sind, als sie von den Betreibern der Energieversorgungsnetze in vergleichbaren Fällen für Leistungen innerhalb ihres Unternehmens oder verbundenen oder assoziierten Unternehmen angeboten werden.[805]

bb) Der Wechsel der Anschlussebene nach § 17 Abs. 1 EnWG

(1) Überblick

Im Rahmen des Netzanschlusses von Arealnetzen wurde festgestellt, dass einem Anschlusspetenten, der erstmalig ein Anschlussbegehren an den Netzbetreiber richtet (sogenannter Neukunde), ein Wahlrecht hinsichtlich der Anschlussebene zusteht. Die Erläuterungen zu dieser Problematik beim Netzanschluss von Arealnetzen treffen auch auf den erstmaligen Anschluss von Industriekunden zu, sodass auf diese verwiesen werden kann.[806] Hier soll die Situation durchleuchtet werden, in der der Anschlussnehmer, der Industriekunde, bereits über einen Netzanschluss verfügt (sogenannter Bestandskunde). Der Unterschied zu der vorherigen Konstellation liegt im konkreten Fall darin, dass der Anschlussnehmer bereits den Strom aus einer Spannungsebene des Netzbetreibers bezieht, aber in einer höheren Spannungsebene angeschlossen werden möchte.[807] Motiv hierfür ist in der Regel ein erhöhter Elektrizitätsbedarf.[808] Der Industriekunde will seinen höheren Strombedarf zu technisch und wirtschaftlich optimalen Bedingungen, also unter Einsparung von „Briefmarken" für die unteren Netzebenen, preisgünstiger decken.[809] Von Netzbetreiberseite wird argumentiert, dass der Anspruch auf Netzanschluss bei einem begehrten Wechsel der Spannungsebene wegen Erfüllung ausgeschlossen sei.[810]

804 *Bourwieg*, in: Britz/Hellermann/Hermes (Hrsg.), Energiewirtschaftsgesetz, § 17 EnWG, Rn. 5; siehe auch oben B. I. 3. a) cc) (1) (b).

805 Siehe oben I. 3. a) cc) (1) (c).

806 Siehe oben I. 3. a) cc) (2).

807 *Brunner*, Wettbewerb im Stromnetz, Kap. 3, S. 238.

808 *Büdenbender*, RdE 2005, 285 (285, 287).

809 *Börner*, in: Bartsch/Röhling/Salje/Scholz (Hrsg.), Stromwirtschaft, Kap. 57, Rn. 5.

810 So das beklagte Energieversorgungsunternehmen vor dem LG Nürnberg-Fürth, Beschluss v. 25.05.2007, Az. 4HK O 3005/06, abgedruckt in RdE 2007, 325 (326).

Erfüllung liegt deshalb vor, weil der Anschlusspetent bereits über einen Anschluss zu angemessenen Bedingungen verfüge, wenn die Geschäftspraxis des Netzbetreibers ergebe, dass dieser vergleichbare Industriekunden immer nur in Niederspannung anschließe und die Bedingungen sich andernfalls auch als angemessen erweisen.

Es stellt sich daher die Frage, ob das in § 17 Abs. 1 EnWG festgeschriebene Wahlrecht hinsichtlich der Spannungsebene auch von dem bereits über einen Anschluss verfügenden Kunden, einem Bestandskunden, geltend gemacht werden kann.

(2) Geht der Anspruch nach § 18 EnWG dem Anspruch nach § 17 EnWG im Falle des Netzanschlusses von Industriekunden vor?

(a) Problematik

Eine Einschränkung des Anspruchs auf Wechsel der Anschlussebene könnte sich bereits aus dem Zusammenspiel der §§ 17 und 18 EnWG ergeben. Ist ein Anschluss nach § 18 Abs. 1 EnWG bereits erfolgt, so könnte ein Wechsel der Spannungsebene ausgeschlossen sein, weil der Netzbetreiber seiner Anschlusspflicht bereits nachgekommen ist. Ist der Anschluss an das Niederspannungsnetz sowohl technisch möglich als auch wirtschaftlich zumutbar, so hat der Netzbetreiber seine Verpflichtung möglicherweise bereits erfüllt, sodass sich der Anspruch nur an § 18 Abs. 1 EnWG richtet.[811]

(b) Auswertung der Entscheidung des LG Nürnberg-Fürth vom 25.05.2007

(aa) Sachverhalt

Die Klägerin ist Inhaberin einer Großbäckerei und eines Konditoreibetriebs. Die Beklagte ist ein überregionales Energieversorgungsunternehmen, das die Klägerin seit 1971 mit Elektrizität in der Niederspannungsebene versorgt. Aufgrund von Umsatzzuwächsen und einer damit verbundenen Vergrößerung der Betriebsfläche stieg bei der Klägerin der Strombedarf. Sie verlangte von der Beklagten, sie an das Mittelspannungsnetz anzuschließen.[812] Letzere lehnte das Begehren der Klägerin ab.[813]

(bb) Begründung des Gerichts

Nach Ansicht des LG Nürnberg-Fürth lehnte die Beklagte zu Recht den Anschluss an die Mittelspannungsebene ab.[814] Das Gericht führte hierzu aus, dass § 17

811 *Sieberg*, in: Bartsch/Röhling/Salje/Scholz (Hrsg.), Stromwirtschaft, Kap. 53, Rn. 58.
812 LG Nürnberg-Fürth, RdE 2007, 325 (326).
813 LG Nürnberg-Fürth, RdE 2007, 325 (326).
814 LG Nürnberg-Fürth, RdE 2007, 325 (326).

Abs. 1 EnWG zwar einen Anspruch auf Netzanschluss für Letztverbraucher gewähre, der nicht auf bestimmte Spannungsebenen beschränkt sei, dieser aber „unter dem Vorbehalt des grundsätzlichen Vorrangs von § 18 EnWG“ stehe.[815] Danach sind Betreiber von Energieversorgungsnetzen für Gemeindegebiete, in denen sie Energieversorgungsnetze der allgemeinen Versorgung von Letztverbrauchern betreiben, verpflichtet, jedermann an ihr Energieversorgungsnetz zu ihren veröffentlichten allgemeinen Bedingungen für den Netzanschluss in Niederspannung anzuschließen. Da die Beklagte ein solches Energieversorgungsnetz im Gemeindegebiet unterhalte, komme sie somit „ihrer Verpflichtung, die allgemeine Versorgung von Letztverbrauchern und damit auch der Klägerin zu sichern, nach.“ Hieraus ergebe sich nun, dass die Beklagte grundsätzlich zur Gleichbehandlung der angeschlossenen Letztverbraucher verpflichtet sei und einzelnen Kunden nicht wesentliche Sondervorteile zugestehen dürfe.[816]

Etwas anderes ergebe sich nur, wenn Besonderheiten gegenüber den durchschnittlichen und normalen Anschlussverhältnissen zugunsten eines bestimmten Netzverbrauchers vorlägen. Hier könne der Netzbetreiber verpflichtet sein, ihn unter Sonderbedingungen anzuschließen. Außer dem Wunsch, über den Mittelspannungsanschluss der Beklagten Anschlusskosten sparen zu können, habe im konkreten Fall die Klägerin keine solchen besonderen Umstände vorgetragen, so das Landgericht.[817] Da die Beklagte somit ihrer Anschlusspflicht bereits im Rahmen des § 18 EnWG nachkomme und verpflichtet sei, die angeschlossenen Letztverbraucher gleichzubehandeln, dürfe sie das auf § 17 Abs. 1 EnWG gestützte Anschlussbegehren des Klägers gemäß § 17 Abs. 2 Satz 1 EnWG aus wirtschaftlichen Gründen verweigern.[818]

(cc) Stellungnahme

Die Feststellung ist grundsätzlich richtig, dass ein Anwendungsvorrang von § 18 EnWG gegenüber § 17 EnWG besteht.[819] Er ist jedoch nur gegeben, wenn Letztverbraucher den Netzanschluss in Niederspannung beanspruchen.[820] In diesem Falle legt § 18 EnWG die Voraussetzungen und Rechtsfolgen dieser

815 LG Nürnberg-Fürth, RdE 2007, 325 (327).
816 LG Nürnberg-Fürth, RdE 2007, 325 (327).
817 LG Nürnberg-Fürth, RdE 2007, 325 (327).
818 LG Nürnberg-Fürth, RdE 2007, 325 (327).
819 *Bruhn*, in: Säcker (Hrsg.), Berliner Kommentar, § 18 EnWG, Rn. 11; *Büdenbender*, RdE 2005, 285 (288); *Bourwieg*, in: Britz/Hellermann/Hermes (Hrsg.), Energiewirtschaftsgesetz, § 18 EnWG, Rn. 1; *Salje*, Energiewirtschaftsgesetz, § 17 EnWG, Rn. 23.
820 *Büdenbender*, RdE 2005, 285 (289).

allgemeinen Anschlusspflicht abschließend fest. Obwohl die Stellung des § 17 EnWG im Gesetz den insofern vorhandenen subsidiären Charakter zunächst nicht vermuten lässt, muss der Anwendungsvorrang von § 18 EnWG schon deshalb gewahrt werden, weil die umfangreicheren Anforderungen, die § 18 EnWG im Vergleich zu § 17 EnWG an die Netzbetreiber stellt, unberücksichtigt blieben.[821] Hierzu zählen beispielsweise die Regelungen, die in der NAV enthalten sind.

Der Vorrang des § 18 EnWG gegenüber § 17 EnWG besteht dann nicht mehr, wenn ein Anschlusspetent in einer höheren Spannungsebene angeschlossen werden möchte. Hier kommt die allgemeine Anschlusspflicht des § 18 EnWG nicht mehr in Betracht.[822] So ist dies auch im vorliegenden Fall zu bewerten. Da die Klägerin keinen Anschluss mehr in Niederspannung begehrt, sondern an das Mittelspannungsnetz der Beklagten angeschlossen werden möchte, findet einzig und allein § 17 Abs. 1 EnWG Anwendung.

Auch das OLG München stellte in seiner Entscheidung vom 03.08.2006 fest, dass im Fall des Netzanschlusses von Arealnetzen, der in Mittelspannung begehrt wird, kein Vorrang von § 18 EnWG bestehe, der eine Anwendung von § 17 EnWG ausschließe.[823] Das Gericht kam wie der Verfasser zu dem Ergebnis, dass nur im Hinblick auf die Anschlusspflicht in Niederspannung § 18 Abs. 1 EnWG Vorrang gegenüber § 17 Abs. 1 EnWG hat.[824] § 18 EnWG steht dagegen einem Netzanschlussersuchen nach § 17 Abs. 1 EnWG nicht entgegen, wenn es sich, wie im konkreten Fall, auf die Mittelspannungsebene beziehe.[825]

Das Argument des Landgerichts Nürnberg-Fürth, dass der Netzbetreiber aus Gründen der Gleichbehandlung der angeschlossenen Letztverbraucher verpflichtet sei, einzelnen Kunden nicht wesentliche Sondervorteile zukommen zu lassen, kann ebenfalls nicht überzeugen. Zwar ist es richtig, dass aus Gründen der Diskriminierungsfreiheit einzelnen Kunden keine wesentlichen Sondervorteile zugewendet werden können, ohne dass hierfür ein dies rechtfertigender Grund

---

821 *Salje*, Energiewirtschaftsgesetz, § 17 EnWG, Rn. 23; hierzu auch *Hartmann*, in: Danner/Theobald (Hrsg.), Energierecht, § 17 EnWG, Rn. 30.

822 *Bourwieg*, in: Britz/Hellermann/Hermes (Hrsg.), Energiewirtschaftsgesetz, § 18 EnWG, Rn. 1, *Salje*, Energiewirtschaftsgesetz, Vor §§ 17 – 19 EnWG, Rn. 2 f., § 17, Rn. 23; *Wolf*, in: Säcker (Hrsg.), Handbuch zum deutsch-russischen Energierecht, Kap. 5, Rn. 15.

823 OLG München, Urteil v. 03.08.2006, Az. U (K) 5768/05, abgedruckt in CuR 2006, 141 (143).

824 OLG München, CuR 2006, 141 (143).

825 *Salje*, Energiewirtschaftsgesetz, § 17 EnWG, Rn. 26.

vorliegt.[826] Dies betrifft jedoch nur die Bedingungen, die innerhalb der Versorgung in Niederspannung gestellt werden. Die Klägerin begehrt den Anschluss in Mittelspannung, sodass eine Vergleichbarkeit mit den Kunden, die in Niederspannung angeschlossen sind, gar nicht gegeben ist.

Schlussendlich stellt das LG Nürnberg-Fürth fest, dass die Beklagte das auf § 17 Abs. 1 EnWG gestützte Anschlussbegehren des Klägers gemäß § 17 Abs. 2 Satz 1 EnWG unter Berücksichtigung der Ziele des § 1 EnWG aus wirtschaftlichen Gründen verweigern könne.[827] Widersprüchlich ist hierbei, dass das Gericht zuvor zu dem Schluss kam, dass § 18 EnWG im konkreten Fall § 17 EnWG verdränge. Warum sich dann die Beklagte im Rahmen der Anschlussverweigerung doch auf § 17 Abs. 2 EnWG berufen kann, ist nicht verständlich. Entweder ist ein Anspruch ausgeschlossen, sodass § 17 Abs. 1 EnWG überhaupt nicht zur Anwendung kommen kann, oder er ist grundsätzlich einschlägig, wegen eines Verweigerungsgrunds jedoch nicht durchsetzbar. Der Konzeption der §§ 17, 18 EnWG hätte es entsprochen, wenn das Gericht § 17 Abs. 1 EnWG für anwendbar erklärt und im Rahmen von § 17 Abs. 2 EnWG eine ausführliche Abwägung der wechselseitigen Interessen des Netzbetreibers einerseits und des Anschlussnehmers andererseits unter Berücksichtigung der Ziele des § 1 EnWG durchgeführt hätte. Dann hätte die Beklagte Umstände, die eine wirtschaftliche Unzumutbarkeit begründen könnten, vorbringen können.[828] Da die Beklagte im Rahmen des Verfahrens keine Tatsachen vorgetragen hat, die eine Verweigerung des Netzanschlusses nach § 17 Abs. 2 EnWG rechtfertigen, sie als Netzbetreiber aber insofern darlegungs- und beweisbelastet ist,[829] hätte das Gericht der Klage stattgeben müssen.

(3) Lässt sich aus § 17 Abs. 1 EnWG das Recht des Industriekunden ableiten, die Anschlussebene zu wechseln?

(a) Problematik

Es stellt sich die Frage, ob das in § 17 Abs. 1 EnWG festgeschriebene Wahlrecht hinsichtlich der Spannungsebene auch von dem bereits über einen Anschluss verfügenden Kunden, einem Bestandskunden, geltend gemacht werden kann.

---

826 Dies ergibt sich aus dem Grundsatz der Diskriminierungsfreiheit, siehe hierzu oben B. I. 3. a) cc) (1) (c) (bb).

827 LG Nürnberg-Fürth, RdE 2007, 325 (327).

828 *Salje*, Energiewirtschaftsgesetz, § 17 EnWG, Rn. 47.

829 *Bourwieg*, in: Britz/Hellermann/Hermes (Hrsg.), Energiewirtschaftsgesetz, § 17 EnWG, Rn. 23; *Salje* (Hrsg.), Energiewirtschaftsgesetz, § 17 EnWG, Rn. 47.

Grundsätzlich gewährt § 17 Abs. 1 EnWG „einen umfassenden gesetzlichen Anspruch auf Netzanschluss".[830] Dies ergibt sich einerseits aus dem Wortlaut des § 17 EnWG, dem sich an keiner Stelle eine Beschränkung auf Neukunden entnehmen lässt.[831] Ferner enthalten auch die Gesetzesmaterialien keine Anhaltspunkte für ein eingeschränktes Verständnis des § 17 Abs. 1 EnWG.[832] Ungeachtet der bereits oben zitierten Einwände der Netzbetreiberverbände im Gesetzgebungsverfahren heißt es in der Gesetzesbegründung zu § 17 EnWG, dass „Abs. 1 [...] einen grundsätzlichen Anspruch auf Netzanschluss [gewährt]. Er umfasst mit Ausnahme des in § 18 EnWG geregelten Anschlusses von Letztverbrauchern an das Niederspannungs- oder Niederdrucknetz alle Sachverhalte des Netzanschlusses." Aus der Formulierung „alle Sachverhalte" lässt sich schließen, dass auch ein Wechsel der Spannungsebene nach der Intention des Gesetzgebers von § 17 Abs. 1 EnWG umfasst sein sollte.[833] Ein Ausschluss des Anspruchs hätte in diesem Fall zur Folge, dass ein einmal getätigter Anschluss an die Niederspannungsebene „für alle Zeiten" einen Anschluss an eine höhere Spannungsebene ausschlösse.[834]

Somit kann das im Rahmen von § 17 Abs. 1 EnWG bestehende Wahlrecht hinsichtlich der Anschlussebene auch von dem bereits über einen Anschluss verfügenden „Bestandskunden" geltend gemacht werden.

(b) Auswertung der Entscheidung des BGH vom 23.06.2009

(aa) Sachverhalt

Die Betroffene betreibt Elektrizitätsverteilernetze der Hoch- und Mittelspannung in Niedersachsen und Sachsen-Anhalt. Die Agrarfrost GmbH & Co. KG, ein Industriebetrieb, ist an das Mittelspannungsnetz („Netzebene 5") der Betroffenen angeschlossen. Im

830 Bundesnetzagentur, Veröffentlichung zu Fragen des Netzanschlusses auf der Entnahmeseite, S. 2; *Bourwieg*, in: Britz/Hellermann/Hermes (Hrsg.), Energiewirtschaftsgesetz, § 17 EnWG, Rn. 17; *de Wyl/Thole*, in: Schneider/Theobald (Hrsg.), Recht der Energiewirtschaft, § 16, Rn. 22; *Wolf*, in: Säcker (Hrsg.), Handbuch zum deutsch-russischen Energierecht, Kap. 5, Rn. 14; *Salje*, in: Baur/Salje/Schmidt-Preuß (Hrsg.), Kap. 67, Rn. 5, 11; *Säcker/Boesche*, in: Säcker (Hrsg.), Berliner Kommentar, § 17 EnWG, Rn. 37.

831 *Bourwieg*, in: Britz/Hellermann/Hermes (Hrsg.), Energiewirtschaftsgesetz, § 17 EnWG, Rn. 17.

832 Bundesnetzagentur, Veröffentlichung zu Fragen des Netzanschlusses auf der Entnahmeseite, S. 2.

833 Bundesnetzagentur, Veröffentlichung zu Fragen des Netzanschlusses auf der Entnahmeseite, S. 2.

834 *Sieberg*, in: Bartsch/Röhling/Salje/Scholz (Hrsg.), Stromwirtschaft, Kap. 53, Rn. 58.

Zuge einer geplanten Leistungserhöhung für den Produktionsstandort von 3.000 auf 4.500 kW trat die Agrarfrost im Frühjahr 2006 an die Netzbetreiberin mit dem Begehren heran, an die „Netzebene 4“ (Umspannebene Hochspannung/Mittelspannung) angeschlossen zu werden. Dieser Anschluss an der „Netzebene 4“ soll den bisherigen Anschluss an die „Netzebene 5“ vollständig ersetzen. Die betroffene Netzbetreiberin lehnte das Anschlussbegehren hinsichtlich des Spannungsebenenwechsels ab.

Die Agrarfrost stellte daraufhin einen Missbrauchsantrag bei der Bundesnetzagentur. Diese entschied mit Beschluss vom 23.08.2007, dass die Betroffene gegen die Netzanschlusspflicht nach § 17 Abs. 1 EnWG verstoße, und erlegte dieser die Verpflichtung auf, den Netzanschluss umgehend herzustellen.[835] Gegen diesen Beschluss erhob sie Beschwerde beim OLG Düsseldorf, das jedoch die Entscheidung der Bundesnetzagentur mit Beschluss vom 25.06.2008 bestätigte.[836] Hiergegen legte die Betroffene Rechtsbeschwerde beim BGH ein.[837]

Nach ihrer Ansicht stehe dem Anschlusspetenten zwar grundsätzlich ein umfassender Anspruch auf Anschluss an das gesamte Netz des Netzbetreibers zu. Die Netzebene, an die der Anschluss zu gewähren sei, könne der Netzbetreiber jedoch nach seinem sachgerechten Ermessen von technischen Parametern abhängig machen.[838] Dies folge aus der Formulierung in § 17 Abs. 1 EnWG, nach der der Anschlusspetent nur einen Anspruch auf einen Anschluss zu angemessenen technischen und wirtschaftlichen Bedingungen habe. Es komme somit entscheidend darauf an, ob die technischen Anschlussbedingungen, die die Betroffene als Netzbetreiberin stellt, angemessen im Sinne des § 17 Abs. 1 EnWG sind, wovon im konkreten Fall auszugehen sei, denn sie gewähre einen Anschluss an die „Netzebene 4“ grundsätzlich erst ab einer Anschlussleistung von 10.000 kW. Daraus ergebe sich für den konkreten Fall, dass ein Bestandskunde, der bereits über einen angemessenen Anschluss verfüge, aus § 17 Abs.1 EnWG keinen Anspruch auf den Wechsel der Anschlussebene herleiten könne.[839]

---

835 Bundesnetzagentur, „Agrarfrost“, Beschluss v. 23.08.2007, Az. BK6 07-013, vgl. Bundesnetzagentur, ZNER 2007, 476.

836 OLG Düsseldorf, „Agrarfrost“, Beschluss v. 25.06.2008, Az. VI-3 Kart 210/07 (V), vgl. OLG Düsseldorf, ZNER 2008, 238 (238).

837 BGH, „Agrarfrost“, Beschluss v. 23.06.2009, Az. EnVR 48/08, abgedruckt in RdE 2009, 336 (337).

838 So die betroffene Netzbetreiberin vor dem OLG Düsseldorf, „Agrarfrost“, ZNER 2008, 238 (238); so auch *Stappert/Jansen*, e|m|w, 01/08, 66 (68).

839 So bereits die Antragsgegnerin in dem Verfahren vor der Bundesnetzagentur, „Agrarfrost-Beschluss“, abgedruckt in ZNER 2007, 476 (481); BGH, „Agrarfrost“, RdE 2009, 336 (337).

Auch sprächen die Zielsetzungen des EnWG, statuiert in § 1 Abs. 1 und Abs. 2 EnWG, gegen ein freies Wahlrecht hinsichtlich der Spannungsebene durch den Anschlusspetenten. Folge eines beliebigen Spannungsebenenwechsels sei es, dass die Anschlusspetenten es in der Hand hätten, das Netz ineffizient umzugestalten. Dadurch würde jedoch der Netzbetreiber an der Erfüllung seines gesetzlichen Auftrags des Betriebs eines effizienten Netzes zur preisgünstigen Versorgung der Allgemeinheit gehindert, was § 1 Abs. 1 EnWG zuwiderlaufe. Eine vorausschauende Netzplanung werde mithin „torpediert".[840] Ein Wahlrecht des Anschlussnehmers hinsichtlich der Spannungsebene führe ferner dazu, dass der Spannungsebenenwechsler seine Netznutzungskosten zu Lasten der verbleibenden Anschlussnehmer in der bisherigen Anschlussebene optimieren könne. Mit dem Wechsel der Anschlussebene hätten die verbleibenden Kunden einen höheren Anteil an den Kosten zu tragen, was letztlich zu einer Erhöhung der Netzentgelte in der „verlassenen" Ebene führe.[841]

(bb) Begründung des Gerichts

Der BGH entschied, dass die Bundesnetzagentur sowie das OLG Düsseldorf zu Recht annahmen, dass die Agrarfrost einen Anspruch auf Netzanschluss an die Umspannebene Hochspannung/Mittelspannung („Netzebene 4") hat.[842] Die Betroffene könne der Agrarfrost nicht entgegenhalten, dass der Anspruch auf Netzanschluss erfüllt sei, weil diese bereits auf der Mittelspannungsebene zu angemessenen Bedingungen, also ihrer Anschlussleistung entsprechend, angeschlossen sei.[843]

Nach der Auffassung des BGH komme „grundsätzlich dem Anschlussnehmer das Bestimmungsrecht zu, auf welcher Netz- oder Umspannebene er an das vorgelagerte Netz angeschlossen werden möchte."[844] Dies ergebe sich zum einen aus der Gesetzesbegründung zu § 17 Abs. 1 EnWG, nach der die Norm alle Sachverhalte des Netzanschlusses umfasse.[845] Ferner ergebe sich ein solches Normverständnis aus der im Laufe des Gesetzgebungsverfahrens aufgenommenen

840 So die Antragsgegnerin in dem Verfahren vor der Bundesnetzagentur, „Agrarfrost-Beschluss", ZNER 2007, 476 (479), sowie vor dem OLG Düsseldorf, „Agrarfrost", ZNER 2008, 238 (240).

841 So die Antragsgegnerin in dem Verfahren vor der Bundesnetzagentur, „Agrarfrost-Beschluss", ZNER 2007, 476 (481); so auch *Stappert/Jansen*, e|m|w, 01/08, 66 (68).

842 BGH, „Agrarfrost", RdE 2009, 336 (336).

843 BGH, „Agrarfrost", RdE 2009, 336 (338).

844 BGH, „Agrarfrost", RdE 2009, 336 (337).

845 BGH, „Agrarfrost", RdE 2009, 336 (337).

Ergänzung zu der Verordnungsermächtigung des § 17 Abs. 3 S. 2 Nr. 3 EnWG, wonach bei der Bestimmung, in welchem Umfang und zu welchen Bedingungen ein Netzanschluss nach § 17 Abs. 2 EnWG unter dem Aspekt der Unzumutbarkeit verweigert werden darf, auch das Interesse der Allgemeinheit an einer möglichst kostengünstigen Struktur der Energieversorgungsnetze berücksichtigt werden kann. „Nach der Gesetzesbegründung sollte damit die nähere Ausgestaltung der Frage, auf welcher Spannungsebene der Anschluss gewährt werden muss, dem Verordnungsgeber überlassen werden.“ [846] Das schließe jedoch zugleich ein, dass es sich dabei um „eine Frage der Zumutbarkeit des Netzanschlusses nach § 17 Abs. 2 EnWG“ handele.[847] Der Konzeption des § 17 EnWG würde es nämlich widersprechen, wenn unter das Merkmal der Angemessenheit der Anschlussbedingungen nach § 17 Abs. 1 EnWG auch das Kriterium der Anschlussleistung fiele. Ein solches Verständnis von § 17 Abs. 1 EnWG führe dazu, dass der Netzbetreiber bestimmen könnte, auf welcher Netzebene er den Anschluss gewähre.[848] Auch § 6 Abs. 1 KraftNAV spreche dafür, dass die Anschlussleistung die Frage der Zumutbarkeit des Netzanschlusses im Sinne des § 17 Abs. 2 EnWG betreffe. Nach § 6 Abs. 1 KraftNAV ist nämlich die Gewährung des Netzanschlusses insbesondere dann unzumutbar, wenn der begehrte Netzanschlusspunkt technisch nicht zur Aufnahme des erzeugten Stroms geeignet ist und die Eignung auch nicht durch dem Netzbetreiber mögliche und zumutbare Maßnahmen hergestellt werden kann. „Die Norm behandelt die Aufnahmekapazität des Netzes und damit einen der Anschlussleistung vergleichbaren Parameter. Wenn der Verordnungsgeber dieses Kriterium aber im Rahmen der KraftNAV der Frage der Zumutbarkeit des Netzanschlusses zuordnet, müsse dies auch für die Anschlussleistung gelten.“[849]

Des Weiteren, so der BGH, lasse sich „der Vorschrift des § 17 EnWG nicht das gesetzgeberische Ziel entnehmen, im Interesse eines einheitlichen Versorgungsmarktes und einer einheitlichen Tarifstruktur möglichst alle in einem Versorgungsgebiet ansässigen Kunden, deren Leistungsbedarf in einem bestimmten Korridor liegt, an dieselbe Netzebene anzuschließen.“[850] Der gesetzlichen Regelung liege „das Ziel der Gewährleistung der Versorgungssicherheit und gleichberechtigt das Ziel einer Liberalisierung der Energiemärkte zugrunde.“[851]

846 BGH, „Agrarfrost“, RdE 2009, 336 (337).
847 BGH, „Agrarfrost“, RdE 2009, 336 (337).
848 BGH, „Agrarfrost“, RdE 2009, 336 (337).
849 BGH, „Agrarfrost“, RdE 2009, 336 (337).
850 BGH, „Agrarfrost“, RdE 2009, 336 (337).
851 BGH, „Agrarfrost“, RdE 2009, 336 (337).

Hierzu zähle „für einen Nachfrager von Strom aber auch die Möglichkeit, diesen über eine preisgünstigere Netz- oder Umspannebene zu beziehen“ und somit in der Netzebene seiner Wahl angeschlossen zu werden.[852]

(cc) Stellungnahme

Zu Recht hat der BGH entschieden, dass der Anschlussanspruch des § 17 Abs. 1 EnWG auch das grundsätzliche Bestimmungsrecht hinsichtlich der Spannungsebene des bereits über einen Netzanschluss verfügenden Petenten umfasst.[853]

Einem solchen Verständnis, wonach auch der bereits angeschlossene Kunde einen Wechselanspruch hat, steht zunächst die EltRl (2009/72/EG) nicht entgegen.[854] Der Europäische Gerichtshof kam in seiner Entscheidung vom 09.10.2008 zu dem Ergebnis, dass die Begriffe „Zugang“ und „Anschluss“ in der Richtlinie unterschiedliche Bedeutung haben.[855] Hiernach betrifft der Begriff „Netzzugang“ das Recht, die Stromnetze zu benutzen, während „Anschluss“ die physische Verbindung mit dem Netz bezeichnet. Da die Richtlinie keine Regelung hinsichtlich des Netzanschlusses enthält, lässt sich daraus folgern, dass den Mitgliedstaaten ein selbstständiger Umsetzungsspielraum bei der Regelung des Netzanschlusses eingeräumt wird.[856] Den Netznutzern wird somit durch die Richtlinie ein Recht auf Netzzugang zum gesamten Stromnetz eingeräumt, die Regelung der Frage, an welche Netzebene der Anschluss zu erfolgen hat, ist jedoch den Mitgliedstaaten überlassen.

Was die Umsetzung in nationales Recht betrifft, so hat der BGH bereits zum EnWG 2003 in seiner „Mainova-Entscheidung“ festgestellt, dass sich der

---

852 BGH, „Agrarfrost“, RdE 2009, 336 (337).

853 So auch *Buntscheck*, WuW 2006, 30 (35); *Meinhold*, ZNER 2005, 196 (199); *Bourwieg*, in Britz/Hellermann/Hermes (Hrsg.), Energiewirtschaftsgesetz, § 17 EnWG, Rn. 17; *de Wyl/Thole*, in: Schneider/Theobald (Hrsg.), Recht der Energiewirtschaft, § 16, Rn. 22; *Wolf*, in: Säcker (Hrsg.), Handbuch zum deutsch-russischen Energierecht, Kap. 5, Rn. 14; *Salje*, in: Baur/Salje/Schmidt-Preuß (Hrsg.), Kap. 67, Rn. 5, 11; *Säcker/Boesche*, in: Säcker (Hrsg.), Berliner Kommentar, § 17 EnWG, Rn. 37; *Nünemann/Brodt*, Anmerkung zur „Agrarfrost-Entscheidung“ des BGH, RdE 2009, 336 (339); kritisch gegenüber dem zugrundeliegenden Beschluss der Bundesnetzagentur *Stappert/Jansen*, e|m|w, 01/08, 66 (67).

854 So auch *Nünemann/Brodt*, Anmerkung zur „Agrarfrost-Entscheidung“ des BGH, RdE 2009, 336 (339); siehe auch oben I. 3 .a) cc) (2).

855 EuGH, Urteil v. 09.10.2008, Az. C-239/07, NVwZ 2009, 165 (167).

856 EuGH mit Anmerkung *Fischer*, RdE 2009, 177 (179); *Bourwieg*, in Britz/Hellermann/Hermes (Hrsg.), Energiewirtschaftsgesetz, § 17 EnWG, Rn. 17.

Anschlusspetent nicht auf eine ihm vom Netzbetreiber zugeteilte Spannungsebene verweisen lassen muss.[857] „Insoweit wurde durch den BGH ein Bestimmungsrecht des Netzbetreibers verneint und dem Anschlusspetenten ein Wahlrecht eingeräumt."[858] In der vorliegenden „Agrarfrost-Entscheidung" stellte der BGH als conclusio fest, dass auch der bereits ans Netz angeschlossene Industriekunde einen Wechsel der Spannungsebene gegenüber dem Netzbetreiber beanspruchen kann. Diese Feststellung verdient Zustimmung.[859]

Allerdings hat der BGH eine genaue Abgrenzung zwischen Neu- und Bestandskunden nicht vorgenommen. Neukunden sind solche, die erstmalig einen Netzanschluss begehren, Bestandskunden sind solche, die bereits über einen Anschluss verfügen.[860] Ausführungen zu der Frage, warum gerade auch Bestandskunden von § 17 Abs. 1 EnWG erfasst sein sollen, macht der BGH in seiner Entscheidung nicht. Dies ergibt sich jedoch aus der Gesetzesbegründung zu § 17 Abs. 1 EnWG, nach der die Vorschrift mit Ausnahme des in § 18 EnWG geregelten Anschlusses von Letztverbrauchern an das Niederspannungsnetz alle Sachverhalte des Netzanschlusses umfassen solle.[861] Hieraus folgt gerade, dass nach dem Willen des Gesetzgebers keine Unterscheidung zwischen „Neuanschlüssen" und „Bestandsanschlüssen" gemacht werden kann.[862]

Der Netzbetreiber kann den Bestandskunden auch nicht in einer Netzebene „gefangen" halten, indem er ihm vorhält, dass er bereits zu angemessenen Bedingungen, also seiner Anschlussleistung entsprechend, angeschlossen sei. Dem Netzbetreiber soll bezüglich der Anschlussebene gerade kein Bestimmungsrecht durch die Formulierung allgemeiner Anschlussbedingungen eingeräumt werden, so der BGH.[863] Entscheidendes Argument, das auch das Gericht sieht, sind hierbei die Ausführungen des Bundesrats im Gesetzgebungsverfahren und die daran anschließende Schaffung einer Ermächtigung durch den Gesetzgeber, in der der Anschlussanspruch mit Blick auf eine kostengünstige Struktur des Energieversorgungsnetzes hinsichtlich der Spannungsebene gemäß § 17 Abs. 3 S. 2

857 BGH, „Mainova", RdE 2005, 222 (222).

858 Bundesnetzagentur, „Agrarfrost", ZNER 2007, 476 (477).

859 So auch *Nünemann/Brodt*, Anmerkung zur „Agrarfrost-Entscheidung" des BGH, RdE 2009, 336 (339).

860 *Brunner*, Wettbewerb im Stromnetz, Kap. 3, S. 237; *Sieberg*, in: Bartsch/Röhling/Salje/Scholz (Hrsg.), Stromwirtschaft, Kap. 53, Rn. 58; siehe auch oben bb) (1).

861 Bundestags-Drucksache, 15/3917, S. 58.

862 Bundesnetzagentur, Veröffentlichung zu Fragen des Netzanschlusses auf Entnahmeseite, S. 2.

863 BGH, „Agrarfrost", RdE 2009, 336 (337).

Nr. 3 a. E. EnWG im Rahmen der Zumutbarkeit begrenzt werden kann.[864] Dies zeigt, dass der Gesetzgeber mit § 17 Abs. 1 EnWG dem Netzbetreiber bezüglich der Anschlussebene gerade kein Bestimmungsrecht durch die Formulierung allgemeiner Anschlussbedingungen einräumen wollte. Anderenfalls wäre die Ermächtigungsgrundlage des § 17 Abs. 3 Satz 2 Nr. 3 a. E. EnWG überflüssig.[865]

Dass die Frage, inwieweit unter Strukturgesichtspunkten eine Begrenzung des Anschlussanspruchs durch den Verordnungsgeber möglich sein soll, in der gesetzgeberischen Diskussion zwischen Bundesregierung und Bundesrat gerade nicht unter „der Überschrift" des § 17 Abs. 1 EnWG, sondern unter der explizit auf § 17 Abs. 2 EnWG verweisenden Verordnungsermächtigung des § 17 Abs. 3 Satz 2 Nr. 3 a. E. EnWG geführt und auch an dieser Stelle in das Gesetz aufgenommen wurde,[866] ist der Begründung des BGH hinzuzufügen.[867] Damit hat der Gesetzgeber die Problematik der Wahl der Netzanschlussebene eindeutig mit der nach § 17 Abs. 2 EnWG zu prüfenden Zumutbarkeit in Verbindung gesetzt.[868]

Hinsichtlich der Frage, ob eine zu geringe Anschlussleistung einen Anschluss in einer höheren Spannungsebene ausschließt, weil die Bedingungen des Netzbetreibers dies so vorsehen, kann auch der KraftNAV, wie der BGH ergänzend ausführte, nichts Gegenteiliges entnommen werden.[869] Die Schlussfolgerungen, die der BGH hier zieht, sind zwar im Ergebnis richtig, die Herleitung kann jedoch nicht überzeugen. § 6 Abs. 1 KraftNAV enthält einen § 17 Abs. 2 EnWG konkretisierenden technischen Verweigerungsgrund für Netzbetreiber gegenüber Kraftwerksbetreibern, die einen Netzanschluss begehren. § 6 KraftNAV stellt dabei insbesondere klar, dass der Netzanschluss dann unzumutbar ist, wenn der begehrte Netzanschlusspunkt technisch nicht zur Aufnahme des erzeugten Stroms geeignet ist und die Eignung auch nicht durch dem Netzbetreiber mögliche und zumutbare Maßnahmen hergestellt werden kann. Somit wird von § 6 Abs. 1 S. 1 KraftNAV nur die mangelnde Anschlusskapazität des Netzes erfasst.[870] Die Anschlusskapazität stellt keinen der Anschlussleistung

---

864 Bundestags-Drucksache 15/3917, S. 82.

865 So bereits Bundesnetzagentur, „Agrarfrost", ZNER 2007, 476 (477).

866 Bundestags Drucksache 15/3917, S. 82.

867 Dieses Argument führte auch die Bundesnetzagentur in dem der Entscheidung zugrundeliegenden Beschluss aus, vgl. Bundesnetzagentur, „Agrarfrost", ZNER 2007, 476 (478).

868 Bundesnetzagentur, „Agrarfrost", ZNER 2007, 476 (478).

869 BGH, „Agrarfrost", RdE 2009, 336 (337).

870 Vgl. hierzu insbesondere *Lück*, in: Säcker (Hrsg.), Berliner Kommentar, § 17 EnWG Anh. § 6 KraftNAV, Rn. 6 ff.

vergleichbaren Parameter dar, so, wie der BGH es begründet.[871] Während die Anschlussleistung auf Anschlusspetentenseite abgerufen wird, liegt die Anschlusskapazität im Verantwortungsbereich des Netzbetreibers. Hierbei handelt es sich eher um gegensätzliche Parameter. Andererseits handelt es sich sowohl bei der Anschlussleistung als auch bei der Anschlusskapazität um technische Gründe. Der Verordnungsgeber hat mit § 6 Abs. 1 KraftNAV zum Ausdruck gebracht, dass er technische Kriterien im Rahmen der Zumutbarkeit des Netzanschlusses geklärt haben will.[872] Dies hat zur Folge, dass die Frage, ob eine zu geringe Anschlussleistung einen Anschluss in einer höheren Spannungsebene ausschließt, weil die Bedingungen des Netzbetreibers dies so vorsehen, nicht bereits im Rahmen von § 17 Abs. 1 EnWG berücksichtigt werden kann, sondern erst im Rahmen von § 17 Abs. 2 EnWG.

Das Bestimmungsrecht des Anschlusspetenten, der bereits über einen Netzanschluss verfügt, unterliegt somit genau wie beim Neukunden nur der Beschränkung des § 17 Abs. 2 EnWG. Hiernach kann der Netzbetreiber den begehrten Netzanschluss dann verweigern kann, wenn er nachweist, dass ihm die Gewährung aus betriebsbedingten oder sonstigen wirtschaftlichen Gründen unter Berücksichtigung der Ziele des § 1 EnWG nicht möglich oder nicht zumutbar ist.[873]

Strukturaspekte und sonstige Gesichtspunkte können im Rahmen der Verweigerungsmöglichkeit nach § 17 Abs. 2 EnWG Berücksichtigung finden, sodass aus Rechtsschutzgründen kein Bedürfnis besteht, den Anspruch auszuschließen. Bei der Verweigerungsmöglichkeit nach § 17 Abs. 2 EnWG ist im Hinblick auf die technisch nötigen Anschlussarbeiten sowie die höhere Belastung der Netznutzer der „verlassenen" Spannungsebene daher zumindest ein hinreichendes Kriterium für den Wechsel zu verlangen, der in der Verhältnismäßigkeitsabwägung berücksichtigt werden muss.[874]

---

871 Siehe oben (bb).

872 Bundesrats-Drucksache 283/07, S. 21; vgl. auch *Hartmann*, in: Danner/Theobald (Hrsg.), Energierecht, § 6 KraftNAV, Rn. 5.

873 So im Ergebnis auch Bundesnetzagentur, Veröffentlichung zu Fragen des Netzanschlusses auf Entnahmeseite, S. 2; *Bourwieg*, in: Britz/Hellermann/Hermes (Hrsg.), Energiewirtschaftsgesetz, § 17 EnWG, Rn. 17; *Säcker/Boesche*, in: Berliner Kommentar, § 17 EnWG, Rn.38; *de Wyl/Thole*, in: Schneider/Theobald (Hrsg.), Recht der Energiewirtschaft, § 16, Rn. 115; *Buntscheck*, in: WuW 2006, 30 (35); *Meinhold*, ZNER 2005, 196 (199); *Nünemann/Brodt*, Anmerkung zur „Agrarfrost-Entscheidung" des BGH, RdE 2009, 336 (339).

874 Siehe im Folgenden unter III. 1. a).

Insgesamt ist festzuhalten, dass die Fälle des Wechsels eines Bestandskunden genau wie die des erstmaligen Anschlusses von Kunden regelmäßig im Rahmen der Zumutbarkeit im Sinne des § 17 Abs. 2 EnWG abzuwägen sind.[875]

(4) Wann ist eine Verweigerung des Netzanschlusses nach § 17 Abs. 2 EnWG bei Industriekunden möglich?

Der Entscheidung des BGH ist zu entnehmen, dass grundsätzlich der Anschlussnehmer darüber befinden kann, an welche Spannungsebene er angeschlossen wird und eine Anschlussverweigerung allenfalls im Rahmen von § 17 Abs. 2 EnWG möglich ist. Im Folgenden soll untersucht werden, wann eine solche Anschlussverweigerung gerechtfertigt erscheint. Zunächst sollen mögliche Verweigerungsgründe erläutert und geklärt werden, wann eine Verweigerung des Netzanschlusses nach § 17 Abs. 2 EnWG überhaupt erfolgversprechend sein kann. Zu differenzieren ist genau wie beim Netzanschluss von Arealnetzen zwischen betriebsbedingt, technisch und wirtschaftlich motivierten Verweigerungsgründen.

(a) Verweigerung des Netzanschlusses wegen Unmöglichkeit

Als betriebsbedingte Verweigerungsgründe kommen solche in Betracht, die auf den innerbetrieblichen Ablauf des Unternehmens, das den Anschluss verweigert, bezogen sind.[876] Ferner kommen Gründe in Betracht, die ihre Ursache unmittelbar in der Funktionsfähigkeit der betrieblichen Anlagen haben.[877] Die Sicherheitsmängel in den elektrischen Anlagen müssen allerdings so gravierend sein, dass sie sich auf den gesamten Netzbetrieb des Unternehmens auswirken und der Netzbetrieb sogar als gefährdet angesehen werden muss.[878]

Ein technischer Verweigerungsgrund liegt vor, wenn der Anschluss vom Netzbetreiber technisch nicht realisiert werden kann.[879] Das ist beispielsweise der Fall, wenn keine ausreichende Abnahmestelle, z. B. keine Transformatorenanlage zur Umschaltung verschiedener Spannungsebenen vorhanden ist.[880]

---

875 *De Wyl/Thole*, in: Schneider/Theobald (Hrsg.), Recht der Energiewirtschaft, § 16, Rn. 160.
876 *Salje* (Hrsg.), Energiewirtschaftsgesetz, § 17, Rn. 52.
877 *Salje* (Hrsg.), Energiewirtschaftsgesetz, § 17, Rn. 37.
878 *Brunner*, Wettbewerb im Stromnetz, Kap. 3, S. 280; siehe oben unter B. I. 3. a) cc) (5) (b) (aa).
879 *De Wyl/Thole*, in: Schneider/Theobald (Hrsg.), Recht der Energiewirtschaft, § 16, Rn. 162.
880 *Brunner*, Wettbewerb im Stromnetz, Kap. 3, S. 259.

(b) Verweigerung des Netzanschlusses wegen technischer und betriebsbedingter Unzumutbarkeit

Den Anschlusspetenten wird von den Netzbetreibern entgegengebracht, dass durch die Kapazitätsentnahme aus dem Mittelspannungsnetz statt aus dem Niederspannungsnetz Schwankungen hinsichtlich der Netzauslastung des gesamten örtlichen Verteilernetzes einträten.[881] Hat der Netzbetreiber das Niederspannungsnetz elektrizitätswirtschaftlich auch für die Industriekunden ausgelegt, kommt es beim Anschluss dieser Kunden an das Mittelspannungsnetz zu einer Unterauslastung des Niederspannungsnetzes. Diese ist umso größer, je höher die Zahl wechselwilliger Kunden ist. Durch diese Unterauslastung sei die Sicherheit des Verteilernetzes nicht mehr gewährleistet.[882]

Die Unterlastung des Netzes ist dabei zunächst als technischer Verweigerungsgrund zu verstehen. Da möglicherweise auch Auswirkungen auf den gesamten Netzbetrieb des Unternehmens zu befürchten sind, ließe sich die Anschlussverweigerung auch mit einem Verweis auf die betriebsbedingte Unzumutbarkeit ablehnen.[883]

Gegen diesen Versagungsgrund spricht allerdings Folgendes: Bei einer Kapazitätsentnahme unmittelbar aus dem Mittelspannungsnetz werden auf der Niederspannungsebene 0 % und auf der Mittelspannungsebene 100 % entnommen.[884] Hierdurch wird in der Niederspannungsebene eine Netzentlastung hervorgerufen, d. h. die Netzlast wird durch die verschiedenen Kapazitätsentnahmen verändert. Eine Netzentlastung ist jedoch nichts Negatives.[885] Sie ist vergleichbar mit einem Kraftwerk, das seine maximale Nennleistung nicht ausschöpft. Technisch gesehen entstehen keine negativen Auswirkungen für die Netzebene. Auch die vorgelagerten Netzebenen werden hierdurch nicht in Mitleidenschaft gezogen.[886] Deshalb ist es nicht nachvollziehbar, dass durch die Kapazitätsentnahme aus dem Mittelspannungsnetz Schwankungen hinsichtlich der Netzauslastung des gesamten örtlichen Verteilungsnetzes verursacht werden sollen.[887]

---

881 So die betroffene Netzbetreiberin vor dem OLG Düsseldorf, ZNER 2008, 238 (240).
882 So die betroffene Netzbetreiberin vor dem OLG Düsseldorf, ZNER 2008, 238 (240).
883 *Brunner*, Wettbewerb im Stromnetz, Kap. 3, S. 294.
884 *Säcker/Boesche*, in: Säcker (Hrsg.), Berliner Kommentar, § 17 EnWG, Rn. 42.
885 *Säcker/Boesche*, in: Säcker (Hrsg.), Berliner Kommentar, § 17 EnWG, Rn. 42.
886 *Säcker/Boesche*, in: Säcker (Hrsg.), Berliner Kommentar, § 17 EnWG, Rn. 42.
887 *Säcker/Boesche*, in: Säcker (Hrsg.), Berliner Kommentar, § 17 EnWG, Rn. 42.

(c) Verweigerung des Netzanschlusses wegen wirtschaftlicher Unzumutbarkeit

(aa) Veränderung der Preisstruktur

Als wirtschaftlich motivierten Verweigerungsgrund bringen die Energieversorgungsunternehmen vor, dass der Anschluss von Industriekunden an die nächsthöhere Spannungsebene zum Herausfallen besonders attraktiver Kunden führe und sich dadurch die allgemeine Versorgung der restlichen Kunden verteuere. Da der Betrieb des Niederspannungsnetzes im Wesentlichen durch Festkosten für die Errichtung und die Wartung des Netzes gekennzeichnet sei, resultiere daraus für den Netzbetreiber infolge des Wechsels dieser Kunden zur Mittelspannungsebene/Hochspannungsebene zunächst ein Einnahmeausfall, da von dem Industriekunden, der in eine höhere Spannungsebene wechsele, keine Netzentgelte für die verlassene Spannungsebene mehr verbucht werden können. Da nun die Fixkosten auf weniger Kunden in der Netzebene umgelegt werden müssen, erhöhen sich die Entgelte für die übrigen Kunden.[888] Der wechselnde Industriekunde entziehe sich somit der solidarischen Finanzierung seiner bisherigen Netzebene. Die Anschlussgewährung sei den Netzbetreibern daher wirtschaftlich nicht zumutbar. Das Ziel des EnWG bestehe nach § 1 EnWG darin, eine möglichst sichere, preisgünstige und effiziente Versorgung der Allgemeinheit sicherzustellen. Dieses Ziel könne der Netzbetreiber somit nicht mehr gewährleisten.[889]

Um zu klären, ob ein Netzanschluss in einer höheren Spannungsebene aufgrund dieses Arguments verweigert werden kann, muss zwischen Neukunden und Bestandskunden differenziert werden.[890] Denn ein Wechsel der Spannungsebene hat bei Bestandskunden weitreichendere Folgen: Der Netzbetreiber hat mit dem Kunden geplant und sein Netz dementsprechend ausgelegt. Dagegen verändert sich die Struktur der Kunden im Fall eines ersten Netzanschlusses eines Neukunden nicht.[891]

Das Argument, dass durch den Anschluss an eine höhere Spannungsebene wichtige Kunden in Niederspannung verloren gingen, stellt nach der auch hier anwendbaren Rechtsprechung des BGH sowie des OLG München zum Netzanschluss von Arealnetzen keine Rechtfertigung für eine Anschlussverweigerung

---

888 So die betroffene Netzbetreiberin vor dem OLG Düsseldorf, ZNER 2008, 238 (240), die Mainova vor dem BGH, WRP 2005, 1278 (1282), und die betroffene Netzbetreiberin vor dem OLG München, ZNER 2006, 264 (267).

889 So die Netzbetreiberin vor dem OLG Düsseldorf, ZNER 2008, 238 (240); auch *Stappert/Jansen* sehen die Veränderung der Preisstruktur als einen Verweigerungsgrund an, e|m|w, 01/08, 66 (68).

890 So auch: Bundesnetzagentur, Veröffentlichung zu Fragen des Netzanschlusses auf Entnahmeseite, S. 4; vgl. auch *Brunner*, Wettbewerb im Stromnetz, Kap. 3, S. 238.

891 Siehe oben I. 3. a) cc) (5) (c) (aa) (aaa).

dar.[892] Das gilt nicht nur für Neukunden, sondern auch für Bestandskunden, die in eine höhere Spannungsebene wechseln wollen. Der Netzbetreiber hat keinen Vertrauenstatbestand darauf erworben, dass sich im Zuge der Liberalisierung des Elektrizitätsmarktes nichts an der Nutzung der angebotenen und zur Verfügung zu stellenden Spannungsebenen ändert."[893] Deshalb muss er sich damit abfinden, dass er den Kunden, die die technischen Voraussetzungen erfüllen, Anschluss an höhere Spannungsebenen gewähren muss.[894] Ein Recht des Netzbetreibers auf Beibehaltung dieser Kunden in Niederspannung ist aus dem EnWG nicht abzuleiten.[895] Ferner würde der Anspruch aus § 17 Abs. 1 EnWG auch leerlaufen, wenn der Begriff der „wirtschaftlichen Zumutbarkeit" im § 17 Abs. 2 EnWG dahingehend zu verstehen wäre, dass bereits jedwede potentielle Erhöhung der Netzentgelte die Unzumutbarkeit begründet.[896]

Die pauschale Begründung von Seiten der Netzbetreiber, dass ein Netzebenenwechsel zur Erhöhung der Netzentgelte führe, genügt daher nicht zu einer Anschlussverweigerung. Allerdings muss in den Fällen, in denen die Optimierung des Strombezugs durch die Anschlusspetenten in einem groben Missverhältnis zu den Zielen des § 1 Abs. 1 und Abs. 2 EnWG steht, insbesondere die Preisgünstigkeit der Versorgung der Allgemeinheit mit Strom gefährdet ist, eine Anschlussverweigerung ermöglicht werden.[897] Wann dies jedoch der Fall ist, wurde bisher gerichtlich nicht entschieden. Das OLG Düsseldorf hält eine durch das Wechselbegehren größerer Netzkunden drohende Erhöhung der Netzentgelte von ca. 1,5 % in der Mittelspannung und von ca. 1,1 % auf der Umspannebene Mittelspannung/Niederspannung sowie von 1,1 % auf der Niederspannungsebene jedenfalls für zumutbar.[898] Die

892 BGH, WRP 2005, 1278 (1282); OLG München, ZNER 2006, 264 (267).

893 BGH, WRP 2005, 1278 (1282); so auch *Wolf*, in. Säcker (Hrsg.), Handbuch zum deutsch-russischen Energierecht, Kap. 5, Rn. 32.

894 BGH, WRP 2005, 1278 (1282).

895 BGH, RdE 2009, 336 (337); Bundesnetzagentur, „Agrarfrost-Beschluss", ZNER 2007, 476 (477); Bundesnetzagentur, Veröffentlichung zu Fragen des Netzanschlusses auf Entnahmeseite, S. 2; *Bourwieg*, in: Britz/Hellermann/Hermes (Hrsg.), Energiewirtschaftsgesetz, § 17 EnWG, Rn. 17; *Säcker/Boesche*, in: Säcker (Hrsg.), Berliner Kommentar, § 17 EnWG, Rn. 38; *de Wyl/Thole*, in: Schneider/Theobald (Hrsg.), Recht der Energiewirtschaft, § 16, Rn. 115; *Buntscheck*, in: WuW 2006, 30 (35); *Meinhold*, ZNER 2005, 196 (199).

896 Bundesnetzagentur, „Agrarfrost-Beschluss", ZNER 2007, 476 (482); Bundesnetzagentur, Veröffentlichung zu Fragen des Netzanschlusses auf Entnahmeseite, S. 4.

897 OLG Düsseldorf, „Agrarfrost", ZNER 2008, 238 (240); auch *Brunner*, Wettbewerb im Stromnetz, Kap. 3, S. 306.

898 OLG Düsseldorf, „Agrarfrost", ZNER 2008, 238 (240).

Preisgünstigkeit der Versorgung der Allgemeinheit mit Strom dürfte dann als gefährdet angesehen werden, wenn mit einer Erhöhung der Netzentgelte von über 10 % zu rechnen ist. In § 19 Abs. 2 S. 1 StromNEV a. F. hat der Verordnungsgeber ausgeführt, dass ein individuelles Netzentgelt nicht zu einer wesentlichen Erhöhung der Netzentgelte führen darf. Wesentlich ist eine Erhöhung auch hier bei Werten ab 10 %.[899] Die Beweislast dafür liegt beim Netzbetreiber.[900]

(bb) Exkurs: Besonderheiten im Rahmen der ARegV

Im Geltungsbereich der ARegV würde sich die unter (aa) dargestellte Entgelterhöhung auch nur zeitlich versetzt ergeben. Die Anreizregulierungsverordnung löst bei der Kostenkontrolle für den Zeitraum einer Regulierungsperiode die Höhe der Netzentgelte von der Höhe der tatsächlichen Kosten der Netzbetreiber ab.[901] Nur zu Beginn und nach Ablauf einer Regulierungsperiode, die nach § 3 Abs. 2 ARegV fünf Jahre beträgt, nimmt die zuständige Regulierungsbehörde die tatsächlichen (Netz-)Kosten (wieder) in Betracht, um die Erlösobergrenze für jedes Jahr der jeweiligen Periode festzusetzen.[902] Die nach § 4 ARegV gebildete Erlösobergrenze stellt einen Geldbetrag in Euro je Netzbetreiber und Kalenderjahr dar.[903] Sie wird vom Netzbetreiber nach § 17 Abs. 1 S. 1 ARegV in ein Preisblatt der Netzentgelte umgesetzt.[904] Insbesondere muss der Netzbetreiber bei der Umsetzung der Erlösobergrenze in Netzentgelte Annahmen über die Mengenentwicklung im betreffenden Kalenderjahr treffen und nach § 17 Abs. 1 S. 3 ARegV i.V.m. § 20 StromNEV mittels einer sogenannten Verprobungsrechnung sicherstellen, dass die bei diesen Mengen prognostizierten Gesamterlöse der Höhe der Erlösobergrenze entsprechen.[905] Diese Prognoseentscheidung ist

---

899 *Gent/Nünemann*, RdE 2008, 189 (192) mit Verweis auf den Beschluss der Landesregulierungsbehörde Baden-Württemberg v. 26.7.2006, Az. 1-4455.4/67, S. 4; vgl. auch außerhalb des Energierechts BGH, WM 1964, 491 (492); BGH, WM 1975, 272 (273); BGH NJW 1995, 1360 (1361).

900 *Bourwieg*, in: Britz/Hellermann/Hermes (Hrsg.), Energiewirtschaftsgesetz, § 17 EnWG, Rn. 23; *Salje*, Energiewirtschaftsgesetz, § 17 EnWG, Rn. 47.

901 *Ruge*, in: Schneider/Theobald (Hrsg.), Recht der Energiewirtschaft, § 18, Rn. 2.

902 *Weyer*, in: Baur/Salje/Schmidt-Preuß (Hrsg.), Regulierung in der Energiewirtschaft, Kap. 74, Rn. 1; *Ruge*, in: Schneider/Theobald (Hrsg.), Recht der Energiewirtschaft, § 18, Rn. 2; *Krüger/Müller-Kirchenbauer/Weyer*, in: Holznagel/Schütz (Hrsg.), ARegV, § 10, Rn. 11; *Balzer/Schönefuß*, RdE 2006, 213 (214).

903 *Hummel*, in: Danner/Theobald (Hrsg.), Energierecht, § 5 ARegV, Rn. 12.

904 *Missling*, IR 2010, 98 (98).

905 *Weyer*, in: Baur/Salje/Schmidt-Preuß (Hrsg.), Regulierung in der Energiewirtschaft, Kap. 82, Rn. 3, sowie Kap. 85, Rn. 4; *Held*, in: Holznagel/Schütz (Hrsg.), ARegV, § 5, Rn. 39.

jedoch mit Unsicherheiten behaftet, da niemand genau vorhersehen kann, wie das Netz letztlich beansprucht wird.[906]

Um dieses Prognoserisiko hinsichtlich der abgesetzten Menge bei der Netzentgeltbildung nach § 17 ARegV einzugrenzen, hat der Gesetzgeber das sogenannte Regulierungskonto in § 5 ARegV normiert.[907] Während der Regulierungsperiode eintretende Mehr- oder Mindererlöse werden somit über diese „netzentgeltkalkulatorische Konstruktion" ausgeglichen.[908] Das Regulierungskonto ersetzt das im Rahmen der kostenbasierten Entgeltbildung nach § 11 StromNEV geltende System der periodenübergreifenden Saldierung.[909]

Gemäß § 5 Abs. 1 S. 1 ARegV ist die Differenz zwischen den nach § 4 zulässigen Erlösen und den vom Netzbetreiber unter Berücksichtigung der tatsächlichen Mengenentwicklung erzielbaren Erlösen jährlich auf dem Regulierungskonto zu verbuchen. Mit anderen Worten werden Abweichungen zwischen der nach § 4 ARegV gebildeten Erlösobergrenze einerseits und den tatsächlich erzielbaren Erlösen andererseits von der Regelung erfasst.[910] Sowohl positive als auch negative Abweichungen werden auf dem Regulierungskonto gutgeschrieben.[911]Ausgeglichen werden jedoch nur Differenzen, die sich aus Prognoseunsicherheiten ergeben.[912] Entstandene Mindereinnahmen, die aufgrund von Versäumnissen des Netzbetreibers hervorgerufen wurden, sollen hingegen nicht ersetzt werden.[913] Gründe für eine solche Abweichung im Sinne des § 5 Abs. 1 S. 1 ARegV können vielfältig sein. Abweichungen werden sich insbesondere durch Mengenschwankungen, d. h. kurzfristige Absatzschwankungen aus Witterungsgründen, ergeben.[914] Aber auch langfristige Änderungen

---

906 Bundesrats-Drucksache 417/07, S. 45; auch *Hummel*, in: Danner/Theobald (Hrsg.), Energierecht, § 5 ARegV, Rn. 12.

907 Bundesrats-Drucksache 417/07, S. 45.

908 *Hummel*, in: Danner/Theobald (Hrsg.), Energierecht, § 5 ARegV, Rn. 12.

909 *Ruge*, in: Schneider/Theobald (Hrsg.), Recht der Energiewirtschaft, § 18, Rn. 14; *Held*, in: Holznagel/Schütz (Hrsg.), ARegV, § 5, Rn. 25.

910 *Hummel*, in: Danner/Theobald (Hrsg.), Energierecht, § 5 ARegV, Rn. 12.

911 *Weyer*, in: Baur/Salje/Schmidt-Preuß (Hrsg.), Regulierung in der Energiewirtschaft, Kap. 82, Rn. 13.

912 Bundesrats-Drucksache 417/07, S. 45.

913 *Missling*, IR 2010, 98 (98) mit Verweis auf den ersten Entwurf der ARegV, in dessen § 5 ARegV-E zunächst auf die tatsächlich erzielten Erlöse abgestellt wurde, vgl. Bundesrats-Drucksache 417/07, S. 5; kritisch hierzu *Ruge*, DVBl. 2008, 956 (985); *ders.*, in: Schneider/Theobald (Hrsg.), Recht der Energiewirtschaft, § 18, Rn. 16.

914 *Weyer*, in: Baur/Salje/Schmidt-Preuß (Hrsg.), Regulierung in der Energiewirtschaft, Kap. 82, Rn. 3; Bundesrats-Drucksache 417/07, S. 45.

der Versorgungsaufgabe, wie etwa ein Wechsel der Anschlussebene eines Anschlussnehmers oder die ersatzlose Schließung eines Industriebetriebs, werden erfasst.[915] Hatte der Netzbetreiber bisher keine Anhaltspunkte für einen Wegfall oder den Wechsel von Kunden in eine andere Spannungsebene und konnte dieser Umstand nicht bei der Berechnung der Entgelte miteinbezogen werden, so kann der Netzbetreiber die Mindererlöse, die durch entgangene Netzentgelte hervorgerufen werden, über das Regulierungskonto ausgleichen.[916]

Die auf dem Regulierungskonto verbuchten Differenzen sind nach § 5 Abs. 2 ARegV zu verzinsen. Dies gilt sowohl für Zu- als auch für Abschläge.[917] Anhand der nach §§ 5 Abs. 1 S. 1 und Abs. 2 S. 1–3 ARegV ermittelten und summierten Differenzen ist der Saldo des Regulierungskontos nach § 5 Abs. 4 S. 1 ARegV im letzten Jahr der Regulierungsperiode von der zuständigen Regulierungsbehörde für die vorangegangenen fünf Kalenderjahre zu errechnen. Der Ausgleich des Saldos hat gemäß § 5 Abs. 4 S. 2 ARegV durch gleichmäßig über die folgende Regulierungsperiode verteilte Zu- oder Abschläge zu erfolgen, die nach § 5 Abs. 4 S. 3 ARegV ebenfalls zu verzinsen sind.[918] Die Verteilung erfolgt als Zuschlag auf die bzw. als Abschlag von den Erlösobergrenzen.[919] Ein Ausgleich des Regulierungskontos durch die Anpassung der Erlösobergrenze bereits in der laufenden Regulierungsperiode ist nach § 5 Abs. 4 S. 4 ARegV ausdrücklich ausgeschlossen.

Eine Ausnahme von diesem Prinzip sieht § 5 Abs. 3 ARegV vor. Dieser regelt, dass die Netzentgelte in der laufenden Regulierungsperiode anzupassen sind, wenn die tatsächlich erzielten Erlöse die nach § 4 ARegV zulässigen Erlöse um mehr als 5 % übersteigen (Satz 1) bzw. um mehr als 5 % hinter den zulässigen Erlösen zurückbleiben (Satz 2).[920] Die Anwendung des § 5 Abs. 3 ARegV führt

---

915 *Missling*, IR 2010, 98 (98); *Hummel*, in: Danner/Theobald (Hrsg.), Energierecht, § 5 ARegV, Rn. 18.

916 *Missling*, IR 2010, 98 (98).

917 *Held*, in: Holznagel/Schütz (Hrsg.), ARegV, § 5, Rn. 39.

918 Hierzu *Weyer*, in: Baur/Salje/Schmidt-Preuß (Hrsg.), Regulierung in der Energiewirtschaft, Kap. 82, Rn. 13; *Hummel*, in: Danner/Theobald (Hrsg.), Energierecht, § 5 ARegV, Rn. 57.

919 *Hummel*, in: Danner/Theobald (Hrsg.), Energierecht, § 5 ARegV, Rn. 57; *Held*, in: Holznagel/Schütz (Hrsg.), ARegV, § 5, Rn. 72; *Ruge*, in: Schneider/Theobald (Hrsg.), Recht der Energiewirtschaft, § 18, Rn. 17.

920 *Weyer*, in: Baur/Salje/Schmidt-Preuß (Hrsg.), Regulierung in der Energiewirtschaft, Kap. 82, Rn. 15; Missling, IR 2010, 98 (100).

jedoch nicht zur Abänderung der Erlösobergrenze nach § 4 Abs. 1 ARegV, sondern lediglich zur Pflicht, die Netzentgelte abweichend zu kalkulieren.[921]

Während im Falle von Mehrerlösen der vorgezogene Ausgleich gemäß § 5 Abs. 3 S. 1 durch den Netzbetreiber zwingend durchzuführen ist („ist der Netzbetreiber verpflichtet"), ergibt sich im Fall von Mindererlösen nach § 5 Abs. 3 S. 2 ARegV nur eine fakultative Ausgleichsmöglichkeit („ist der Netzbetreiber dazu berechtigt").[922] Die Durchführung des vorgezogenen Ausgleichs nach § 5 Abs. 3 ARegV erfolgt mit einem zeitlichen Versatz von zwei Jahren.[923] Das folgt aus dem Umstand, dass die tatsächlichen Erlöse erst nach Ablauf des Jahres bekannt sind und eine Anpassung der Netzentgelte nach § 17 Abs. 3 S 1 ARegV erst zum 1. Januar des Folgejahres erfolgen kann.[924] Wird somit beispielsweise im Jahr 2011 für das Jahr 2010 eine Differenz festgestellt, die den Schwellenwert übersteigt, erfolgt die Anpassung zum 01.01.2012.[925]

Aus der Anwendung der ARegV folgt somit, dass die entgangenen Erlöse, die sich durch den Wegfall von Kunden in einer Spannungsebene ergeben, immer nur zu Beginn einer neuen Regulierungsperiode und damit zeitlich versetzt in den Netzentgelten berücksichtigt werden können. Die Netzbetreiber haben hierbei die Möglichkeit, Mindererlöse über das Regulierungskonto zu verrechnen. Der Ausgleich dieses Saldos kann nur in der nächsten Regulierungsperiode erfolgen, falls der Schwellenwert von 5 % nicht erreicht wird. Einen Ausfall von Erlösen bedingt durch den Wegfall oder Wechsel der Kunden in eine höhere Spannungsebene wird der Netzbetreiber in der Regel im Verlauf der Regulierungsperiode durch Kundenzuwächse kompensieren können, so dass nur im Ausnahmefall eine Entgelterhöhung für die übrigen Kunden in der Netzebene zu befürchten ist.

---

921 *Held*, in: Holznagel/Schütz (Hrsg.), ARegV, § 5, Rn. 63; *Missling*, IR 2010, 98 (101); Bundesnetzagentur, Erläuterungen der Regulierungsbehörden zur Bestimmung des Regulierungskontosaldos, S. 7.

922 So auch *Hummel*, in: Danner/Theobald (Hrsg.), Energierecht, § 5 ARegV, Rn. 57; § 5 Abs. 3 S. 2 ARegV wurde erst mit Verordnung v. 03.09.2010 eingefügt, vgl. Bundesrats-Drucksache 312/10, S. 15 f.

923 *Hummel*, in: Danner/Theobald (Hrsg.), Energierecht, § 5 ARegV, Rn. 67; *Held*, in: Holznagel/Schütz (Hrsg.), ARegV, § 5, Rn. 70; Bundesnetzagentur, Erläuterungen der Regulierungsbehörden zur Bestimmung des Regulierungskontosaldos, S. 8; a.A. *Franz*, in: Säcker (Hrsg.), Berliner Kommentar, Anh. § 21a EnWG, § 5 ARegV, Rn. 36.

924 *Missling*, IR 2010, 98 (100).

925 Bundesnetzagentur, Erläuterungen der Regulierungsbehörden zur Bestimmung des Regulierungskontosaldos, S. 8.

(cc) Erschwernisse für eine vorausschauende Netzplanung

Die Unzumutbarkeit ergibt sich nach Ansicht der Energieversorgungsunternehmen ferner aus den Erschwernissen für eine vorausschauende Netzplanung. Ein Anschlussbegehren auf Spannungsebenenwechsel entwerte die vom Netzbetreiber getätigten Investitionen, was wiederum den bedarfsgerechten Netzausbau nach § 11 Abs. 1 EnWG gefährde.[926]

Eine „effiziente Netzplanung sowie die Liberalisierung der Energiemärkte stehen als gleichberechtigte Ziele nebeneinander".[927] Gewisse „Einbußen bei der Netzplanung zugunsten der Schaffung von Wettbewerb" müssen hingenommen werden.[928] Erst dann, wenn erhebliche Bedenken hinsichtlich der Sicherheit und Umweltverträglichkeit der Energieversorgung bestünden, kann im Einzelfall eine Verweigerung des Netzanschlusses gerechtfertigt erscheinen.[929] Darüber hinaus ist zu berücksichtigen, dass das Netz auch bisher einer Fluktuation seiner Letztverbraucher durch Umzüge, Geschäftsaufgaben, Standortverlagerungen usw. unterlag.[930] Insofern gab es für den Netzbetreiber noch nie eine Sicherheit, dass getätigte Netzinvestitionen nicht plötzlich Auslastungsveränderungen unterworfen waren.[931] Ferner ist zu berücksichtigen, dass „der Bestandskunde bei der Errichtung des bestehenden Anschlusses für die von ihm mitbenutzten Betriebsmittel des Netzbetreibers einen nicht unerheblichen Baukostenzuschuss gezahlt hat."[932] Daher ist es nicht einzusehen, weshalb der Bestandskunde, obwohl er die zu verlassende Ebene bereits „mitfinanziert" hat, darüber hinaus noch zur Erhaltung des Anschlusses in der bisherigen Netzebene verpflichtet sein soll.[933] Eine solche Verpflichtung kann allenfalls dann in Betracht kommen, wenn der Bestandskunde durch sein Verhalten das Vertrauen des Netzbetreibers für einen Verbleib in der bisherigen Anschlussebene begründet hat und der Netzbetreiber mit Blick auf diesen Vertrauenstatbestand Netzinvestitionen, sogenannte „stranded investments", getätigt hat.[934] Aber selbst

926 So die betroffene Netzbetreiberin vor dem OLG Düsseldorf, ZNER 2008, 238 (240).
927 OLG Düsseldorf, ZNER 2008, 238 (241).
928 OLG Düsseldorf, ZNER 2008, 238 (241).
929 OLG Düsseldorf, ZNER 2008, 238 (241).
930 Bundesnetzagentur, Veröffentlichung zu Fragen des Netzanschlusses auf Entnahmeseite, S. 4.
931 Bundesnetzagentur, Veröffentlichung zu Fragen des Netzanschlusses auf Entnahmeseite, S. 4.
932 Bundesnetzagentur, „Agrarfrost-Beschluss", ZNER 2007, 476 (479); siehe auch oben I. 3. a) dd) (4).
933 Bundesnetzagentur, „Agrarfrost-Beschluss", ZNER 2007, 476 (479).
934 Bundesnetzagentur, „Agrarfrost-Beschluss", ZNER 2007, 476 (479).

„stranded investments" können, sofern sie bedarfsgerecht im Sinne von § 11 Abs. 1 S. 1 EnWG waren, entsprechend bei dem Netznutzungsentgelt nach § 21 EnWG i. V. m. 21 a EnWG und der ARegV berücksichtigt und umgelegt werden.[935]

(dd) Folgeanträge

Ferner könne durch das einmalige Zulassen eines Präzedenzfalls zeitlich verzögert eine „Lawine" wechselwilliger Netznutzer in Bewegung gesetzt werden, so die Energieversorgungsunternehmen. Im Hinblick auf den diskriminierungsfreien Netzanschluss wäre der Netzbetreiber nach einem dem Anschlusspetenten gewährten Spannungsebenenwechsel verpflichtet, in weiteren, gleich gelagerten Fällen einen entsprechenden Netzanschluss zu ermöglichen.[936] Es sei mit einer Art „Windhundrennen" um die besten Anschlussplätze zu rechnen. Hieraus resultiere ebenfalls die Unzumutbarkeit des Netzanschlusses.[937]

Fest steht, dass bei der konkreten Bestimmung der durch den Spannungsebenenwechsel hervorgerufenen Einbußen des Netzbetreibers bereits vorhandene gleich gelagerte Anträge zu berücksichtigen sind. Aufgrund der Verpflichtung des Netzbetreibers, den Abschluss zu diskriminierungsfreien Bedingungen herzustellen, ist es ihm nicht möglich, gleichgelagerte Anträge abzulehnen.[938] Er ist verpflichtet, alle Anträge umfassend zu werten und die Entscheidung davon abhängig zu machen, ob die wirtschaftlichen Auswirkungen auch dann zumutbar bleiben, wenn er allen Anträgen stattgäbe.[939] Die Frage, ob darüber hinaus auch sogenannte „Folgeanträge", also Prognosen über künftig erwartete, gleichgelagerte Anträge, in die Zumutbarkeitsabwägung einfließen sollen, ist dagegen schwieriger zu beantworten. In einem solchen Fall ist dem Netzbetreiber zumindest die Nachweispflicht aufzuerlegen, ob eine entsprechende Lawine von Folgeanträgen auch tatsächlich droht und ein Wechsel dieser Netzkunden einen wirtschaftlichen Betrieb der verlassenen Spannungsstufe nicht mehr zuließe.[940] Um einen solchen Nachweis zu erbringen, schlägt die Bundesnetzagentur in

935 So auch *Brunner*, Wettbewerb im Stromnetz, Kap. 3, S. 324.

936 *Sieberg*, in: Bartsch/Röhling/Salje/Scholz (Hrsg.), Stromwirtschaft, Kap. 53, Rn. 72.

937 So die betroffene Netzbetreiberin vor dem OLG Düsseldorf, „Agrarfrost", ZNER 2008, 238 (241).

938 Bundesnetzagentur, Veröffentlichung zu Fragen des Netzanschlusses auf Entnahmeseite, S. 5.

939 Bundesnetzagentur, Veröffentlichung zu Fragen des Netzanschlusses auf Entnahmeseite, S. 5.

940 *Sieberg*, in: Bartsch/Röhling/Salje/Scholz (Hrsg.), Stromwirtschaft, Kap. 53, Rn. 73; *Nünemann/Brodt*, Anmerkung zur „Agrarfrost-Entscheidung" des BGH, RdE 2009, 336 (339).

ihrem Thesenpapier zum Netzanschluss nach § 17 EnWG vor, dass der Netzbetreiber beispielsweise bei einer Befragung seiner Kunden Informationen zu einem möglicherweise geplanten Spannungsebenenwechsel einholen könne.[941] Anhand dieser Informationen könne er sich ein „reales Bild hinsichtlich wechselwilliger Anschlussnehmer und der damit verbundenen Auswirkungen" verschaffen.[942] Hat der Netzbetreiber also Anhaltspunkte über entsprechende Wechselabsichten seiner Netzkunden und sind negative Auswirkungen auf das örtliche Versorgungsnetz technischer oder wirtschaftlicher Natur zu befürchten, so kann dies eine Verweigerung des Netzanschlusses rechtfertigen.[943]

(d) Zusammenfassende *Übersicht über die Verweigerungsgründe* der Netzbetreiber gegenüber wechselwilligen Industriekunden

Abb. 15: Verweigerungsgründe wegen Unzumutbarkeit gegenüber wechselwilligen Industriekunden

Wirtschaftliche Unzumutbarkeit	Technische Unzumutbarkeit
→ Veränderung der Preisstruktur bedingt durch das Wegfallen besonders attraktiver Kunden → Erschwernisse für eine vorausschauende Netzplanung → Problematik der Folgeanträge	→ Schwankungen hinsichtlich der Netzauslastung des gesamten örtlichen Verteilernetzes

Eigene Darstellung, 2013

cc) Welche Folgekosten ergeben sich bei einem Wechsel der Spannungsebene?

Dass der Anschlusspetent die Netzanschlusskosten zu tragen und darüber hinaus einen Baukostenzuschuss zu entrichten hat, wurde bereits erläutert.[944] Wechselt der Industriekunde die Spannungsebene, so stellt sich die Frage, ob hieraus eine erneute Verpflichtung zur Zahlung von Netzanschlusskosten sowie des Baukostenzuschusses resultiert.[945]

---

941 Bundesnetzagentur, Veröffentlichung zu Fragen des Netzanschlusses auf Entnahmeseite, S. 5.

942 Bundesnetzagentur, Veröffentlichung zu Fragen des Netzanschlusses auf Entnahmeseite, S. 5.

943 *Stappert/Johannsen*, in: Rosin/Pohlmann/Gentzsch/Metzenthin/Böwing (Hrsg.), Praxiskommentar zum Energiewirtschaftsgesetz, § 17 EnWG, Rn. 86.

944 Siehe oben I. 3. a) dd).

945 *De Wyl/Hartmann/Bergmann*, IR 2009, 53 (54); *Blumenthal-Barby/Hartmann*, EnWZ 2013, 108 (111); *Rosch/Hartmann/van der Velden*, IR 2010, 194 (197); *Bourwieg*, in: Britz/Hellermann/Hermes (Hrsg.), Energiewirtschaftsgesetz,§ 17 EnWG, Rn. 19b.

(1) Erneute Netzanschlusskosten

Grundsätzlich hat der Anschlusspetent die Anschlusskosten selbst zu tragen.[946] Hintergrund hierfür ist letztlich das allgemeine Verursachungsprinzip.[947] Die Anschlussanlagen werden allein vom Anschlussnehmer genutzt und kommen nicht dem Netzbetreiber bzw. der Allgemeinheit zugute.[948] Daher hat der Anschlusspetent für die Planung, Beschaffung, Errichtung und Wartung der bis zum gewünschten Anschlusspunkt erforderlichen Betriebsmittel die Kosten zu tragen.[949] Folgerichtig hat der Anschlussnehmer auch die anfallenden Kosten des erneuten Netzanschlusses zu übernehmen, wenn er unter Einsparung von „Briefmarken" seinen Strombezug optimieren möchte und dazu die Anschlussebene wechselt.[950] Zu den anfallenden Netzanschlusskosten zählen unter anderem der Bau der Leitung zum Umspannwerk und die Installation von Transformatoren.[951]

(2) Erneuter Baukostenzuschuss

(a) Ansicht der Bundesnetzagentur

Die Bundesnetzagentur führt aus, dass der Netzbetreiber dann berechtigt ist, einen neuen Baukostenzuschuss vom Anschlussnehmer zu verlangen, wenn dieser seinen bisherigen Netzanschluss aufgibt und den Anschluss an einem anderen Ort wünscht.[952] Mit dem Baukostenzuschuss sichert sich der Anschlussnehmer die Einräumung und die dauerhafte Vorhaltung (Reservierung) von Netzkapazität am Anschlusspunkt.[953] Dieses dem Anschlussnehmer eingeräumte „Kapazitätsrecht" ist an den konkreten Netzanschluss gebunden und geht bei dessen Kündigung oder

---

946 Siehe oben I. 3. a) dd) (2).

947 Zu diesem Grundsatz vgl. *Lück*, in: Säcker (Hrsg.), Berliner Kommentar, Anh. § 17 EnWG, § 8 KraftNAV, Rn. 2, siehe oben I. 3. a) dd) (2).

948 *De Wyl/Thole*, in: Schneider/Theobald (Hrsg.), Recht der Energiewirtschaft, § 16, Rn. 177.

949 *Hartmann*, in: Danner/Theobald (Hrsg.), Energierecht, § 17 EnWG, Rn. 94; *Buntschek*, WuW 2006, 30 (34).

950 *Bourwieg*, in: Britz/Hellermann/Hermes (Hrsg.), Energiewirtschaftsgesetz, § 17 EnWG, Rn. 16.

951 Bundesnetzagentur, „Agrarfrost-Beschluss", ZNER 2007, 476 (479); BGH NVwZ-RR 2008, 462 (463).

952 Bundesnetzagentur, Positionspapier zur Erhebung von Baukostenzuschüssen für Netzanschlüsse im Bereich von Netzebenen oberhalb der Niederspannung, S. 3 unter 3.1; *Bourwieg*, in: Britz/Hellermann/Hermes (Hrsg.), Energiewirtschaftsgesetz,§ 17 EnWG, Rn. 19b.

953 *Boesche*, in: Säcker (Hrsg.), Berliner Kommentar, § 18 EnWG Anh., Rn. 7; siehe auch oben unter I. 3. a) dd) (1).

Aufgabe wieder verloren.[954] Ein Wechsel der Person des Anschlussnehmers ohne Wechsel der Örtlichkeit rechtfertigt hingegen keinen erneuten Baukostenzuschuss.[955]

Daraus folgt, dass das mit dem Baukostenzuschuss erworbene Kapazitätsrecht personenunabhängig an einen konkreten Netzanschlusspunkt, z. B. an ein Grundstück, gebunden ist. Wechselt also der Anschlusspetent den Netzabschnitt, so hat er einen erneuten Baukostenzuschuss zu zahlen, da sein „Kapazitätsrecht" an den alten Netzanschlusspunkt gebunden ist. Weiter führt die Bundesnetzagentur aus, dass jeder Wechsel der Spannungsebene als eine „Aufgabe" des bisherigen Anschlusses und als Neuanschluss in der höheren Netzebene zu werten sei.[956] Daraus folgt, dass der Netzbetreiber in voller Höhe für die gesamte Kapazität einen neuen Baukostenzuschuss nach den für die neue Spannungsebene geltenden Regelungen erheben kann.

(b) Kritik

Die Feststellung, dass der Baukostenzuschuss an einen konkreten Netzanschlusspunkt gebunden ist, folgt aus dem anerkannten Verständnis der Energiewirtschaft, dass für ein Grundstück jeweils nur ein Baukostenzuschuss zu zahlen ist.[957] Nur wenn der Anschluss erst aufgegeben und dann neu beantragt wird, ist ein neuer Baukostenzuschuss fällig.

Ein Widerspruch ergibt sich allerdings bei konsequenter Weiterentwicklung dieser Denkweise hinsichtlich des Wechsels der Spannungsebene: Der Kunde, der nun in eine höhere Netzebene wechseln möchte, hat bereits einen Baukostenzuschuss für sein Grundstück gezahlt. Aus dem Grundsatz, dass für ein Grundstück jeweils nur ein Baukostenzuschuss zu zahlen ist, könnte geschlossen werden, dass ein solcher bei einem Spannungsebenenwechsel gar nicht verlangt werden kann.[958]

---

954 Bundesnetzagentur, Positionspapier zur Erhebung von Baukostenzuschüssen für Netzanschlüsse im Bereich von Netzebenen oberhalb der Niederspannung, S. 3; *Bourwieg*, in: Britz/Hellermann/Hermes (Hrsg.), Energiewirtschaftsgesetz, § 17 EnWG, Rn. 19b.

955 Bundesnetzagentur, Positionspapier zur Erhebung von Baukostenzuschüssen für Netzanschlüsse im Bereich von Netzebenen oberhalb der Niederspannung, S. 3.

956 Bundesnetzagentur, Beschluss v. 11.02.2008, BK6 07-043; Beschluss v. 05.09.2007, BK6 07-022, S. 25; sowie Bundesnetzagentur, „Agrarfrost-Beschluss", ZNER 2007, 476 (479); so auch *Stappert/Johannsen*, in: Rosin/Pohlmann/Gentzsch/Metzenthin/Böwing (Hrsg.), Praxiskommentar zum Energiewirtschaftsgesetz, § 17 EnWG, Rn. 47.

957 *Hartmann*, in: Danner/Theobald (Hrsg.), Energierecht § 17 EnWG, Rn. 45; Bundesnetzagentur, Positionspapier zur Erhebung von Baukostenzuschüssen für Netzanschlüsse im Bereich von Netzebenen oberhalb der Niederspannung, S. 3;

958 *Hartmann*, in: Danner/Theobald (Hrsg.), Energierecht § 17 EnWG, Rn. 45; *de Wyl/Hartmann/Bergmann*, IR 2009, 53 (54).

Ferner handelt es sich beim Netzebenenwechsel nicht um ein „Aufgeben" des Anschlusses, der nach den von der Bundesnetzagentur entwickelten Grundsätzen zu einem Verfall des bereits geleisteten Baukostenzuschusses führt. Der Anschlussnehmer gibt den Anschluss nicht auf, sondern wechselt nur die Netzebene.[959]

Außerdem hat der Anschlussnehmer durch den Baukostenzuschuss, den er für den bestehenden Anschluss an seinem Grundstück in der bisherigen Netzebene erbracht hat, bereits die Kapazitäten in dieser Netzebene bezahlt.[960] Er müsste lediglich die zusätzlichen Kapazitäten, die in der neuen Netzebene beansprucht werden, bezahlen.[961]

Aus der Argumentation der Bundesnetzagentur ergeben sich auch Widersprüche. Sie erkennt einerseits ein grundsätzliches freies Wahlrecht des Anschlussnehmers in Bezug auf seine Spannungsebene an und will auch einen nachträglichen Spannungsebenenwechsel von Bestandskunden ermöglichen.[962] Andererseits begrenzt sie durch ihre bei der Erhebung von Baukostenzuschüssen vertretene Position einen solchen Wechsel wieder.[963] Gerade bei großen Industriekunden, die aus (strom-)wirtschaftlichen Gründen einen Spannungsebenenwechsel erwägen, kann sich im Einzelfall ein solcher Wechsel nicht mehr rentieren, wenn für die gesamte bereits bezahlte Kapazität erneut ein Baukostenzuschuss zu zahlen wäre und dieser die durch den Spannungsebenenwechsel erreichte Kostenersparnis zunichtemachen würde.[964] Daher ist zu fordern, dass bei einem Wechsel der Spannungsebene die bereits bezahlten Kapazitäten in der vorgelagerten Netzebene auf den neuen Anschluss angerechnet werden.[965] Nur so kann auch die vom EnWG vorgesehene freie Wahl der Spannungsebene ohne Verluste durchgesetzt werden und der Baukostenzuschuss dem Merkmal der Angemessenheit genügen.[966]

---

959 *De Wyl/Hartmann/Bergmann*, IR 2009, 53 (54).

960 *Hartmann*, in: Danner/Theobald (Hrsg.), Energierecht § 17 EnWG, Rn. 45; *Blumenthal-Barby/Hartmann*, EnWZ 2013, 108 (111).

961 *Blumenthal-Barby/Hartmann*, EnWZ 2013, 108 (111); anders Bundesnetzagentur, Beschluss v. 11.02.2008, BK6 07-43, S. 8.

962 *De Wyl/Hartmann/Bergmann*, IR 2009, 53 (54).

963 *De Wyl/Hartmann/Bergmann*, IR 2009, 53 (54).

964 *De Wyl/Hartmann/Bergmann*, IR 2009, 53 (54).

965 So auch *Brunner*, Wettbewerb im Stromnetz, Kap. 3, S. 416; *Blumenthal-Barby/Hartmann*, EnWZ 2013, 108 (112); *Schwartz*, Die Zulässigkeit der Erhebung von Baukostenzuschüssen nach nationalem und europäischen Energierecht, S. 223.

966 Siehe oben unter I. 3. a) cc) (1) (c) (bb), sowie I. 3. a) dd) (4) (a) (cc) (ccc).

4. Die Pflichten des Industriekunden

Bei elektrischen Anlagen, die sich auf einem Industriegebiet befinden, handelt es sich um Kundenanlagen im Sinne von § 3 Nr. 24 b EnWG. Eine Kundenanlage zur betrieblichen Eigenversorgung liegt insbesondere vor, wenn diese fast ausschließlich dem betriebsnotwendigen Transport von Energie innerhalb des eigenen Unternehmens oder zu verbundenen Unternehmen dient.[967] Ausschließlich der Eigenversorgung und nicht der Verteilung von Energie an Dritte dienende Energieanlagen gehören unproblematisch dazu. Je größer allerdings die Anzahl der an eine Energieanlage angeschlossenen Letztverbraucher ist, desto mehr deutet dieses Merkmal auf das Vorliegen eines Energieversorgungsnetzes hin.[968] Als Letztverbraucher, die über die elektrischen Anlagen mitversorgt werden, kommen allenfalls Betreiber von Kantinen oder Angestellte des Industriebetriebs, deren Privatwohnung sich am Industriestandort befindet, in Betracht. Diese fallen bei der Bewertung nicht ins Gewicht, da der eigentliche Zweck der Anlage in der Eigenversorgung besteht. Werden Energieanlagen des Industriebetriebs nun auch unentgeltlich und diskriminierungsfrei zur Verfügung gestellt, so steht der Einstufung als Kundenanlage nichts im Wege.

Kundenanlagen sind von der Regulierung ausgenommen, sodass der Industriekunde nicht den umfassenden Pflichtenkatalog eines Netzbetreibers erfüllen muss.[969]

III. Abschließende Gesamtbewertung zum Netzanschluss von Arealnetzen und Industriebetrieben

In einer abschließenden Bewertung soll der Frage nachgegangen werden, in welchen Fallkonstellationen eine Verweigerung des Netzanschlusses von Arealnetzen und Industriebetrieben für Netzbetreiber erfolgversprechend ist. Dem Netzbetreiber kann es nicht zugemutet werden, einen Netzanschluss von vornherein in einer hohen Spannungsebene oder einen Wechsel der Spannungsebene in jeder

---

967 Siehe oben I. 1. a) aa).

968 Bundesrats-Drucksache 343/11, S. 125; *Schalle*, ZNER 2011, 406 (407); *Strohe*, CuR 2011, 105 (108).

969 *Jacobshagen/Kachel/Baxmann*, IR 2012, 2 (2); *Gussone/Wünsch*, WuW 2013, 464 (465); zum Pflichtenkatalog eines Arealnetzbetreibers siehe oben I. 5.

Fallkonstellation zu akzeptieren. Es gilt daher, Kriterien zu finden, nach denen eine Anschlussverweigerung gerechtfertigt erscheint (unter 1.).

Anschließend stellt sich die Frage, ob es einen alternativen Weg zum Spannungsebenenwechsel gibt. Dies kann unter Umständen auch im Interesse des Anschlusspetenten sein, da ein Spannungsebenenwechsel nicht nur Vorteile mit sich bringt (unter 2.).

1. Gesamtbewertung hinsichtlich der Verweigerung des Netzanschlusses

In einer Gesamtbewertung soll zunächst geklärt werden, wann eine Anschlussverweigerung gerechtfertigt erscheint. Fraglich ist, an welchen Kriterien dies zu messen ist.

a) Mögliche Kriterien

aa) Netzstruktur

Zum einen könnte auf die Netzstruktur in dem jeweiligen Netzgebiet, das es zu beurteilen gilt, abgestellt werden.[970] Bei der Betrachtung der Netzstruktur ist das Augenmerk insbesondere auf die kommunale Bauleitplanung zu legen.[971] Die Gemeinde bestimmt im Rahmen der kommunalen Selbstverwaltung, wo sie bauplanungsrechtlich Wohngebiete, Gewerbegebiete und Mischgebiete ausweist.[972] Hieraus ergibt sich dann die Ansiedlung der einzelnen Kundenstämme (Gewerbebetriebe oder Haushaltskunden), was wiederum Auswirkungen auf die Netzstruktur hat. Wird das Netzgebiet überwiegend durch Haushaltskunden geprägt, ergänzt um einige gewerbliche Kunden mit vergleichsweise niedrigem Strombedarf, dann sollte die Versorgung größerer Strommengen auch aus dem Niederspannungsnetz möglich sein, da die Kapazität des Netzes in der Regel noch nicht erschöpft ist.[973] Nur dann, wenn eine erhebliche Kapazität im Niederspannungsnetz in Anspruch genommen wird, erscheint es sinnvoll, diese Kunden in einer höheren Spannungsebene als der Niederspannungsebene anzuschließen.[974] Dies kann auch der Fall

---

970 *Büdenbender*, RdE 2005, 285 (291); *Brunner*, Wettbewerb im Stromnetz, Kap. 3, S. 311.
971 *Büdenbender*, RdE 2005, 285 (291).
972 *Seewald*, in: Steiner (Hrsg.), Besonderes Verwaltungsrecht, Kommunalrecht, S. 25; *Bätge*, Kommunalrecht NRW, S. 25.
973 *Büdenbender*, RdE 2005, 285 (291).
974 *Büdenbender*, RdE 2005, 285 (291).

sein, wenn in dem Gebiet eine verstärkte Ansiedelung gewerblicher Kunden mit einem höheren Strombedarf erfolgt. In diesem Fall ist das Niederspannungsnetz für diese Kunden nicht mehr ausgelegt.[975] Hier kann es ebenfalls geboten sein, einen mittelspannungsseitigen Anschluss vorzunehmen.[976] Anders stellt sich die Situation für Gebiete dar, die von Anfang an eine erhebliche Zahl gewerblicher Kunden auch mit größerem Jahresstrombedarf aufweisen. „In solchen Fällen kann sich der Netzbetreiber auf eine entsprechende Kundenstruktur, die vielfach über Jahrzehnte gewachsen ist, einstellen und diese zur Grundlage seiner Planung machen".[977] Der Netzbetreiber hat sein Netz gerade für diesen Kundenstamm ausgebaut. Wechseln in einem solchen Netzgebiet gewerbliche Kunden in eine höhere Spannungsebene, bliebe die verlassene Netzebene in beträchtlichem Umfang unausgelastet, sodass hier ein Wechsel nicht sachgerecht erscheint.[978]

bb) Anschlussleistung

Zum anderen könnte hinsichtlich der Frage, wann ein Wechsel der Spannungsebene gerechtfertigt ist, auf die Anschlussleistung der jeweiligen Netznutzer in einer Netzebene abgestellt werden.[979] Die Anschlussleistung ist die Gesamtmenge der maximalen Nennleistungen der elektrischen Verbrauchsgeräte bei einem Stromkunden.[980] Dass das Kriterium der Anschlussleistung dem Gesetzgeber nicht fremd ist, folgt unmittelbar aus dem EnWG. Nach § 13 Abs. 1a EnWG sind Betreiber von Anlagen zur Speicherung elektrischer Energie und von Anlagen zur Erzeugung elektrischer Energie mit einer Nennleistung ab 10 MW verpflichtet, auf Anforderung durch die Betreiber von Übertragungsnetzen gegen angemessene Vergütung die Wirkleistungs- oder Blindleistungseinspeisung anzupassen.[981] § 18 Abs. 2 EnWG knüpft ebenfalls an die Anschlussleistung an und regelt, dass Betreiber von Anlagen sich zur Deckung des Eigenbedarfs nicht auf die allgemeine Anschlusspflicht berufen können, wenn deren KWK-Anlage die Anschlussleistung

---

975 *Büdenbender*, RdE 2005, 285 (291).

976 *Büdenbender*, RdE 2005, 285 (291).

977 *Büdenbender*, RdE 2005, 285 (292).

978 So die Netzbetreiberin vor dem OLG München, CuR 2006, 141 (142); sowie die Mainova vor dem BGH, „Mainova", WRP 2005, 1278 (1282).

979 *Sieberg* nimmt eine am Abnahmeverhalten orientierte Bewertung der Zumutbarkeitsgrenzen vor vgl. *ders.*, in: Bartsch/Röhling/Salje/Scholz (Hrsg.), Stromwirtschaft, Kap. 53, Rn. 58.

980 *Schuft*, Taschenbuch der elektrischen Energietechnik, Kap. 1, S. 15.

981 Hierzu Bundesrats-Drucksache 343/11, S. 178, im EnWG 2012 ist die Grenze von 50 MW nun auf 10 MW abgesenkt worden.

von 150 kW übersteigt.[982] Ferner wird die Anschlussleistung vom Gesetzgeber an einigen Stellen in den das EnWG konkretisierenden Verordnungen, z. B. der Niederspannungsanschlussverordnung (NAV) sowie der Kraftwerks-Netzanschlussverordnung (KraftNAV), angeführt. So regelt § 1 Abs. 1 KraftNAV, dass die Verordnung nur auf den Netzanschluss von Anlagen zur Erzeugung elektrischer Energie ab einer Leistung von 100 MW Anwendung findet.[983] § 11 Abs. 3 NAV regelt, dass der Netzbetreiber nur für den Teil der Leistungsanforderung, der 30 kW übersteigt, einen Baukostenzuschuss verlangen kann.[984]

Hat der Netzbetreiber nun die Anschlussleistung der Netznutzer der jeweiligen Netzebene ermittelt, so kann er überprüfen, ob die Kapazität des Netzes ausreichend ist, um dem Leistungsbedarf der gesamten Kunden gerecht zu werden. Übersteigt dabei die Anschlussleistung eines Netznutzers die der übrigen Verbraucher erheblich, so erscheint ein Wechsel dieses Kunden in eine höhere Spannungsebene gerechtfertigt. Liegt hingegen eine Leistungsanforderung unterhalb von 30 kW vor, so ist ein wichtiger Grund zu fordern, der zu einen Wechsel berechtigt.[985] Der Verordnungsgeber hat die Grenze von 30 kW in der NAV geschaffen, damit eine Abgrenzung von baukostenpflichtigen und solchen Anschlüssen geschaffen werden kann, für die kein Baukostenzuschuss anfallen solle.[986] § 11 Abs. 3 NAV regelt somit, dass nur noch für den Teil einer Leistungsanforderung, die 30 kW übersteigt, ein Baukostenzuschuss erhoben werden darf. Die Vorschrift orientiert sich an der Leistungsanforderung eines Netzanschlusses für einen Kunden mit einem Jahresverbrauch von bis zu 10.000 kW/h und damit an der Definition nach § 3 Nr. 22 EnWG.[987]

Haushaltskunden mit einer Leistungsanforderung unterhalb von 30 kW können bedarfsgerecht aus der Niederspannungsebene versorgt werden, da diese Netzebene gerade für diesen Netznutzerbereich ausgelegt ist.[988] Daraus ergibt sich, dass ein Kunde mit einer Anschlussleistung unterhalb von 30 kW einen Netzanschluss in einer höheren Spannungsebene nur schwerlich durchsetzen kann.

---

982 Hierzu *Bourwieg*, in: Britz/Hellermann/Hermes (Hrsg.), Energiewirtschaftsgesetz, § 18 EnWG, Rn. 32; *Bruhn*, in: Säcker (Hrsg.), Berliner Kommentar, § 18 EnWG, Rn. 41.

983 Hierzu *Lück*, in: Säcker (Hrsg.), Berliner Kommentar, Anh. § 17 EnWG, § 1 KraftNAV, Rn. 25; sowie *Hartmann*, in: Danner/Theobald (Hrsg.), Energierecht, § 1 KraftNAV, Rn. 8.

984 *Boesche*, in: Säcker (Hrsg.), Berliner Kommentar, Anh. § 18 EnWG, § 11 NAV, Rn. 28.

985 *Brunner*, Wettbewerb im Stromnetz, Kap. 3, S. 310.

986 Bundestags-Drucksache 376/06, S. 46.

987 Bundestags-Drucksache 376/06, S. 46.

988 *Büdenbender*, RdE 2005, 285 (286); *Brunner*, Wettbewerb im Stromnetz, Kap. 3, S. 310; siehe auch oben I. 1. c).

cc) *Fazit*

Eine Sichtweise, die darauf beschränkt ist, sich nur an der Netzstruktur zu orientieren, würde zu einer Einteilung des Energieversorgungsnetzes in Netzgebiete, in denen ein Anschluss in höhere Spannungsebenen möglich ist, und in solche, in denen aufgrund mangelnder Auslastung ein Wechsel nicht möglich ist, führen. Die Frage, wer letztlich die Netze dementsprechend zu bewerten und einzuteilen hat, ist schwer zu beantworten. Im Endeffekt kann der Netzbetreiber diese nur festlegen. Das folgt aus seiner allgemeinen Betriebspflicht nach § 11 Abs. 1 S. 1 EnWG für das gesamte Versorgungsnetz. Denn der Netzbetreiber ist verpflichtet, ein sicheres, zuverlässiges und leistungsfähiges Netz zu betreiben, zu warten und bedarfsgerecht zu optimieren. Zur bedarfsgerechten Entwicklung des Netzes zählt es auch, dass der Netzbetreiber die technisch wie wirtschaftlich optimale Leistungsflussrichtung des Netzes berechnet.[989] Würde dem Netzbetreiber dieser Beurteilungsspielraum übertragen, würde dies wieder zu einem einseitigen Bestimmungsrecht des Netzbetreibers hinsichtlich der Spannungsebene führen. Dies entspräche nicht dem Sinn des § 17 Abs. 1 und Abs. 2 EnWG. Als einziges sachgerechtes Abgrenzungskriterium kommt daher die Anschlussleistung der Anschlussnehmer in Betracht. Netzstrukturgesichtspunkte sind hierbei nicht zu berücksichtigen. Aber auch der Leistungsbedarf kann nicht als starre Richtgrenze verstanden werden. Er kann nur als Orientierungsmaßstab dienen, da ein Wahlrecht des Anschlusspetenten nicht von vornherein ausgeschlossen werden soll.[990]

b) Unterscheidung zwischen Neukunden und Bestandskunden?

aa) *Überblick*

Eine Ansicht will bei der Beantwortung der Frage, unter welchen Voraussetzungen eine Anschlussverweigerung gerechtfertigt erscheint, eine Differenzierung zwischen Neu- und Bestandskunden nicht vornehmen.[991] Danach gibt es hinsichtlich der Wahlfreiheit der Spannungsebene grundsätzlich keine Unterschiede

---

989 *Bourwieg*, in: Britz/Hellermann/Hermes (Hrsg.), Energiewirtschaftsgesetz, § 11 EnWG, Rn. 31; *Schwarz*, in: Säcker (Hrsg.), Berliner Kommentar, § 11 EnWG, Rn. 15.

990 *Büdenbender*, RdE 2005, 285 (286); *Brunner*, Wettbewerb im Stromnetz, Kap. 3, S. 310; siehe oben I. 3. a) cc) (2) sowie II. 3. B) bb) (3).

991 Zum Begriff der Neu- und Bestandskunden siehe oben, II. 3. B) bb) (1).

zwischen dem erstmaligen Anschluss eines Anschlussnehmers und dem Wechsel der Spannungsebene bei einem bestehenden Anschluss.[992]

Dem ist jedoch nicht zu folgen. Der Umstand, dass eine Bewertung sich am besten an einer zwischen Neu- und Bestandskunden differenzierenden Betrachtung durchführen lässt, liegt darin begründet, dass der Netzbetreiber bei Bestandskunden wesentlich schutzwürdiger ist und damit die Bedingungen für einen Spannungsebenenwechsel „schärfer" sein müssen. Mit den Bestandskunden plant der Netzbetreiber fest. Wechseln Bestandskunden die Spannungsebene, so hat der Netzbetreiber in der verlassenen Spannungsebene einen Einnahmeverlust von Netzentgelten zu beklagen.[993] Neukunden sind hingegen vom Netzbetreiber in der Regel nicht in seine Planung einbezogen. Daher ergibt sich ein solcher Verlust hier nicht.[994]

bb) Fallgruppen

(1) Neukunden

Wenn der elektrische Bedarf des Neukunden von Beginn an so ausgerichtet ist, dass die Leistung wirtschaftlich sinnvoll nur in einer höheren Spannungsebene als der Niederspannungsebene abgerufen werden kann, dann kann der Netzbetreiber den Netzanschluss an die begehrte Netzebene nicht verweigern.[995] Solange die Bundesregierung noch nicht von ihrer in § 17 Abs. 3 EnWG enthaltenen Ermächtigung zum Erlass konkretisierender Rechtsverordnungen Gebrauch gemacht hat,[996] ist die Frage, ob ein Anspruch besteht, allein an § 17 Abs. 2 EnWG zu messen.[997] Hierbei sind die Ziele des § 1 Abs. 1 EnWG und die des § 1 Abs. 2 EnWG in die Abwägung mit einzubeziehen. Die Interessen der Anschlussnehmer werden hier regelmäßig im Vordergrund stehen.[998] Hinsichtlich der einschlägigen Argumente kann auf die Rechtsprechung zur Verweigerung von Netzanschlüssen von Arealnetzen verwiesen werden.[999] Zum

---

992 *Säcker/Boesche*, in: Säcker (Hrsg.), Berliner Kommentar, § 17 EnWG, Rn. 43; *Brunner*, Wettbewerb im Stromnetz, Kap. 3, S. 238.

993 So die Mainova vor dem OLG Düsseldorf, CuR 2004, 89 (92) sowie die beklagte Netzbetreiberin vor dem OLG München, CuR 2006, 141 (142).

994 Siehe oben I. 3. a) cc) (5) (c) (aa) (aaa).

995 *Sieberg*, in: Bartsch/Röhling/Salje/Scholz (Hrsg.), Stromwirtschaft, Kap. 53, Rn. 75.

996 Siehe oben I. 3 .a) cc) (7).

997 *Sieberg*, in: Bartsch/Röhling/Salje/Scholz (Hrsg.), Stromwirtschaft, Kap. 53, Rn. 75.

998 *Sieberg*, in: Bartsch/Röhling/Salje/Scholz (Hrsg.), Stromwirtschaft, Kap. 53, Rn. 75.

999 Siehe oben I. 3 .a) cc) (5).

gleichen Ergebnis wird man auch in den Fällen kommen, in denen der elektrische Bedarf der Kunden sowohl durch einen Anschluss an die niedrigere als auch an die höhere Spannungsebene gedeckt werden kann. Der Netzbetreiber wird seinen Kunden den jeweils gewünschten Anschluss nicht verwehren können, da auch die Interessen der Anschlussnehmer überwiegen.[1000]

Ein abweichendes Ergebnis zeigt sich jedoch bei den Netzanschlusspetenten, deren Bedarf eindeutig aus einer niedrigeren Spannungsebene gedeckt werden kann.[1001] Dies ist beispielsweise der Fall, wenn ein kleiner Gewerbebetrieb mit einem geringen Bedarf in der Größenordnung eines typischen Haushalts (< 30 kW) die Belieferung mit Strom in Mittelspannung begehrt.[1002] Bei der Abwägung wird „das Interesse des Neukunden an einer 'Kostenoptimierung' seines Strombezugs hier jedenfalls hinter den Interessen der Allgemeinheit im Sinne des § 1 Abs. 1 EnWG und Abs. 2 EnWG zurückstehen müssen."[1003] Es sind bei der Abwägung der gegenseitigen Zielsetzungen insbesondere die Interessen des Netzbetreibers an der Sicherstellung eines langfristig angelegten und zuverlässigen Betriebs des Netzes sowie der Preisgünstigkeit der Energieversorgung in den Vordergrund zu stellen.

(2) Bestandskunden

Bei Industriekunden, deren elektrischer Bedarf deutlich gestiegen ist, insbesondere bei unternehmerisch expandierenden Unternehmen, und die eindeutig einer höheren Spannungsebene zuzuordnen sind, wird eine Verweigerung des Netzanschlusses gemäß § 17 Abs. 2 EnWG nicht verhältnismäßig sein.[1004] Hier überwiegen die Individualinteressen der Anschlussnehmer. Die Verweigerung des Anschlusses hätte darüber hinaus eine Verfestigung der Verhältnisse zur Folge, da ein einmal getätigter Anschluss an die niedrigere Spannungsebene trotz veränderter Rahmenbedingungen für alle Zeiten einen Anspruch an die höhere Spannungsebene ausschließen würde.[1005]

1000 *Sieberg*, in: Bartsch/Röhling/Salje/Scholz (Hrsg.), Stromwirtschaft, Kap. 53, Rn. 75.

1001 *Sieberg*, in: Bartsch/Röhling/Salje/Scholz (Hrsg.), Stromwirtschaft, Kap. 53, Rn. 75 mit Verweis auf die VDEW/VDN-Stellungnahme v. 27.11.2006, S. 3.

1002 Zur 30 kW-Grenze siehe oben a) bb).

1003 *Sieberg*, in: Bartsch/Röhling/Salje/Scholz (Hrsg.), Stromwirtschaft, Kap. 53, Rn. 75.

1004 *Sieberg*, in: Bartsch/Röhling/Salje/Scholz (Hrsg.), Stromwirtschaft, Kap. 53, Rn. 76.

1005 Bundesnetzagentur, Veröffentlichung zu Fragen des Netzanschlusses auf Entnahmeseite, S. 3.

Abb. 16: Übersicht zum Wechsel der Spannungsebene

Fallgruppen:	Kunden, die vom elektrischen Bedarf her eindeutig einer höheren Spannungsebene zuzuordnen sind, z. B. Schwerindustrie, auch Areale, über die eine hohe Zahl von Letztverbrauchern versorgt werden	Kunden, deren elektrischer Bedarf sowohl durch einen Anschluss an die niedrigere als auch an die höhere Spannungsebene gedeckt werden kann	Kunden, die eindeutig aus einer niedrigeren Spannungsebene zu versorgen sind
Neukunden: (i. d. R. Arealnetzbetreiber und Industriekunden)	Verweigerung nicht möglich	Verweigerung nicht möglich	Verweigerung möglich
Bestandskunden: (Problematik tritt hier i. d. R. nur bei Industriekunden auf)	Verweigerung nicht möglich	Verweigerung möglich bei gewichtigem Grund, z. B. Folgeanträgen	Verweigerung möglich

Eigene Darstellung, 2013

Wenn der Leistungsbedarf über die niedrigere Spannungsebene gedeckt werden kann, werden die Interessen der Anschlussnehmer hinter denen des Netzbetreibers an der Sicherstellung eines langfristig angelegten und zuverlässigen Betriebs des Netzes sowie der Preisgünstigkeit der Energieversorgung zurücktreten.[1006]

In den Fällen, in denen der Bedarf der Industriekunden sowohl durch einen Anschluss an die niedrigere Spannungsebene als auch durch einen Anschluss an die höhere Spannungsebene hinreichend erfüllt werden kann, ist im Unterschied zu Neukunden vor allem zu beachten, dass ein Wechsel von Bestandskunden die bestehende Tarif- und Kundenstruktur wesentlich stärker beeinträchtigt.[1007] Die Auswirkungen auf die Kunden- und Tarifstruktur des

1006 *Sieberg*, in: Bartsch/Röhling/Salje/Scholz (Hrsg.), Stromwirtschaft, Kap. 53, Rn. 76.

1007 So die Mainova vor dem OLG Düsseldorf, CuR 2004, 89 (92) sowie die beklagte Netzbetreiberin vor dem OLG München, CuR 2006, 141 (142); auch Bundesnetzagentur, Veröffentlichung zu Fragen des Netzanschlusses auf Entnahmeseite, S. 4; hierzu auch *Sieberg*, in: Bartsch/Röhling/Salje/Scholz (Hrsg.), Stromwirtschaft, Kap. 53, Rn. 76.

Netzbetreibers halten sich bei Neukunden in Grenzen, weil es sich eben um neue Anschlüsse handelt, die in die Netzplanung von Betreiberseite bisher nicht einbezogen wurden. Ein Verlust von Kunden kommt in diesen Fällen nicht in Betracht.[1008] Im Gegensatz zu den Neukunden fällt bei den Bestandskunden auch die Problematik der Folgeanträge ins Gewicht.[1009] Insgesamt sind die Anforderungen an die Verhältnismäßigkeitsabwägung jedoch auch in diesem Fall als sehr hoch einzustufen. Die Preisgünstigkeit der Versorgung der Allgemeinheit mit Strom dürfte dann als gefährdet angesehen werden, wenn mit einer Erhöhung der Netzentgelte von über 10 % zu rechnen ist.[1010] Deshalb ist die Verweigerung des Netzanschlusses als eine Ausnahmeregelung zu verstehen, die nicht zur gängigen Praxis der Netzbetreiber werden darf.[1011]

2. Gesamtbetrachtung hinsichtlich alternativer Lösungsansätze zum Netzanschluss in einer höheren Anschlussebene bzw. zum Wechsel der Spannungsebene

a) Nachteile des Netzebenenwechsels für den Netzbetreiber

Zentraler Konfliktpunkt beim Netzebenenwechsel ist der drohende Ausfall von Netznutzungsentgelten für den Netzbetreiber in der verlassenen Netzebene. Den Netzbetreibern bleibt hier nur die Möglichkeit, die Ausfälle zu Lasten ihres Profits hinzunehmen oder die Kosten auf die übrigen Netzkunden umzulegen.[1012] Aus dem Netzebenenwechsel resultiert ferner ein für den Netzbetreiber nachteiliger Bau von Anschlussleitungen bzw. Direktleitungen.[1013] Um den Anschluss in eine höhere Spannungsebene zu realisieren, müssen die Anschlusspetenten Leitungen errichten, die zu den Sammelschienen der begehrten Netzebene führen. Mit diesem Leitungsbau können sich Großverbraucher, die sich in der Nähe einer höheren

1008 OLG Düsseldorf, CuR 2006, 141 (145).

1009 Siehe oben II. 3. b) bb) (4) (c) (cc).

1010 Siehe oben I. 3 .a) cc) (5) (c) (aa) (aaa).

1011 In diesem Punkt abweichend *Sieberg*, in: Bartsch/Röhling/Salje/Scholz (Hrsg.), Stromwirtschaft, Kap. 53, Rn. 76.

1012 Die Handlungsalternativen gehen auf *Büdenbender* zurück vgl. *ders*, RdE 2005, 285 (292); auch *Sieberg*, in: Bartsch/Röhling/Salje/Scholz (Hrsg.), Stromwirtschaft, Kap. 53, Rn. 76; *Brunner*, Wettbewerb im Stromnetz, Kap. 3, S. 307.

1013 *Hartmann*, in: Danner/Theobald (Hrsg.), Energierecht, § 17 EnWG, Rn. 46; mit dieser Problematik haben sich *Moench/Krappel* auseinandergesetzt vgl. *dies*., RdE 2012, 309 (313).

Netzebene befinden, der solidarischen Finanzierung ihrer bisherigen Anschlussebene entziehen.[1014] Aus Netzstrukturgesichtspunkten betrachtet ist der Direktleitungsbau schädlich, da unnötige Leitungen gebaut werden und es somit zu einer Zersplitterung des örtlichen Verteilernetzes kommt.[1015]

b) Nachteile des Netzebenenwechsels für den Industriekunden bzw. Arealnetzbetreiber

Die Arealnetzbetreiber sowie die Industriekunden haben die technischen Voraussetzungen zu schaffen, um den Netzanschluss in Mittel- oder Hochspannung zu ermöglichen. Hierzu zählt zunächst der Bau einer Anschlussleitung zur Sammelschiene des Umspannwerks. Ferner sind die Erfordernisse für die Umspannung des Mittel- bzw. Hochspannungsstroms, z. B. die Installation einer Transformatorenstation, zu erfüllen.[1016] Darüber hinaus haben Bestandskunden bei einem Wechsel der Spannungsebene einen erneuten Baukostenzuschuss zu entrichten.[1017]

c) Alternative Lösungsansätze

aa) Individuelles Netzentgelt nach § 19 Abs. 3 StromNEV

Eine Möglichkeit, um den Spannungsebenenwechsel zu vermeiden, könnte das in § 19 Abs. 3 StromNEV geregelte individuelle Netzentgelt darstellen.[1018] Grundsätzlich wird die Höhe der von den Netznutzern zu zahlenden Entgelte unabhängig von der räumlichen Entfernung zwischen dem Ort der Einspeisung und der Entnahme berechnet.[1019] Die Netzentgelte richten sich nach der Netzebene der Entnahmestelle (vgl. § 17 Abs. 1 S. 2 StromNEV). Die Netzkosten werden hierbei von der Höchstspannungsebene abwärts auf die nachgelagerten Netzebenen verteilt („top-down“).[1020]

Nach § 19 Abs. 3 S. 1 StromNEV ist, sofern ein Netznutzer[1021] sämtliche in einer Netz- oder Umspannebene von ihm genutzten Betriebsmittel ausschließlich

---

1014 OLG Düsseldorf, „Agrarfrost“, Anmerkung *Albrecht*, IR 2008, 231 (232).
1015 *Moench/Krappel*, RdE 2012, 309 (313).
1016 Siehe oben I. 2. b) bb).
1017 Siehe oben II. 3. b) cc) (2).
1018 Auch *Hartmann* untersucht diesen Gesichtspunkt, vgl. *ders.*, in: Danner/Theobald (Hrsg.), Energierecht, § 17 EnWG, Rn. 55 f.
1019 *Böwing*, in: Baur/Salje/Schmidt-Preuß (Hrsg.), Regulierung in der Energiewirtschaft, Kap. 68, Rn. 64.
1020 Vgl. § 14 Abs. 1 S. 1 StromNEV, hierzu auch: *Schmidt-Preuß*, N&R 2004, 90 (93).
1021 Zur Definition des Netznutzers vg. § 3 Nr. 28 EnWG.

selbst nutzt, zwischen dem Netzbetreiber und dem Netznutzer für diese singulär genutzten Betriebsmittel ein angemessenes, von den Vorschriften der §§ 15 ff. StromNEV abweichendes Entgelt zu bestimmen. Dieses orientiert sich gemäß § 19 Abs. 3 S. 2 StromNEV an den Kosten der genutzten Betriebsmittel. Zusätzlich hat der Netznutzer die Entgelte der vorgelagerten Netzebene zu zahlen.[1022]

(1) Privilegierung auch für Arealnetze?

§ 19 Abs. 3 S. 4 StromNEV spricht davon, dass der Letztverbraucher bezüglich seines Entgelts im Übrigen so zu stellen ist, als sei er direkt an die vorgelagerte Netzebene angeschlossen. Hierbei meint „im Übrigen", dass der Netzkunde neben dem angemessenen Entgelt für die singulär genutzten Betriebsmittel das Entgelt für die vorgelagerte Netz- oder Umspannebene zu zahlen hat.[1023]

Da § 19 Abs. 3 S. 4 StromNEV nun von Letztverbrauchern spricht, lässt dies den Rückschluss zu, dass die Privilegierung des § 19 Abs. 3 StromNEV nur diesen auch zugutekommen soll. Netzbetreiber sind keine Letztverbraucher, daher könnten sich Arealnetzbetreiber strenggenommen nicht auf § 19 Abs. 3 StromNEV berufen. Ein solcher Rückschluss wäre jedoch fehlerhaft. Dies stellte auch die Bundesnetzagentur in ihrem Beschluss vom 02.03.2006 fest. Dem Verordnungsgeber sei in § 19 Abs. 3 S. 4 StromNEV, so die Bundesnetzagentur, ein redaktionelles Versehen unterlaufen.[1024] „Da Voraussetzung für das individuelle Entgelt gemäß § 19 Abs. 3 S. 1 StromNEV ist, dass ein Netznutzer sämtliche in einer Netz- oder Umspannebene von ihm genutzten Betriebsmittel ausschließlich selbst nutzt, ist es folgerichtig, dass sich auch Satz 4 auf den Netznutzer bezieht."[1025]

Diesem Rückschluss ist jedoch eine Vorüberlegung voranzustellen. Der Verordnungsgeber könnte auch gemeint haben, dass nur der Letztverbraucher bezüglich seines Entgelts im Übrigen so zu stellen ist, als sei er direkt an die vorgelagerte Netz- oder Umspannebene angeschlossen. Der Netznutzer, der kein Letztverbraucher im Sinne des § 3 Nr. 25 EnWG ist, also der Netzbetreiber, müsste dann nur das angemessene Entgelt für die von ihm genutzten Betriebsmittel zahlen. Ein solches Verständnis ist jedoch nicht vertretbar, da es den Letztverbraucher unangemessen benachteiligen würde. Ferner widerspräche eine solche Auslegung dem „Briefmarkenmodell", wonach jeder Netznutzer für die in Anspruch genommenen

1022 *Böwing*, in: Baur/Salje/Schmidt-Preuß (Hrsg.), Kap. 68, Rn. 90.

1023 Bundesnetzagentur, Beschluss v. 02.03.2006, Az.BK8 05/006, vgl. ZNER 2006, 69 (73); *Böwing*, in: Baur/Salje/Schmidt-Preuß (Hrsg.), Kap. 68, Rn. 90.

1024 Bundesnetzagentur, ZNER 2006, 69 (73).

1025 Bundesnetzagentur, ZNER 2006, 69 (73).

Netzebenen jeweils eine Briefmarke zu zahlen hat. [1026] Netznutzer, die keine Letztverbraucher sind, würden also für die vorgelagerten Netzebenen kein Nutzungsentgelt zahlen.

Der Ansicht der Bundesnetzagentur ist somit zuzustimmen. Dies wird auch in der Literatur so vertreten.[1027] Anderenfalls bliebe nämlich die Frage ungeregelt, ob ein Netznutzer, der kein Letztverbraucher ist, neben dem angemessenen Entgelt für die singulär genutzten Betriebsmittel das Entgelt für die Nutzung der vorgelagerten Netz- oder Umspannebene zu zahlen hat.[1028] Ein individuelles Netznutzungsentgelt gemäß § 19 Abs. 3 StromNEV ist somit auch zwischen vor- und nachgelagertem Netzbetreibern möglich[1029], sodass auch ein Arealnetzbetreiber ein individuelles Entgelt verlangen kann.

(2) Voraussetzungen für eine singuläre Nutzung im Sinne von § 19 Abs. 3 S. 1 StromNEV im Falle eines Industriekunden bzw. Arealnetzbetreibers

(a) Anwendungsbereich

Um zu überprüfen, ob eine singuläre Betriebsmittelnutzung nach § 19 Abs. 3 S. 1 StromNEV möglich ist, ist zwischen den unterschiedlichen Anschlussmodellen zu differenzieren. Hierbei sind die Eigentumsgrenzen der Betriebsmittel zu beachten.[1030] Eigentum des Anschlussnehmers an den Betriebsmitteln schließt ein individuelles Entgelt zumindest im Hinblick auf diese Betriebsmittel aus, denn der Netzbetreiber kann keine Kosten für Betriebsmittel im Rahmen der Entgeltbildung in Rechnung stellen, die gar nicht in seinem Eigentum stehen.[1031] Es ist also wie folgt zu differenzieren:

Erste Anschlussvariante: Der Netzanschluss des Industriekunden bzw. der des Arealnetzbetreibers erfolgt über eine im Eigentum des Netzbetreibers stehende Anschlussleitung.[1032] Diese vom Kunden kommende Leitung ist dann an die unterspannungsseitige Sammelschiene des jeweiligen Umspannwerks angeschlossen.

1026 Siehe oben A. Einleitung.

1027 *Hartmann*, in: Danner/Theobald (Hrsg.), Energierecht, § 17 EnWG, Rn. 55.

1028 Bundesnetzagentur, ZNER 2006, 69 (74).

1029 *Hartmann*, in: Danner/Theobald (Hrsg.), Energierecht, § 17 EnWG, Rn. 55.

1030 Bundesnetzagentur, ZNER 2006, 69 (71).

1031 Bundesnetzagentur, ZNER 2006, 69 (71); *Hartmann*, in: Danner/Theobald (Hrsg.), Energierecht, § 17 EnWG, Rn. 55.

1032 Siehe oben I. 2. b).

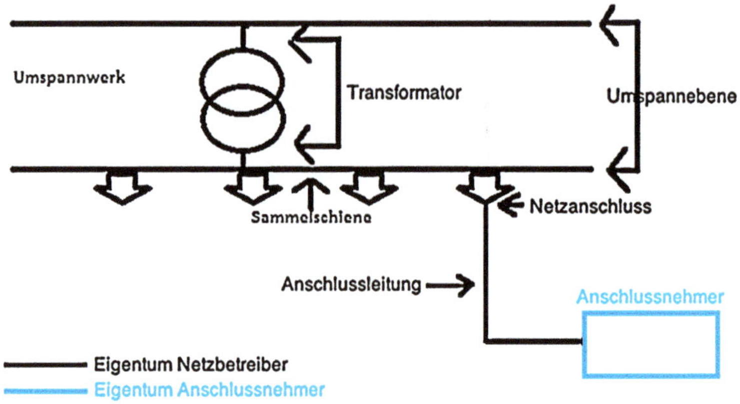

Eigene Darstellung 2013,
Hinsichtlich der Abbildung der elektrischen Bauteile vgl. Danner/Theobald, Energierecht, § 17 EnWG, Rn. 59 f.

Abb. 17: Anschlussvariante 1

2. Anschlussvariante: Das Eigentum an der Anschlussleitung, die zum Umspannwerk führt, liegt beim Industriekunden bzw. Arealnetzbetreiber.

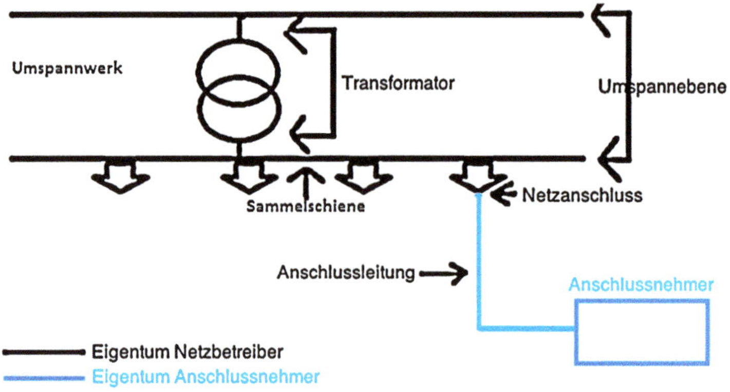

Eigene Darstellung 2013,
Hinsichtlich der Abbildung der elektrischen Bauteile vgl. Danner/Theobald, Energierecht, § 17 EnWG, Rn. 59 f.

Abb. 18: Anschlussvariante 2

3. Anschlussvariante: Erfolgt die Versorgung direkt aus dem Netz mittels einer Übergabestation beim Kunden, ist eine singuläre Nutzung von Betriebsmitteln nicht möglich.

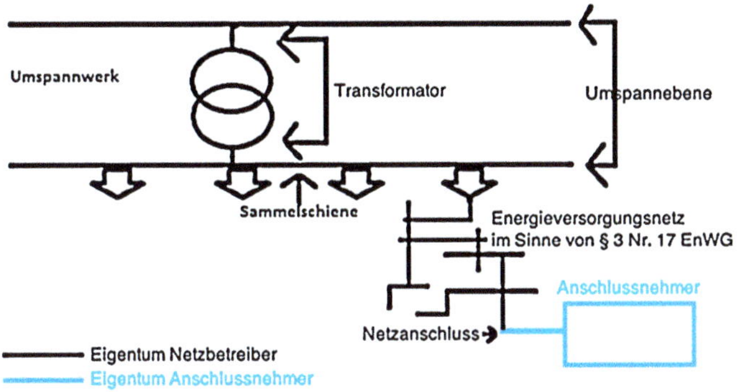

Eigene Darstellung 2013,
Hinsichtlich der Abbildung der elektrischen Bauteile vgl. Danner/Theobald, Energierecht, § 17 EnWG, Rn. 59 f.

Abb. 19: Anschlussvariante 3

Bei den Anschlussvarianten 1 und 2 kommt es entscheidend darauf an, ob die unterspannungsseitige Sammelschiene, an die der Netzanschluss erfolgt, Teil der nachgelagerten Netzebene oder Teil der Umspannebene ist. § 19 Abs. 3 S. 1 StromNEV erfordert nämlich, dass der Netznutzer sämtliche Betriebsmittel ausschließlich selbst nutzt. Gehört die Sammelschiene der nachgelagerten Netzebene an, liegen trotz einer Direktleitung zum Umspannwerk, die ausschließlich vom Kunden selbst genutzt wird, nur dann die Voraussetzungen von § 19 Abs. 3 S. 1 StromNEV und damit eine alleinige Nutzung sämtlicher genutzter Betriebsmittel vor, wenn auch die gesamten Betriebsmittel der nachgelagerten Netzebene nur von dem einen Industrie-/Arealnetzkunden genutzt werden.[1033] Das dürfte regelmäßig nicht der Fall sein, da an das Umspannwerk in der Regel weitere Großkunden, unter Umständen sogar das gesamte nachgelagerte Verteilernetz, angeschlossen sind.[1034]

Mit den Beschlüssen vom 02.03.2006 und vom 03.05.2006 hat die Bundesnetzagentur diese Frage beantwortet.[1035] Sie stellte fest, dass die unterspannungsseitige Sammelschiene als eigene Netzebene (sogenannte Umspannebene) zu qualifizieren

1033 *Hartmann*, in: Danner/Theobald (Hrsg.), Energierecht, § 17 EnWG, Rn. 56; Bundesnetzagentur, ZNER 2006, 69 (71).

1034 *Hartmann*, in: Danner/Theobald (Hrsg.), Energierecht, § 17 EnWG, Rn. 56.

1035 Bundesnetzagentur, ZNER 2006, 69 (72); Bundesnetzagentur, Beschluss v. 03.05.2006, Az. BK8 005-165, abgedruckt in ZNER 2006, 284 (285).

und nicht der nachgelagerten Mittelspannungsebene zuzurechnen sei.[1036] Begründet wird dies damit, dass § 19 Abs. 3 S. 4 StromNEV „leerliefe", wenn die Sammelschiene nicht der Umspannebene, sondern der nachgelagerten Netzebene zugeordnet würde.[1037] Wenn beispielsweise ein im Eigentum des Anschlusspetenten stehendes Mittelspannungskabel direkt zur Sammelschiene führt, ist der Kunde damit direkt in der Umspannebene Hoch-/Mittelspannung angeschlossen (§ 19 Abs. 3 S. 4 2. HS, 2. Variante StromNEV). Nach dieser Vorschrift ist er im Übrigen so zu stellen, als sei er direkt an die vorgelagerte Netzebene angeschlossen.[1038] Würde er nun als Mittelspannungskunde gelten, so wäre die Regelung des § 19 Abs. 3 S. 4 StromNEV überflüssig, denn es entstünde kein Vorteil für den Anschlussnehmer hinsichtlich seines Netzentgelts gegenüber anderen Anschlussnehmern, die die Umspannebene nicht wie er ausschließlich selbst nutzen.[1039]

Daraus ergibt sich, dass für einen Industrie-/Arealnetzkunden, der über eine Direktleitung an die unterspannungsseitige Sammelschiene der Umspannebene Hoch-/Mittelspannung angeschlossen ist, grundsätzlich ein Sonderentgelt nach § 19 Abs. 3 StromNEV festgelegt werden kann.[1040] Das gleiche trifft auf einen Anschluss an die unterspannungsseitige Sammelschiene der Umspannebene Höchst-/Hochspannung zu. Etwas anderes ergibt sich nur für den Fall des Anschlusses an die unterspannungsseitige Sammelschiene der Umspannebene Mittel-/Niederspannung. Hier regelt die Anlage 2 der StromNEV in Nr. 7, dass die Hauptkostenstelle Umspannung Mittel-/Niederspannung auch die Kosten der in den Stationen installierten Niederspannungsschaltgeräte umfasst. Daraus folgt, dass die Umspannebene Mittel-/Niederspannung Teil der Niederspannungsebene ist.[1041]

(b) Sonderfall bei (n-1)-Sicherheit aus dem nachgelagerten Netz oder bei „verlängerter" Sammelschiene

Fraglich ist jedoch, ob bei einer nicht eigensicheren Umspannanlage eine abweichende Bewertung gerechtfertigt ist.[1042] Nicht eigensicher ist die Umspannanlage

1036 Siehe oben I. 3 .a) cc) (3).
1037 Bundesnetzagentur, ZNER 2006, 69 (72).
1038 *Böwing*, in: Baur/Salje/Schmidt-Preuß (Hrsg.), Regulierung in der Energiewirtschaft, Kap. 68, Rn. 90.
1039 Bundesnetzagentur, ZNER 2006, 69 (72); Bundesnetzagentur, ZNER 2006, 284 (285).
1040 Bundesnetzagentur, ZNER 2006, 69 (73).
1041 *Hartmann*, in: Danner/Theobald (Hrsg.), Energierecht, § 17 EnWG, Rn. 57.
1042 Bundesnetzagentur, ZNER 2006, 284 (285); *Hartmann*, in: Danner/Theobald (Hrsg.), Energierecht, § 17 EnWG, Rn. 59.

dann, wenn bei Ausfall eines Transformators ein zweiter Transformator, der den gesamten Leistungsbedarf erbringen müsste, nicht vorhanden ist.[1043] Die Gewährleistung einer (n-1)-sicheren Versorgung wird dann durch das nachgelagerte Netz gewährleistet.[1044]

Aufgrund der Anschlusssituation bei einer unterspannungsseitigen Vermaschung mit dem nachgelagerten Netz in einer nicht eigensicheren Umspannstation erscheint es vertretbar, anzunehmen, dass der Anschlussnehmer nicht sämtliche von ihm genutzten Betriebsmittel in dieser Ebene ausschließlich selbst nutzt.[1045] Bei Ausfall des Transformators würde die Sammelschiene, an die der Anschlussnehmer angeschlossen ist, nicht mehr allein aus der Umspannebene gespeist, sondern über das vermaschte nachgelagerte Netz, demzufolge unter Nutzung weiterer Betriebsmittel.[1046] „Wenn der Kunde im (n-1)- Fall von dem nachgelagerten Netz profitiert, ist auch nur sachgerecht, wenn er über die Netznutzungsentgelte dieses Netz mitfinanziert."[1047] Auch wenn die (n-1)-Sicherheit noch für einen Anschlussnehmer durch einen am Umspannwerk vorhandenen Transformator gewährleistet werden kann (beispielsweise mit einer 50-MW-Absicherung), so werden von den übrigen Anschlussnehmern weitere Kapazitäten benötigt, wenn der eine Anschlussnehmer bereits die 50 MW voll ausschöpft. Ein Stromfluss, der allein auf den einzelnen Anschlussnehmer abstellt, ist physikalisch nicht zu realisieren.[1048] Strom fließt den Weg des geringsten Widerstandes, sodass sämtliche an die Sammelschiene in der Umspannanlage angeschlossenen Anschlussnehmer im (n-1)-Fall über den verbleibenden 50-MW-Transformator Strom bezögen.[1049] Da dessen Leistung zur Deckung des Bedarfs nicht genügt, wird der Strombezug aus dem nachgelagerten Netz gedeckt. Eine „nutzerindividuelle" Betrachtung der (n-1)-Sicherheit, bei der danach gefragt wird, ob ggf. ein einzelner Netznutzer von der Absicherung des Transformators gedeckt ist, erscheint als nicht sachgerecht.[1050] Eine solche ließe außer Acht, ob die (n-1)-Sicherheit für die übrigen

---

1043 Bundesnetzagentur, Beschluss v. 19.05.2009, Az. BK8 07-029, S. 5, vgl. ZNER 2010, 208 (209).

1044 *Hartmann*, in: Danner/Theobald (Hrsg.), Energierecht, § 17, Rn. 60; Bundesnetzagentur, ZNER 284 (285); zum (n-1)-Kriterium siehe oben I. 3. a) cc) (3) (c).

1045 Bundesnetzagentur, ZNER 2006, 284 (285).

1046 Bundesnetzagentur, ZNER 2006, 284 (285).

1047 *Hartmann*, in: Danner/Theobald (Hrsg.), Energierecht, § 17 EnWG, Rn. 60.

1048 Bundesnetzagentur, ZNER 2006, 284 (285).

1049 Bundesnetzagentur, ZNER 2006, 284 (285).

1050 Bundesnetzagentur, ZNER 2006, 284 (285).

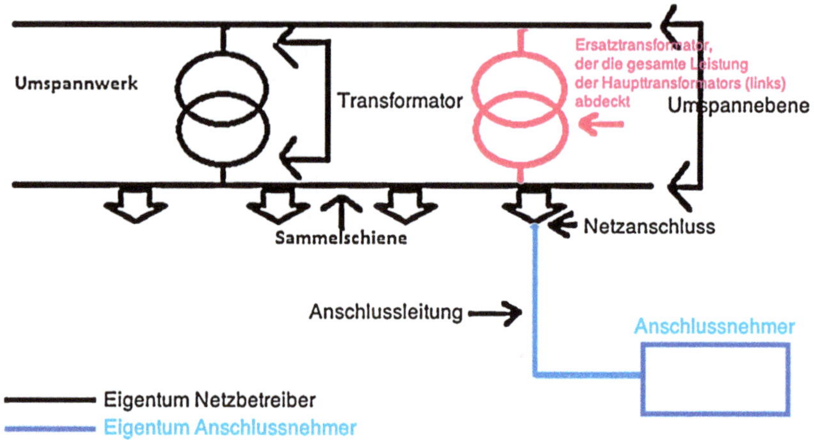

Eigene Darstellung 2013,
Hinsichtlich der Abbildung der elektrischen Bauteile vgl. Danner/Theobald, Energierecht, § 17 EnWG, Rn. 59 f.

Abb. 20: Eigensichere Umspannanlage

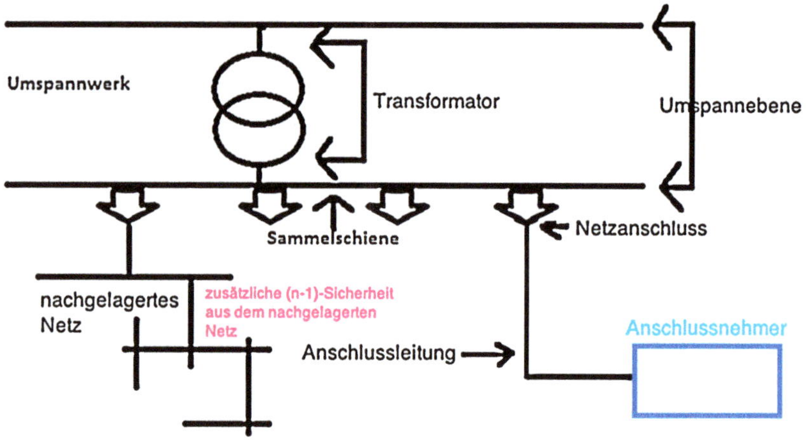

Quelle: Danner/Theobald, Energierecht, § 17 EnWG, Rn. 60

Abb. 21: Nicht eigensichere Umspannanlage

Netznutzer, die an die in Frage stehende Sammelschiene angeschlossen sind, gewahrt bliebe.[1051]

Möglich ist des Weiteren noch die Konstellation der sogenannten verlängerten Sammelschiene.[1052] Nach der Bundesnetzagentur kommt dies jedoch nur dann in Betracht, wenn verschiedene Umspannwerke über Anschlussleitungen bildlich gesprochen in horizontaler Weise miteinander verbunden sind und damit die unterspannungsseitigen Sammelschienen fortgesetzt bzw. verbunden werden.[1053] Auch in diesem Fall ist eine alleinige Nutzung aller Betriebsmittel durch einen Anschlussnehmer nicht gegeben.[1054]

Abb. 22: Ausnahmen von § 19 Abs. 3 StromNEV

Keine Nutzung sämtlicher Betriebsmittel durch einen Netznutzer	
↓ bei einer Gewährleistung einer (n-1)-sicheren Versorgung aus dem nachgelagerten Netz	↓ bei einer sogenannten verlängerten Sammelschiene

Eigene Darstellung, 2013

(3) Ergebnis und Auswirkungen auf den Netzanschluss von Arealnetzen/Industriekunden

Im Ergebnis zeigt sich, dass gerade im Bereich der Niederspannung ein individuelles Netznutzungsentgelt nach § 19 Abs. 3 StromNEV schwer realisierbar ist. Die üblichen Verteilernetze sind aufgrund ihrer (n-1)-Absicherung so eng vermascht, dass kaum eine ausschließliche Versorgung eines Kunden aus nur einer Umspannebene vorliegen kann.[1055] Etwas anderes kann sich nur in ländlichen Gegenden mit geringem „Vermaschungsgrad“ ergeben.[1056] Mit anderen Worten ist der Anwendungsbereich des § 19 Abs. 3 StromNEV sehr klein und stellt daher keine Alternative zum Spannungsebenenwechsel dar.

Für den Netzkunden besteht ein Nachteil dieser Regelung darin, dass er keinen Anspruch darauf hat, für seinen Fall eine Anschlusssituation herzustellen, welche

1051 Bundesnetzagentur, ZNER 2006, 284 (285).
1052 *Hartmann*, in: Danner/Theobald (Hrsg.), Energierecht, § 17 EnWG, Rn. 61.
1053 Bundesnetzagentur, ZNER 2007, 488 (488).
1054 *Hartmann*, in: Danner/Theobald (Hrsg.), Energierecht, § 17 EnWG, Rn. 63.
1055 *Hartmann*, in: Danner/Theobald (Hrsg.), Energierecht, § 17 EnWG, Rn. 63.
1056 *Hartmann*, in: Danner/Theobald (Hrsg.), Energierecht, § 17 EnWG, Rn. 63.

die Tatbestandsvoraussetzungen des § 19 Abs. 3 StromNEV erfüllt.[1057] Die Bundesnetzagentur warf in ihrer Entscheidung die Frage auf, ob dem Anspruch eines Netznutzers auf Anschluss aus § 17 Abs. 1 EnWG zugleich ein spiegelbildlicher Anspruch innewohnt, bestehende Anschlüsse Dritter, die ebenfalls einen Anspruch auf Anschluss haben, wieder zu beseitigen, um die Voraussetzungen des § 19 Abs. 3 StromNEV für den einzelnen Netzkunden zu schaffen.[1058] Ein solches Vorgehen lehnte die Bundesnetzagentur in demselben Beschluss mit der Begründung ab, dass aus einem solchen Vorgehen eine Umkehrung eines Ausnahme- zu einem Regelfall folge.[1059]

Ferner könnte ein solches Anschlussbegehren, das auf Schaffung einer § 19 Abs. 3 StromNEV-Situation zielt, auch von Seiten der Netzbetreiber nach § 17 Abs. 2 EnWG verweigert werden.[1060] Ein Netzanschlussanspruch kann nämlich verweigert werden, soweit die Gewährung des Anschlusses unter Berücksichtigung der Ziele des § 1 EnWG nicht möglich oder zumutbar ist. Nach § 1 Abs. 2 EnWG dient die Regulierung der Elektrizitätsnetze auch der Sicherung eines langfristig angelegten leistungsfähigen und zuverlässigen Betriebs von Energieversorgungsnetzen. Hätten nun einzelne Anschlussnehmer einen Anspruch darauf, eine § 19 Abs. 3 StromNEV-Situation herzustellen, müsste der Netzbetreiber einzelne Leitungen an der Sammelschiene kappen. Ein solches Vorgehen hätte zur Folge, dass andere Anschlussnehmer nicht mehr versorgt werden könnten und, sofern das nachgelagerte Netz die (n-1)-Sicherheit gewährleistet, diese nicht mehr gegeben wäre.[1061]

Kommt der Netzkunde nun in den „Genuss" der § 19 Abs. 3 StromNEV Regelung, so besteht ein weiterer Nachteil darin, dass der Netzkunde, für den der Netzbetreiber ein solches individuelles Entgelt berechnet, keinen Anspruch auf die dauerhafte Beibehaltung der besonderen Anschlusssituation nach § 19 Abs. 3 StromNEV hat.[1062] Theoretisch kann es passieren, dass an die von einem Kunden zunächst singulär genutzten Betriebsmittel auch gegen dessen Willen nachträglich

1057 *Hartmann*, in: Danner/Theobald (Hrsg.), Energierecht, § 17 EnWG, Rn. 69; Bundesnetzagentur, ZNER 2007, 488 (489).

1058 Bundesnetzagentur, ZNER 2007, 488 (489).

1059 Bundesnetzagentur, ZNER 2007, 488 (489).

1060 Bundesnetzagentur, ZNER 2007, 488 (489).

1061 Bundesnetzagentur, ZNER 2007, 488 (489).

1062 Bundesnetzagentur, ZNER 2008, 95 (96); *Hartmann*, in: Danner/Theobald (Hrsg.), Energierecht, § 17 EnWG, Rn. 69.

weitere Kunden angeschlossen werden und dadurch die Voraussetzung der singulären Nutzung nicht mehr gegeben ist.[1063]

Für die Netzgemeinschaft ergibt sich der Nachteil, dass ein Kunde, der ein individuelles Entgelt gemäß § 19 Abs. 3 StromNEV beansprucht, sich auch der solidarischen Finanzierung der nachgelagerten Spannungsebene entzieht, sodass der Netzbetreiber genau wie beim Spannungsebenenwechsel einen finanziellen Ausfall zu beklagen hätte.[1064] Ein individuelles Entgelt stellt unter den genannten Gesichtspunkten daher keine Alternative zum Anschlussebenenwechsel dar.

bb) Individuelles Netzentgelt außerhalb von § 19 Abs. 3 StromNEV

(1) Bedürfnis

Eine Alternative zum Spannungsebenenwechsel könnte darüber hinaus über ein individuelles Entgelt außerhalb von § 19 Abs. 3 StromNEV gelöst werden.[1065] Ausgangspunkt der Überlegung ist der Rechtsgedanke des § 20 Abs. 2 GasNEV.[1066] In § 20 GasNEV sind Sonderformen der Netznutzung beschrieben, die gesonderte Netzentgelte ermöglichen. Unter den in § 20 GasNEV geregelten Voraussetzungen können Entgelte vereinbart werden, die von den grundsätzlich zu erhebenden Netzentgelten nach den allgemeinen Vorschriften abweichen und regelmäßig niedriger ausfallen dürften als die allgemeinen Netzentgelte.[1067] Eine solche Sonderform der Netznutzung ist in § 20 Abs. 2 GasNEV für örtliche Verteilernetze geregelt. Danach kann „der Netzbetreiber eines Verteilernetzes in Einzelfällen zur Vermeidung eines Direktleitungsbaus ein gesondertes Netzentgelt auf der Grundlage der konkret erbrachten gaswirtschaftlichen Leistung berechnen.“[1068]

Fraglich ist, ob dieser Rechtsgedanke überhaupt im Strombereich herangezogen werden kann. Nach den obigen Ausführungen werden der Anschlusspetent bzw. das von ihm kommende Stromkabel über Schaltanlagen mit einer Sammelschiene

---

1063 *Hartmann*, in: Danner/Theobald (Hrsg.), Energierecht, § 17 EnWG, Rn. 69.

1064 Siehe oben II. 3. b) bb) (4) (c) (aa).

1065 Auch *Hartmann* untersucht diesen Gesichtspunkt, vgl. *ders.*, in: Danner/Theobald (Hrsg.), Energierecht, § 17 EnWG, Rn. 46 f.

1066 Vgl. hierzu *Hartmann*, in: Danner/Theobald (Hrsg.), Energierecht, § 17 EnWG, Rn. 46; *Moench/Krappel*, RdE 2012, 309 (314).

1067 *Ludwig/Ginzel*, in: Säcker (Hrsg.), Berliner Kommentar, § 24 EnWG Anh. D, § 20 b GasNEV, Rn. 4.

1068 Bundesrats-Drucksache 247/05, S. 36; zur Ausgestaltung Bundesnetzagentur, Leitfaden der Regulierungsbehörden zur Ermittlung von Sonderentgelten nach § 20 Abs. 2 GasNEV, S. 3.

des Umspannwerks verbunden.[1069] Jedoch stehen nicht jederorts geeignete Umspannwerke zur Verfügung. Umspannwerke von Mittel- auf Niederspannung dürften noch relativ häufig zu finden sein. Industriekunden mit hohem Elektrizitätsbedarf begehren meist, an eine höhere Spannungsebene angeschlossen zu werden.[1070] Sie müssen daher eine Anschlussleitung zum Umspannwerk errichten, um dort mit der Sammelschiene verbunden zu werden.

Um den Leitungsbau zu vermeiden, könnte dem Netzbetreiber die Möglichkeit gegeben werden, ein individuelles Entgelt in entsprechender Anwendung des § 20 Abs. 2 GasNEV für den Industriekunden bzw. Arealnetzbetreiber zu berechnen.[1071] Ein solches individuelles Entgelt müsste sich an den Kosten einer möglichen Direktleitung orientieren.[1072] Somit würden die wechselwilligen Kunden, für die sich der Direktleitungsbau lohnt, ihrer bisherigen Spannungsebene „treu" bleiben, da für sie die Entgelte sinken und ein Spannungsebenenwechsel unrentabel wird. Ferner würden sie einen wenn auch geringeren Beitrag zur Finanzierung der Spannungsebene, an die sie angeschlossen sind, leisten.[1073]

(2) Herleitung

Zunächst sprach für die Möglichkeit eines individuellen Entgelts die inzwischen außer Kraft getretene Verbändevereinbarung (VV) Strom II Plus vom 13.12.2001.[1074] Hier war ein solches Entgelt anerkannt. Die Nr. 1.8 der VV Strom II Plus regelte, dass „im Interesse niedriger Netznutzungsentgelte [...] für alle Netznutzer Einspeisung und Entnahme des vorhandenen Netzes genutzt [werden sollen] und der Bau von zusätzlichen Leitungen möglichst vermieden werden soll. Zu diesem Zweck kann der Netzbetreiber von der pauschalierten Berechnung des Netznutzungsentgelts abweichen."

Damit rieten die Verbände den Netzbetreibern in allen Fällen, in denen ein eigener Alternativleitungsbau des Kunden drohte, ihre Netzentgelte unter die Einheitstarife auf ein Niveau abzusenken, das die Errichtung neuer Leitungen für den

---

1069 Siehe oben I. 2. b) bb).

1070 *Buntscheck*, WuW 2006, 30 (35); *Bourwieg*, in: Britz/Hellermann/Hermes (Hrsg.), Energiewirtschaftsgesetz, § 17 EnWG, Rn. 37; *Hartmann*, in: Danner/Theobald (Hrsg.), Energierecht, § 17 EnWG, Rn. 32.

1071 So *Hartmann*, in: Danner/Theobald (Hrsg.), Energierecht, § 17 EnWG, Rn. 46 f; *Moench/Krappel*, RdE 2012, 309 (314).

1072 *Albrecht*, Anmerkung zu OLG Düsseldorf, Beschluss v. 25.06.2008, IR 2008, 231 (232).

1073 *Albrecht*, Anmerkung zu OLG Düsseldorf, Beschluss v. 25.06.2008, IR 2008, 231 (232); *Moench/Krappel*, RdE 2012, 309 (313).

1074 *Hartmann*, in: Danner/Theobald (Hrsg.), Energierecht, § 17 EnWG, Rn. 47.

konkreten Kunden wirtschaftlich uninteressant macht.[1075] Somit waren die Netzbetreiber von der Berechnung einheitlicher Tarife befreit, sofern damit die Errichtung zusätzlicher Leitungen verhindert werden konnte.[1076]

In den Jahren 2004 und 2005 wurden die VV II Plus aufgrund der Beschleunigungsrichtlinie (2003/54/EG) und aufgrund der Neufassung des EnWG ersetzt. In der Richtlinie (2009/72/EG) wird der alternative Direktleitungsbau wie schon vorher in der EltRl (2003/54/EG) ausdrücklich anerkannt. In Art. 34 Abs. 5 EltRl heißt es, dass „die Mitgliedstaaten die Genehmigung zur Errichtung einer Direktleitung verweigern [können], wenn die Erteilung einer solchen Genehmigung den Bestimmungen des Artikels 3 zuwiderlaufen würde." Art. 3 ff. der EltRl regeln wiederum die Zielbestimmung der Richtlinie. Ferner bestimmt Art. 34 Abs. 4 EltRl, dass die Mitgliedstaaten die Genehmigung zur Errichtung einer Direktleitung von der Verweigerung des Netzzugangs abhängig machen können. Daraus ergibt sich, dass der europäische Gesetzgeber Direktleitungsbau und Netzzugang zu sachlich angemessenen Bedingungen grundsätzlich als „gleichwertige Instrumente der Marktöffnung" wertet.[1077] Durch die Verweisung von Art. 34 Abs. 4 EltRl auf Art. 32 EltRl, die zentrale Zugangsvorschrift in der EltRl, werden Direktleitungsbau und Netzzugang unmittelbar nebeneinander gestellt und für untereinander „austauschbar" erklärt.[1078] Den Mitgliedstaaten wird die Möglichkeit eingeräumt, dem Direktleitungsbau eine untergeordnete Stellung zuzuweisen, aber nur, soweit Zugang zu den Netzen unter angemessenen Bedingungen ermöglicht wird.[1079]

Ferner könnte § 19 GWB für die Zulässigkeit eines individuellen Entgelts zur Vermeidung eines Direktleitungsbaus sprechen.[1080] Nach § 19 Abs. 4 Nr. 2 GWB darf der Netzbetreiber von den Kunden keine Netzentgelte fordern, die „von denjenigen abweichen, die sich bei wirksamem Wettbewerb mit hoher Wahrscheinlichkeit ergeben würden". Hieraus folgt, dass Netzbetreiber einen technisch nicht erforderlichen Parallelleitungsbau zum bestehenden Niederspannungsnetz zwecks Anschluss an eine höhere Netzebene vermeiden können bzw. dazu sogar verpflichtet sind, indem sie individuelle Entgelte anbieten.[1081]

1075 *Hartmann*, in: Danner/Theobald (Hrsg.), Energierecht, § 17 EnWG, Rn. 47.

1076 VDN, Kommentarband zur VV II Plus, S. 38.

1077 *Hartmann*, in: Danner/Theobald (Hrsg.), Energierecht, § 17 EnWG, Rn. 48.

1078 *Hartmann*, in: Danner/Theobald (Hrsg.), Energierecht, § 17 EnWG, Rn. 48.

1079 *Hartmann*, in: Danner/Theobald (Hrsg.), Energierecht, § 17 EnWG, Rn. 48.

1080 *Albrecht*, Anmerkung zu OLG Düsseldorf, Beschluss v. 25.06.2008, IR 2008, 231 (232).

1081 *Hartmann*, in: Danner/Theobald (Hrsg.), Energierecht, § 17 EnWG, Rn. 52.

(3) Ergebnis

Auf den ersten Blick sprechen die von Albrecht und Hartmann entwickelten Argumente für die Zulässigkeit individueller Entgelte auch außerhalb von § 19 Abs. 3 StromNEV. Gestützt wird deren Argumentation neben der Verbändevereinbarung II Plus vom 13.12.2001 auf die EltRl und auf das GWB. Die Verbändevereinbarung ist inzwischen außer Kraft getreten und beansprucht keine Rechtswirkungen mehr.[1082] Die EltRL (2009/72/EG) sieht in Art. 34 vor, dass die Mitgliedstaaten allen Elektrizitätserzeugern und Energieversorgungsunternehmen ermöglichen müssen, dass sie ihre eigenen Betriebsstätten, Tochterunternehmen und zugelassenen Kunden über eine Direktleitung versorgen können und dass die Mitgliedstaaten für den Bau von Direktleitungen in ihrem Hoheitsgebiet Kriterien für die Erteilung von Genehmigungen festlegen müssen. Die Abs. 4 und 5 der Vorschrift regeln hingegen, dass die Mitgliedstaaten festlegen können, unter welchen Voraussetzungen der Direktleitungsbau verweigert werden kann. Nach Abs. 4 der Vorschrift können die Mitgliedsstaaten die Genehmigung zur Errichtung einer Direktleitung auch von der Verweigerung des Netzzugangs abhängig machen. Aus dem Umstand, dass der Richtliniengeber die Vorschriften ausdrücklich mit einem Handlungsspielraum versehen hat („die Mitgliedstaaten können"), ergibt sich, dass der nationale Gesetzgeber nicht zu einer Umsetzung angehalten ist.[1083] Die Regelungen können allenfalls zur Auslegung herangezogen werden.[1084] Da sich der nationale Gesetzgeber für den Strombereich gegen eine spezielle Regelung zum Direktleitungsbau entschieden hat, ergibt sich, dass die Abs. 4 und 5 des Art. 34 (2009/72/EG) im nationalen Recht keine Geltung beanspruchen können.

Auf der Grundlage der StromNEV stellt sich allerdings im nationalen Recht die Frage, ob eine analoge Anwendung des § 20 Abs. 2 GasNEV auf die StromNEV geboten erscheint.[1085] Wie bereits festgestellt, enthält die StromNEV keine Regelung zur Kalkulation gesonderter Netzentgelte zur Vermeidung eines Direktleitungsbaus. Es liegt somit keine Regelung des beschriebenen Sachverhalts vor.

1082 *Säcker*, in: Säcker (Hrsg.), Berliner Kommentar, EnWG Einl. A., Rn. 10.

1083 *Kotzur*, in: Geiger/Khan/Kotzur (Hrsg.), EUV AEUV, Art. 288 AEUV, Rn. 11; *Schroeder*, in: Streinz (Hrsg.), EUV/AEUV, Art. 288, Rn. 89 f; *Schmidt-Preuß*, in: Säcker (Hrsg.), Berliner Kommentar, EnWG Einl. B., Rn. 77 f.

1084 *Hellermann*, in: Britz/Hellermann/Hermes (Hrsg.), Energiewirtschaftsgesetz, § 1 EnWG, Rn. 52.

1085 Bejaht eine analoge Anwendung *Hartmann*, in: Danner/Theobald (Hrsg.), Energierecht, § 17 EnWG, Rn. 50 sowie *Albrecht*, Anmerkung zu OLG Düsseldorf, Beschluss v. 25.06.2008, IR 2008, 231 (232).

Weitere Voraussetzung einer Analogie ist das Bestehen einer vom Gesetzgeber unbeabsichtigten Regelungslücke.[1086] Fraglich ist demnach, ob die Regelungslücke unbeabsichtigt ist. Zunächst spricht für eine gewollte Auslassung einer entsprechenden Regelung der Umstand, dass der Verordnungsgeber im Fall der GasNEV ein entsprechendes Entgelt zur Vermeidung eines Direktleitungsbaus in § 20 Abs. 2 GasNEV festgeschrieben hat. Des Weiteren spricht gegen die Planwidrigkeit der Regelungslücke, dass beim Verordnungsgebungsverfahren in einem Referentenentwurf vom 13.09.2004 mit der damaligen Fassung des § 19 Abs. 3 StromNEV bereits dem Wortlaut nach ein individuelles Netznutzungsentgelt zur Vermeidung eines Direktleitungsbaus im Stromsektor geregelt vorgesehen war.[1087] Daraus ergibt sich, dass das Problem des Direktleitungsbaus auch vom Verordnungsgeber gesehen wurde, er es jedoch nicht übernommen hat. Zwar hat der Verordnungsgeber festgestellt, dass es „nicht zielführend [ist], sämtliche für die Gewährleistung angemessener Entgelte erforderlichen Regelungen in einer Verordnung festzuschreiben. Deshalb erhält die Regulierungsbehörde die Befugnis, die zur Gewährleistung angemessener Netzentgelte erforderlichen Entscheidungen [...] zu treffen."[1088] Dies kann aber dann keine Geltung beanspruchen, wenn der Verordnungsgeber für den Gasbereich eine Regelung geschaffen hat, für den Strombereich hingegen nicht. Daher ist hier nicht von einer planwidrigen Regelungslücke auszugehen. Eine Regelung, die zur Vermeidung eines Direktleitungsbaus ein gesondertes Entgelt im Stromsektor vorsieht, ist vom Verordnungsgeber nicht gewollt. Eine analoge Anwendung des § 20 Abs. 2 GasNEV scheidet demnach aus.

Auch das Argument, dass Netzbetreiber nach § 19 Abs. 4 Nr. 2 GWB dazu verpflichtet sind, individuelle Entgelte zur Vermeidung des Direktleitungsbaus anzubieten, kann nicht überzeugen.[1089] Mit § 111 Abs. 1 EnWG[1090] legt der Gesetzgeber fest, dass die §§ 19, 20 und 29 GWB nicht anzuwenden sind, soweit durch das EnWG oder aufgrund des EnWG erlassenen Rechtsverordnungen ausdrücklich

---

1086 Zu den Voraussetzungen einer Analogie vgl. *Musielak*, Grundkurs BGB, § 9, Rn. 832.

1087 Anders *Hartmann*, der von einem Redaktionsversehen ausgeht, *ders.*, in: Danner/Theobald (Hrsg.), Energierecht, § 17 EnWG, Rn. 51 mit Verweis auf den Referentenentwurf des Bundesministeriums für Wirtschaft und Arbeit (BMWA) v. 13.09.2004

1088 Bundesrats-Drucksache 245/05, S. 44.

1089 Das erkennt auch *Hartmann* an vgl. *ders.*, in: Danner/Theobald (Hrsg.), Energierecht § 17 EnWG, Rn. 52.

1090 In der Fassung v. 07.07.2005, zuletzt geändert durch das Gesetz zur Bekämpfung von Preismissbrauch im Bereich der Energieversorgung und des Lebensmittelhandels v. 18.12.2007, BGBl. I S. 2966.

abschließende Regelungen getroffen werden. § 111 Abs. 2 EnWG besagt, dass alle Bestimmungen des Teils 3 und die auf der Grundlage dieser Bestimmung erlassenen Rechtsverordnungen, zu denen auch die StromNEV zählt, abschließende Regelungen sind. Die §§ 19, 20 und 29 GWB kommen somit neben der StromNEV nicht zur Anwendung.

Ferner sprechen auch wirtschaftliche Gesichtpunkte gegen eine Anwendung von § 20 Abs. 2 GasNEV. Der Netzbetreiber hätte auch in einer Konstellation eines individuellen Entgelts zur Vermeidung eines Direktleitungsbaus einen finanziellen „Ausfall" zu beklagen, da er gegenüber Kunden, die ein individuelles Entgelt beanspruchten, nicht mehr das für die Netzebene ursprünglich kalkulierte Entgelt erheben kann.[1091] Auf die Argumente, die gegen § 19 Abs. 3 StromNEV sprechen, kann insofern verwiesen werden.[1092]

cc) *Befreiung von den Netzentgelten nach § 19 Abs. 2 S. 2 StromNEV oder individuelles Entgelt nach § 19 Abs. 2 S. 1 StromNEV*

(1) Gesetzliche Regelung

Eine weitere Alternative zum Spannungsebenenwechsel gibt der Verordnungsgeber den Industriekunden mit § 19 Abs. 2 StromNEV an die Hand. § 19 Abs. 2 S. 1 und S. 2 StromNEV a. F. ermöglichte es bisher nur den Industriekunden, unter bestimmten Voraussetzungen ein individuelles Netzentgelt, das bis zu 50 % unter dem veröffentlichten Netzentgelt liegt, beim Netzbetreiber zu beanspruchen.[1093] Mit dem Inkrafttreten des Gesetzes zur Neuregelung energiewirtschaftsrechtlicher Vorschriften am 4. August 2011 wurde die bisherige Regelung des § 19 Abs. 2 StromNEV in verschiedenen Punkten einer grundlegenden Änderung unterzogen.[1094] Nun ist es für besonders stromintensive Letztverbraucher, also Industriekunden, auch möglich, sich komplett von den Netzentgelten befreien zu lassen.[1095]

1091 Anders *Moench/Krappel*, RdE 2012, 309 (313).

1092 Siehe oben aa) (3).

1093 *Gent/Nünemann*, RdE 2008, 189 (191).

1094 *Eder/Sösemann*, IR 2012, 77 (78); *Krebs*, RdE 2012, 19 (20); Bundesnetzagentur, Leitfaden zur Genehmigung von Befreiungen von den Netzentgelten nach § 19 Abs. 2 S. 2 StromNEV (Stand Dezember 2012), S. 2 (Der Leitfaden bezieht sich nur noch auf die Befreiung von den Netzentgelten nach § 19 Abs. 2 S. 2 StromNEV, da die von Amts wegen ergangene Festlegung hinsichtlich der Ermittlung individueller Entgelte nach § 19 Abs. 2 S. 1 StromNEV, Beschluss v. 05.12.12, Az. BK4 12-1656, nunmehr die genauen Verfahrensgrundsätze bestimmt).

1095 *Moench/Krappel*, RdE 2012, 309 (311); OLG Düsseldorf, Beschluss v. 06.03.2013, Az. VI-Kart 65/12 (V) und 3 Kart 65/12 (V), juris Rn. 77.

Wie bislang besteht ein Anspruch auf das Angebot eines individuellen Netzentgelts gemäß § 19 Abs. 2 S. 1 StromNEV dann, wenn aufgrund vorliegender oder prognostizierter Verbrauchsdaten oder aufgrund technischer oder vertraglicher Gegebenheiten offensichtlich ist, dass der Höchstlastbeitrag eines Letztverbrauchers vorhersehbar erheblich von der zeitgleichen Jahreshöchstlast aller Entnahmen dieser Netz- oder Umspannebene abweicht.[1096] Hierbei kann das individuelle Netzentgelt nun bis zu 80 % von dem veröffentlichten Netzentgelt nach unten abweichen. Darüber hinaus können sich Letztverbraucher zukünftig gemäß § 19 Abs. 2 S. 2 StromNEV grundsätzlich von den Netzentgelten befreien lassen, wenn ihre Stromabnahme aus dem Netz der allgemeinen Versorgung an einer Abnahmestelle die Benutzungsstundenzahl von mindestens 7.000 Stunden erreicht und ihr Stromverbrauch an dieser Abnahmestelle 10 Gigawattstunden überschritten hat.[1097]

Zu beachten ist allerdings, dass sich die Befreiung nur auf die Netzentgelte im engeren Sinne gemäß § 17 Abs. 2 StromNEV bezieht.[1098] Die Letztverbraucher werden also nur vom Jahresleistungsentgelt und Arbeitsentgelt befreit, die übrigen netzbezogenen Kosten wie Konzessionsabgaben, die Kosten für den Messstellenbetrieb und Messungen, die EEG-Umlage und der KWK-Zuschlag sind weiterhin zu bezahlen.[1099]

(2) Privilegierung auch für Arealnetze?

Bei § 19 Abs. 2 StromNEV stellt sich genau wie bei § 19 Abs. 3 StromNEV die Frage, ob auch Arealnetzbetreiber von der Ausnahmegenehmigung Gebrauch machen können oder ob die Regelung nur auf Letztverbraucher beschränkt ist.[1100] Während der Verordnungsgeber in § 19 Abs. 3 StromNEV noch von Netznutzern spricht und davon nach der hier vertretenen Ansicht auch Netzbetreiber erfasst sind,[1101] verwendet der Verordnungsgeber in § 19 Abs. 2 StromNEV ausschließlich den Begriff des Letztverbrauchers.[1102] Letztverbraucher sind gemäß § 3 Nr 25

1096 *Bartsch/Meyer/Pohlmann*, in: Säcker (Hrsg.), Berliner Kommentar, § 24 EnWG Anh.B § 19 StromNEV, Rn. 3; *Böwing*, in: Baur/Salje/Schmidt-Preuß (Hrsg.), Kap. 68, Rn. 94.

1097 Bundesnetzagentur, Leitfaden zur Genehmigung von Befreiungen von den Netzentgelten nach § 19 Abs. 2 S. 2 StromNEV (Stand Dezember 2012), S. 3; hierzu auch *Beste/Kuck*, EnWZ 2013, 195 (195).

1098 Bundesnetzagentur, Leitfaden zur Genehmigung von Befreiungen von den Netzentgelten nach § 19 Abs. 2 S. 2 StromNEV (Stand Dezember 2012), S. 3.

1099 *Eder/Sösemann*, IR 2012, 77 (78), *Beste/Kuck*, EnWZ 2013, 195 (196).

1100 Siehe oben III. 2. c) aa) (1).

1101 Siehe oben III. 2. c) aa) (1).

1102 *Gent/Nünemann*, RdE 2008, 189 (191).

EnWG natürliche oder juristische Personen, die Energie für den eigenen Verbrauch kaufen.[1103] Ein Arealnetzbetreiber kauft Energie nicht für den eigenen Verbrauch, sondern beliefert damit die an das Arealnetz angeschlossenen Kunden. Somit ist der Arealnetzbetreiber selbst nicht berechtigt, Anträge gemäß § 19 Abs. 2 S. 1 und S. 2 StromNEV bei der Bundesnetzagentur zu stellen. Jedoch haben die auf dem Areal ansässigen Kunden als Letztverbraucher bei Erfüllung der jeweiligen Voraussetzungen ihrerseits einen Anspruch auf ein individuelles Netzentgelt nach § 19 Abs. 2 S. 1 StromNEV oder auf eine Befreiung von Netznutzungsentgelten nach § 19 Abs. 2 S. 2 StromNEV.[1104]

(3) Voraussetzungen

(a) Grundsätzliche Voraussetzungen

Um die Befreiung von den Netzentgelten oder ein individuelles Entgelt zu erlangen, bedarf es der Erfüllung einiger Voraussetzungen, die der Verordnungsgeber in § 19 Abs. 2 StromNEV geregelt hat.

Nach § 19 Abs. 2 S. 3 StromNEV erfordern sowohl die Vereinbarung eines individuellen Netzentgelts nach Satz 1 wie auch die Befreiung nach Satz 2 die vorherige Genehmigung durch die Regulierungsbehörde. Gegenstand der Genehmigung ist gemäß § 19 Abs. 2 S. 3 StromNEV im Falle des individuellen Entgelts eine Vereinbarung, die zwischen dem Letztverbraucher und dem Netzbetreiber geschlossen wird.[1105] Dies bedeutet, dass sich das individuelle Netzentgelt des Letztverbrauchers nicht unmittelbar aus der Genehmigung ergibt, sondern sich mit Hilfe der der Vereinbarung zugrunde liegenden Berechnungsmethode sowie der tatsächlichen Daten für den Genehmigungszeitraum bestimmen lässt.[1106] Liegen die Tatbestandsvoraussetzungen von § 19 Abs. 2 S. 1 StromNEV insgesamt vor, hat der Letztverbraucher gegenüber dem Netzbetreiber einen Anspruch, dass ihm dieser ein individuelles Netzentgelt anbietet. Die Genehmigung begründet somit einen Kontrahierungszwang zwischen Letztverbraucher und Netzbetreiber.[1107]

1103 Zum Begriff des Letztverbrauchers siehe auch oben I. 3. a) cc) (1) (a).

1104 Bundesnetzagentur, Leitfaden zur Genehmigung von Befreiungen von den Netzentgelten nach § 19 Abs. 2 S. 2 StromNEV (Stand Dezember 2012), S. 7; Bundesnetzagentur, Beschluss v. 05.12.2012, Az. BK4 12-1656, S. 23.

1105 *Böwing*, in: Baur/Salje/Schmidt-Preuß (Hrsg.), Kap. 68, Rn. 95.

1106 Bundesnetzagentur, Beschluss v. 05.12.2012, Az. BK4 12-1656, S. 11.

1107 *Böwing*, in: Baur/Salje/Schmidt-Preuß (Hrsg.), Kap. 68, Rn. 95; *Gent/Nünemann*, RdE 2008, 189 (191); zum Kontrahierungszwang siehe oben I. 3. a) aa) (4) (d).

Dagegen tritt mit der Genehmigung nach § 19 Abs. 2 S. 2 StromNEV unmittelbar die Befreiung von den Netzentgelten ein.[1108] Einer diesbezüglichen Vereinbarung bedarf es im Unterschied zu Satz 1 nicht.[1109] Dies lässt sich damit begründen, dass Satz 2 der Vorschrift genaue Richtwerte verlangt. Werden diese einmal erfüllt, so ist die Befreiung nach erfolgter Genehmigung zu gewähren.[1110]

Um eine Genehmigung zu erlangen, muss nun der Letztverbraucher nach § 19 Abs. 2 S. 4 StromNEV einen Antrag bei der Bundesnetzagentur stellen. Dieser ist spätestens zum 30.09. des Kalenderjahrs zu stellen, für das die Genehmigung beantragt wird. Frühester Zeitpunkt ist das Kalenderjahr vor dem Genehmigungszeitpunkt.[1111] Der Grund hierfür liegt darin, dass die Antragsstellung nach § 19 Abs. 2 S. 1 StromNEV erst erfolgen kann, sobald die für die Prognose erforderlichen Daten vorliegen, d. h., wenn zumindest die erforderlichen Verbrauchsdaten des dem beantragten Genehmigungszeitraum vorausgehenden Referenzzeitraums sowie die entsprechenden Hochlastzeitfenster bekannt sind. Der genaue Verbrauch kann also frühestens in dem Kalenderjahr vor dem Genehmigungszeitpunkt prognostiziert werden, weil dann erst zuverlässige Daten vorliegen. Einschränkend muss nach dem Beschluss des OLG Düsseldorf vom 12.12.2012 beachtet werden, dass die in § 19 Abs. 2 Satz 2 StromNEV vorgesehene Befreiung von den Netzentgelten nicht rückwirkend für das Kalenderjahr 2011 erfolgen kann.[1112] Aufgrund der Methodik der Entgeltkalkulation, der grundsätzlich eine kalenderjährliche Betrachtung zugrunde liegt, ist nach Ansicht des Senats eine Entgeltbefreiung erst zum 1. Januar des Jahres 2012 zulässig.[1113]

Bedingung für die Gewährung eines individuellen Netzentgelts wie auch der Befreiung von den Netzentgelten ist, dass die jeweiligen Voraussetzungen auch

---

1108 Bundesnetzagentur, Leitfaden zur Genehmigung von Befreiungen von den Netzentgelten nach § 19 Abs. 2 S. 2 StromNEV (Stand Dezember 2012), S. 3.

1109 *Eder/Sösemann*, RdE 2012, 77 (78), die dennoch eine vertragliche Regelung zwischen Netzbetreiber und Letztverbraucher aus Gründen der Rechtssicherheit befürworten.

1110 *Beste/Kuck*, EnWZ 2013, 195 (195).

1111 Bundesnetzagentur, Leitfaden zur Genehmigung von Befreiungen von den Netzentgelten nach § 19 Abs. 2 S. 2 StromNEV (Stand Dezember 2012), S. 3; Bundesnetzagentur, Beschluss v. 05.12.2012, Az. BK4 12-1656, S. 10; *Gent/Nünemann*, RdE 2008, 189 (194).

1112 OLG Düsseldorf, Beschluss v. 12.12.2012, Az. VI-3 Kart 46/12 (V), vgl. ZNER 2013, 57 (58).

1113 OLG Düsseldorf, ZNER 2013, 57 (58).

tatsächlich innerhalb des Genehmigungs- bzw. des Befreiungszeitraums eintreten.[1114] Da die Antragstellung meist vor dem Genehmigungszeitpunkt, spätestens innerhalb des Genehmigungszeitraums, erfolgt, jedoch erst mit Ablauf des Jahres, für das die Genehmigung erteilt ist, festgestellt werden kann, ob die Voraussetzungen erfüllt wurden, hat der Verordnungsgeber die Sätze 9 und 10 in Abs. 2 der Vorschrift aufgenommen. Gemäß § 19 Abs. 2 S. 9 StromNEV erfolgt somit, wie bereits erläutert, die Vereinbarung eines individuellen Netzentgelts nach Satz 1 bzw. die Befreiung von den Netzentgelten nach Satz 2 unter dem Vorbehalt, dass die jeweiligen Voraussetzungen nach den Sätzen 1 und 2 auch tatsächlich eintreten. Ist dies nicht der Fall, dann regelt § 19 Abs. 2 S. 10 StromNEV, dass die Netznutzung des Letztverbrauchers gemäß den allgemein gültigen Netzentgelten abgerechnet werden muss.

(b) Individuelles Entgelt nach § 19 Abs. 2 S. 1 StromNEV

§ 19 Abs. 2 S. 1 StromNEV verlangt die erhebliche Abweichung zwischen dem Höchstlastbeitrag des Letztverbrauchers und der zeitgleichen Jahreshöchstlast aller Entnahmen aus der betroffenen Netzebene.[1115] Unter der zeitgleichen Jahreshöchstlast wird nach § 2 Nr. 8 StromNEV die höchste zeitgleiche Summe der Leistungswerte einer Anzahl von Entnahmen aus einer Netz- oder Umspannebene im Verlauf eines Jahres verstanden. Mit dieser Definition ist letztlich noch nicht viel gewonnen. Fest steht, dass unter der Höchstlast die Leistungsspitze des Netzes in einem bestimmten Zeitintervall verstanden wird.[1116] Um die Jahreshöchstlast zu ermitteln, bedarf es zunächst der Festlegung der Hochlastzeitfenster des Netzes.[1117] Die Hochlastzeitfenster werden dabei für jede Spannungs- und Umspannebene des Netzbetreibers separat ermittelt. Dabei sind die jahresbezogenen Hochlastzeitfenster auf Werktage zu beschränken, da die Wochenenden, Feiertage sowie die Zeit zwischen Weihnachten und Neujahr per se Schwachlastzeiten sind. Die Netzbetreiber haben die Zeitfenster für jede Spannungs- und Umspannebene zu errechnen.[1118] Viele Netzbetreiber stellen sie auf ihrer Internetseite bereit. Alternativ sind diese auf Abruf beim Netzbetreiber zu erfahren.

1114 OLG Düsseldorf, Beschluss v. 17.11.2009, Az. EnVR 15/09; vgl. OLG Düsseldorf, RdE 2010, 183 (184).

1115 *Gent/Nünemann*, RdE 2008, 189 (189).

1116 *Gent/Nünemann*, RdE 2008, 189 (189).

1117 Zur Methodik der Zeitfensterberechnung vgl. Bundesnetzagentur, Beschluss v. 05.12.2012, Az. BK4 12-1656, S. 12 f.

1118 Bundesnetzagentur Beschluss v. 05.12.2012, Az. BK4 12-1656, S. 12.

Sind die Hochlastzeitfenster bekannt, dann kann das individuelle Entgelt berechnet werden.[1119] Die Entgeltermittlung erfolgt in drei Stufen. Auf der ersten Stufe wird das individuelle Netzentgelt berechnet. Hierzu wird der Leistungspreis, der dem des allgemeinen, veröffentlichten Netzentgelts entspricht, mit dem höchsten Leistungswert aus allen Hochlastzeitfenstern multipliziert.[1120] Hieraus ergibt sich zunächst das sogenannte individuelle Leistungsentgelt.[1121] Das Arbeitsentgelt bleibt gegenüber dem allgemeinen Entgelt unverändert. Individuelles Leistungsentgelt und Arbeitsentgelt werden nun addiert. Aus der Summe ergibt sich das individuelle Entgelt.[1122] Dieses kann gemäß § 19 Abs. 2 S. 1 StromNEV bis zu 80 % unter dem veröffentlichten Netzentgelt liegen. Veröffentlichtes Entgelt im Sinne der Vorschrift ist dabei das für den Zeitraum genehmigte allgemeine Entgelt aus dem Preisblatt des Netzbetreibers, das dem Vereinbarungszeitraum entspricht.[1123]

Ferner fordert der Verordnungsgeber eine „erhebliche Abweichung" des Höchstlastbeitrags des Letztverbrauchers von der zeitgleichen Jahreshöchstlast aller Entnahmen aus der Netzebene. Somit ist auf der zweiten Stufe zu fragen, ob eine solche vorliegt. Erheblich ist die Abweichung im Niederspannungsbereich ab einer 30 %igen Überschreitung der Jahreshöchstlast aller Entnahmen. In höheren Spannungsebenen sinkt die Erheblichkeitsschwelle bis zu 5 % im Höchstspannungsbereich.[1124]

Im letzten Schritt (dritte Stufe) ist zu fragen, ob die Bagatellgrenze überschritten ist. Um zu verhindern, dass die mit der Bearbeitung des Antrags verbundenen Transaktionskosten der beteiligten Unternehmen die im Falle einer Genehmigung zu erzielende Kostenreduktion übersteigen, ist ein Antrag auf Genehmigung eines individuellen Netzentgelts nach § 19 Abs. 2 S. 1 StromNEV nur dann genehmigungsfähig, wenn die anhand der Prognose zu erwartende Entgeltreduzierung mindestens 500 € beträgt.[1125]

1119 *Gent/Nünemann*, RdE 2008, 189 (189).

1120 Bundesnetzagentur, Beschluss v. 05.12.2012, Az. BK4 12-1656, S. 15.

1121 Bundesnetzagentur, Beschluss v. 05.12.2012, Az. BK4 12-1656, S. 15.

1122 Bundesnetzagentur, Beschluss v. 05.12.2012, Az. BK4 12-1656, S. 15.

1123 Bundesnetzagentur, Beschluss v. 05.12.2012, Az. BK4 12-1656, S. 15.

1124 *Gent/Nünemann*, RdE 2008, 189 (190); Bundesnetzagentur, Beschluss v. 05.12.2012, Az. BK4 12-1656, S. 17.

1125 Bundesnetzagentur Beschluss v. 05.12.2012, Az. BK4 12-1656, S. 19.

(c) Befreiung von den Netzentgelten nach § 19 Abs. 2 S. 2 StromNEV

Die Voraussetzungen für einen Anspruch besonders stromintensiver Letztverbraucher sind gemäß § 19 Abs. 2 S. 2 StromNEV grundsätzlich erfüllt, wenn die Stromabnahme aus dem Netz der allgemeinen Versorgung für den eigenen Verbrauch an einer Abnahmestelle sowohl die Benutzungsstundenzahl von mindestens 7.000 Stunden erreicht als auch der Stromverbrauch zehn Gigawattstunden übersteigt. Hierbei beziehen sich die Voraussetzungen von 7.000 Benutzungsstunden und 10 GWh trotz des weggefallenen ausdrücklichen Bezugs ebenso wie im Fall des § 19 Abs. 2 S. 1 StromNEV auch jeweils auf ein vollständiges Kalenderjahr.[1126]

Die Befreiung von den Netzentgelten nach § 19 Abs. 2 S. 2 StromNEV wird von der Bundesnetzagentur grundsätzlich unbefristet erteilt.[1127] Die Nichterfüllung der Mindestvoraussetzungen innerhalb des Genehmigungszeitraums führt nicht automatisch zum Erlöschen der Genehmigung.[1128] Soweit in einem Kalenderjahr die Mindestvoraussetzungen nicht tatsächlich erfüllt werden, sind nach § 19 Abs. 2 S. 9 StromNEV die allgemeinen Netzentgelte abzurechnen.[1129]

(4) Auswirkungen auf die Netzentgelte der übrigen Netznutzer

Da schon beim Spannungsebenenwechsel danach gefragt wurde, wie sich ein solcher Wechsel auf die übrigen Netzkunden auswirkt, stellt sich auch bei der Befreiung von Netzentgelten die Frage, wem letztlich die entgangenen Einnahmen der Netzbetreiber zur Last gelegt werden. § 19 Abs. 2 StromNEV a. F. sah vor, dass die entgangenen Erlöse auf die verbleibenden Netznutzer des betroffenen Netzbetreibers umgelegt werden.[1130] Eine Begrenzung erhielt das zu vereinbarende Netzentgelt dadurch, dass sich durch die Vereinbarung das veröffentlichte allgemeine Netzentgelt gemäß § 19 Abs. 2 S. 8 StromNEV a. F. nicht wesentlich erhöhen durfte.[1131] Die Landesregulierungsbehörde Baden-Württemberg hat

1126 Bundesnetzagentur, Leitfaden zur Genehmigung von Befreiungen von den Netzentgelten nach § 19 Abs. 2 S. 2 StromNEV (Stand Dezember 2012), S. 6.

1127 *Beste/Kuck*, EnWZ 2013, 195 (196).

1128 Bundesnetzagentur, Leitfaden zur Genehmigung von Befreiungen von den Netzentgelten nach § 19 Abs. 2 S. 2 StromNEV (Stand Dezember 2012), S. 6.

1129 Siehe auch oben (3) (a).

1130 *Eder/Sösemann*, IR 2012, 77 (78).

1131 Siehe hierzu *Gent/Nünemann*, RdE 189 (191); *Bartsch/Meyer/Pohlmann*, in: Säcker (Hrsg.), Berliner Kommentar, § 24 Anh. B, § 19 StromNEV, Rn. 3.

hierzu ausgeführt, dass eine Erhöhung der Netzentgelte wesentlich sei, wenn diese mehr als 10 % ausmache.[1132]

In § 19 Abs. 2 S. 6 StromNEV hat der Verordnungsgeber nun vorgesehen, dass die entgangenen Erlöse nun nicht mehr auf die verbleibenden Netznutzer umgelegt werden, sondern vom Übertragungsnetzbetreiber zu erstatten sind. Daran schließt sich § 19 Abs. 2 S. 7 StromNEV an, der bestimmt, dass die Übertragungsnetzbetreiber die an die Verteilnetzbetreiber zu zahlenden entgangenen Erlöse sowie die eigenen entgangenen Erlöse über eine finanzielle Verrechnung untereinander auszugleichen haben, wobei § 9 KWK-G entsprechend heranzuziehen ist. Mangels entgegenstehender Anhaltspunkte ist der zweite Halbsatz des Satzes 7 der Vorschrift als vollumfänglicher Verweis auf den § 9 KWK-G zu verstehen, sodass auch § 9 Abs. 7 KWK-G zur Anwendung gelangt. Infolge dessen können die Letztverbraucher und sonstigen Netznutzer mit einer § 19-Umlage belastet werden.[1133]

Nach anderer Ansicht ist § 19 Abs. 2 S. 7 2. HS StromNEV nur als eingeschränkter Verweis auf § 9 KWK-G zu verstehen.[1134] Da der Verweis in § 19 Abs. 2 S. 7 StromNEV lediglich der zweite Teil des Satzes ist, bezieht er sich grammatikalisch zunächst nur auf den vorausgehenden Satzteil.[1135] Dieser, also der erste Halbsatz, regelt allerdings nur den finanziellen Ausgleich der Übertragungsnetzbetreiber untereinander. Insofern kann der Verweis im zweiten Halbsatz so verstanden werden, dass er unmittelbar nur auf die entsprechende Regelung des finanziellen Ausgleichs in § 9 Abs. 3 KWK-G verweist.[1136] Nach § 9 Abs. 3 KWK-G sind die Übertragungsnetzbetreiber verpflichtet, den unterschiedlichen Umfang ihrer Zahlungen untereinander auszugleichen.[1137]

Die Ansicht, dass § 19 Abs. 2 S. 7 StromNEV lediglich einen Verweis auf § 9 Abs. 3 KWK-G regele, verdient jedoch keine Zustimmung. Hiergegen spricht zum einen der Wortlaut von § 19 Abs. 2 S. 7 StromNEV. Hätte der Verordnungsgeber nur einen Verweis auf § 9 Abs. 3 KWK-G regeln wollen, dann wäre es ein Leichtes gewesen, den Verweis auch so im zweiten Halbsatz der Vorschrift

1132 Beschluss der Landesregulierungsbehörde Baden-Württemberg v. 26.07.2006, Az. 1-4455.4/67, S. 4.

1133 Bundesnetzagentur, Beschluss v. 14.12.2011, Az. BK8 11-024, S. 16; vgl. auch Bundesnetzagentur, ZNER 2012, 106 (108); bestätigt durch das OLG Düsseldorf, Beschluss v. 06.03.2013, Az. VI-Kart 65/12 (V) und 3 Kart 65/12 (V), juris Rn. 79; *Beste/Kuck*, EnWZ 2013, 195 (196).

1134 *Eder/Sösemann*, IR 2012, 77 (79).

1135 *Eder/Sösemann*, IR 2012, 77 (79).

1136 *Eder/Sösemann*, IR 2012, 77 (79).

1137 *Eder/Sösemann*, IR 2012, 77 (79).

auszuformulieren. Auch aus dem Sinn und Zweck der Vorschrift kann sich nichts anderes ergeben. Ein Verweis auf § 9 Abs. 3 KWK-G stellt sich nämlich nur als Wiederholung dessen dar, was der Verordnungsgeber in § 19 Abs. 2 S. 7 StromNEV bereits geregelt hat. So bestimmt § 19 Abs. 2 S. 7 StromNEV, dass Übertragungsnetzbetreiber die Zahlungen an die Netzbetreiber sowie eigene entgangene Erlöse durch individuelle Netzentgelte über eine finanzielle Verrechnung untereinander ausgleichen. § 9 Abs. 3 KWK-G regelt ebenfalls, dass Übertragungsnetzbetreiber den unterschiedlichen Umfang ihrer Ausgleichszahlungen über eine finanzielle Verrechnung untereinander ausgleichen sollen. Somit wird nur die inhaltliche Ausgestaltung wiederholt. Dass auch ein Verweis auf § 9 Abs. 7 KWK-G von § 19 Abs. 2 S. 7 StromNEV erfasst sein muss, ergibt sich daraus, dass es sinnvoll ist, einen Ausgleich im Sinne einer § 19-Umlage zu schaffen, da andernfalls die Übertragungsnetzbetreiber die entgangenen Gewinne zu tragen hätten.[1138]

Insgesamt ist daher die Vorschrift als Verweis auf den gesamten § 9 KWK-G zu sehen, sodass nach § 9 Abs. 7 KWK-G eine § 19-Umlage gebildet werden kann.[1139] Diese Ansicht vertritt auch die Bundesnetzagentur und hat am 10.11.2011 erstmals angekündigt, dass zur Auslegung von § 19 Abs. 2 StromNEV eine Festlegung beschlossen werden soll.[1140] Mit Beschluss vom 14.12.2011 wurde dann die Festlegung der Umlage veröffentlicht. Diese ist so ausgestaltet, dass die Übertragungsnetzbetreiber jährlich aufgrund der einzureichenden Prognose der Verteilernetzbetreiber die Belastungen für das Folgejahr berechnen.[1141] Dieser Prognosewert ist der wesentliche Bestandteil, aus dem sich die § 19-Umlage für die Letztverbraucher ergibt.[1142] Der Prognosewert, den die Bundesnetzagentur in ihrem Beschluss festgelegt hat, beläuft sich für das Jahr 2012 auf 440 Mio. Euro.[1143] Dieser Betrag ist dabei auf die Letztverbraucher und sonstigen Netznutzer bundesweit umzulegen, wobei eine Staffelung nach den jeweiligen Letztverbrauchergruppen gemäß § 9 Abs. 7 KWKG erfolgt.[1144]

1138 Bundesnetzagentur, ZNER 2012, 106 (106); *Beste/Kuck*, EnWZ 2013, 195 (196).
1139 *Beste/Kuck*, EnWZ 2013, 195 (196).
1140 Der Hinweis erfolgte im Rahmen der Veröffentlichung des Erhebungsbogens Strom gemäß § 28 Nr. 3 und Nr. 4 ARegV.
1141 Bundesnetzagentur, ZNER 2012, 106 (108).
1142 Bundesnetzagentur, ZNER 2012, 106 (108); hierzu auch *Eder/Sösemann*, IR 2012, 77 (80); *Beste/Kuck*, EnWZ 2013, 195 196).
1143 Bundesnetzagentur, ZNER 2012, 106 (108).
1144 Bundesnetzagentur, ZNER 2012, 106 (108); *Beste/Kuck*, EnWZ 2013, 195 (196).

Abb. 23: E.ON Westfalen-Weser Hochlastzeitfenster 2012

Netzebene	Jahreszeit	Zeitraum
HS	Frühling Sommer Herbst Winter	 11:15-12:00; 12:45-13:30; 15:00-15:15; 16:45-18:00 9:30-19:00
HS/MS	Frühling Sommer Herbst Winter	 12:30-15:30 11:00-18:30
MS	Frühling Sommer Herbst Winter	 12:30-15:15; 16:45-17:00 12:15-19:00
MS/NS	Frühling Sommer Herbst Winter	 15:00-15:15; 16:00-19:00
NS	Frühling Sommer Herbst Winter	 13:00-13:45; 14:00-14:45; 15:00-19:15; 22:00-22:30

Quelle: E.ON Westfalen-Weser, 2012

(5) Kritik und Ausblick

(a) Vereinbarkeit mit dem EnWG

Im Hinblick auf die Vereinbarkeit mit dem nationalen Recht löst die Vorschrift des § 19 Abs. 2 S. 2 StromNEV jedoch Bedenken aus.

§ 19 Abs. 2 S. 2 StromNEV beruht auf der Verordnungsermächtigung des § 24 S. 1 Nr. 1 bis Nr. 3 in Verbindung mit S. 2 Nr. 1, 2, 4, 6 und 7 sowie S. 3 und S. 5 und des § 29 Abs. 3 EnWG. Bei der Befreiung von den Netzentgelten nach § 19 Abs. 2 S. 2 StromNEV ist ein besonderes Augenmerk auf die § 24 S. 1 Nr. 1 und Nr. 3 EnWG zu richten.[1145] § 24 S. 1 Nr. 1 EnWG ermächtigt den Verordnungsgeber, Bedingungen für den Netzzugang festzulegen. Hierzu gehören insbesondere die Methoden zur Bestimmung der Entgelte gemäß den §§ 20 bis 23

1145 *Ernst/Koenig*, EnWZ 2012, 51 (55).

Abb. 24: E.ON Westfalen-Weser Erheblichkeitsschwelle und Bagatellgrenze

Netzebene	Erheblichkeitsschwelle	Bagatellgrenze
HS	10 %	€ 500
HS/MS	20 %	€ 500
MS	20 %	€ 500
MS/NS	30 %	€ 500
NS	30 %	€ 500

Quelle: E.ON Westfalen-Weser, 2012

EnWG. Ergänzend sieht § 24 S. 1 Nr. 3 EnWG vor, dass dabei auch im Einzelnen geregelt werden kann, in welchen Fällen und unter welchen Voraussetzungen die Regulierungsbehörde individuelle Entgelte für den Netzzugang genehmigen oder untersagen kann.[1146]

Dem Wortlaut der Vorschrift ist bereits zu entnehmen, dass die Ermächtigungsnorm in § 24 S. 1 Nr. 1 EnWG nur Regelungen zur Ermittlung, Ausgestaltung und Konkretisierung der Höhe der Entgelte erfasst.[1147] Gleiches gilt für § 24 S. 1 Nr. 3 EnWG, der zu Regelungen ermächtigt, die die Voraussetzungen für die Berechnung der individuellen Entgelte bestimmen sollen. Mit ihr soll klargestellt werden, dass in Sonderfällen von der grundsätzlich verwendeten Methode zur Bestimmung der Entgelte abgewichen werden kann.[1148] Grundlegende Voraussetzung ist dabei, dass in allen Varianten für die Nutzung der Netze von dem Kunden ein Entgelt zu erbringen ist.[1149] Der Begriff Entgelt setzt dabei schon per Definition voraus, dass eine geldwerte Gegenleistung für die Nutzung der Netze vorliegen muss.[1150]

Somit steht fest, dass der Gesetzgeber nur das „Wie" der Netzentgelterhebung auf den Verordnungsgeber delegieren wollte, das „Ob", also die Frage, wann von der Erhebung eines Netzentgelts abzusehen ist, kann nicht durch Rechtsverordnung

1146 *Britz*, in: Britz/Hellermann/Hermes (Hrsg.), Energiewirtschaftsgesetz, § 24 EnWG, Rn. 5, 14.

1147 OLG Düsseldorf, Beschluss v. 06.03.2013, Az. VI-Kart 65/12 (V) und 3 Kart 65/12 (V), juris Rn. 86; *Missling*, Anmerkung zu OLG Jena, Beschluss v. 23.04.2012, IR 2012, 206 (206); *Ernst/Koenig*, EnWZ 2012, 51 (55).

1148 Bundestags-Drucksache 15/5268, S. 121; *Bruhn*, in: Säcker (Hrsg.), Berliner Kommentar, § 24 EnWG, Rn. 13.

1149 *Bruhn*, in: Säcker (Hrsg.), Berliner Kommentar, § 24 EnWG, Rn. 8, 13.

1150 So auch *Ernst/Koenig*, EnWZ 2012, 51 (55); zur Defintion vgl. *Grüneberg*, in: Palandt, Bürgerliches Gesetzbuch, vor § 311, Rn. 8.

nach § 24 S. 1 Nr. 3 StromNEV bestimmt werden.[1151] Wird nämlich von der Erhebung eines Netzentgelts abgesehen, so steht in diesem Fall der Netznutzung keine geldwerte Leistung mehr gegenüber.[1152]

Fraglich ist nun, ob eine vollständige Entgeltbefreiung nach § 19 Abs. 2 S. 2 StromNEV noch als (individuelles) Entgelt bezeichnet werden kann. Das OLG Jena hat in seiner Entscheidung vom 23.04.2012 vertreten, dass die Ermächtigungsgrundlage in § 24 Abs. 1 Nr. 3 EnWG auch eine vollständige Befreiung von den Netzentgelten decke.[1153] „Die Norm erfasse auch eine Vorschrift, welche die Genehmigung eines individuellen Entgelts in Höhe von null ermöglicht". Die Problematik, dass dem Netzbetreiber keine geldwerte Gegenleistung zukommt, löst das OLG Jena, indem es auf den Ausgleichsmechanismus in § 19 Abs. 2 S. 6 und S. 7 StromNEV abstellt. So führt das OLG Jena aus, dies führe „nicht zur Unentgeltlichkeit der Netznutzung, da der Netzbetreiber im Gegenzug Ausgleichsansprüche nach § 19 Abs. 2 S. 6 und 7 StromNEV erhalte."[1154]

Dem steht die Ansicht des OLG Düsseldorf gegenüber. Dieses führt in seinem vielbeachteten Beschluss vom 06.03.2013 aus, dass es sich bei der in § 19 Abs. 2 S. 2 StromNEV vorgesehenen Befreiung nicht mehr um ein individuelles Netzentgelt handelt.[1155] Der Senat stellt dabei auf die nach seiner Ansicht fehlende Gegenleistung ab. „Der befreite Netznutzer entrichtet keine Gegenleistung. Die Befreiung stellt daher keine von der grundsätzlichen Methodik abweichende Entgeltbildung, sondern eine generelle und vollständige Ausnahme von der zugrunde liegenden Entgeltpflicht dar mit gegebenenfalls weitreichenden finanziellen Folgen. Bei ihr handelt es sich um eine Privilegierung und damit ein Aliud zu der Entgeltbildung."[1156]

1151 OLG Düsseldorf, Beschluss v. 06.03.2013, Az. VI-Kart 65/12 (V) und 3 Kart 65/12 (V), juris Rn. 86, zur Differenzierung zwischen dem „Ob" und dem „Wie" beim Netzzugang vgl. *Groebel*, in: Britz/Hellermann/Hermes (Hrsg.), Energiewirtschaftsgesetz, § 21 EnWG, Rn. 1.

1152 *Ernst/Koenig*, EnWZ 2012, 51 (55); *Missling*, Anmerkung zu OLG Jena, Beschluss v. 23.04.2012, IR 2012, 206 (206).

1153 OLG Jena, Beschluss v. 23.04.2012, Az. 2 Kart 1/12, IR 2012, 206 (206).

1154 OLG Jena, IR 2012, 206 (206).

1155 OLG Düsseldorf, Beschluss v. 06.03.2013, Az. VI-Kart 65/12 (V) und 3 Kart 65/12 (V), juris Rn. 89.

1156 OLG Düsseldorf, Beschluss v. 06.03.2013, Az. VI-Kart 65/12 (V) und 3 Kart 65/12 (V), juris Rn. 89; so im Ergebnis auch *Ernst/Koenig*, EnWZ 2012, 51 (55).

Die Ansicht des OLG Jena ist abzulehnen. Bei wirtschaftlicher Betrachtung entspricht ein Entgelt von null keinem Entgelt.[1157] Hierfür streitet, dass die StromNEV selbst von einer Netzentgeltbefreiung und nicht von einem individuellen Entgelt spricht. Auch die § 19-Umlage rechtfertigt entgegen der Auffassung des OLG Jena keine andere Bewertung. Ein wesentliches Merkmal entgeltlicher Verträge ist der Austausch von Leistungen.[1158] Erforderlich ist hierbei eine rechtliche Verknüpfung von Leistung und Gegenleistung.[1159] Der Ausgleichsmechanismus hingegen regelt die Kompensation des Netzbetreibers.[1160] Sie wird nicht für den Netzzugang im Verhältnis Netzbetreiber-Netznutzer, sondern als Ausgleich für entgangene Erlöse durch Dritte gewährt.[1161] Somit fehlt es an der rechtlichen Verknüpfung von Leistung und Gegenleistung im Rechtsverhältnis zwischen Netzbetreiber und Netznutzer.[1162] Diese kann daher nicht mit den Vorschriften über den Ausgleichsmechanismus nach § 19 Abs. 2 S. 6, 7 StromNEV begründet werden.[1163]

Dies führt im Ergebnis dazu, dass die Regelung des § 19 Abs. 2 S. 2 StromNEV nicht von der Ermächtigung in § 24 S. 1 Nr. 1 und Nr. 3 EnWG gedeckt ist.

(b) Vereinbarkeit mit der Elektrizitätsbinnenmarkt-Richtline (2009/72/EG)

Vielfach wird die Regelung des § 19 Abs. 2 S. 2 StromNEV deshalb kritisiert, weil sie gegen das in Art. 32 Abs. 1 S. 1 der Elektrizitätsbinnenmarkt-Richtlinie (2009/72/EG) geregelte Diskriminierungsverbot verstoße.[1164] Die Vorschrift verlangt von den Mitgliedstaaten die Sicherstellung eines diskriminierungsfreien Netzzugangs auf der Grundlage veröffentlichter Tarife. Diskriminierungsfrei wird der Netzzugang dann gewährt, wenn alle Netzkunden unter Berücksichtigung eventueller Besonderheiten gleich behandelt werden.[1165] Mit anderen Worten

---

1157 So auch *Ernst/Koenig*, EnWZ 2012, 51 (55).

1158 *Grüneberg*, in: Palandt, Bürgerliches Gesetzbuch, vor § 311, Rn. 8.

1159 *Grüneberg*, in: Palandt, Bürgerliches Gesetzbuch, vor § 311, Rn. 8.

1160 *Missling*, Anmerkung zu OLG Jena, Beschluss v. 23.04.2012, IR 2012, 206 (206).

1161 *Ernst/Koenig*, EnWZ 2012, 51 (55); *Missling*, Anmerkung zu OLG Jena, Beschluss v. 23.04.2012, IR 2012, 206 (206).

1162 *Missling*, Anmerkung zu OLG Jena, Beschluss v. 23.04.2012, IR 2012, 206 (206).

1163 *Missling*, Anmerkung zu OLG Jena, Beschluss v. 23.04.2012, IR 2012, 206 (206).

1164 OLG Düsseldorf, Beschluss v. 06.03.2013, Az. VI-Kart 65/12 (V) und 3 Kart 65/12 (V), juris Rn. 91; *Ernst/Koenig*, EnWZ 2012, 51 (53).

1165 So zum Netzzugang mit Verweis auf § 21 Abs.1 EnWG *Schmidt-Preuß*, Kollidierende Privatinteressen im Verwaltungsrecht, S. 762; *Salje*, Energiewirtschaftsgesetz, § 17 EnWG, Rn. 16; *Wolf*, in: Säcker (Hrsg.), Handbuch zum deutsch-russischen Energierecht, Kap. 5, Rn. 23.

schließt das Merkmal der Diskriminierungsfreiheit eine Ungleichbehandlung des Netznutzers im Vergleich zu Dritten ohne sachlich gerechtfertigten Grund aus.[1166]

Als sachliche Rechtfertigung ließe sich die positive Auswirkung auf das Netz, die sich durch das Nutzungsverhalten der stromintensiven Kunden ergibt, anführen. Laut der Beschlussempfehlung des Ausschusses für Wirtschaft und Technologie komme die Netzentgeltbefreiung deshalb dem Netz zugute, weil stromintensive Unternehmen aufgrund ihrer Bandlast „netzstabilisierend" wirkten.[1167] Die Bandlast meint einen Stromverbrauch, der erheblich über dem herkömmlichen Verbrauch im Stromnetz liegt.[1168] Bei Industriekunden ergibt sich das aus den rund um die Uhr laufenden Betriebsanlagen, die dementsprechend ständig Strom verbrauchen. Somit kommt es nicht zu einer Unterauslastung des Netzes in Schwachlastzeiten.[1169]

Der BGH hat in einer Entscheidung zu den Pumpspeicherkraftwerken vom 09.12.12 ausgeführt, dass die Verteilung der Lastspitzen durch die großen Letztverbraucher der Netzökonomie diene.[1170] Deshalb entspricht es dem Zweck der Vorschrift, eine für die Netznutzer günstige Individualvereinbarung für den Fall der Verlagerung seiner Lastspitzen in die Schwachlastzeiten zu ermöglichen.[1171] Auch das OLG Düsseldorf schließt sich in seiner Entscheidung zu § 19 Abs. 2 S. 2 StromNEV dieser Ansicht an.[1172] „Die vom Gesetzgeber angeführte Netzstabilität mag grundsätzlich ein zulässiges Differenzierungskriterium bei der Entgeltbildung darstellen, weil ein solches Nutzungsverhalten die Kosten des Netzes und damit auch die Entgelte der übrigen Netznutzer mindern oder senken kann. Netzstabilisierende Wirkung kann insbesondere die Verlagerung des überwiegenden Teils des Strombezugs in die Schwachlastzeit haben."[1173]

1166 *Böwing*, in: Baur/Salje/Schmidt-Preuß (Hrsg.), Regulierung in der Energiewirtschaft, Kap. 68, Rn. 57; *Groebel*, in: Britz/Hellermann/Hermes (Hrsg.), Energiewirtschaftsgesetz, § 21 EnWG, Rn. 51 f.; *Säcker/Meinzenbach*, in: Säcker (Hrsg.), Berliner Kommentar, § 21 EnWG, Rn. 29.

1167 Beschlussempfehlung und Bericht des Ausschusses für Wirtschaft und Technologie v. 29.06.2011, Bundestags-Drucksache 17/6365, S. 41.

1168 *Bartsch/Pohlmann*, in: Säcker (Hrsg.), Berliner Kommentar, § 24 Anh. A, § 12 StromNZV, Rn. 22.

1169 So bereits zu § 19 Abs. 2 StromNEV a.F. Bundesrats-Drucksache 245/05, S. 41.

1170 BGH, Beschluss v. 09.10.12, Az. EnVR 47/11, juris Rn. 15.

1171 BGH, Beschluss v. 09.10.12, Az. EnVR 47/11, juris Rn. 15.

1172 OLG Düsseldorf, Beschluss v. 06.03.2013, Az. VI-Kart 65/12 (V) und 3 Kart 65/12 (V), juris Rn. 100.

1173 OLG Düsseldorf, Beschluss v. 06.03.2013, Az. VI-Kart 65/12 (V) und 3 Kart 65/12 (V), juris Rn. 100.

Diese Ansätze sind jedoch abzulehnen. Aus den dargestellten physikalischen Zusammenhängen kann solch eine Begründung, dass stromintensive Unternehmen netzstabilisierend wirken, nicht abgeleitet werden.[1174] Durch den Wegfall von industriellen Großkunden in einer Spannungsebene wird eine Netzentlastung hervorgerufen, d. h., die Netzlast wird durch die veränderte Kapazitätsentnahme verringert. Eine Netzentlastung ist jedoch nichts Negatives.[1175] Sie ist vergleichbar mit einem Kraftwerk, das seine maximale Nennleistung nicht ausschöpft. Technisch gesehen entstehen keine negativen Auswirkungen für die Netzebene. Umgekehrt lassen sich jedoch auch keine positiven Wirkungen erzielen, wenn die stromintensive Industrie in einer Netzebene verbleibt. Vorteile hat dies allenfalls für die Entgelte der Nutzer, die in der Spannungsebene des Industriekunden angesiedelt sind. Für sie können sich die Entgelte verringern, da die Netzkosten auf eine größere Zahl von Nutzern umgelegt werden könnten. Andererseits werden diese wiederum mit einer § 19-Umlage belastet, sodass sich eine Einsparung bei den Netzentgelten als Milchmädchenrechnung herausstellt. Gegebenfalls wäre eine Überprüfung im Einzelfall durchzuführen, um festzustellen, ob ein Kostensenkungseffekt eingetreten ist.[1176] Dies kann jedoch nicht durch gesetzlich vorgesehene Schwellenwerte wie in § 19 Abs. 2 S. 2 StromNEV pauschal geregelt werden.[1177]

Die netzstabilisierende Wirkung taugt somit in ihrer verordnungsrechtlichen Ausprägung nicht als sachliche Rechtfertigung für eine Ungleichbehandlung. Einschränkend ist jedoch zu beachten, dass sowohl der BGH als auch das OLG Düsseldorf die sachliche Rechtfertigung nur für ein individuelles Netzentgelt anerkennen, nicht jedoch für eine völlige Befreiung.[1178]

Daraus folgt, dass die Regelung des § 19 Abs. 2 S. 2 StromNEV auch gegen das Diskriminierungsverbot des Art. 32 Abs. 1 EltRL (2009/72/EG) verstößt.

(c) Vereinbarkeit mit Art. 107 Abs. 1 AEUV

Zu klären ist ferner die Frage, ob in § 19 Abs. 2 StromNEV eine staatliche Beihilfe zu sehen ist und damit ein Verstoß gegen Art. 107 Abs. 1 AEUV vorliegt.[1179]

1174 Siehe oben II. 3. b) bb) (4) (b).

1175 *Säcker/Boesche*, in: Säcker (Hrsg.), Berliner Kommentar, § 17 EnWG, Rn. 42.

1176 *Ernst/Koenig*, EnWZ 2012, 51 (53).

1177 *Ernst/Koenig*, EnWZ 2012, 51 (53).

1178 BGH, Beschluss v. 09.10.12, Az. EnVR 47/11, juris Rn. 15; OLG Düsseldorf, Beschluss v. 06.03.2013, Az. VI-Kart 65/12 (V) und 3 Kart 65/12 (V), juris Rn. 100; so im Ergebnis auch *Ernst/Koenig*, EnWZ 2012, 51 (53).

1179 So *Bloch*, RdE 2012, 241 (242f.); *Ernst/Koenig*, EnWZ 2012, 51 (52); *Beste/Kuck*, EnWZ 3013, 195 (197).

Gegen die Regelung des § 19 Abs. 2 S. 2 StromNEV hat der Bund der Energieverbraucher in Brüssel bereits Beschwerde eingereicht,[1180] woraufhin die Europäische Kommission gegen Deutschland am 06.03.2013 das beihilferechtliche Hauptprüfungsverfahren nach § 108 Abs. 2 AEUV eingeleitet hat.[1181]

Art. 107 Abs. 1 (ex-Art. 87 EGV) ist die zentrale Vorschrift des Beihilfenrechts des AEUV.[1182] Danach sind „staatliche oder aus staatlichen Mitteln gewährte Beihilfen gleich welcher Art, die durch die Begünstigung bestimmter Unternehmen oder Produktionszweige den Wettbewerb verfälschen oder zu verfälschen drohen, mit dem Binnenmarkt unvereinbar, soweit sie den Handel zwischen Mitgliedstaaten beeinträchtigen."

Zu den Begünstigungen im Sinne des Art. 107 AEUV zählen nicht nur positive Leistungen wie Subventionen, sondern auch Maßnahmen, die in verschiedener Form Belastungen vermindern, die ein Unternehmen normalerweise zu tragen hat.[1183] Der Beihilfebegriff verlangt ferner, dass die Begünstigung bestimmten Unternehmen oder Produktionszweigen zugute kommt und damit selektiv ist.[1184] Grundsätzlich muss für die Nutzung des Stromnetzes ein Entgelt entrichtet werden. Hiervon sind alle Netznutzergruppen erfasst. § 19 Abs. 2 S. 2 StromNEV macht von diesem Grundsatz eine Ausnahme und bestimmt, dass Letztverbraucher von den Netzentgelten befreit werden, wenn ihr Stromverbrauch die Benutzungsstundenzahl von mindestens 7000 Stunden erreicht und 10 Gigawattstunden übersteigt. Die gewährte Begünstigung besteht hier somit in der Entgeltbefreiung. Sie ist selektiv, da die Entgelte nur den Unternehmen erlassen werden, die die genannten Voraussetzungen nach § 19 Abs. 2 S. 2 StromNEV erfüllen.[1185]

1180 Beschwerdeschrift des Bundes der Energieverbraucher v. 28.11.2012, abrufbar unter http://www.energieverbraucher.de/files_db/1322487731_4987__12.pdf (abgerufen am 04.06.13)

1181 Europäische Kommission, Beschluss v. 06.03.2013, Az. SA.34045 (2013/C), abrufbar unter http://ec.europa.eu/competition/state_aid/cases/247905/247905_1416896_14_2.pdf (abgerufen am 30.05.13).

1182 Hierzu *Schmidt-Preuß*, in: FS-Säcker, S. 981.

1183 *Kühling*, in: Streinz (Hrsg.), EUV/AEUV, Art. 107 AEUV, Rn. 32; *Cremer*, in: Calliess/Ruffert, EUV/AEUV, Art. 107 AEUV, Rn. 10; vgl. auch EuGH, Urteil v. 23.02.1961, De Gezamenlijke Steenkolenmijnen in Limburg/Hohe Behörde, Rechtssache 30/59, Slg. 1961, 1, 19; EuGH, Urteil v. 19.05.1999, Italien/Kommission, Rechtssache C-6/97, Slg. 1999, I-2981, 15; EuGH, Urteil v. 05.10.1999, Frankreich/Kommission, Rechtssache C-251/97, Slg. 1999, S. I-6639, Rn. 35.

1184 *Cremer*, in: Calliess/Ruffert, EUV/AEUV, Art. 107 AEUV, Rn. 10

1185 Europäische Kommission, Beschluss v. 06.03.2013, Az. SA.34045 (2013/C), Rn. 31; *Bloch*, RdE 2012, 241 (243); *Ernst/Koenig*, EnWZ 2012, 51 (52).

Während eine selektive Begünstigung im Sinne von Art. 107 Abs. 1 AEUV somit zu bejahen ist, dürfte sich die Frage nach einem Verstoß gegen Art. 107 Abs. 1 AEUV am Tatbestandsmerkmal „aus staatlichen Mitteln gewährt" entscheiden.[1186] Aus staatlichen Mitteln gewährt sind alle Beihilfen, die unmittelbar oder mittelbar durch staatliche Hoheitsträger veranlasst werden.[1187] Dies ist bei einer Gewährung von Mitteln privater, nicht vom Staat benannter, errichteter oder kontrollierter Einrichtungen ausgeschlossen.[1188] Problematisch ist hier, dass nach § 19 Abs. 2 S. 2 StromNEV die Netzbetreiber verpflichtet werden, auf das Entgelt zu verzichten. Die Befreiung führt damit sowohl für die Verteilernetzbetreiber als auch die Übertragungsnetzbetreiber zu einer finanziellen Belastung. Nach § 19 Abs. 2 S. 6 StromNEV sind die Übertragungsnetzbetreiber verpflichtet, den Verteilernetzbetreibern die aus der Befreiung resultierenden entgangenen Erlöse zu erstatten. Ein Ausgleich wird für die Übertragungsnetzbetreiber nach § 19 Abs. 2 S. 7 StromNEV durch die sogenannte § 19-Umlage geschaffen, mit der jeder Netzkunde belastet wird.[1189] Letztere gewähren somit die Begünstigung gegenüber den Industriekunden.[1190] Es könnte daher der Schluss gezogen werden, dass die Privaten die Beihilfe leisten.

In der „PreussenElektra-Entscheidung" verneinte der EuGH einen Verstoß gegen Art. 87 EGV (ex. Art. 92), die Vorgängervorschrift des Art. 107 AEUV.[1191] Gegenstand der zitierten Entscheidung war eine Regelung des Stromeinspeisungsgesetzes (StromEG), nach der private Elektrizitätsversorgungsunternehmen verpflichtet wurden, den in ihrem Versorgungsgebiet erzeugten Strom aus erneuerbaren Energiequellen zu Mindestpreisen abzunehmen, die über dem tatsächlichen wirtschaftlichen Wert liegen.[1192] Nach dem EuGH sind von dem Merkmal der Staatlichkeit nur solche Vorteile erfasst, die unmittelbar oder mittelbar aus einem staatlichen Haushalt gewährt werden.[1193] Dies sei bei der Begünstigung nach dem

---

1186 *Ernst/Koenig*, EnWZ 2012, 51 (52); Bloch, RdE 2012, 241 (242 f.); *Beste/Kuck*, EnWZ 3013, 195 (197).

1187 *Kühling/Koenig/Paul*, in: Streinz (Hrsg.), EUV/AEUV, Art. 107 AEUV, Rn. 58; *Khan*, in: Geiger/Khan/Kotzur (Hrsg.), EUV AEUV, Art. 107 AEUV, Rn. 12.

1188 *Trautwein*, JA 2001, 929 (930).

1189 Siehe oben unter (4).

1190 Europäische Kommission, Beschluss v. 06.03.2013, Az. SA.34045 (2013/C), Rn. 61, 86.

1191 EuGH, „PreussenElektra", Urteil v. 13.03.2001, Az. C-379/98; vgl. EuR 2001, 405 (413); hierzu ausführlich *Koenig/Paul*, in: Streinz (Hrsg.), EUV/AEUV, Art. 107 AEUV, Rn. 59; *Weiß*, in: Baur/Salje/Schmidt-Preuß (Hrsg.), Regulierung in der Energiewirtschaft, Kap. 11, Rn. 38; *Schmidt-Preuß*, in: FS-Salje, S. 405–407.

1192 Heute in den §§ 16 ff. EEG geregelt.

1193 EuGH, EuR 2001, 405 (413).

StromEG nicht der Fall, da die Begünstigungen von Privaten gewährt werden.[1194] Hieran ändere auch der Umstand nichts, dass die Abnahmeverpflichtung auf einem Gesetz beruhe.[1195]

In der Sache „Essent-Netwerk“ hatte der EuGH eine Regelung zu beurteilen (Art. 9 OEPS), die bestimmte, dass die Betreiber des niederländischen Stromnetzes von privaten Stromkunden einen Aufschlag für so bezeichnete „verlorene Kosten“ erheben konnten und die Einnahmen aus diesem Aufschlag an die SEP, eine gemeinsame Tochter der vier Stromerzeuger, abführen mussten.[1196] In dieser Konstellation bejahte der EuGH „eine staatliche Maßnahme unter Inanspruchnahme staatlicher Mittel“.[1197] Der Gerichtshof stellte fest, dass die SEP per Gesetz mit der Verwaltung staatlicher Mittel betraut worden war.[1198] In der Sache „PreussenElektra“ hingegen sei durch das Stromeinspeisungsgesetz keine zur Durchführung der Beihilfenregelung errichtete und angewiesene Stelle vorgesehen.[1199] Die Unternehmen waren somit nicht „vom Staat mit der Verwaltung staatlicher Mittel beauftragt, sondern zur Abnahme unter Einsatz ihrer eigenen finanziellen Mittel verpflichtet“.[1200]

Die Befreiung stromintensiver Letztverbraucher liegt somit, um es mit den Worten von Ernst/Koenig zu sagen, auf der „messerscharfen Abgrenzungslinie“ zwischen „Essent-Netwerk“ und „PreussenElektra“ und damit bei der Frage, ob durch eine staatlich dominierte Stelle im Wege eines hoheitlich dirigierten (staatlichen) Verwaltungsmechanismus individuell und konkret verfügt.[1201] Eine finanzielle Belastung öffentlicher Mittel ist hiernach nicht erforderlich, vielmehr reicht es aus, dass die Begünstigung auf staatliches Handeln zurückführbar sei.[1202]

Vorliegend lässt sich feststellen, dass der Staat genau wie in der Rechtssache „Essent-Netwerk“ den Stromkunden eine Sonderabgabe, die sogenannte § 19-Umlage, auferlegt hat. Der Staat hat dabei ein Unternehmen mit der Verwaltung der Abgabe beauftragt.[1203] Diese Funktion kommt den Übertragungsnetzbetreibern zu. Sie sind vom

---

1194 EuGH, EuR 2001, 405 (413).
1195 EuGH, EuR 2001, 405 (413).
1196 EuGH, „Essent-Netwerk“, Urteil v. 17.07.2008, Az. C-206/06, Rn. 3.
1197 EuGH, Urteil v. 17.07.2008, Az. C-206/06, Rn. 76.
1198 EuGH, Urteil v. 17.07.2008, Az. C-206/06, Rn. 73, 76.
1199 EuGH, Urteil v. 17.07.2008, Az. C-206/06, Rn. 75.
1200 EuGH, Urteil v. 17.07.2008, Az. C-206/06, Rn. 75.
1201 *Ernst/Koenig*, EnWZ 2012, 51 (52).
1202 *Bloch*, RdE 2012, 241 (246).
1203 Europäische Kommission, Beschluss v. 06.03.2013, Az. SA.34045 (2013/C), Rn. 49.

Staat damit betraut worden, „die mit der Befreiung und der § 19-Umlage verbundenen Finanzströme zu verwalten“.[1204]

Die Übertragungsnetzbetreiber werden hoheitlich dirigiert.[1205] Dabei ist die Funktion der Bundesnetzagentur ausschlaggebend, die als selbstständige Bundesoberbehörde eine rein staatliche Einrichtung ist.[1206] Dass die Bundesnetzagentur diese Kontrollfunktion ausübt, ergibt sich aus zwei Gesichtspunkten. Zum einen erfolgt die Befreiung stromintensiver Letztverbraucher von den Netzentgelten nach § 19 Abs. 2 S. 3 StromNEV individuell und konkret erst durch die Genehmigung der Regulierungsbehörde.[1207] Sie entscheidet somit darüber, wann die Netzbetreiber eine Befreiung gewähren können. Im Gegensatz zur „PreussenElektra Entscheidung“, bei der die Abnahme zu Förderpreisen alleine auf gesetzlicher Grundlage beruhte und privatrechtlich ausgestaltet wurde, ergibt sich der Befreiungsmechanismus nach § 19 Abs. 2 S. 2 StromNEV somit nach Maßgabe der staatlichen Verfahrensherrschaft aufgrund des erforderlichen Genehmigungsverfahrens.[1208]

Zum anderen bestimmt die Bundesnetzagentur auch, wie die Ausgestaltung der § 19-Umlage zu erfolgen hat.[1209] Mit Beschluss vom 14.12.2011 hat die Bundesnetzagentur die konkrete Abwicklung der Abgabe geregelt.[1210] Auf der Basis dieses Beschlusses soll die Umlage verursachungsgerecht und mit mehr Transparenz und Rechtssicherheit umgesetzt werden.[1211] Zwar wird die Sonderumlage nicht direkt von der Bundesnetzagentur festgesetzt; dies soll nach der Vorstellung der Bundesnetzagentur den Übertragungsnetzbetreibern überlassen bleiben.[1212] Jedoch müssen Letztere die Abgabe nach den festgelegten Methoden kalkulieren.[1213] Ferner bestimmt die Bundesnetzagentur, dass die entgangenen Erlöse aus dem Jahr 2011

1204 Europäische Kommission, Beschluss v. 06.03.2013, Az. SA.34045 (2013/C), Rn. 63.

1205 Europäische Kommission, Beschluss v. 06.03.2013, Az. SA.34045 (2013/C), Rn. 60; *Bloch*, RdE 2012, 241 (246).

1206 *Ernst/Koenig*, EnWZ 2012, 51 (52); *Bloch*, RdE 2012, 241 (246); Europäische Kommission, Beschluss v. 06.03.2013, Az. SA.34045 (2013/C), Rn. 49, 52.

1207 *Ernst/Koenig*, EnWZ 2012, 51 (52).

1208 *Ernst/Koenig*, EnWZ 2012, 51 (52).

1209 *Bloch*, RdE 2012, 241 (246).

1210 Bundesnetzagentur, Beschluss v. 14.12.2011, Az. BK8 11-024, S. 16; vgl. auch Bundesnetzagentur, ZNER 2012, 106.

1211 Bundesnetzagentur, ZNER 2012, 106 (106).

1212 Bundesnetzagentur, ZNER 2012, 106 (107).

1213 Bundesnetzagentur, ZNER 2012, 106 (108); Europäische Kommission, Beschluss v. 06.03.2013, Az. SA.34045 (2013/C), Rn. 16.

auf dem Regulierungskonto verbucht werden.[1214] Somit manifestiert sich auch unter diesem Gesichtspunkt die staatliche Kontrollfunktion der Bundesnetzagentur gegenüber den Netzbetreibern.[1215]

Insgesamt zeigt sich, dass die Parallelen zu der Rechtsache „Essent-Netwerk" gegeben sind. Es wäre daher auch nicht vermessen zu sagen, dass von einer beachtlichen Übereinstimmung mit der Entscheidung auszugehen ist. Im Ergebnis kann mit der überwiegenden Meinung im Schrifttum und der Auffassung der Europäischen Kommission ein Verstoß gegen das Beihilfeverbot des Art. 107 AEUV angenommen werden.[1216]

(d) Der Referentenentwurf zur Änderung der StromNEV vom 10.04.2013

In zeitlichem Zusammenhang mit den Verfahren vor der Europäischen Kommission und dem OLG Düsseldorf hat das Bundesministerium für Wirtschaft und Technologie (BMWi) den Referentenentwurf zur Änderung von Verordnungen auf dem Gebiet des Energiewirtschaftsgesetzes zum 10.04.2013 veröffentlicht.[1217] Ende Mai 2013 hat dann auch das Bundeskabinett die neue StromNEV verabschiedet.[1218] Der Bundesrat soll über das Regelungswerk am 05.07.2013 entscheiden.[1219]

Der Entwurf sieht nun in § 19 Abs. 2 S. 2 StromNEV-E eine Staffelung der Entgeltmäßigung bis zu 90 % des veröffentlichten Netzentgelts vor.[1220] Eine 100 %-ige

---

1214 Bundesnetzagentur, ZNER 2012, 106 (108); Europäische Kommission, Beschluss v. 06.03.2013, Az. SA.34045 (2013/C), Rn. 18.

1215 *Bloch*, RdE 2012, 241 (246).

1216 Europäische Kommission, Beschluss v. 06.03.2013, Az. SA.34045 (2013/C), Rn. 95; *Bloch*, RdE 2012, 241 (248); *Ernst/Koenig*, EnWZ 2012, 51 (53); *Beste/Kuck*, EnWZ 2013, 195 (197).

1217 Hierzu *Beste/Kuck*, EnWZ 2013, 195 (200).

1218 Verordnung der Bundesregierung zur Änderung von Verordnungen auf dem Gebiet des Energiewirtschaftsgesetzes v. 29.05.2013, abrufbar unter http://www.bmwi.de/BMWi/Redaktion/PDF/V/verordnung-zur-aenderung-von-verordnungen-energiewirtschaftsrecht,property=pdf,bereich=bmwi2012,sprache=de,rwb=true.pdf (abgerufen am 30.05.2013); inzwischen ist der Entwurf auch als Bundesrats-Drucksache (447/13) verfügbar.

1219 Energate Nachrichten v. 03.06.13, abrufbar unter http://www.energate.de/news/133120/Kabinett-verabschiedet-Anreizregulierungsverordnung?view=newsItem&id=133120&Energate_Session=f77877a95b7bf4e1496e24b37ac9a58d (abgerufen am 04.06.13).

1220 Vgl. Art. 1 Nr. 7 der Verordnung zur Änderung von Verordnungen auf dem Gebiet des Energiewirtschaftsgesetzes, S. 7; so auch BNE, Stellungnahme zur Änderung von EnWG-Verordnungen v. 18.04.2013, S. 3; *Beste/Kuck*, EnWZ 2013, 195 (200).

Befreiung ist demnach nicht mehr vorgesehen. Nach § 19 Abs. 2 S. 2 StromNEV-E ist ein individuelles Netzentgelt anzubieten, wenn die Stromabnahme aus dem Netz der allgemeinen Versorgung für den eigenen Verbrauch an einer Abnahmestelle im letzten Kalenderjahr sowohl die Benutzungsstundenzahl von mindestens 7.000 Stunden im Jahr erreicht als auch der Stromverbrauch an dieser Abnahmestelle im letzten Kalenderjahr zehn Gigawattstunden überstiegen hat.[1221] In § 19 Abs. 2 S. 2 StromNEV-E sind somit die Mindestvoraussetzungen, die erforderlich sind, vorgegeben. Sind diese erfüllt, so kann nach S. 3 Nr. 1 ein individuelles Netzentgelt, das 20 % des veröffentlichten Netzentgelts beträgt, im Falle einer Benutzungsstundenzahl von mindestens 7.000 Stunden im Jahr und einem Stromverbrauch an der betreffenden Abnahmestelle im letzten Kalenderjahr von mindestens 10 Gigawattstunden gewährt werden. § 19 Abs. 2 S. 3 Nr. 2 und Nr. 3 StromNEV-E erhöhen die Ermäßigung dann, wenn entweder 7.500 Stunden erreicht werden bis auf 15 Prozent (Nr. 2) und wenn 8.000 Stunden erreicht werden bis auf 10 Prozent (Nr. 3).[1222] Eine weitere Änderung der StromNEV soll nach Art. 2 der Verordnung zur Änderung von Verordnungen auf dem Gebiet des Energiewirtschaftsgesetzes zum 01.01.2014 erfolgen. Nach Satz 3 des StromNEV-E soll ein neu einzufügender Satz 4 regeln, dass „die Bemessung des nach den Sätzen 2 und 3 gebildeten individuellen Netzentgelts (...) den Beitrag des Letztverbrauchers zu einer Senkung oder zu einer Vermeidung der Erhöhung der Kosten der Netz- oder Umspannebene, an die der Letztverbraucher angeschlossen ist, widerzuspiegeln“ hat.[1223]

Neben der Regelung der Sätze 2 und 3 bleibt es bei § 19 Abs. 2 S. 1 StromNEV-E bei der bestehenden Regelung, nach der ein individuelles Entgelt dann anzubieten ist, wenn aufgrund vorliegender oder prognostizierter Verbrauchsdaten oder angesichts technischer oder vertraglicher Gegebenheiten offensichtlich ist, dass der Höchstlastbeitrag eines Letztverbrauchers vorhersehbar erheblich von der zeitgleichen Jahreshöchstlast aller Entnahmen aus dieser Netz- oder Umspannebene abweicht.[1224] Dieses Entgelt darf nicht weniger als 20 Prozent

---

1221 Art. 1 Nr. 7 der Verordnung zur Änderung von Verordnungen auf dem Gebiet des Energiewirtschaftsgesetzes, S. 7.

1222 Art. 1 Nr. 7 der Verordnung zur Änderung von Verordnungen auf dem Gebiet des Energiewirtschaftsgesetzes, S. 7.

1223 Art. 2 der Verordnung zur Änderung von Verordnungen auf dem Gebiet des Energiewirtschaftsgesetzes, S. 8.

1224 Art. 1 Nr. 7 der Verordnung zur Änderung von Verordnungen auf dem Gebiet des Energiewirtschaftsgesetzes, S. 7.

des veröffentlichten Netzentgelts betragen.[1225] Insofern kann auf die obigen Ausführungen verwiesen werden.[1226]

Kritisiert wird der Entwurf deshalb, weil die nun im Verordnungsentwurf vorgeschlagene Staffelung der Befreiung Anreize zur Steigerung der Nachfrage und zur Vermeidung von Leistungsschwankungen setzt.[1227] Letztlich erhalten die Industriekunden eine Aufforderung des Verordnungsgebers zu einem höheren Energieverbrauch, da nur so die geringsten Netzentgelte von den Industriekunden erreicht werden können.[1228]

Dem ist beizupflichten. Die Industriekunden dazu anzuhalten, möglichst viel Strom zu verbrauchen, kann, nicht Sinn und Zweck der Regelung sein. Es ist zu befürchten, dass sich ein solches Abnahmeverhalten sogar negativ auf das Netz auswirkt, wenn dieses durch die hohen Stromentnahmen unter Umständen überlastet wird und es zu Engpässen in den jeweiligen Netzebenen kommt. Von einer netzstabilisierenden Wirkung kann dann jedenfalls nicht mehr die Rede sein. Es ist deshalb eine Regelung zu fordern, nach der die großen Verbraucher „für verringerte Netzentgelte eine für das elektrische System sinnvolle Gegenleistung erbringen".[1229] Eine derart unflexible, an bestimmten Schwellenwerten ausgerichtete Abnahme ist dafür nicht geeignet.[1230] Auch die ab dem 01.01.2014 tatbestandlich vorgesehene physikalische Komponente, die bei der Genehmigung und Bemessung des individuellen Entgelts zu berücksichtigen ist, kann dem nicht gerecht werden. Es dürfte schwerfallen, netztechnische Gesichtspunkte zu finden, die als Beitrag des stromintensiven Letztverbrauchers zu einer Senkung oder Vermeidung der Erhöhung der Kosten der Netz- bzw. Umspannebenen zu werten sind. Laut Verordnungsbegründung sollen die Regulierungsbehörden die konkrete Ausgestaltung der Regelung erarbeiten und die relevanten

---

1225 Art. 1 Nr. 7 der Verordnung zur Änderung von Verordnungen auf dem Gebiet des Energiewirtschaftsgesetzes, S. 7.

1226 Siehe oben (3) (a) und (b).

1227 Auch BNE, Stellungnahme zur Änderung von EnWG-Verordnungen, S. 3; VKU, Stellungnahme zum Entwurf der Änderung von Verordnungen auf dem Gebiet des Energiewirtschaftsgesetzes, S. 10.

1228 BNE, Stellungnahme zur Änderung von EnWG-Verordnungen, S. 3; VKU, Stellungnahme zum Entwurf der Änderung von Verordnungen auf dem Gebiet des Energiewirtschaftsgesetzes, S. 10.

1229 So auch VKU, Stellungnahme zum Entwurf der Änderung von Verordnungen auf dem Gebiet des Energiewirtschaftsgesetzes, S. 11.

1230 So auch VKU, Stellungnahme zum Entwurf der Änderung von Verordnungen auf dem Gebiet des Energiewirtschaftsgesetzes, S. 11.

Kriterien konkretisieren.[1231] Es bleibt abzuwarten, welche Aspekte die Regulierungsbehörden dabei anführen werden und ob diese de facto zu einer Senkung der Netzkosten beitragen.

(6) Fazit

Mit § 19 Abs. 2 S. 2 StromNEV hat der Verordnungsgeber eine Regelung geschaffen, die es den Industriekunden ermöglicht, sich von den Netznutzungsentgelten befreien zu lassen bzw. nach dem neuen Regelwerk ein bis zu 90 % ermäßigtes Entgelt erhalten Das Netznutzungsentgelt macht laut Bundesnetzagentur immerhin 20 % des Strompreises aus.[1232] Für Industriekunden, die die Voraussetzungen des § 19 Abs. 2 S. 2 StromNEV erfüllen, ist ein Wechsel der Spannungsebene nun obsolet, da sie von der Zahlung der „Briefmarken“ für die genutzten Netzebenen komplett befreit werden bzw. nach dem StromNEV-Entwurf ein bis zu 90 % ermäßigtes Entgelt erhalten. Dementsprechend fallen für sie auch keine Folgekosten mehr an, die üblicherweise mit dem Wechsel der Spannungsebene verbunden sind (Kosten für die Anschlussleitung zur Sammelschiene und Baukostenzuschüsse). Ein Nachteil der Regelung besteht darin, dass sich für die übrigen Netznutzer zwangsläufig die Strompreise erhöhen, da die § 19-Umlage in den Strompreis einbezogen ist.[1233]

3. Gesamtergebnis

Letztlich bleibt es bei den bestehenden Regelungen, sofern die Voraussetzungen des § 19 Abs. 2 oder Abs. 3 StromNEV nicht gegeben sind. Es ist die Aufgabe des Gesetz- bzw. Verordnungsgebers, für Klarheit zu sorgen. Möglichkeiten sind gegeben durch § 17 Abs. 3 EnWG sowie durch eine dem § 20 Abs. 2 GasNEV entsprechende Regelung im Stromsektor.

Das heißt also, dass der Spannungsebenenwechsel grundsätzlich vom Netzbetreiber ermöglicht werden muss, es sei denn, dass im Rahmen der Verhältnismäßigkeit das Interesse an einer möglichst kostengünstigen Infrastruktur derart überwiegt, dass der Netzbetreiber den Anschluss wegen Unzumutbarkeit ablehnen kann.

1231 Verordnung zur Änderung von Verordnungen auf dem Gebiet des Energiewirtschaftsgesetzes, S. 21.

1232 Abrufbar unter: http://www.bundesnetzagentur.de/SharedDocs/FAQs/DE/BNetzA/VerbrServiceEnergie/PreiseEntgelte/WieSetztSichDerStrompreisZusammen.html?nn=125442 (abgerufen am 24.10.2012).

1233 Bundesnetzagentur, Beschluss v. 14.12.2011, Az. BK8 11-024.

C. Der Anspruch auf Netzanschluss von Energieerzeugungsanlagen nach der KraftNAV

I. Problematik

Beim Netzanschluss von Kraftwerken stellt sich zunächst die Frage, ob dem Kraftwerksbetreiber das Bestimmungsrecht hinsichtlich des Anschlusspunkts zukommt. Für den Kraftwerksbetreiber ist dabei nicht das Wahlrecht hinsichtlich der Spannungsebene wie bei Industriekunden und Arealnetzen von Bedeutung, da die Anschlussebene bereits von § 1 Abs. 1 KraftNAV vorgegeben wird.[1234] Vielmehr ist die Lage des Netzanschlusses maßgeblich.[1235] Diese ist von erheblicher wirtschaftlicher Relevanz, da der Kraftwerksbetreiber gemäß § 8 Abs. 1 KraftNAV die Kosten der Errichtung einer Anschlussleitung zwischen Erzeugungsanlage und Netzanschlusspunkt zu tragen hat. Der Anschlussnehmer wird sich daher um einen Netzanschlusspunkt bemühen, der möglichst nah an seinem Kraftwerk liegt. Hinzu kommen weitere Faktoren, die für die Wahl des Kraftwerksstandorts wichtig sind. Für Steinkohle- oder Ölkraftwerke werden Standorte an Flüssen mit ausreichender Wasserführung gewählt.[1236] Ausnahmen sind Braunkohlekraftwerke, die zugunsten geringer Transportkosten in der Nähe der Förderstätten errichtet werden.[1237] Gaskraftwerke können, wenn sie als Gasturbinenkraftwerke gebaut werden, nur dort errichtet werden, wo ein Gaspipelineanschluss vorhanden ist.[1238] Die früher fast ausschließlich auf betriebswirtschaftlichen Gesichtspunkten basierende Entscheidung zur Standortwahl muss sich heutzutage auch an Umweltgesichtspunkten messen lassen.[1239] Ferner hat auch der Netzbetreiber bestimmte

1234 Vgl. auch Bundesrats-Drucksache 283/07, S. 16.

1235 *Hartmann*, in: Danner/Theobald (Hrsg.), Energierecht, § 8 KraftNAV, Rn. 5; *Wolf*, in: Säcker (Hrsg.), Handbuch zum deutsch-russischen Energierecht, Kap. 5, Rn. 51.

1236 *Schlabbach*, Elektroenergieversorgung, S. 57.

1237 *Schlabbach*, Elektroenergieversorgung, S. 57.

1238 *Schlabbach*, Elektroenergieversorgung, S. 57.

1239 *Hermes*, in: Schneider/Theobald (Hrsg.), Recht der Energiewirtschaft, § 7, Rn. 20, sowie *Fehling*, § 8, Rn. 49 f.

Faktoren zu berücksichtigen. Die Industriezentren und Großstädte als Großverbraucher elektrischen Stroms sind sehr ungleichmäßig über das Bundesgebiet verstreut. Zur Vermeidung von Übertragungsverlusten werden daher nahe gelegene Großkraftwerke von den Netzbetreibern bevorzugt.[1240]

Aufgrund der eng begrenzten Zahl strategisch günstig gelegener Kraftwerksstandorte ist es nicht unwahrscheinlich, dass mehrere Anschlussnehmer ein Anschlussbegehren für denselben Standort einreichen.[1241] Von besonderer Relevanz ist daher auch die Frage, wie der Netzbetreiber vorzugehen hat, wenn sich mehrere potentielle Anschlussnehmer an einem wirtschaftlich interessanten Anschlusspunkt zusammenfinden.[1242] Die Kraftwerksnetzanschlussverordnung (KraftNAV) versucht, diese Schwierigkeiten sachgerecht zu lösen. Im Folgenden gilt es, sich auch damit auseinanderzusetzen, welche Anforderungen an Kraftwerksprojekte zu stellen sind, die unterhalb der gesetzlichen Grenze der KraftNAV liegen, und zu welchen Bedingungen Netzbetreiber diese Kraftwerke anschließen müssen.

II. Kraftwerke im Sinne der KraftNAV

Zunächst soll ein Kurzüberblick über die Kraftwerke erfolgen, die in den Anwendungsbereich der KraftNAV fallen. Kraftwerke sind Anlagen zur Erzeugung elektrischer Energie.[1243] Sie werden unterschieden nach der Art des Prozesses der Erzeugung sowie der Art der dabei eingesetzten Primärenergie. Ferner ist ihr jeweiliger Einsatz im Verbundnetz von Bedeutung.[1244] Grundlastkraftwerke haben lange Anfahrzeiten, bis sie ihre volle Leistung erreicht haben.[1245] Deshalb sind sie ständig mit etwa derselben Leistung in Betrieb. Mittellastkraftwerke sind während der hohen Netzbelastung an Werktagen in Betrieb und werden gewöhnlich während der Nacht und an arbeitsfreien Tagen abgeschaltet.[1246] Spitzenlastkraftwerke

1240 *Schlabbach*, Elektroenergieversorgung, S. 57.

1241 *Koenig/Kühling/Rasbach*, Energierecht, S. 73; *Hartmann*, in: Danner/Theobald (Hrsg.), Energierecht, § 4 KraftNAV, Rn. 34.

1242 *Koenig/Kühling/Rasbach*, Energierecht, S. 73; *Wolf*, in: Säcker (Hrsg.), Handbuch zum deutsch-russischen Energierecht, Kap. 5, Rn. 47.

1243 *Ströbele/Pfaffenberger/Heuterkes*, Energiewirtschaft, Kap. 11, S. 219.

1244 *Konstantin*, Praxisbuch Energiewirtschaft, Kap. 7, S. 271.

1245 *Konstantin*, Praxisbuch Energiewirtschaft, Kap. 7, S. 272.

1246 *Konstantin*, Praxisbuch Energiewirtschaft, Kap. 7, S. 272.

haben eine kurze Anfahrzeit von wenigen Minuten und decken Lastspitzen ab.[1247] Weiterhin existieren noch Reservekraftwerke. Hierbei handelt es sich um ältere Erzeugungsanlagen, die nur in Betrieb genommen werden, wenn andere Kraftwerke ausfallen.[1248]

Abb. 25: Kraftwerke in Deutschland

Thermische Kraftwerke	Nicht-thermische Kraftwerke
→ Fossilthermische Kraftwerke • Dampfkraftwerke • Gasturbinenkraftwerke • Gas- und Dampfturbinenkraftwerke (GuD)	→ Wasserkraftwerke • Laufwasserkraftwerke • Speicherkraftwerke • Pumpspeicherkraftwerke
→ Kernkraftwerke • Dampfkraftwerke (Kernbrennstoff)	→ Windkraftanlagen
→ Solarthermische Kraftwerke • Dampfkraftwerk • Integrierte solarthermische GuD-Kraftwerke (ISCC)	→ Photovoltaikanlagen
	→ Brennstoffzellenkraftwerke

Quelle: Panos Konstantin, Praxishandbuch Energiewirtschaft

Bei den von der KraftNAV erfassten Erzeugungsanlagen handelt es sich um thermische Kraftwerke. Zu den gängigsten Anlagen gehören Dampf-, Gasturbinen- sowie kombinierte Gas- und Dampfturbinenkraftwerke. Sie gehören der Gruppe der fossilthermischen Kraftwerke an. Weiterhin zählen zu den thermischen Erzeugungsanlagen Kernkraftwerke und solarthermische Kraftwerke.[1249] Letztere fallen in den Anwendungsbereich des EEG. Das ergibt sich aus § 2 i. V .m. § 3 Nr. 3 EEG, die regeln, dass auf Erzeugungsanlagen aus solarer Strahlungsenergie das EEG anzuwenden ist. Wird bei den fossilthermischen Kraftwerken zusätzlich die Abwärme, beispielsweise für Heizzwecke (Fernwärme oder Nahwärme) oder für Produktionsprozesse (Prozesswärme), in einem Heizkraftwerk genutzt (sogenannte Nutzwärme im Sinne von § 3 Abs. 6 KWKG), so unterfallen diese Anlagen nach § 2 dem KWKG.[1250] Neue Atomkraftwerke werden nach dem besiegelten Ausstieg aus der Kernenergie bis zum Jahr 2022 nicht mehr ans Netz gehen, sodass

1247 *Konstantin*, Praxisbuch Energiewirtschaft, Kap. 7, S. 272.
1248 *Konstantin*, Praxisbuch Energiewirtschaft, Kap. 7, S. 272.
1249 *Konstantin*, Praxisbuch Energiewirtschaft, Kap. 7, S. 271.
1250 *Ströbele/Pfaffenberger/Heuterkes*, Energiewirtschaft, Kap. 11, S. 227; *Topp*, in: Säcker (Hrsg.), Berliner Kommentar, § 3 KWKModG, Rn. 10 f.

Fragen hinsichtlich des Netzanschlusses von Kernenergieanlagen nicht mehr von Bedeutung sind.[1251]

Zu den nicht-thermischen Kraftwerken zählen Wasserkraftwerke, Windkraftanlagen, Photovoltaikanlagen und Brennstoffzellenkraftwerke.[1252] Auch diese unterliegen gemäß § 2 i. V. m. § 3 Nr. 3 EEG dem EEG mit Ausnahme der Brennstoffzellenkraftwerke, die gemäß § 3 Abs. 2 und Abs. 3 KWKG in dessen Anwendungsbereich fallen, soweit auch Nutzwärme im Sinne von § 3 Abs. 6 KWKG erzeugt wird. Im Gegensatz zu den herkömmlichen Energieerzeugungsanlagen bedarf es bei den Brennstoffzellenkraftwerken nicht der Verbrennung eines Primärenergieträgers mit einer durch Turbinen und Generatoren vorgenommenen Umwandlung in elektrische Energie. Brennstoffzellen erzeugen Strom direkt in einem chemischen Prozess.[1253]

1. Dampfkraftwerk

a. Kohlekraftwerk

Zu den bedeutendsten Dampfkraftwerken zählen in Deutschland die Kohlekraftwerke. Dieser Kraftwerkstyp trägt seinen Namen wegen der Kohle als hauptsächlichem Brennstoff. Unterschieden wird zwischen Braunkohle und Steinkohle als jeweiligem Primärenergieträger.[1254] Braunkohle wird im Tagebau abgebaut und direkt zu den in unmittelbarer Nähe befindlichen Kraftwerken transportiert. Bei Steinkohlekraftwerken erfolgt die Kohleanlieferung per Binnenschiff oder per Bahn, bei küstennahen Kraftwerken auch per Überseefrachter, da ein Großteil des Brennstoffs importiert wird.[1255]

Zur Energieerzeugung in Kohlekraftwerken dienen Dampfturbinen. Hierzu wird die Kohle in Mühlen fein gemahlen und mit heißer Verbrennungsluft in den Feuerraum eines Dampferzeugers eingeblasen. Dieser nimmt bei einem 600 MW-Kraftwerksblock eine Fläche von 20 x 20 m bei einer Höhe von 56 m ein.[1256] Mit dem im Feuerraum entstandenen Dampf werden die Turbinen betrieben (sogenannter

1251 Vgl. Dreizehntes Gesetz zur Änderung des Atomgesetzes v. 06.08.2011, BGBl. I, S. 1704.

1252 *Konstantin*, Praxisbuch Energiewirtschaft, Kap. 7, S. 271.

1253 *Topp*, in: Säcker (Hrsg.), Berliner Kommentar, § 3 KWKModG, Rn. 28.

1254 *Topp*, in: Säcker (Hrsg.), Berliner Kommentar, § 3 KWKModG, Rn. 10.

1255 *Konstantin*, Praxisbuch Energiewirtschaft, Kap. 7, S. 281.

1256 *Büdenbender/von Heinegg/Rosin*, Energierecht I, Recht der Energieanlagen, S. 323, Rn. 480.

„Clausius-Rankine-Prozess“).[1257] Diese sind wiederum an einen Generator gekoppelt, der die mechanische Energie in elektrische Energie umwandelt.[1258] Ein einzelner Kraftwerksblock kann eine elektrische Leistung von mehr als 1.000 MW aufweisen. Bei der Zusammenschaltung mehrerer Kraftwerksblöcke zu einem Großkraftwerk addieren sich die installierten Leistungen der einzelnen Blöcke.[1259] In Deutschland wird mit braunkohlegefeuerten Kohlekraftwerken die Grundlast und mit Steinkohle hauptsächlich die Mittellast gedeckt. Die prozentualen Anteile an der gesamten Stromerzeugung betrugen im Jahr 2011 in Deutschland 19 % für Steinkohle und 25 % für Braunkohle.[1260]

b. Weitere Dampfkraftwerke

Ein Ölkraftwerk ist ein Dampfkraftwerk, das zur Dampferzeugung Erdöl verfeuert.[1261] Weitere Brennstoffe, mit denen Dampfkraftwerke betrieben werden können, sind Müll, verschiedene Ersatzbrennstoffe (z. B. Öl-Wasser-Gemische) und Biomasse. Letztere unterliegt wiederum dem EEG, was aus § 2 i. V. m. § 3 Nr. 3 EEG folgt.

2. Gasturbinenkraftwerk

Ein Gasturbinenkraftwerk ist ein Kraftwerk zur Stromerzeugung, das mit brennbaren Gasen wie beispielsweise Erdgas betrieben wird. Andere einsetzbare Brennstoffe sind Gichtgas, Generatorgas oder Biogase.[1262] Letztere fallen wiederum gemäß § 2 i. V. m. § 3 Nr. 3 EEG in den Anwendungsbereich des EEG.

Gasturbinen arbeiten mit Luft (sogenannter „Joule-Prozess“) und nicht mit Dampf wie die unter (1.) aufgeführten Anlagen.[1263] Die Hauptbestandteile eines Gasturbinenkraftwerks sind der Verdichter, die Brennkammer, die Turbine und der Generator. Der Verdichter saugt die Luft an, verdichtet und befördert

---

1257 *Konstantin*, Praxisbuch Energiewirtschaft, Kap. 7, S. 281..

1258 *Büdenbender/von Heinegg/Rosin*, Energierecht I, Recht der Energieanlagen, S. 324, Rn. 483.

1259 *Dettmann/Schulz/Heuck*, Elektrische Energieverteilung, S. 5.

1260 BDEW, Bundesverband der Energie- und Wasserwirtschaft e. V., Brutto-Stromerzeugung nach Energieträgern 2011, abrufbar unter www.bdew.de (abgerufen am 23.10.2012).

1261 *Dettmann/Schulz/Heuck*, Elektrische Energieversorgung, S. 18.

1262 *Topp*, in: Säcker (Hrsg.), Berliner Kommentar, § 3 KWKModG, Rn. 22.

1263 *Konstantin*, Praxisbuch Energiewirtschaft, Kap. 7, S. 284.

sie in die Brennkammer.[1264] Dort findet die Verbrennung der verdichteten Luft statt, die dann in die eigentliche Turbine strömt.[1265] Dort wird die thermische Energie in mechanische Energie und anschließend im Generator in elektrische Energie umgewandelt.[1266] Gasturbinenkraftwerke haben je Einheit eine Leistung von bis zu 340 MW.[1267] Aufgrund der kurzen Anfahrzeit vom Stillstand auf Volllast werden Gasturbinenkraftwerke vor allem zum Abdecken von Lastspitzen im Stromnetz (als sogenannte Spitzenlastkraftwerke) eingesetzt.[1268] Aber auch im Mittellastbereich kommen diese Kraftwerke zum Einsatz.[1269]

3. Kombiniertes Gas- und Dampfturbinenkraftwerk

Beim Gas- und Dampfturbinenkraftwerk (sogenanntes GuD-Kraftwerk) wird die Wärme aus den heißen Abgasen der Gasturbine in einem sogenannten Abhitzekessel zur Erzeugung von Hochdruckdampf genutzt, der in einer nachgeschalteten Dampfturbine zusätzlich Strom erzeugt.[1270] So werden zwei Prozesse miteinander kombiniert.[1271] Eine übliche Kraftwerkskonfiguration besteht aus zwei Gasturbinen mit dazugehörigen Abhitzekesseln und einer einzigen Dampfturbine. Die elektrische Leistung einer solchen Erzeugungsanlage liegt bei etwa 400 MW. Die Leistungen verteilen sich ungefähr zu 2/3 auf die Gasturbine und zu 1/3 auf die Dampfturbine.[1272]

Da sich die GuD-Kraftwerke wie herkömmliche Gasturbinenkraftwerke durch ihre sehr gute Steuerbarkeit und geringe Anfahrzeiten auszeichnen, werden sie vorrangig im Spitzen- und Mittellastbereich eingesetzt.[1273]

1264 *Konstantin*, Praxisbuch Energiewirtschaft, Kap. 7, S. 284.

1265 *Konstantin*, Praxisbuch Energiewirtschaft, Kap. 7, S. 284.

1266 *Konstantin*, Praxisbuch Energiewirtschaft, Kap. 7, S. 284; *Flosdorff/Hilgarth*, Elektrische Energieverteilung, S. 298.

1267 *Dettmann/Schulz/Heuck*, Elektrische Energieverteilung, S. 17.

1268 *Konstantin*, Praxisbuch Energiewirtschaft, Kap. 7, S. 283.

1269 *Ströbele/Pfaffenberger/Heuterkes*, Energiewirtschaft, Kap. 11, S. 221.

1270 *Topp*, in: Säcker (Hrsg.), Berliner Kommentar, § 3 KWKModG, Rn. 23.

1271 *Konstantin*, Praxisbuch Energiewirtschaft, Kap. 7, S. 286.

1272 *Konstantin*, Praxisbuch Energiewirtschaft, Kap. 7, S. 286.

1273 *Ströbele/Pfaffenberger/Heuterkes*, Energiewirtschaft, Kap. 11, S. 221.

4. Übersicht über den Anteil der jeweiligen Primärenergieträger bei der Stromerzeugung in Deutschland

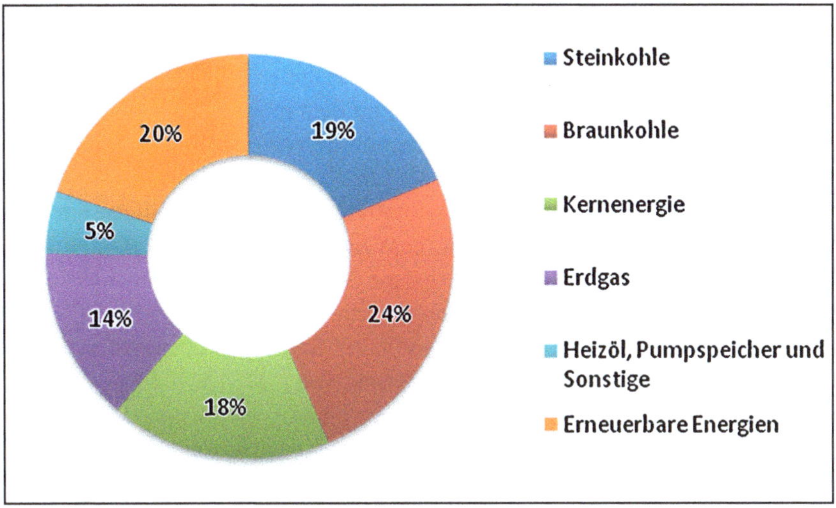

Quelle: BDEW, Energiebilanzen

Abb. 26: Brutto-Stromerzeugung in Deutschland, Stand: 14.12.2011

III. Voraussetzungen für den Netzanschluss von Erzeugungsanlagen nach der KraftNAV

1. Planung und Zulassung von Kraftwerken

a) Planung von Anlagen

Ein wesentlicher Teil der planerischen Vorbereitung beruht in der Praxis auf der Prüfung der Vereinbarkeit des energiewirtschaftlichen Vorhabens mit den Raumordnungszielen.[1274] Diese sind räumlich und fachlich verbindliche raumplanerische

1274 OVG Münster, Urteil v. 03.09.2009, Az. 10 D 121/07.NE, abgedruckt in ZNER 2009, 284 (285), das entschied, dass der Bebauungsplan für ein Steinkohlekraftwerk

Letztentscheidungen.[1275] Nach § 3 Nr. 2 ROG handelt es sich um verbindliche Vorgaben in Form von räumlich und sachlich bestimmten oder bestimmbaren, vom Träger der Raumordnung abschließend abgewogenen textlichen oder zeichnerischen Festlegungen in Raumordnungsplänen zur Entwicklung, Ordnung und Sicherung des Raums. Die Ziele der Raumordnung sind insbesondere von den in § 3 Nr. 5 ROG genannten öffentlichen Stellen, also den Behörden des Bundes, der Länder sowie von den kommunalen Gebietskörperschaften bei ihren raumbedeutsamen Planungen, Vorhaben und sonstigen Maßnahmen zu beachten.

Neben den Zielen der Raumordnung kommt dem raumplanerischen Instrument des Raumordnungsverfahrens für die Vorbereitung von größeren Energienanlagen eine erhebliche praktische Bedeutung zu.[1276] Ihre Funktion ist es, auf überörtlicher Planungsebene eine Steuerung und Abstimmung konkreter Planungen und Maßnahmen zu erreichen.[1277] Generell gilt, dass ein Raumordnungsverfahren durchgeführt werden muss, wenn raumbedeutsame Maßnahmen untereinander und mit den Erfordernissen der Raumordnung abzustimmen sind (vgl. § 15 Abs. 1 S. 1 und S. 2 ROG). Eine nähere Bestimmung, wann ein Raumordnungsverfahren durchgeführt werden soll, findet sich in der aufgrund von § 17 Abs. 1 ROG erlassenen Raumordnungsverordnung (RoV). Nach deren § 1 Nr. 1 ist für sämtliche unter den Nummern 1 bis 10 der Anlage zu § 3 UVPG (Umweltverträglichkeitsprüfungsgesetz) aufgeführten Energieanlagen ein Raumordnungsverfahren erforderlich, wenn sich nicht im Einzelfall herausstellt, dass sie nicht raumbedeutsam sind oder keine überörtliche Bedeutung haben.[1278]

Ferner sind die Vorgaben des örtlichen Bauplanungsrechts zu beachten. Hier ist zu prüfen, ob die Anlagen an dem von dem jeweiligen Betreiber projektierten Standort nach den §§ 29 ff. BauGB zulässig sind oder nicht. Die bauplanungsrechtliche Zulässigkeit richtet sich entweder nach einem Bebauungsplan oder nach den planersetzenden Vorschriften der § 34 BauGB (unbeplanter Innenbereich) und § 35 BauGB (Außenbereich).[1279] Die Bauleitplanung der Gemeinden muss nach 1 Abs. 4 BauGB den Zielen der Raumordnung angepasst werden.

---

in Datteln wegen Verstoßes gegen Ziele der Landesplanung unwirksam sei; *Schink*, I+E 2011, 211 (219); *Ronellenfitsch*, WiVerw 1985, 168, (182).

1275 *Stollmann*, Öffentliches Baurecht, § 1, Rn. 22.

1276 *Hermes*, in: Schneider/Theobald (Hrsg.), Recht der Energiewirtschaft, § 7, Rn. 13, 62.

1277 *Jarass/Schnittker/Milstein*, JuS 2011, 215 (216); *Büdenbender/von Heinegg/Rosin*, Energierecht I, Recht der Energieanlagen, S. 109, Rn. 140.

1278 Siehe hierzu *Hermes*, in: Schneider/Theobald (Hrsg.), Recht der Energiewirtschaft, § 7, Rn. 63 f.

1279 *Stollmann*, Öffentliches Baurecht, § 13, Rn. 19.

Insoweit besteht eine Verzahnung mit der höher angesiedelten Ebene der Raumordnung.[1280] Letztlich sind auch die Vorschriften des Bauordnungsrechts zu beachten, die die ordnungsrechtliche Zulässigkeit der konkreten Energieerzeugungsanlage zum Gegenstand haben.[1281]

b) Zulassung von Kraftwerken

Die Errichtung und der Betrieb konventioneller Kraftwerke, die mit Kohle, Öl, Gas oder ähnlichen Brennstoffen betrieben werden, erfordern gemäß § 4 Abs. 1 BImSchG eine immissionsschutzrechtliche Anlagengenehmigung.[1282] Der Kreis der Anlagen, für die eine immissionsschutzrechtliche Genehmigung erforderlich ist, bestimmt die auf der Grundlage von § 4 Abs. 1 S. 3 BImSchG erlassenen Verordnung über genehmigungsbedürftige Anlagen (4. BImSchV).[1283] Nach Nr. 1.1 der Verordnung sind Anlagen zur Erzeugung von Strom durch den Einsatz von Brennstoffen in einer Verbrennungseinrichtung (wie Kraftwerk, Gasturbinenanlage oder sonstige Feuerungsanlage) einschließlich zugehöriger Dampfkessel mit einer Leistung von 50 MW oder mehr genehmigungsbedürftig. Unterhalb der Grenze von 50 MW ist nach Nr. 1.2 nur ein vereinfachtes Genehmigungsverfahren durchzuführen.

Neben der immisionsschutzrechtlichen Genehmigung erfordern die Energieerzeugungsanlagen als bauliche Anlagen ferner eine Baugenehmigung nach den Landesbauordnungen.[1284]

Da für die Kühlung der Kraftwerke Wasser benötigt wird, ist der Betrieb eines konventionellen Kraftwerks außerdem mit einer Gewässerbenutzung im Sinne von § 9 WHG verbunden. Diese liegt nach § 9 Abs. 1 WHG insbesondere vor, wenn Wasser aus oberirdischen Gewässern entnommen (Nr. 1) und später in ein solches Gewässer eingeleitet wird (Nr. 4). Nach § 8 Abs. 1 WHG bedarf die Benutzung eines Gewässers einer wasserrechtlichen Gestattung, die in drei Rechtsformen mit jeweils unterschiedlichen Voraussetzungen und Rechtswirkungen erteilt werden kann.[1285] Es wird unterschieden zwischen der einfachen oder der

---

1280 *Hermes*, in: Schneider/Theobald (Hrsg.), Recht der Energiewirtschaft, § 7, Rn. 68; *Stollmann*, Öffentliches Baurecht, § 13, Rn. 19.

1281 *Büdenbender/von Heinegg/Rosin*, Energierecht I, Recht der Energieanlagen, S. 113, Rn. 151.

1282 *Fehling*, in: Schneider/Theobald (Hrsg.), Recht der Energiewirtschaft, § 8, Rn. 4.

1283 *Fehling*, in: Schneider/Theobald (Hrsg.), Recht der Energiewirtschaft, § 8, Rn. 82.

1284 *Rosin/Heinlein*, RdE 2005, 29 (30).

1285 *Büdenbender/von Heinegg/Rosin*, Energierecht I, Recht der Energieanlagen, S. 257, Rn. 372.

gehobenen Erlaubnis und der Bewilligung.[1286] Nach § 10 Abs. 1 WHG gewährt die Erlaubnis die Befugnis, die Bewilligung das Recht, ein Gewässer zu einem bestimmten Zweck in einer nach Art und Maß bestimmten Weise zu benutzen. Die Bewilligung gewährt ein subjektiv-öffentliches Recht zur Benutzung des Gewässers, während die Erlaubnis in ihrer Rechtsform als widerrufliche Befugnis einzuordnen ist.[1287] Jedoch bestimmt § 14 Abs. 1 Nr. 3 WHG, dass die Bewilligung nicht für alle Arten der Gewässerbenutzung in Betracht kommt, sie insbesondere nicht für das Einbringen und Einleiten von Stoffen in ein Gewässer erteilt werden darf.

Nicht zuletzt sind auch Naturschutzgesichtspunkte zu beachten.[1288] Der Bau von Energieerzeugungsanlagen stellt vielfach einen Eingriff in Natur und Landschaft im Sinne von § 18 Abs. 1 BNatSchG dar. Daran knüpfen sich bestimmte Vermeidungs- oder Ausgleichspflichten, die im BNatSchG rahmenrechtlich geregelt sind und durch das Landesnaturschutzgesetz konkretisiert werden.[1289]

2. Überblick über die erforderlichen Netzverträge beim Netzanschluss von Kraftwerken

Unter dem Oberbegriff der Kraftwerkserrichtungsverträge sind alle Verträge zu verstehen, die im Zusammenhang mit der Planung bis zur Inbetriebnahme des Kraftwerks stehen.[1290] Unter den Begriff der Netzverträge lassen sich alle Verträge subsumieren, die sich von ihrem Gegenstand her mit dem Anschluss und der Nutzung des Netzes befassen.[1291] Hierbei handelt es sich um den Netzanschlussvertrag, den Anschlussnutzungsvertrag sowie den Netznutzungsvertrag, der sich mit dem Zugang zum vorgelagerten Netz befasst.[1292]

1286 Hierzu *Pape*, in: Landmann/Rohmer (Hrsg.), Umweltrecht, § 8 WHG, Rn. 18 f.

1287 *Knopp*, in: Sieder/Zeitler/Dahme/Knopp (Hrsg.), WHG AbwAG, § 10 WHG, Rn. 46.

1288 *Büdenbender/von Heinegg/Rosin*, Energierecht I, Recht der Energieanlagen, S. 121, Rn. 372, Rn. 162.

1289 *Fehling*, in: Schneider/Theobald (Hrsg.), Recht der Energiewirtschaft, § 8, Rn. 49.

1290 *Rosin/Heinlein*, RdE 2005, 29 (30).

1291 *Rosin/Heinlein*, RdE 2005, 29 (30).

1292 *Theobald/Zenke/Dessau*, in: Schneider/Theobald (Hrsg.), Recht der Energiewirtschaft, § 15, Rn. 122, 130.

a) Kraftwerkserrichtungsverträge

aa) Anlagenbauvertrag

Unter dem Anlagenbauvertrag wird der Vertrag zwischen demjenigen, der als Auftraggeber das Kraftwerksprojekt realisieren möchte, und dem Auftragnehmer, also demjenigen, der sich zur Errichtung des Kraftwerks verpflichtet, verstanden.[1293] Zentraler Gegenstand dieser Verträge sind die Planung, Lieferung, betriebsfertige Montage, Inbetriebnahme und der Probebetrieb des Kraftwerks.[1294] Mit anderen Worten regelt ein solcher Vertrag sämtliche Tätigkeiten des Auftragnehmers, beginnend mit der Planung, dem ersten Spatenstich, über die Belieferung mit den benötigten Anlagenteilen und der Errichtung des Kraftwerks bis hin zur Übernahme von Garantien für eine schlüsselfertige Kraftwerksanlage.[1295]

bb) Netzanschlusserrichtungsvertrag

Unter Umständen kann das Kraftwerk nicht ohne weiteres an das jeweilige Netz eines Netzbetreibers angeschlossen werden. Daher kann es erforderlich sein, erst den entsprechenden Netzanschluss herzustellen.[1296] Da der Netzanschluss in einem Umspannwerk des Netzbetreibers erfolgt, hat der Kraftwerksbetreiber die erforderlichen Leitungen zu der unterspannungsseitigen Sammelschiene zu errichten. Erfolgt der Netzanschluss in einer Übergabestation auf dem Kraftwerksgelände, so bedarf es deren Errichtung.[1297] Alles das ist Gegenstand des Netzanschlusserrichtungsvertrags.[1298] Dieser zählt inhaltlich ebenfalls zu den Errichtungsverträgen.[1299]

b) Netzverträge

aa) Netzanschlussvertrag

Der Netzanschlussvertrag wird gemäß § 4 Abs. 2 S. 1 KraftNAV zwischen dem Netzbetreiber und dem Anschlussnehmer (Eigentümer der Erzeugungsanlage), der

---

1293 *Rosin/Heinlein*, RdE 2005, 29 (30).
1294 *Rosin/Heinlein*, RdE 2005, 29 (30).
1295 *Rosin/Heinlein*, RdE 2005, 29 (30).
1296 *Rosin/Heinlein*, RdE 2005, 29 (31).
1297 Zu den technischen Gesichtspunkten des Netzanschlusses siehe oben I. 2. b) bb).
1298 *De Wyl/Thole*, in: Schneider/Theobald (Hrsg.), Recht der Energiewirtschaft, § 16, Rn. 120; *Hartmann*, in: Danner/Theobald (Hrsg.), Energierecht, § 4 KraftNAV, Rn. 31.
1299 *Rosin/Heinlein*, RdE 2005, 29 (31).

vom Betreiber der Anlage (Anschlussnutzer) abweichen kann, geschlossen.[1300] In diesem Vertrag werden wie beim Anschluss von Industriebetrieben alle Einzelheiten, wie beispielsweise die Definition des Anschlusspunkts (Adresse, Spannungsebene), Vertragsdauer, Anschlusskosten, Baukostenzuschuss, Wartungsfragen, Installation von Messeinrichtungen, Kündigungs- und Zutrittsrechte, geregelt.[1301] Kraftwerke, die in den Anwendungsbereich der KraftNAV fallen, müssen darüber hinaus mindestens Regelungen zu den in § 4 Abs. 4 KraftNAV genannten Gegenständen enthalten. Neben den oben genannten Kriterien gehören hierzu Regelungen, die die an dem Netzanschlusspunkt für das Kraftwerk verfügbare Netzanschlussleistung betreffen.[1302] Diese richtet sich nach der Nennleistung des betreffenden Generators. Für den Fall, dass die Netzanschlussleistung auf Dauer erhöht oder ggf. auch reduziert werden soll, empfiehlt sich aus der Sicht des Anschlussnehmers die Aufnahme eines einseitigen Anpassungsrechts.[1303] Ferner erfordert § 4 Abs. 4 Kraft NAV die genaue Beschreibung des Kraftwerks- und Netzanschlusskonzepts, wozu auch die technische Spezifikation und die Dokumentation des Kraftwerks gehören, die notwendigen Anforderungen an das Kraftwerk sowie die Festlegung der Eigentumsgrenzen im Hinblick auf die Anschlussanlagen. Auch muss nach § 4 Abs. 4 KraftNAV festgelegt werden, welcher Anteil des erzeugten Stroms für den Eigenbedarf verwendet wird.

bb) Anschlussnutzungsvertrag

Der Anschlussnutzungsvertrag regelt die gegenseitigen Rechte und Pflichten zwischen dem Netzbetreiber, an dessen Netz das Kraftwerk angeschlossen ist, und dem Anschlussnutzer, also dem Kraftwerksbetreiber.[1304] Zentraler Gegenstand dieses Vertrags ist die Nutzung des Anschlusses zum Zwecke des Strombezugs, bei Kraftwerken insbesondere die Nutzung des Anschlusses zur Einspeisung der in dem Kraftwerk erzeugten elektrischen Energie.[1305] Dass ein solcher Vertrag beim Anschluss von Kraftwerken erforderlich ist, hat der Verordnungsgeber in § 4 Abs. 1 S. 3 KraftNAV festgelegt. Von

---

1300 *Rosin/Heinlein*, RdE 2005, 29 (35), siehe auch oben I. 3. a) aa) (4).

1301 *De Wyl/Thole*, in: Schneider/Theobald (Hrsg.), Recht der Energiewirtschaft, § 15, Rn. 133; *von Petz*, in: Riedel/Zander (Hrsg.), Praxishandbuch Energiebeschaffung, Kap. 8.1.8.1, S. 26.

1302 *Lück*, in: Säcker (Hrsg.), Berliner Kommentar, Anh. § 17 EnWG, § 4 KraftNAV, Rn. 6.

1303 *Rosin/Heinlein*, RdE 2005, 29 (36).

1304 *Rosin/Heinlein*, RdE 2005, 29 (35).

1305 *De Wyl/Thole*, in: Schneider/Theobald (Hrsg.), Recht der Energiewirtschaft, § 16, Rn. 137; *Ahnis/de Wyl*, IR 2007, 77 (79).

besonderer Bedeutung ist gerade beim Betrieb von Großkraftwerken die Haftung bei Störungen der Anschlussnutzung. Zwar müssen streng nach dem Wortlaut des § 4 Abs. 4 KraftNAV Haftungsfragen bereits im Netzanschlussvertrag geregelt sein, jedoch ist die Vorschrift so zu verstehen, dass nur einer der für den Netzanschluss erforderlichen Verträge nach § 4 Abs. 1 S. 3 KraftNAV den Katalog des § 4 Abs. 4 Kraft NAV, insbesondere Haftungsfragen, enthalten muss.[1306]

Der Netzbetreiber ist verpflichtet, die Anschlussnutzung dauerhaft zu ermöglichen, insbesondere die Spannung und die Frequenz möglichst gleichbleibend zu halten.[1307] Er hat ferner dafür zu sorgen, dass die benötigte Anschlusskapazität dauerhaft bereitgestellt wird. Sind Kraftwerksbetreibern aufgrund einer unberechtigten Unterbrechung oder Unregelmäßigkeiten in der Anschlussnutzung Schäden entstanden, so muss ihnen die Möglichkeit eröffnet werden, Schadensersatz vom Netzbetreiber zu verlangen. Allerdings bedarf es einer Haftungsbegrenzung des Netzbetreibers gegenüber dem Anschlussnehmer. Hierzu könnte die Haftungsbeschränkung des § 18 NAV herangezogen werden.[1308] Nach dieser Vorschrift haftet der Netzbetreiber aufgrund grober Fahrlässigkeit oder Vorsatz. Die Haftung für einfache Fahrlässigkeit ist ausgeschlossen. Der Summe nach ist die Haftung des Netzbetreibers für grob fahrlässige Vermögensschäden gemäß § 18 Abs. 4 S. 1 NAV auf 5.000 Euro je Anschlussnutzer beschränkt. Bei Sachschäden haftet der Netzbetreiber für vorsätzlich oder grob fahrlässig verursachte Schäden voll und nach § 18 Abs. 2 S. 1 NAV für einfach verursachte Sachschäden mit maximal 5.000 Euro pro Anschlussnutzer. Grundsätzlich gilt die Bestimmung nur für den Niederspannungsbereich, jedoch hat der BGH bereits zur AVBEltV mit Urteil vom 25.02.1998 sowie vom 26.05.2004 entschieden, dass eine § 6 dieser Verordnung entsprechende Regelung in Allgemeinen Geschäftsbedingungen für Sonderkunden eines Stromversorgungsunternehmens einer Inhaltskontrolle nach § 9 AGBG, heute § 307 BGB,, standhalte.[1309] Auch das saarländische OLG hat festgestellt, dass eine Klausel in Verträgen mit Sondervertragskunden, die eine Haftungsbeschränkung für grob fahrlässig verursachte Schäden vorsieht und sich an die Haftungsobergrenzen des § 6 AVBEltV anlehnt, keine unangemessene

---

1306 *Hartmann*, in: Danner/Theobald (Hrsg.), Energierecht, § 4 KraftNAV, Rn. 32.

1307 *Hartmann*, in: Danner/Theobald (Hrsg.), Energierecht, § 18 NAV, Rn. 34.

1308 *De Wyl/Thole*, in: Schneider/Theobald (Hrsg.), Recht der Energiewirtschaft, § 16, Rn. 156; *Hartmann*, in: Danner/Theobald (Hrsg.), Energierecht, § 18 NAV, Rn. 49; *de Wyl/ vom Wege*, e|m|w, 3/2006, 36, die sich auf die Vorgängerregelung des § 6 AVBEltV beziehen; *Stappert/Johannsen*, in: Rosin/Pohlmann/Gentzsch/Metzenthin/Böwing (Hrsg.), Praxiskommentar zum Energiewirtschaftsgesetz, § 17 EnWG, Rn. 58.

1309 BGH, Urteil v. 25.02.1998, Az. VIII ZR 276/96, abgedruckt in RdE 1998, 194 (196); BGH, Urteil v. 26.05.2004, Az. VIII ZR 311/03, abgedruckt in ZNER 2004, 277 (278).

Benachteiligung im Sinne von § 9 AGBG darstelle.[1310] Das zeigt, dass auch außerhalb der Niederspannungsversorgung eine Anwendung des § 18 NAV, der die Nachfolgeregelung des § 6 AVBEltV darstellt,[1311] üblich ist.[1312] Beim Großkraftwerk dürften allerdings die für den Letztverbraucherbereich konzipierten Haftungsobergrenzen für den Anlagenbetreiber im Sinne von § 307 Abs. 1 und Abs. 2 BGB als unangemessene Benachteiligung anzusehen und in Formularverträgen unwirksam sein.[1313] Zum einen zielt die Regelung des § 18 auf den Niederspannungsbereich ab. Es ist die Situation gemeint, in der ein Letztverbraucher Strom benötigt, er seinen Anschluss aber aus Gründen, die im Verantwortungsbereich des Netzbetreibers liegen, nicht nutzen kann. Bei Kraftwerken handelt es sich aber nicht um Anschlüsse, die zur Entnahme geringer Strommengen benötigt werden, sondern Kraftwerke benötigen den Netzanschluss, um Strom in das Netz einzuspeisen. Das Einspeisen des Stroms ist das Kerngeschäft eines Kraftwerksbetreibers. Ist die Anschlussnutzung nicht möglich, so kann die Einspeisung nicht erfolgen. Zum anderen sind die zu erwartenden Vermögensschäden, die bei einem nicht einspeisenden Kraftwerk entstehen, wesentlich höher als bei einem Haushaltskunden, der seinen Strom nicht beziehen kann. Die Haftungsobergrenzen des § 18 Abs. 4 S. 1 NAV für grob fahrlässige Vermögensschäden von 5.000 Euro pro Anschlussnutzer sind damit viel zu niedrig angesetzt.[1314] Sie stehen in keinem angemessenen Verhältnis mehr zu dem möglichen Ausmaß der Schäden, die bei einem Kraftwerk mit einem Wert von mehreren hundert Millionen Euro entstehen können.[1315] Aus diesen Gründen stellt sich eine Heranziehung von § 18 NAV als eine unangemessene Benachteiligung des Kraftwerksbetreibers dar.[1316]

cc) Netznutzungsvertrag

Der Netznutzungsvertrag regelt den Zugang zum Energieversorgungsnetz.[1317] Er umfasst die Leistung des Netzbetreibers, für die Einspeisung des Stroms dem

1310 Saarländisches OLG, Urteil v. 29.08.2001, Az. 1 U 321/01- 72, 1 U 321/01, abgedruckt in ET 2002, 195 (196).

1311 Bundesrats-Drucksache 367/06, S. 56 f., 70.

1312 *De Wyl/Thole*, Schneider/Theobald (Hrsg.), Recht der Energiewirtschaft, § 16, Rn. 130; *Stappert/Johannsen*, in: Rosin/Pohlmann/Gentzsch/Metzenthin/Böwing (Hrsg.), Praxiskommentar zum Energiewirtschaftsgesetz, § 17 EnWG, Rn. 58.

1313 *Hartmann*, in: Danner/Theobald (Hrsg.), Energierecht, § 4 KraftNAV, Rn. 32.

1314 *Rosin/Heinlein*, RdE 2005, 29 (37).

1315 *Rosin/Heinlein*, RdE 2005, 29 (37).

1316 *Rosin/Heinlein*, RdE 2005, 29 (37).

1317 *Böwing*, in: Baur/Salje/Schmidt-Preuß (Hrsg.), Regulierung in der Energiewirtschaft, Kap. 68, Rn. 31.

Kraftwerksbetreiber die Netzinfrastruktur zur Verfügung zu stellen und Netzdienste zu erbringen. Von besonderer Bedeutung sind hier Regelungen, die die Vorgehensweise bei Kapazitätsengpässen im Netz regeln.[1318] Der Anlagenbetreiber kann im Falle eines Engpasses verpflichtet werden, eine Reduzierung der Einspeiseleistung vorzunehmen (sogenannter Redispatch). Hiervon umfasst ist sowohl die Drosselung der Einspeiseleistung als auch eine vollständige Unterbindung der Einspeisung.[1319] Erteilt der Netzbetreiber im Rahmen des Redispatch dem Kraftwerksbetreiber nun besondere Anweisungen, so muss dieser von seinem eigentlich vorgesehenen Fahrplan abweichen.[1320] Dies kann erhebliche wirtschaftliche Konsequenzen für den Anlagenbetreiber haben. Wenn dieser zum Beispiel 100 kW/h an Kunden verkauft und die Einspeisung einer entsprechenden Strommenge per Fahrplan angemeldet hat und er aufgrund einer Redispatch-Anweisung des Netzbetreibers lediglich die Hälfte einspeisen kann, dann hat der Kraftwerksbetreiber einen finanziellen Ausfall zu beklagen.[1321] Trifft den Netzbetreiber ein Verschulden hinsichtlich der Verursachung des Netzengpasses, so müssen genau wie beim Anschlussnutzungsvertrag im Netznutzungsvertrag Haftungsfragen geregelt sein.[1322]

Weitere Bestimmungen, die im Netznutzungsvertrag enthalten sein müssen, gibt § 24 Abs. 2 StromNZV vor.

IV. Der Netzanschluss von Erzeugungsanlagen im Sinne von § 1 Abs. 1 KraftNAV

1. Grundlegendes zur KraftNAV

a) Entstehungsgeschichte und Regelungsziel der KraftNAV

Der steigende Ersatzbedarf für veraltete, fossilbefeuerte Kraftwerke und der im Jahr 2002 vereinbarte Ausstieg aus der Kernenergie bis 2020[1323] begründeten in

---

1318 *Rosin/Heinlein*, RdE 2005, 29 (38).

1319 *Bettzüge/Kesting*, in: Baur/Salje/Schmidt-Preuß (Hrsg.), Regulierung in der Energiewirtschaft, Kap. 5, Rn. 13.

1320 *Rosin/Heinlein*, RdE 2005, 29 (38).

1321 *Rosin/Heinlein*, RdE 2005, 29 (38).

1322 *De Wyl/Thole*, in: Schneider/Theobald (Hrsg.), Recht der Energiewirtschaft, § 16, Rn. 402.

1323 Gesetz zur geordneten Beendigung der Kernenergienutzung zur gewerblichen Erzeugung von Elektrizität v. 22.04.2002, BGBl. 2002 Nr. 26, S. 1351;

Deutschland einen Bedarf für Investitionen in neue Kraftwerke.[1324] 2005 nahm die Zahl der bei den Übertragungsnetzbetreibern eingehenden Anschlussanfragen für die in Planung befindlichen Kraftwerksvorhaben stark zu. Die Anzahl der Kraftwerksprojekte lag im Jahr 2006 bei 80 Anlagen, was einer Gesamtleistung von 60.000 MW entsprach.[1325]

Vor dem Erlass der KraftNAV wurden Investoren von Kraftwerksprojekten oftmals mit der Problematik konfrontiert, dass ein Übertragungsnetzbetreiber die Aufnahme von Verhandlungen zum Anschluss von Kraftwerken an das Übertragungsnetz verweigerte. Gerade für Newcomer auf dem Erzeugungsmarkt bestand daher keine Möglichkeit, sich gegenüber den vier ehemals voll integrierten Verbundunternehmen, die in Deutschland gegenwärtig über 80 % des Stroms produzieren, durchzusetzen.[1326] Als Begründung wurde vorgetragen, dass der von den geplanten Kraftwerken eingespeiste Strom in späteren Jahren nicht mehr in vollem Umfang abtransportiert werden könne. Hintergrund seien Netzengpässe im Übertragungsnetz, die aufgrund zahlreicher gegenwärtiger Kraftwerksprojekte drohten.[1327] Diese Meinung teilten die Kraftwerksinvestoren nicht. Sie verwiesen auf die vom Gesetzgeber im EnWG statuierte strenge Trennung zwischen Netzanschluss und Netzzugang. Hiernach müsse der Netzanschluss unabhängig von Netzzugangsfragen, zu denen Netzengpässe gehören, gewährt und zumindest eine Anschlussreservierung ermöglicht werden. Aufgrund dieser divergierenden Rechtsansichten wurde die Bundesnetzagentur im Sommer 2006 um Vermittlung gebeten.[1328] Unter Heranziehung aller hervorgebrachten Positionen konnte ein weitgehendes Einvernehmen zwischen den Übertragungsnetzbetreibern und den

---

zu den Eckpunkten des damaligen Atomausstiegs *Schmidt-Preuß*, RdE 2008, 153 (154 f.).

1324 *Höppner*, ZNER 2008, 25 (25).

1325 Bundesnetzagentur, Aktuelle Kraftwerksprojekte in Deutschland und deren Implikationen für das Übertragungsnetz, Sachstandsbericht für den Beirat der Bundesnetzagentur, S. 9; *Lück*, in: Säcker (Hrsg.), Berliner Kommentar, Anh. § 17 EnWG, § 1 KraftNAV, Rn. 4; *Hartmann*, in: Danner/Theobald (Hrsg.), Energierecht, § 1 KraftNAV, Rn. 2.

1326 *De Wyl/Hartmann/Hilgenstock*, IR 2006, 199 (199); *Hartmann*, in: Danner/Theobald (Hrsg.), Energierecht, § 1 KraftNAV, Rn. 3; *von Petz*, in: Riedel/Zander (Hrsg.), Praxishandbuch Energiebeschaffung, Kap. 8.1.8.1, S. 3.

1327 So die RWE, in: Bundesnetzagentur, Aktuelle Kraftwerksprojekte in Deutschland und deren Implikationen für das Übertragungsnetz, Sachstandsbericht für den Beirat der Bundesnetzagentur, unter 3.1, S. 15.

1328 *Lück*, in: Säcker (Hrsg.), Berliner Kommentar, Anh. § 17 EnWG, § 1 KraftNAV, Rn. 15.

Kraftwerksinvestoren herbeigeführt werden.[1329] Das zuständige Bundesministerium für Wirtschaft und Technologie (BMWi) hat aus den Positionen erste Eckpunkte als Grundlage für die KraftNAV entwickelt. Die Verordnung trat schließlich mit zuvor erteilter Zustimmung des Bundesrats am 26.06.2007 in Kraft.[1330] Der Verordnung sind zwei Schutzrichtungen zu entnehmen.[1331] Zum einen soll das Verfahren für den Anschluss von Großkraftwerken transparenter und effizienter gestaltet werden.[1332] Ferner soll die Privilegierung bestimmter, vor allem bereits ernsthaft vorbereiteter Kraftwerksprojekte beim eigentlichen Netzzugang bei Engpässen im deutschen Übertragungsnetz geregelt werden.[1333] Das soll die für Kraftwerksprojekte immens wichtige Planungssicherheit im Hinblick auf den Netzzugang schaffen.[1334]

Am 28.10.2010 beschloss der Deutsche Bundestag mit schwarz-gelber Mehrheit die Laufzeitverlängerung der Atomkraftwerke in Deutschland. Die Betriebszeiten der vor 1980 gebauten sieben Anlagen wurden dabei um acht Jahre und die der zehn übrigen Atomkraftwerke um 14 Jahre verlängert. Der Bundespräsident unterzeichnete das Elfte Gesetz zur Änderung des Atomgesetzes am 8. Dezember 2010. Die Änderungen sind am 14.12.2010 in Kraft getreten.[1335] Bedingt durch diese Laufzeitverlängerung verloren die Kraftwerksinvestoren den Anreiz, in neue Projekte zu investieren, sodass viele Vorhaben zunächst auf Eis gelegt wurden. Jedoch entschied sich die Bundesregierung wenige Tage nach dem Beginn der Nuklearkatastrophe von Fukushima im März 2011 wiederum für einen deutlichen Wechsel ihrer Atompolitik.[1336] Nach einem dreimonatigen Atom-Moratorium stimmte der Bundestag am 30.06.2011 mit großer Mehrheit für den Atomausstieg und beschloss das Dreizehnte Gesetz zur Änderung des Atomgesetzes vom 31.07.2011, das am 06.08.2011 in Kraft trat.[1337] Nach § 7 Abs. 1a erlischt die Betriebsgenehmigung für acht Kernkraftwerke in Deutschland. Die Laufzeit der

---

1329 *Lück*, in: Säcker (Hrsg.), Berliner Kommentar, Anh. § 17 EnWG, § 1 KraftNAV, Rn. 15.

1330 Vgl. BGBl. I 2007, S. 1187.

1331 Vgl. *Höppner*, ZNER 2008, 25 (25).

1332 *Höppner*, ZNER 2008, 25 (25); *Hartmann*, in: Danner/Theobald (Hrsg.), Energierecht, § 1 KraftNAV, Rn. 6.

1333 *Höppner*, ZNER 2008, 25 (25); *de Wyl/Thole*, in: Schneider/Theobald (Hrsg.), Recht der Energiewirtschaft, § 16, Rn. 186.

1334 *Koenig/Kühling/Rasbach*, Energierecht, S. 71.

1335 BGBl. I 2010, S. 1814.

1336 Bundestags-Drucksache 17/6246.

1337 BGBl. I 2011, S. 1704.

übrigen neun Kraftwerke ist zeitlich gestaffelt, wobei die letzten Kernkraftwerke gemäß dieser Vorschrift im Jahr 2022 abgeschaltet werden.

Durch die erneute Abkehr von der Atomenergie wurde der Status im Hinblick auf den Bedarf neuer konventioneller fossilbefeuerter Kraftwerke, der vor der Laufzeitverlängerung im Jahr 2010 bestand, wiederhergestellt. Auch der Ausbau der erneuerbaren Energien schafft die Nachfrage nach konventionell erzeugtem Strom.[1338] Bedingt durch die Windenergieneubauvorhaben an der Nord- und Ostseeküste und dem bisher nicht ausreichend erfolgten Ausbau des Übertragungsnetzes kann der an den Küsten erzeugte Strom nicht in vollem Umfang in die Lastzentren Süd- und Südwestdeutschlands transportiert werden.[1339] Demzufolge müssen neue Kraftwerke vor allem in Süd- und Südwestdeutschland gebaut werden. Ferner sind Bayern und Baden-Württemberg industrielle Zentren, die bisher überdurchschnittlich auf Atomstrom angewiesen sind.[1340]

Auch die Dena (Deutsche-Energie-Agentur) sieht in ihrer aktuellen Studie einen Bedarf an konventionell befeuerten Erzeugungsanlagen. Zwar prognostiziert sie, dass die erneuerbaren Energien 2050 über 80 % des Stroms liefern werden, jedoch müssten die restlichen 20 % nach dem berechneten Szenario durch konventionelle Kraftwerke bereitgestellt werden. Da bis 2050 neben den Atomkraftwerken (schon bis 2022) auch die meisten derzeit noch aktiven Kohle-, Gas- und Ölkraftwerke stillgelegt sein werden, werden neue fossile Kraftwerke mit einer Leistung von insgesamt 49 Gigawatt bis 2020, spätestens bis 2030, benötigt.[1341]

b) Ermächtigungsgrundlage

Bei der KraftNAV handelt es sich um eine Rechtsverordnung. Sie benötigt gemäß Art. 80 Abs. 1 S. 1 GG eine Ermächtigung in einem formellen Gesetz.[1342] Ferner

1338 Deutsche Energie Agentur (Dena), Integration der erneuerbaren Energien in den deutsch-europäischen Strommarkt, S. 17.

1339 Bundesnetzagentur, Aktuelle Kraftwerksprojekte in Deutschland und deren Implikationen für das Übertragungsnetz, Sachstandsbericht für den Beirat der Bundesnetzagentur, unter 2.2, S. 9.

1340 Deutsche Energie Agentur (Dena), Integration der erneuerbaren Energien in den deutsch-europäischen Strommarkt, S. 21.

1341 Deutsche Energie Agentur (Dena), Integration der erneuerbaren Energien in den deutsch-europäischen Strommarkt, unter 4.4.1, S. 77, sowie 4.5.1, S. 91.

1342 *Detterbeck*, Allgemeines Verwaltungsrecht, § 12, Rn. 826.

muss die Verordnung die Rechtsgrundlage, d. h. das ermächtigende nationale Gesetz, angeben. Das folgt aus dem Zitiergebot in Art. 80 Abs. 1 S. 3 GG.[1343]

Gemäß der Eingangsformel beruht die KraftNAV auf § 17 Abs. 3 S. 1 EnWG in Verbindung mit Satz 2. Satz 1 dieser Vorschrift ermächtigt die Bundesregierung, in einer Rechtsverordnung Vorschriften über die technischen und wirtschaftlichen Bedingungen für einen Netzanschluss nach § 17 Abs. 1 EnWG oder Methoden für die Bestimmung dieser Bedingungen zu erlassen (§ 17 Abs. 3 Nr. 1 EnWG). Die möglichen Inhalte der Rechtsverordnung werden in § 17 Abs. 3 S. 2 EnWG beispielhaft konkretisiert. Danach können unter angemessener Berücksichtigung der Interessen der Betreiber von Energieversorgungsnetzen und der Anschlussnehmer insbesondere Vertragsbedingungen einheitlich festgesetzt (§ 17 Abs. 3 S. 2 Nr. 1 EnWG) sowie Regelungen über den Vertragsschluss, den Gegenstand und die Beendigung von Verträgen getroffen werden (§ 17 Abs. 3 S. 2 Nr. 2 EnWG). Nach § 17 Abs. 3 S. 2 Nr. 3 kann geregelt werden, in welchem Umfang und zu welchen Bedingungen ein Netzanschluss gemäß § 17 Abs. 2 EnWG zumutbar ist.[1344]

Die KraftNAV schafft Vorgaben für ein bundeseinheitliches Verfahren zum Netzanschluss mit festen Fristen, Verantwortlichkeiten und wesentlichen Vertragsbestimmungen (§§ 3 und 4 KraftNAV), die weitgehende Verpflichtung des Netzbetreibers zur Transparenz (§§ 3, 5, 9 KraftNAV) sowie die erforderliche Klarstellung, wann eine Verweigerung des Netzanschlusses möglich ist, wie die Herstellung des Netzanschlusses zu erfolgen hat und wer die Kosten trägt (§§ 6, 8 KraftNAV).[1345] Daraus ergibt sich, dass die KraftNAV insoweit von der zitierten Ermächtigungsgrundlage in § 17 gedeckt ist. Für die Netzzugangsregelungen, die in § 7 der Verordnung getroffen werden, liegt die Ermächtigungsgrundlage in § 24 S. 1 Nr. 1 in Verbindung mit Satz 2 Nr. 3. Ergänzt wird die Verordnung durch die in § 10 KraftNAV gewährte Kompetenz zu Festlegungen im Sinne von § 29 Abs. 1 EnWG.[1346] Die Ermächtigungsgrundlage folgt aus § 29 Abs. 3 EnWG. Auch diese ist in der Eingangsformel der KraftNAV zitiert.

Schlussendlich bleibt noch zu klären, auf welcher Ermächtigungsgrundlage die verordneten Zusammenarbeitspflichten der Netzbetreiber in § 3 Abs. 3 S. 2 und § 4 Abs. 2 S. 1 KraftNAV beruhen. Eine solche könnte sich aus § 24 S. 2 Nr. 1

1343 *Maurer*, Allgemeines Verwaltungsrecht, § 13, Rn. 12.

1344 Siehe hierzu *Bourwieg*, in: Britz/Hellermann/Hermes (Hrsg.), Energiewirtschaftsgesetz, § 17 EnWG, Rn. 48 f; *Stappert/Johannsen*, in: Rosin/Pohlmann/Gentzsch/Metzenthin/Böwing (Hrsg.), Praxiskommentar zum Energiewirtschaftsgesetz, § 17 EnWG, Rn. 116.

1345 *Hartmann*, in: Danner/Theobald (Hrsg.), Energierecht, § 1 KraftNAV, Rn. 6.

1346 *Wolf*, in: Säcker (Hrsg.), Handbuch zum deutsch-russischen Energierecht, Kap. 5, Rn. 42.

EnWG ergeben. Die Vorschrift ermächtigt den Verordnungsgeber durch Rechtsverordnung, die Netzbetreiber zur Zusammenarbeit zwecks Harmonisierung ihrer Netzzugangsbedingungen zu verpflichten.[1347] Hartmann sieht diese Ermächtigungsgrundlage als einschlägig an, ohne dass diese Ermächtigung ausdrücklich in der Eingangsformel der Verordnung genannt ist.[1348] Hieraus folgt ein Verstoß gegen das Zitiergebot, der nach Hartmann zur partiellen Nichtigkeit der Vorschrift führt. Seiner Ansicht nach habe dies keine praktischen Auswirkungen, da die Zusammenarbeitspflichten bereits unmittelbar auch ohne wirksame Regelung auf der Verordnungsebene aus den allgemeinen Netzbetreiberpflichten nach dem EnWG (§ 11 Abs. 1 und § 12 Abs. 2 EnWG) ableitbar seien.[1349]

Dieser Ansicht ist jedoch nicht zu folgen. Die KraftNAV zitiert in der Eingangsformel neben § 24 S. 1 Nr. 1und S. 2 Nr. 3 EnWG noch § 24 S. 2 Nr. 2 und S. 3 EnWG. Diese regeln, dass durch Rechtsverordnung nach Satz 1 der Vorschrift die Rechte und Pflichten der Beteiligten, insbesondere die Zusammenarbeit der Betreiber von Energieversorgungsnetzen, einschließlich des Austauschs der erforderlichen Daten und der für den Netzzugang erforderlichen Informationen, einheitlich festgelegt werden können. Die Zusammenarbeitspflicht der Netzbetreiber nach Nr. 2 hat einen anderen Schwerpunkt als die Zusammenarbeitspflicht zwecks Harmonisierung nach Nr. 1. Bei Nr. 2 geht es vor allem um die zur Abwicklung des Netzzugangs erforderliche praktische Zusammenarbeit der Netzbetreiber.[1350] Mit anderen Worten bedeutet dies, dass Nr. 1 ein allgemeines Gebot der Zusammenarbeit der Netzbetreiber statuiert, während Nr. 2 eine Zusammenarbeit für besondere Fälle wie z. B. den Austausch für den Netzzugang erforderlicher Daten bestimmt. § 3 Abs. 3 S. 2 KraftNAV regelt, dass, soweit erforderlich, die Betreiber anderer betroffener Energieversorgungsnetze bei den notwendigen Prüfungen zur Leitungskapazität mitwirken sollen. Das trägt dem Umstand Rechnung, dass Lastflussberechnungen nur dann möglich sind, wenn auch die Netzdaten und Lastflüsse angrenzender Regelzonen bekannt sind.[1351] Bei § 4 Abs. 2 S. 1 KraftNAV geht es um die Zusammenarbeitspflicht mit dem Ziel einer zügigen Vorbereitung

---

1347 *Britz*, in: Britz/Hellermann/Hermes (Hrsg.), Energiewirtschaftsgesetz, § 24 EnWG, Rn. 20.

1348 *Hartmann*, in: Danner/Theobald (Hrsg.), Energierecht, § 1 KraftNAV, Rn. 7.

1349 *Hartmann*, in: Danner/Theobald (Hrsg.), Energierecht, § 1 KraftNAV, Rn. 7.

1350 *Britz*, in: Britz/Hellermann/Hermes (Hrsg.), Energiewirtschaftsgesetz, § 24 EnWG, Rn. 21; *Bruhn*, in: Säcker (Hrsg.), Berliner Kommentar, § 24 EnWG, Rn. 16.

1351 *Lück*, in: Säcker (Hrsg.), Berliner Kommentar, Anh. § 17 EnWG, § 3 KraftNAV, Rn.7.

des Netzanschlussvertrags.[1352] Beide Vorschriften statuieren somit kein allgemeines Gebot der Zusammenarbeit, sondern fordern nur in bestimmten Stellen des Anschlussverfahrens,[1353] beispielsweise zur optimalen Lastflussberechnung, eine besondere Mitwirkungspflicht der Netzbetreiber untereinander. Somit ist § 24 S. 2 Nr. 2 EnWG die einschlägige Ermächtigungsgrundlage. Diese ist auch in der Eingangsformel ordnungsgemäß zitiert, sodass ein Verstoß gegen Art. 80 Abs. 1 S. 3 GG hier nicht in Betracht kommt.

c) Vereinbarkeit der KraftNAV mit den europäischen Vorgaben

Die KraftNAV dient zum einen der Umsetzung der EU-Richtlinie 2005/89/EG über Maßnahmen zur Gewährleistung der Sicherheit der Elektrizitätsversorgung und von Infrastrukturinvestitionen.[1354] Nach Art. 3 Abs. 1 der Richtlinie sollen die Mitgliedstaaten eine hohe Sicherheit der Elektrizitätsversorgung gewährleisten, indem sie die zur Förderung eines stabilen Investitionsklimas erforderlichen Maßnahmen ergreifen. Zu den Maßnahmen gehört nach Abs. 2 lit. f) der Richtlinie insbesondere die Sicherstellung einer ausreichenden Erzeugungskapazität für einen stabilen Betrieb der Energieversorgungsnetze. Die Adressaten der Verpflichtung sind dabei Betreiber von Übertragungs- und Verteilernetzen, die Elektrizitätserzeuger und die Versorgungsunternehmen. Bei der Durchführung der Maßnahmen wird den Mitgliedstaaten nach Abs. 3 des Art. 3 der Richtlinie empfohlen, administrative Hürden für Investitionen in die Erzeugungskapazität zu beseitigen. Diesen Anforderungen wird die KraftNAV gerecht.[1355] Das Verfahren für den Anschluss von Großkraftwerken ist nach der KraftNAV transparenter und effizienter als bisher. Hierzu hat der nationale Verordnungsgeber ein bundeseinheitliches Verfahren zum Netzanschluss mit festen Fristen und Verantwortlichkeiten (§§ 3, 4 KraftNAV), der weitgehenden Verpflichtung des Netzbetreibers zur Transparenz (§§ 3, 5, 9 KraftNAV) sowie der erforderlichen Klarstellung, wann eine Verweigerung des Netzanschlusses möglich ist, wie die Herstellung des Netzanschlusses zu erfolgen hat und wer die Kosten trägt (§§ 6, 8 KraftNAV), geschaffen.[1356]

1352 *Wolf*, in: Säcker (Hrsg.), Handbuch zum deutsch-russischen Energierecht, Kap. 5, Rn. 47.

1353 Zum Netzanschlussverfahren nach der KraftNAV siehe im Folgenden unter 3. b) aa).

1354 *Lück*, in: Säcker (Hrsg.), Berliner Kommentar, Anh. § 17 EnWG, § 6 KraftNAV, Rn. 11.

1355 So auch *Wolf*, in: Säcker (Hrsg.), Handbuch zum deutsch-russischen Energierecht, Kap. 5, Rn. 41.

1356 *Hartmann*, in: Danner/Theobald (Hrsg.), Energierecht, § 1 KraftNAV, Rn. 6.

Sofern die Privilegierung bestimmter Kraftwerksprojekte beim eigentlichen Netzzugang bei Engpässen im deutschen Übertragungsnetz geregelt wird (vgl. § 7 KraftNAV), ist diese Regelung an der EltRL 2009/72/EG zu messen.[1357] Die Mitgliedstaaten müssen nach Art. 32 Abs. 1 der Richtlinie ein auf objektiven Kriterien basierendes, diskriminierungsfrei angewandtes System des Zugangs Dritter zum Übertragungsnetz gewährleisten. § 7 KraftNAV regelt, dass bestimmten Erzeugungsanlagen (sogenannte Neuanlagen im Sinne des § 7 Abs. 2 KraftNAV) im Falle eines Engpasses ein bevorzugter Netzzugang einzuräumen ist.[1358] Eine solche Regelung könnte einer Diskriminierung gleichkommen und daher gegen Art. 32 EltRL 200/72/EG verstoßen.[1359] Zu beachten ist jedoch, dass nicht jede Ungleichbehandlung diskriminierend und rechtswidrig ist. Entscheidend ist, ob ein sachlicher Grund als Differenzierungsmerkmal für die Ungleichbehandlung gefunden werden kann.[1360] Hier lässt sich das sachlich rechtfertigende Unterscheidungsmerkmal zwischen Alt- und Neuanlagen anführen,[1361] das der deutsche Gesetzgeber im Rahmen seiner Einschätzungsprärogative bei der Richtlinienumsetzung genutzt hat.[1362]

2. Begriffsbestimmungen der KraftNAV

Die KraftNAV trifft mehrere Begriffsbestimmungen. Die wichtigsten sind die des Anschlussnehmers, des Netzanschlusses, des Netzbetreibers sowie die der Erzeugungsanlage im Sinne der KraftNAV.

a) Erzeugungsanlage im Sinne der KraftNAV

Unter einer Erzeugungsanlage im Sinne der KraftNAV wird nach § 1 Abs. 1 KraftNAV eine Anlage zur Erzeugung elektrischer Energie mit einer Nennleistung ab 100 MW verstanden.[1363] Als Nennleistung wird die maximale Leistung einer

---

1357 *De Wyl/Thole*, in: Schneider/Theobald (Hrsg.), Recht der Energiewirtschaft, § 16, Rn. 196.

1358 Siehe hierzu im Folgenden unter 3. b) (4).

1359 VDEW (heute BDEW), Pressemitteilung v. 24.4.2007 zum Entwurf der Kraftwerksanschlussverordnung v. 24.04.2007.

1360 *Hartmann*, in: Danner/Theobald (Hrsg.), Energierecht, § 7 KraftNAV, Rn. 47.

1361 So auch *de Wyl/ Thole*, in: Schneider/Theobald, Energiewirtschaft, § 16, Rn. 196; siehe hierzu im Folgenden unter 3. b) (4) (cc).

1362 *Ruffert*, in: Calliess/Ruffert (Hrsg.), EUV/AEUV, Art. 288 AEUV, Rn. 26 f.

1363 Zum Anwendungsbereich der Verordnung *Koenig/Kühling/Rasbach*, Energierecht, S. 71; *Wolf*, in: Säcker (Hrsg.), Handbuch zum deutsch-russischen Energierecht,

Anlage bezeichnet, die diese generieren kann.[1364] Sind in einer Erzeugungsanlage mehrere Generatoren vorhanden, so sind die Nennleistungen der einzelnen Generatoren zu addieren, es sei denn, die Generatoren verfügen jeweils über einen eigenen Netzanschluss. Dann ist auf die jeweilige Nennleistung des über einen eigenen Anschluss verfügenden Generators abzustellen.[1365] Mit der Nennleistung im Sinn der KraftNAV ist die Bruttoleistung gemeint, d. h. die Nettoleistung, auch Einspeiseleistung genannt, zuzüglich des Eigenbedarfs.[1366]

Die Grenze von 100 MW wurde gewählt, da alle Anlagen ab 100 MW verpflichtet sind, Primärregelleistungen zu erbringen.[1367] Daher tragen Kraftwerke in dieser Größenordnung maßgeblich zur Aufrechterhaltung der Versorgungssicherheit bei.[1368] Für die Leistungsgrenze spricht ferner auch der in § 50 Nr. 1 EnWG festgelegte Wert von ebenfalls 100 MW. Hiernach sind Kraftwerke ab 100 MW durch Rechtsverordnung zu verpflichten, ständig die Mengen an Mineralöl, Kohle, sonstigen fossilen Brennstoffen oder Gas aus Flüssiggas als Vorrat zu halten, die erforderlich sind, um 30 Tage ihrer Verpflichtung zur Erzeugung von Elektrizität nachzukommen.[1369] Ein weiterer Grund dürfte in der politischen Bestrebung gelegen haben, nur Großkraftwerken den Vorrang nach § 7 KraftNAV zu gewähren. Nach § 7 KraftNAV haben die in den Anwendungsbereich der KraftNAV fallenden Erzeugungsanlagen einen Anspruch auf bevorzugten Netzzugang im Falle eines Engpasses. Betreiber kleinerer Kraftwerke unter 100 MW haben in der Regel eine größere Auswahl bezüglich ihres Standorts. Von ihnen kann daher eher verlangt werden, bei ihrer Standortwahl auch die jeweiligen Kapazitätsverhältnisse im Netz zu berücksichtigen und sich nicht in einem besonders stark beanspruchten Teil des Netzes anschließen zu lassen.[1370]

Kap. 5, Rn. 43; *Hartmann*, in: Danner/Theobald (Hrsg.), Energierecht, § 1 KraftNAV, Rn. 8.

1364 *Rosin/Heinlein*, RdE 2005, 29 (36).

1365 *Hartmann*, in: Danner/Theobald (Hrsg.), Energierecht, § 1 KraftNAV, Rn. 9.

1366 Zum Begriff der Nennleistung vgl. *Konstantin*, Praxisbuch Energiewirtschaft, Kap. 7, S. 272; *Stappert*, in: Stuhlmacher/Stappert/Schoon/Jansen (Hrsg.), Grundriss zum Energierecht, Teil 2, Kap. 2, E., Rn. 7; stellen entgegen des Wortlauts auf die Nettoleistung ab vgl. *Hartmann*, in: Danner/Theobald (Hrsg.), Energierecht, § 1 KraftNAV, Rn. 9; *von Petz*, in: Riedel/Zander (Hrsg.), Praxishandbuch Energiebeschaffung, Kap. 8.1.8.1, S. 7.

1367 Bundesrats-Drucksache 283/07, S. 16.

1368 *Lück*, in: Säcker (Hrsg.), Berliner Kommentar, Anh. § 17 EnWG, § 1 KraftNAV, Rn. 25.

1369 Vgl. hierzu *Bourwieg*, in: Britz/Hellermann/Hermes (Hrsg.), Energiewirtschaftsgesetz, § 50 EnWG, Rn. 4.

1370 *Höppner*, ZNER 2006, 25 (26).

b) Anschlussnehmer

Anschlussnehmer ist nach § 2 Nr. 1 KraftNAV derjenige, der als Projektentwicklungsträger, Errichter oder Betreiber die Herstellung des Anschlusses an ein Elektrizitätsversorgungsnetz begehrt. Der Verordnungsgeber geht dabei davon aus, dass Anschlussnehmer und -nutzer zusammenfallen. Grundsätzlich ist jedoch zu differenzieren. Anschlussnehmer ist derjenige, in dessen Auftrag eine Energieerzeugungsanlage an das Netz angeschlossen wird. Das dürfte der Eigentümer des Grundstücks oder der Erzeugungsanlage sein, die an das Niederspannungsnetz angeschlossen wird. Anschlussnutzer ist derjenige, der im Rahmen eines Anschlussnutzungsverhältnisses einen Anschluss an das Netz zur Einspeisung von Elektrizität nutzt.[1371] Diese Differenzierung geht auf die NAV zurück.[1372] Es wäre somit wünschenswert gewesen, dass der Verordnungsgeber sich an der Definition des § 1 Abs. 2 NAV orientiert hätte.[1373]

c) Netzanschluss

Der Netzanschluss nach der KraftNAV umfasst nach § 2 Nr. 2 KraftNAV die Herstellung der elektrischen Leitung, die die Erzeugungsanlage und den Anschlusspunkt verbindet, und deren Verknüpfung mit dem Anschlusspunkt.

Eine Definition des Anschlusspunkts, den die KraftNAV verwendet, enthält die Verordnung nicht. Möglicherweise könnte auf das EEG zurückgegriffen werden.[1374] Das EEG verwendet nur den Begriff des Verknüpfungspunkts. Hierunter wird nach § 5 Abs. 1 S. 1 EEG die Stelle des Netzes verstanden, an die die Erzeugungsanlage anzuschließen ist. Der Verknüpfungspunkt ist also die gedachte Schnittstelle zwischen Anlagenanschluss und Netz.[1375] Diese Definition eignet sich ebenfalls für die KraftNAV, da auch der Verordnungsgeber der KraftNAV unter einer Verknüpfung die Verbindung der Leitung mit dem Anschlusspunkt versteht und demnach von dem Verknüpfungspunkt gesprochen werden kann.

1371 Siehe oben III. 2. b) aa) und bb).

1372 Siehe oben B. I. 3. a) bb).

1373 So auch der Bundesverband Neuer Energieanbieter (BNE) in seiner Stellungnahme zum Entwurf der Kraftwerksnetzanschlussverordnung, S. 1; *Hartmann*, in: Danner/Theobald (Hrsg.), Energierecht, § 2 KraftNAV, Rn. 4.

1374 So auch *von Petz*, in: Riedel/Zander (Hrsg.), Praxishandbuch Energiebeschaffung, Kap. 8.1.8.1, S. 3.

1375 *Altrock*, in: Altrock/Oschmann/Theobald (Hrsg.), Erneuerbare-Energien-Gesetz, § 5 EEG, Rn. 50; *Cosack*, in: Frenz/Müggenborg (Hrsg.), Erneuerbare-Energien-Gesetz, § 5 EEG, Rn. 7.

Abb. 27: Netzanschluss im Sinne der KraftNAV:

1) Herstellung der elektrischen Leitung, die Kraftwerk und Anschlusspunkt verbindet	2) Verknüpfung der Leitung mit dem Anschlusspunkt

Eigene Darstellung, 2013

Anschluss- und Verknüpfungspunkt lassen sich somit als Synonyme verwenden. Dennoch wäre es wünschenswert gewesen, für das EEG und die KraftNAV einen einheitlichen Begriff zu wählen.

Als technisch tauglicher Anschlusspunkt kommt grundsätzlich jeder Punkt im Netz in Betracht, an dem die Einspeisung erzeugten Stroms denkbar ist.[1376] Der Netzanschluss findet regelmäßig in einem Umspannwerk des Netzbetreibers statt. Wird der Netzanschluss im Umspannwerk vorgenommen, so wird der Industriekunde unmittelbar bzw. über Leitungen mit der unterspannungsseitigen Sammelschiene verbunden.[1377] Möglich ist aber auch, dass der Anschlussnehmer die Neuerrichtung eines bislang nicht vorhandenen Anschlusspunkts begehrt, beispielsweise die Errichtung einer eigenen Umspannstation, auch Übergabestation genannt.[1378]

d) Netzbetreiber

Unter Netzbetreibern versteht die KraftNAV nach § 2 Nr. 3 Betreiber von Elektrizitätsversorgungsnetzen mit einer Spannung von mindestens 110 kV. Bei Elektrizitätsversorgungsnetzen von mindestens 110 kV handelt es sich um Hoch- oder Höchstspannungsnetze.[1379]

Kraftwerke werden typischerweise an Leitungen der Spannungsebene von 110 kV oder darüber angeschlossen, daher steht dies in konsequentem Bezug zur Mindestleistung von 100 MW.[1380] Im Verordnungsgebungsverfahren wurde debattiert, ob es nicht ausreiche, nur die vier Übertragungsnetzbetreiber zu den netzseitigen Normadressaten zu benennen. Da es aber auch Kraftwerke mit einer Nennleistung von über 100 MW gibt, die an ein Verteilernetz angeschlossen sind, hätte eine Abgrenzung nach der Zugehörigkeit zum Netz eines Übertragungsnetzbetreibers eine unnötige Ungleichbehandlung zwischen gleichartigen

1376 *Lück*, in: Säcker (Hrsg.), Berliner Kommentar, Anh. § 17 EnWG, § 6 KraftNAV, Rn. 11.
1377 *Hartmann*, in: Danner/Theobald (Hrsg.), Energierecht, § 17 EnWG, Rn. 35.
1378 *Lück*, in: Säcker (Hrsg.), Berliner Kommentar, Anh. § 17 EnWG, § 6 KraftNAV, Rn. 11.
1379 Siehe oben B. I 1. c).
1380 *Lück*, in: Säcker (Hrsg.), Berliner Kommentar, Anh. § 17 EnWG, § 6 KraftNAV, Rn. 26.

Kraftwerken und eine unerwünschte Einschränkung in der Wirksamkeit dieser Verordnung für Versorgungssicherheit und Wettbewerb mit sich gebracht.[1381] Die Grenze von 110 kV, egal, ob Verteilernetz oder Übertragungsnetz, erscheint daher als sachgerecht.[1382]

3. Der Netzanschluss nach der KraftNAV

a) Vorrangiger Anspruch auf Anschluss aus dem EEG und KWKG

Für dem EEG oder dem KWKG unterfallende Anlagen ist der Netzanschluss in den jeweiligen Gesetzen spezialgesetzlich geregelt.[1383] § 1 Abs. 2 S. 2 KraftNAV bestimmt, dass die Vorschriften des EEG sowie des KWKG unberührt bleiben.

Um eine Abgrenzung zu Anlagen, die in den Anwendungsbereich des EEG fallen, vornehmen zu können, bedarf es eines Blicks auf den § 2 Nr. 1 EEG. Hiernach regelt das EEG den Anschluss von Anlagen zur Erzeugung von Strom aus erneuerbaren Energien und aus Grubengas an das allgemeine Versorgungsnetz. Eine Anlage im Sinne des EEG ist nach § 3 Nr. 1 des Gesetzes jede Einrichtung zur Erzeugung von Strom aus erneuerbaren Energien oder aus Grubengas.[1384] Was unter dem Begriff der erneuerbaren Energien zu verstehen ist, bestimmt § 3 Nr. 3 EEG. Hierunter wird Wasserkraft einschließlich der Wellen-, Gezeiten-, Salzgradienten- und Strömungsenergie, Windenergie, solare Strahlungsenergie, Geothermie, Energie aus Biomasse einschließlich Biogas, Biomethan, Deponiegas und Klärgas sowie aus dem biologisch abbaubaren Anteil von Abfällen aus Haushalten und Industrie verstanden. Handelt es sich um eine Anlage, die aus den genannten Stoffen Strom erzeugt, so ist der Anwendungsbereich des EEG eröffnet.[1385] Folge ist, dass die Netzbetreiber verpflichtet sind, dem Gesetz unterfallende Anlagen unverzüglich vorrangig an ihr Netz anzuschließen und den durch diese Erzeuger eingespeisten Strom vorrangig abzunehmen (vgl. § 5 Abs. 1 sowie § 8 Abs. 1

1381 *Lück*, in: Säcker (Hrsg.), Berliner Kommentar, Anh. § 17 EnWG, § 6 KraftNAV, Rn. 26; Bundesrats-Drucksache 283/07, S. 16.

1382 Im Ergebnis so auch *Hartmann*, in: Danner/Theobald (Hrsg.), Energierecht, § 1 KraftNAV, Rn. 10; *de Wyl/Thole*, in: Schneider/Theobald (Hrsg.), Recht der Energiewirtschaft, § 16, Rn. 186.

1383 *Hartmann*, in: Danner/Theobald (Hrsg.), Energierecht, § 1 KraftNAV, Rn. 11.

1384 Hierzu *Ekardt/Henning*, in: Frenz/Müggenborg (Hrsg.), Erneuerbare-Energien-Gesetz, § 3 EEG, Rn. 2.

1385 *Oschmann*, in: Altrock/Oschmann/Theobald (Hrsg.), Erneuerbare-Energien-Gesetz, § 3 EEG, Rn. 12.

EEG). Diese vorrangige Anschluss- und Abnahmemöglichkeit gilt auch gegenüber Anlagen, die in den Anwendungsbereich der KraftNAV fallen.[1386] Das hat zur Folge, dass im Falle eines Engpasses EEG Anlagen gegenüber Kraftwerken, obwohl diese unter Umständen selbst nach § 7 KraftNAV privilegiert sind, vorrangig einspeisen dürfen.[1387]

Anlagen, die in den Anwendungsbereich des KWKG fallen, sind nach § 3 Abs. 2 KWKG Dampfturbinen-Anlagen, Gasturbinen-Anlagen, Verbrennungsmotoranlagen, Stirling-Motoren, Dampfmotoren-Anlagen, OCR-Anlagen sowie Brennstoffzellenanlagen.[1388] Voraussetzung ist, dass die Anlagen gemäß § 3 Nr. 2 2. HS KWKG sowohl Strom als auch Nutzwärme erzeugen. Nutzwärme ist nach § 3 Abs. 6 KWKG die aus einem KWK-Prozess ausgekoppelte Wärme, die außerhalb der KWK-Anlage für die Raumheizung, die Warmwasserbereitung, die Kälteerzeugung oder als Prozesswärme verwendet wird. Auch für Anlagen nach dem KWKG gilt die vorrangige Anschluss- und Abnahmeverpflichtung der Netzbetreiber gegenüber Kraftwerken nach der KraftNAV.[1389]

b) § 17 EnWG i. V. m. der KraftNAV

Der Anspruch auf Netzanschluss von Kraftwerken, die in den Anwendungsbereich der KraftNAV fallen, ergibt sich genau wie der Anspruch von Letztverbrauchern, gleich- oder nachgelagerten Elektrizitätsversorgungsnetzen, Elektrizitätsleitungen sowie Erzeugungsanlagen und Anlagen zur Speicherung elektrischer Energie aus § 17 Abs. 1 EnWG.[1390] Spezifiziert wird dieser Anspruch durch die im Folgenden näher zu untersuchenden Bestimmungen der KraftNAV.[1391] Eine vollständige Verdrängung des § 17 EnWG folgt aus den Vorschriften der KraftNAV daher nicht.[1392] Vielmehr gilt der allgemeine Inhalt des Netzanschlussanspruchs auch für den Anschluss von Kraftwerken, soweit durch die KraftNAV keine Konkretisierung

---

1386 *Lück*, in: Säcker (Hrsg.), Berliner Kommentar, Anh. § 17 EnWG, § 1 KraftNAV, Rn. 28.

1387 *Lück*, in: Säcker (Hrsg.), Berliner Kommentar, Anh. § 17 EnWG, § 1 KraftNAV, Rn. 28.

1388 *Schultz*, in: Danner/Theobald (Hrsg.), KWKG, § 2, Rn. 1; *Topp*, in: Säcker (Hrsg.), Berliner Kommentar, § 3 KWKModG, Rn.16.

1389 *Lück*, in: Säcker (Hrsg.), Berliner Kommentar, Anh. § 17 EnWG, § 1 KraftNAV, Rn. 28.

1390 *De Wyl/Thole*, in: Schneider/Theobald (Hrsg.), Recht der Energiewirtschaft, § 16, Rn. 185; *Koenig/Kühling/Rasbach*, Energierecht, S. 71; *Stappert/Johannsen*, in: Rosin/Pohlmann/Gentzsch/Metzenthin/Böwing (Hrsg.), Praxiskommentar zum Energiewirtschaftsgesetz, § 17 EnWG, Rn. 89, 116.

1391 *Brunner*, Wettbewerb im Stromnetz, Kap. 3, S. 327.

1392 *Koenig/Kühling/Rasbach*, Energierecht, S. 71.

erfolgt.[1393] § 17 Abs. 1 EnWG ist somit die Ausgangnorm auch für den Netzanschlussanspruch nach der KraftNAV. § 6 KraftNAV („Netzanschluss“) vermittelt keinen eigenen Netzanschlussanspruch, wie es beispielsweise bei § 5 EEG der Fall ist, sondern spezifiziert dabei nur § 17 Abs. 2 EnWG, was bereits dem Wortlaut der Vorschrift zu entnehmen ist.[1394]

aa) Überblick über das Anschlussverfahren nach der KraftNAV

(1) Überblick

Die §§ 3 bis 5 KraftNAV regeln das formelle Verfahren für einen Netzanschluss von Kraftwerken nach der KraftNAV und konkretisieren § 17 Abs. 1 EnWG diesbezüglich.[1395] Ziel des Verfahrens ist es, dass unter Berücksichtigung der Maximalfristen ein Netzanschlussvertrag innerhalb von maximal 20 Monaten zustande kommt und ein sogenannter „Realisierungsfahrplan“ vereinbart wird.[1396]

Ausgangspunkt für ein „Netzanschlussverfahren“ nach § 17 Abs. 1 EnWG i. V. m. der KraftNAV ist ein Netzanschlussbegehren des (künftigen) Kraftwerksbetreibers an den jeweiligen Netzbetreiber, in dessen Netzgebiet das Kraftwerk errichtet werden soll (§ 3 Abs. 2 S. 1 1. HS KraftNAV).[1397] Hierzu hat der Netzbetreiber nach § 3 Abs. 1 KraftNAV auf seiner Internetseite Informationen zu publizieren, die dem Anschlussnehmer ein Netzanschlussbegehren ermöglichen. Auf das Netzanschlussbegehren hin hat der Netzbetreiber innerhalb einer Frist von zwei Wochen dem Anschlusspetenten mitzuteilen, welche Prüfungen zur Vorbereitung einer Entscheidung über das Netzanschlussbegehren notwendig sind und welche Kosten durch die Prüfung anfallen werden (§ 3 Abs. 2 S. 1 2. HS KraftNAV).

Nachdem der Anschlussnehmer 25 % der prognostizierten Kosten als Vorschuss an den Netzbetreiber gezahlt hat, ist der Netzbetreiber nach § 3 Abs. 3 S. 1 KraftNAV verpflichtet, Prüfungen, insbesondere zu Anschlusspunkt, Anschlussleitung sowie Lastflüssen und sonstigen Wirkungen auf das Netz, durchzuführen.[1398] Durch die Verpflichtung des Anschlussnehmers zur Zahlung eines Vorschusses

---

1393 *Koenig/Kühling/Rasbach*, Energierecht, S. 71.

1394 *Wolf*, in: Säcker (Hrsg.), Handbuch zum deutsch-russischen Energierecht, Kap. 5, Rn. 50; siehe hierzu im Folgenden unter bb) (3).

1395 *Koenig/Kühling/Rasbach*, Energierecht, S. 71.

1396 *Hartmann*, in: Danner/Theobald (Hrsg.), Energierecht, § 3 KraftNAV, Rn. 8.

1397 *De Wyl/Thole*, in: Schneider/Theobald (Hrsg.), Recht der Energiewirtschaft, § 16, Rn. 188; *de Wyl/Hartmann/von Petz*, ZNER 2007, 132 (133).

1398 *De Wyl/Thole*, in: Schneider/Theobald (Hrsg.), Recht der Energiewirtschaft, § 16, Rn. 189; *de Wyl/Hartmann/von Petz*, ZNER 2007, 132 (133).

soll sich der Netzbetreiber absichern können, nur solche Prüfungen durchzuführen, bei denen auf Anschlussnehmerseite ein ernsthaftes Realisierungsinteresse besteht.[1399] Während der Prüfungen des Netzbetreibers ist der Anschlussnehmer über ihren Verlauf zu informieren (§ 3 Abs. 3 S. 4 KraftNAV). Das abschließende Prüfungsergebnis hat der Netzbetreiber dem Anschlusspetenten gemäß § 3 Abs. 3 S. 5 KraftNAV innerhalb einer Frist von maximal drei Monaten nach Eingang der Vorschusszahlung zu übermitteln.[1400]

Zusammen mit dem Prüfungsergebnis erteilt der Netzbetreiber dem Anschlusspetenten nach § 4 Abs. 1 S. 1 KraftNAV eine Anschlusszusage, die nach § 4 A bs.1 S. 4 KraftNAV erst wirksam wird, wenn der Anschlussnehmer eine Reservierungsgebühr zuzüglich der Kosten der Prüfung überwiesen hat.[1401] Die Reservierungsgebühr fällt in Höhe von 1000 Euro pro beantragter MW-Anschlussleistung an. Wird im weiteren Verlauf des Verfahrens der Netzanschluss tatsächlich realisiert, ist die Reservierungsgebühr vom Netzbetreiber auf seine Kostenersatzforderung für die Herstellung des Netzanschlusses anzurechnen.[1402]

Nach Zahlung der Reservierungsgebühr vereinbaren Anschlussnehmer und Netzbetreiber zur Vorbereitung des Netzanschlussvertrags einen sogenannten Verhandlungsplan.[1403] Ziel dieses Fahrplans ist der Abschluss des Netzanschlussvertrags innerhalb einer Frist von maximal 12 Monaten, § 4 Abs. 2 KraftNAV. Die wesentlichen Verhandlungsgegenstände sind in § 4 Abs. 4 KraftNAV vorgegeben. Da es um die Vorbereitung des Netzanschlussvertrags geht, entsprechen die Regelungsinhalte des Verhandlungsplans denen des künftigen Netzanschlussvertrags, § 4 Abs. 2 S. 4 KraftNAV.

Kommt eine Einigung über den Verhandlungsfahrplan nicht innerhalb von drei Monaten zustande, so ist nach § 4 Abs. 2 S. 6 KraftNAV der Anschlussnehmer verpflichtet, den Verhandlungsfahrplan unverzüglich einseitig aufzustellen. Durch diese Regelung soll sichergestellt werden, dass der Netzbetreiber das Kraftwerkserrichtungsprojekt in der Vorbereitungsphase des Netzanschlussvertrags nicht unnötig verzögern kann.[1404] § 4 Abs. 3 S. 2 KraftNAV untermauert diese Intention des Verordnungsgebers, indem sie feststellt, dass der Netzbetreiber im Rahmen

1399 Bundesrats-Drucksache 283/07, S. 17 f.
1400 Vgl. auch *de Wyl/Hartmann/von Petz*, ZNER 2007, 132 (133).
1401 Vgl. auch *de Wyl/Hartmann/von Petz*, ZNER 2007, 132 (133).
1402 Hierzu *Koenig/Kühling/Rasbach*, Energierecht, S. 72.
1403 *Lück*, in: Säcker (Hrsg.), Berliner Kommentar, Anh. § 17 EnWG, § 4 KraftNAV, Rn. 5.
1404 *De Wyl/Hartmann/von Petz*, ZNER 2007, 132 (133).

des Zumutbaren durch rechtzeitige eigene Vorleistungen zum zügigen Abschluss eines Netzanschlussvertrags beizutragen hat.

§ 4 Abs. 3 S. 1 Nr. 2 KraftNAV regelt ferner, dass die Reservierung des Netzanschlusspunkts verfällt, wenn ein Netzanschlussvertrag drei Monate nach dem im Verhandlungsplan vorgesehenen Zeitpunkt nicht zustande gekommen ist und keine der Parteien die Regulierungsbehörde in einem besonderen Missbrauchsverfahren gemäß § 31 EnWG eingeschaltet hat.[1405] In der Regel dürfte es Sache des Anschlussnehmers sein, notfalls die Regulierungsbehörde einzuschalten, da es um den Anschluss seines Kraftwerks geht, für das unter Umständen der Verfall des Netzanschlusspunkts droht.[1406]

Innerhalb der im Verhandlungsfahrplan vorgesehenen Frist, maximal zwölf Monate nach Abschluss des Verhandlungsfahrplans, wird der Netzanschlussvertrag geschlossen. Zusammen mit dem Netzanschlussvertrag wird nach § 4 Abs. 5 S. 1 KraftNAV ein sogenannter Realisierungsfahrplan vereinbart, den nach § 4 Abs. 7 S. 3 KraftNAV der Anschlussnehmer neben dem Verhandlungsfahrplan unverzüglich der Regulierungsbehörde vorzulegen hat.

Der Realisierungsfahrplan regelt, welche Schritte zur Errichtung des Kraftwerks, zur Herstellung des Netzanschlusses und, soweit erforderlich, welche Maßnahmen zur Ertüchtigung des Netzanschlusspunkts oder zum Ausbau des Netzes notwendig sind.[1407] Der Realisierungsfahrplan muss nach § 4 Abs. 5 S. 2 KraftNAV ferner angemessene Folgen bei der Nichteinhaltung der wesentlichen, insbesondere zeitlichen Vorgaben enthalten.

(2) Kritik an den Vorgaben

Teilweise wird kritisiert, dass es nicht verständlich sei, weshalb sich der Verordnungsgeber im formellen Anschlussverfahren so sehr auf den Netzanschlussvertrag fokussiere.[1408] Die weiteren Verträge wie der Anschlusserrichtungs-, Anschlussnutzungs- und Netznutzungsvertrag blieben in der KraftNAV völlig unberücksichtigt.[1409]

1405 *De Wyl/Thole*, in: Schneider/Theobald (Hrsg.), Recht der Energiewirtschaft, § 16, Rn. 190; *Koenig/Kühling/Rasbach*, Energierecht, S. 73.

1406 *Hartmann*, in: Danner/Theobald (Hrsg.), Energierecht, § 4 KraftNAV, Rn. 20.

1407 *De Wyl/Hartmann/von Petz*, ZNER 2007, 132 (133); *de Wyl/Thole*, in: Schneider/Theobald (Hrsg.), Recht der Energiewirtschaft, § 16, Rn. 191.

1408 *De Wyl/Hartmann/von Petz*, ZNER 2007, 132 (133).

1409 *Hartmann*, in: Danner/Theobald (Hrsg.), Energierecht, § 4 KraftNAV, Rn. 31.

Abb. 28: Die wichtigsten Punkte im Anschlussverfahren nach der KraftNAV in chronologischer Übersicht:

Netzbetreiber ↓	Anschlussnehmer ↓
1) Der Netzbetreiber muss auf seiner Internetseite die Informationen veröffentlichen, die ein Netzanschlussbegehren ermöglichen	2) Der Anschlussnehmer richtet das Anschlussbegehren an den Netzbetreiber
3) Der Netzbetreiber hat innerhalb einer Frist von zwei Wochen dem Anschlusspetenten mitzuteilen, welche Prüfungen zur Vorbereitung einer Entscheidung über das Netzanschlussbegehren notwendig sind und welche Kosten durch die Prüfung anfallen werden	4) Der Anschlussnehmer hat 25 % der prognostizierten Kosten als Vorschuss an den Netzbetreiber zu zahlen
5) Der Netzbetreiber ist daraufhin verpflichtet, Prüfungen, insbesondere zu Anschlusspunkt, Anschlussleitung sowie Lastflüssen und sonstigen Wirkungen auf das Netz, durchzuführen und den Anschlussnehmer über den Verlauf zu informieren	
6) Zusammen mit dem Prüfungsergebnis erteilt der Netzbetreiber dem Anschlusspetenten eine Anschlusszusage	
	7) Der Anschlussnehmer hat eine Reservierungsgebühr zuzüglich der Kosten der Prüfung zu überweisen
8) Der Netzbetreiber erteilt die endgültige Anschlusszusage	
9) Vereinbarung des Verhandlungsplans mit dem Ziel des Abschlusses des Netzanschlussvertrags	
10) Abschluss des Netzanschlussvertrags und Vereinbarung eines Realisierungsfahrplans	

Eigene Darstellung, 2013

Der Kritikpunkt, dass der Verordnungsgeber nur auf den Netzanschlussvertrag abstellt, lässt sich jedoch leicht entkräften. Bezüglich der fehlenden Angaben hinsichtlich des Anschlusserrichtungsvertrags ist auszuführen, dass nach § 6 Abs. 4 KraftNAV der Anschluss nicht nur vom Netzbetreiber vorgenommen werden kann, sondern auch ein fachkundiger Dritter den Netzanschluss herstellen kann. Das bedeutet, dass sich der Kraftwerksbetreiber gegen die wesentlichen Konflikte mit dem Netzbetreiber, die sich bei der Errichtung des Netzanschlusses ergeben (Verzögerungen, Schlechtleistungen oder unrealistische Entgeltforderungen des Netzbetreibers), zur Wehr setzen kann, indem er einen fachkundigen Dritten mit der Durchführung des Netzanschlusses beauftragt.[1410] Regelungen hinsichtlich des Anschlusserrichtungsverhältnisses sind in diesem Fall entbehrlich.

Zentraler Gegenstand des Anschlussnutzungsvertrags ist die Nutzung des Anschlusses zum Zweck des Strombezugs, bei Kraftwerken insbesondere die Nutzung des Anschlusses zur Einspeisung der in dem Kraftwerk erzeugten elektrischen Energie.[1411] Bezüglich dieses Vertrags ist anzumerken, dass beim Netzanschluss von Großkraftwerken in der Regel der Betreiber (Anschlussnutzer) auch der Eigentümer der Anlage (Anschlussnehmer) ist, was bedeutet, dass Anschlussnehmer und Anschlussnutzer zusammenfallen. Deshalb könnten die entsprechenden Regelungen des Anschlussnutzungsvertrags auch im Netzanschlussvertrag getroffen werden und Ersterer wäre unter dieser Voraussetzung verzichtbar.[1412] Ist dies nicht der Fall, so ergibt sich das Erfordernis des Anschlussnutzungsvertrags aus § 4 Abs. 1 S. 3 KraftNAV. Hiernach geht der Verordnungsgeber davon aus, dass neben dem Netzanschlussvertrag auch Regelungen zur Anschlussnutzung getroffen werden sollen. Somit sind im Anschlussnutzungsvertrag insbesondere Haftungsfragen zu klären, die entstehen, wenn es zu Unterbrechungen der Anschlussnutzung kommt.[1413] Dem widerspricht auch nicht § 4 Abs. 4 KraftNAV. Die Vorschrift ist so zu verstehen, dass nur einer der für den Netzanschluss erforderlichen Verträge nach § 4 Abs. 1 S. 3 KraftNAV den Katalog des § 4 Abs. 4 Kraft NAV, also insbesondere Haftungsfragen, enthalten muss.[1414] Somit hat der Verordnungsgeber sehr wohl den Anschlussnutzungsvertrag berücksichtigt. Ferner hat der Verordnungsgeber auch den Netznutzungsvertrag im Blick gehabt, indem er

1410 Vgl. *Höppner*, ZNER 2008, 25 (28).

1411 *De Wyl/Thole*, in: Schneider/Theobald (Hrsg.), Recht der Energiewirtschaft, § 16, Rn. 139; *Ahnis/de Wyl*, IR 2007, 77 (79); *Rosin/Heinlein*, RdE 2005, 29 (33); siehe auch oben unter III. 2. b) bb) sowie B I. 3. a) aa) (4) (b).

1412 *Hartmann*, in: Danner/Theobald (Hrsg.), Energierecht, § 4 KraftNAV, Rn. 31.

1413 Siehe oben III. 2. b) bb).

1414 *Hartmann*, in: Danner/Theobald (Hrsg.), Energierecht, § 4 KraftNAV, Rn. 32; *von Petz*, in: Riedel/Zander (Hrsg.), Praxishandbuch Energiebeschaffung, Kap. 8.1.8.1, S. 27.

das Netzengpassmanagement in § 7 KraftNAV geschaffen hat.[1415] Es ist wesentlicher Bestandteil des Netznutzungsvertrags.[1416]

Darüber hinaus hat der Verordnungsgeber mit § 10 KraftNAV eine Regelung geschaffen, die es der Bundesnetzagentur eröffnet, Entscheidungen durch Festlegung gemäß § 29 EnWG zur näheren Ausgestaltung des Verfahrens zur Beantragung und Gewährung eines Netzanschlusses zu treffen. Hierdurch besteht die Möglichkeit, für weitere Rechtsklarheit durch Festlegungen bezüglich des Netzanschlussnutzungs- sowie des Netznutzungsverhältnisses, sofern hierfür ein Bedürfnis besteht, zu sorgen.[1417]

bb) Materielle Anschlussvorgaben

Betreiber von Energieversorgungsnetzen müssen nach § 17 Abs. 1 EnWG Erzeugungsanlagen an ihr Netz anschließen. Hierunter fallen auch die Kraftwerke nach der KraftNAV. Dies folgt daraus, dass die KraftNAV eine Verordnung ist, die das EnWG spezifiziert.[1418] Der KraftNAV selbst ist kein eigener Netzanschlussanspruch zu entnehmen.[1419]

(1) Wer bestimmt den Anschlusspunkt?

(a) Was umfasst die Wahl des Anschlusspunkts?

Zunächst muss geklärt werden, welche Aspekte von der Wahl des Anschlusspunkts umfasst sind. Das ist zum einen das Wahlrecht hinsichtlich des Netzbetreibers, an den das Anschlussbegehren gerichtet werden soll. Mit anderen Worten bedeutet dies, dass der Anschlussnehmer einen Netzbetreiber zu bestimmen hat, der das für die Aufnahme des erzeugten Stroms am besten geeignete Netz betreibt. Dass dem Anschlusspetenten ein solches Bestimmungsrecht zukommt, ergibt sich aus § 3 Abs. 2 KraftNAV. Hiernach richtet der Anschlussnehmer sein Anschlussbegehren

---

1415 *Hartmann*, in: Danner/Theobald (Hrsg.), Energierecht, § 4 KraftNAV, Rn. 31.

1416 *De Wyl/Thole*, in: Schneider/Theobald (Hrsg.), Recht der Energiewirtschaft, § 16, Rn. 174; siehe auch oben III. 2. b) cc).

1417 *De Wyl/Thole*, in: Schneider/Theobald (Hrsg.), Recht der Energiewirtschaft, § 16, Rn. 192.

1418 *Brunner*, Wettbewerb im Stromnetz, Kap. 3, S. 327; *de Wyl/Thole*, in: Schneider/Theobald (Hrsg.), Recht der Energiewirtschaft, § 16, Rn. 185; *Koenig/Kühling/Rasbach*, Energierecht, S. 71; *Stappert/Johannsen*, in: Rosin/Pohlmann/Gentzsch/Metzenthin/Böwing (Hrsg.), Praxiskommentar zum Energiewirtschaftsgesetz, § 17 EnWG, Rn. 89, 116.

1419 Siehe oben unter b).

an den Netzbetreiber, an dessen Netz er angeschlossen werden möchte.[1420] Ist er gefunden, so ist weiter zu differenzieren. Da der Verordnungsgeber nicht näher definiert, was seiner Ansicht nach noch von der Wahl des Netzanschlusspunkts umfasst sein soll, empfiehlt es sich, § 5 Abs. 1 EEG heranzuziehen. Der Gesetzgeber des EEG verwendet den Begriff des Netzanschlusspunkts der KraftNAV zwar nicht, jedoch ist nach dem zuvor Erläuterten der Begriff „Verknüpfungspunkt" als Synonym zum Netzanschlusspunkt zu verstehen. § 5 EEG, der die Netzanschlussverpflichtung im EEG regelt, bestimmt, dass Netzbetreiber verpflichtet sind, Erzeugungsanlagen nach dem EEG an der Stelle an ihr Netz anzuschließen (Verknüpfungspunkt), (1) die im Hinblick auf die Spannungsebene geeignet ist und (2) die in der Luftlinie kürzeste Entfernung zum Standort der Anlage aufweist. Daraus lässt sich schließen, dass die Wahl des Verknüpfungspunkts im EEG zwei Aspekte umfasst, nämlich die Auswahl der Spannungsebene sowie die Lage des Anschlusspunkts innerhalb der Netzebene.[1421] Dieser Gedanke lässt sich auch auf die KraftNAV übertragen, da Verknüpfungspunkt und Anschlusspunkt nach dem EEG bzw. der KraftNAV bedeutungsgleich verwendet werden.

Schwierigkeiten hinsichtlich der Wahl der Spannungsebene ergeben sich beim Netzanschluss von Großkraftwerken, die in den Anwendungsbereich der KraftNAV fallen, in der Regel nicht, da die Verordnung in § 1 Abs. 1 bereits vorgibt, dass die Erzeugungsanlagen an Versorgungsnetze mit einer Spannung von mindestens 110 KV anzuschließen sind. Relevant für den Kraftwerksbetreiber ist hingegen die Frage nach der Lage des Anschlusspunkts innerhalb der Netzebene.[1422] Wirtschaftlich besonders interessant sind für ihn Anschlusspunkte, die in kurzer Entfernung zum Standort des Kraftwerks liegen, da nach § 8 Abs. 1 KraftNAV der Anschlussnehmer die Kosten für die Verbindung zwischen Erzeugungsanlage und Netzanschlusspunkt zu tragen hat.[1423]

(b) Bestimmungsrecht hinsichtlich der Lage des Netzanschlusses

Der KraftNAV ist zu entnehmen, dass die Wahlmöglichkeit hinsichtlich der Lage des Netzanschlusses dem Kraftwerksbetreiber (Anschlussnehmer) zustehen soll.

1420 *De Wyl/Hartmann/von Petz*, ZNER 2007, 132 (133).

1421 *Oschmann*, in: Altrock/Oschmann/Theobald (Hrsg.), Erneuerbare-Energien-Gesetz, § 5 EEG, Rn. 54; *Cosack*, in: Frenz/Müggenborg (Hrsg.), Erneuerbare-Energien-Gesetz, § 5 EEG, Rn. 30.

1422 *Höppner*, ZNER 2008, 25 (27); *Hartmann*, in: Danner/Theobald (Hrsg.), Energierecht, § 4 KraftNAV, Rn. 35.

1423 Siehe hierzu im Folgenden unter (5).

Abb. 29: Was umfasst die Wahl des Anschlusspunkts im Sinne der KraftNAV?

1) Wahlrecht des Kraftwerksbetreibers hinsichtlich des Netzes	
↓	↓
2) Wahl der Spannungsebene (vorgegeben durch § 1 Abs. 1 KraftNAV)	3) Wahl der Lage des Anschlusspunkts innerhalb der jeweiligen Netzebene/ Umspannebene Aspekt: kürzeste Entfernung zum Standort der Anlage beim Netzanschluss von Erzeugungsanlagen

Eigene Darstellung, 2013

Nach § 3 Abs. 2 KraftNAV richtet der Anschlussnehmer ein Netzanschlussbegehren an den Netzbetreiber. Gemäß Abs. 3 S. 1 der Vorschrift ist der Netzbetreiber nach Eingang der Vorschusszahlung des Anschlussnehmers verpflichtet, die notwendigen Prüfungen unter anderem zum Anschlusspunkt durchzuführen. Daraus lässt sich schließen, dass der Anschlussnehmer den Anschlusspunkt vorgeschlagen hat. Auch § 6 KraftNAV spricht für das Bestimmungsrecht des Anschlussnehmers. Aus Abs. 3 der Vorschrift ergibt sich, dass bei der Verweigerung des Netzanschlusses an dem begehrten Anschlusspunkt der Netzbetreiber dem Anschlussnehmer einen anderen Anschlusspunkt vorzuschlagen hat, der im Rahmen des wirtschaftlich Zumutbaren die geäußerten Absichten des Anschlussnehmers bestmöglich verwirklicht. Der Verordnungsgeber stellt sich das Verfahren hinsichtlich des Anschlusspunkts folgendermaßen vor: Zunächst bestimmt der Anschlussnehmer den aus seiner Sicht geeigneten Anschlusspunkt in seinem Anschlussbegehren („begehrter Netzanschlusspunkt"). Dem Anschlussnehmer muss dabei die Möglichkeit gegeben werden, mehrere Anschlusspunkte zu benennen, die aus seiner Sicht geeignet sind.[1424] Nach § 6 Abs. 1 KraftNAV kann der Netzbetreiber den/die Anschlusspunkte verweigern, wobei der Hinweis darauf, dass in einem mit dem Anschlusspunkt direkt oder indirekt verbundenen Netz Kapazitätsengpässe auftreten oder auftreten werden nach § 6 Abs. 2 KraftNAV nicht genügt.[1425] Verweigert der Netzbetreiber den vom Anschlussnehmer vorgeschlagenen Anschlusspunkt, so hat er dem Anschlussnehmer nach § 6 Abs. 3 KraftNAV einen anderen Anschlusspunkt vorzuschlagen.[1426]

1424 *Hartmann*, in: Danner/Theobald (Hrsg.), Energierecht, § 3 KraftNAV, Rn. 26.

1425 Siehe hierzu im Folgenden unter (3) (c), sowie *Lück*, in: Säcker (Hrsg.), Berliner Kommentar, Anh. § 17, § 6 KraftNAV, Rn. 4 f.

1426 Hierzu *Koenig/Kühling/Rasbach*, Energierecht, S. 74; *Stappert/Johannsen*, in: Rosin/Pohlmann/Gentzsch/Metzenthin/Böwing (Hrsg.), Praxiskommentar zum Energiewirtschaftsgesetz, § 17 EnWG, Rn. 89.

Hieraus ergibt sich, dass die grundsätzliche Entscheidung über den Netzanschlusspunkt der Anschlussnehmer und nicht der Netzbetreiber trifft.[1427] Insbesondere durch die Wortwahl des „begehrten Anschlusspunkts“ wird vom Verordnungsgeber klar zum Ausdruck gebracht, dass das Wahlrecht hinsichtlich der Lage des Anschlusspunkts beim Kraftwerksbetreiber liegt. Nur wenn dem Netzbetreiber ein Verweigerungsgrund zur Seite steht, kann das Kraftwerk an einem anderen als dem gewünschten Verknüpfungspunkt angeschlossen werden.[1428]

Ein solches Verständnis, wonach dem Anschlussnehmer das Wahlrecht hinsichtlich der Lage des Anschlusspunkts zukommt, entspricht auch § 17 EnWG, der die Ausgangsnorm für den Netzanschlussanspruch der KraftNAV ist. Das Bestreben der Netzbetreiberverbände im Gesetzgebungsverfahren zum § 17 EnWG ein einseitiges Bestimmungsrecht des Netzbetreibers hinsichtlich des Anschlusspunkts aufzunehmen, war nicht von Erfolg gekrönt.[1429] So schlugen der Verband kommunaler Unternehmen (VKU) sowie der Verband der Verbundunternehmen und Regionalen Energieversorger in Deutschland (VRE) vor, den § 17 Abs. 1 EnWG um einen Satz 2 zu ergänzen, der festlegt, dass der Netzbetreiber unter Gewährleistung eines sicheren Netzbetriebs den netztechnisch vorgegebenen kostengünstigsten Anschlusspunkt bestimmt.[1430] Der Verband der Elektrizitätswirtschaft (VDEW) vertrat ebenfalls diesen Standpunkt. „In § 17 Abs. 1 müsste klargestellt werden, dass der anschließende Netzbetreiber unter Beachtung der berechtigten Kundeninteressen den geeigneten Anschlusspunkt an sein Netz unter Beachtung eines sicheren Netzbetriebes, einer möglichst kostengünstigen Bereitstellung der Netznutzung für die Gesamtheit der Netzkunden sowie unter Berücksichtigung der künftig zu erwartenden Verbrauchsentwicklung in dem betreffenden Netzbereich festzulegen hat.“[1431] Motiviert wurden diese Anregungen durch die in dieser Zeit verstärkt geplanten Arealnetze. Hierbei ging es den Verbänden hauptsächlich darum, einen Netzanschluss von Arealnetzen in höheren Spannungsebenen als der Niederspannungsebene zu vermeiden, da die Folgen eines solchen Anschlusses bis dato noch nicht absehbar waren.[1432] Trotz der Forderungen der genannten Verbände hat der

---

1427 *Lück*, in: Säcker (Hrsg.), Berliner Kommentar, Anh. § 17 EnWG, § 6 KraftNAV, Rn. 10.

1428 *Stappert/Johannsen*, in: Rosin/Pohlmann/Gentzsch/Metzenthin/Böwing (Hrsg.), Praxiskommentar zum Energiewirtschaftsgesetz, § 17 EnWG, Rn. 89; zu den Verweigerungsgründen im Sinne der KraftNAV siehe auch im Folgenden unter (3).

1429 *Hartmann*, in: Danner/Theobald (Hrsg.), Energierecht, § 3 KraftNAV, Rn. 27.

1430 Ausschuss-Drucksache 15(9)1511, S. 257.

1431 Ausschuss-Drucksache 15(9)1511, S. 37.

1432 Siehe oben unter B. I. 3. a) cc) (2).

Gesetzgeber diese Vorschläge nicht mit ins EnWG aufgenommen und sich somit gegen die Statuierung eines Bestimmungsrechts des Anschlusspunkts durch den Netzbetreiber entschieden. Dies besagt im Umkehrschluss, dass das Bestimmungsrecht hinsichtlich des Anschlusspunkts beim Anschlussnehmer liegen muss.[1433]

Eine Beschränkung nur auf ein Wahlrecht des Anschlussnehmers im Hinblick auf die Spannungsebene kann der Vorschrift des § 17 EnWG dabei nicht entnommen werden. Wenn schon der Anschlusspetent das freie Wahlrecht hinsichtlich der Anschlussebene hat,[1434] sollte ihm dies auch hinsichtlich der Lage des Anschlusspunkts zukommen.[1435] Hierfür spricht auch die Gesetzesbegründung, nach der § 17 EnWG „alle Sachverhalte des Netzanschlusses" umfassen soll.[1436] Eine Differenzierung zwischen der Wahl der Spannungsebene und der Lage des Anschlusspunkts ist dem gerade nicht zu entnehmen, wenn der Gesetzgeber in § 17 Abs. 1 EnWG „alle Sachverhalte" regeln wollte. Ein Bestimmungsrecht des Anschlusspetenten, das nur auf die Spannungsebene bezogen ist, wäre auch mit der Systematik des § 17 EnWG nicht zu vereinen. Der Gesetzgeber wollte ausweislich der Gesetzesbegründung in § 17 Abs. 1 EnWG ein umfassendes Wahlrecht des Anschlussnehmers statuieren, was auch dem marktwirtschaftlichen Grundkonzept entspricht, wonach es der Nachfrageseite überlassen ist, welches Angebot sie von einem Anbieter in Anspruch nehmen will.[1437]

Auch dass EEG geht in § 5 Abs. 2 von einem Bestimmungsrecht des Anlagenbetreibers hinsichtlich der Lage des Anschlusspunkts aus.[1438] Nach diesem ausdrücklich im Gesetz geregelten Wahlrecht kann der Anlagenbetreiber einen anderen als den nach § 5 Abs. 1 EEG im Hinblick auf die Spannungsebene und die Entfernung technisch und wirtschaftlich günstigen Verknüpfungspunkt wählen.[1439] Das gilt sowohl in Bezug auf das Erfordernis der räumlichen Nähe

---

1433 So auch Bundesnetzagentur, „Agrarfrost-Beschluss" v. 23.08.2007, Az. BK6 07-013, Rn. 48.

1434 BGH, Beschluss v. 23.06.2009 „Agrarfrost-Beschluss", Az. EnVR 48/08, abgedruckt in RdE 2009, 336 (337).

1435 *Hartmann*, in: Danner/Theobald (Hrsg.), Energierecht, § 3 KraftNAV, Rn. 28.

1436 Bundestags Drucksache 15/3917, S. 58.

1437 Bundesnetzagentur, „Agrarfrost-Beschluss" v. 23.08.2007, Az. BK6 07-013, Rn. 57; *Hartmann*, in: Danner/Theobald (Hrsg.), Energierecht, § 17 EnWG, Rn. 37; *Buntscheck*, WuW 2006, 30 (31).

1438 Hierzu auch *Hartmann*, in: Danner/Theobald (Hrsg.), Energierecht, § 3 KraftNAV, Rn. 30.

1439 *Salje*, Erneuerbare-Energien-Gesetz, § 5 EEG, Rn. 304; Bönning, in: in: Reshöft (Hrsg.), Erneuerbare-Energien-Gesetz, § 5 EEG, Rn. 32.

(das gleiche Netz betreffend) als auch die Wahl zwischen zwei vergleichbar geeigneten Netzen hinsichtlich der Spannungsebene. Ein Bestimmungsrecht im Hinblick auf die Spannungsebene innerhalb eines Netzes hat der Gesetzgeber allerdings nicht vorgesehen.[1440] Zwar kann der Netzbetreiber nach § 5 Abs. 3 S. 1 EEG dem Anschlusspetenten einen anderen Verknüpfungspunkt als den vorgeschlagenen zuweisen, doch ändert dies nichts an dem Umstand, dass dem Anlagenbetreiber zunächst die Wahlmöglichkeit zukommt.[1441] Ferner hat der Netzbetreiber nach § 13 Abs. 2 EEG auch die notwendigen Kosten zu tragen, falls er nach § 5 Abs. 3 S. 1 EEG einen alternativen Verknüpfungspunkt zuweist.[1442] Somit entsteht dem Anlagenbetreiber in dieser Situation kein wirtschaftlicher Nachteil.

Gegen ein solches Verständnis, wonach dem Anlagenbetreiber das Wahlrecht hinsichtlich der Lage des Anschlusspunkts zukommt, kann auch nicht die NAV angeführt werden. Zwar regelt § 6 Abs. 2 S. 1 NAV, dass die Art, Zahl und Lage der Netzanschlüsse nach Beteiligung des Anschlussnehmers vom Netzbetreiber bestimmt werden können, jedoch gilt diese Vorschrift nur für den Niederspannungsbereich. Die Regelung ist gerade dort erforderlich, da ein einseitiges Bestimmungsrecht beim Netzanschluss von Haushaltskunden zu einem für den Netzbetreiber nicht tragbaren Umstand führen würde. Jeder Haushaltskunde würde sich da anschließen lassen, wo es für ihn am kostengünstigsten ist.[1443] Daher ist ein einseitiges Wahlrecht des Netzbetreibers hinsichtlich der Lage des Netzanschlusses, begrenzt auf den Niederspannungsbereich, zu befürworten.[1444] Für den Netzanschluss von Erzeugungsanlagen nach der KraftNAV gilt dieser Grundsatz jedoch nicht.

Sowohl das EnWG als auch die KraftNAV sprechen somit eindeutig dafür, dass dem Anschlussnehmer das Bestimmungsrecht zukommt, den Anschlusspunkt innerhalb eines Netzes und somit die Lage des Verknüpfungspunkts zu wählen. Aber auch nach der KraftNAV kann ein Bestimmungsrecht des Anschlussnehmers nicht „schrankenlos" gewährt werden. Die Wahl des Anschlusspunkts findet ihre Grenze im Verweigerungsrecht des Netzbetreibers nach § 17 Abs. 2

1440 Bundestags-Drucksache 16/8148, S.41.

1441 *Bönning*, in: in: Reshöft (Hrsg.), Erneuerbare-Energien-Gesetz, § 5 EEG, Rn. 32.

1442 Bundestags-Drucksache 16/8148, S 48; *Altrock*, in: Altrock/Oschmann/Theobald (Hrsg.), Erneuerbare-Energien-Gesetz, § 13 EEG, Rn. 24.

1443 *Hartmann*, in: Danner/Theobald (Hrsg.), Energierecht, § 6 NAV, Rn. 6.

1444 Nach *Hartmann* gilt dieser Grundsatz auch außerhalb des Anwendungsbereichs der NAV, jedoch nur bezogen auf die Verpflichtung nach § 6 Abs. 1 NAV, vgl. *ders.*, in: Danner/Theobald (Hrsg.), Energierecht, § 6 NAV, Rn. 6.

EnWG in Verbindung mit § 6 Abs. 1 KraftNAV.[1445] In der Begründung zur KraftNAV heißt es, dass die Auswahl des Anschlusspunkts nach den Vorgaben des Anschlussnehmers zwar dem allgemeinen Interesse an wettbewerbsfähigen Kraftwerksstandorten dienen soll, diese aber an der Grenze des dem Netzbetreiber wirtschaftlich Zumutbaren endet.[1446] Folglich sind bei der Abwägung nach § 17 Abs. 2 in Verbindung mit § 6 Abs. 1 KraftNAV EnWG unter anderem wirtschaftliche Aspekte zu berücksichtigen.[1447]

Abb. 30: Wahl des Anschlusspunkts im Sinne der KraftNAV

Anschlussnehmer ↓	Netzbetreiber ↓
1) Bestimmt erstmalig den Anschlusspunkt (Rückschluss aus § 3 Abs. 3 S. 1, § 6 Abs. 3 KraftNAV)	↘
	2) Bei Verweigerung des Anschlusspunkts muss ein neuer Anschlusspunkt vorgeschlagen werden, der im Rahmen des wirtschaftlich Zumutbaren die geäußerten Absichten des Anschlussnehmers bestmöglich verwirklicht (§ 6 Abs. 3 2. HS KraftNAV)

Eigene Darstellung, 2013

(2) Mehrere Anschlussbegehren an einem Anschlusspunkt

Geklärt wurde, dass grundsätzlich dem Anschlussnehmer das Bestimmungsrecht zukommt, an welchen Verknüpfungspunkt im Netz er angeschlossen werden möchte.[1448] Im Folgenden soll der Frage nachgegangen werden, wie zu verfahren ist, wenn mehrere Anschlussnehmer um einen besonders interessanten Anschlusspunkt konkurrieren. Nicht allen Netzanschlussbegehren kann in einem solchen

1445 Dies wurde ebenfalls hinsichtlich der Wahl der Spannungsebene festgestellt, siehe oben I. 3. a) cc) (4).

1446 Bundesrats Drucksache 283/07, S. 21.

1447 Siehe dazu im Folgenden unter (3) (b).

1448 Siehe oben unter (1).

Fall nachgekommen werden.[1449] Jedoch gibt der Verordnungsgeber durch die Verwendung des Plurals in § 4 Abs. 1 S. 2 KraftNAV zu erkennen, dass durchaus mehrere Anschlussbegehren an einem Anschlusspunkt verwirklicht werden können.[1450] Dies ist jedoch die Ausnahme, sodass im Regelfall nur ein Anschlussbegehren pro Netzanschlusspunkt vom Netzbetreiber realisiert werden kann.

Die Frage der Anschlusskonkurrenz wird nach der Vorstellung des Verordnungsgebers an zwei Stellen des Anschlussverfahrens relevant.[1451] Zum einen ist dies in der Anfangsphase der Fall, wenn verschiedene Anschlussnehmer ein Anschlussbegehren für denselben Anschlusspunkt an den Netzbetreiber richten.[1452] Zum anderen kann ein kapazitätsbezogener Konkurrenzkonflikt in der Phase entstehen, in der der Realisierungsfahrplan bereits aufgestellt ist, dieser jedoch vom Anschlusspetenten nicht eingehalten wird.[1453]

(a) Bisherige Lösungsansätze

In der Literatur spricht Schmidt-Preuß von „kapazitätsbezogenen Auswahl- und Verteilungskriterien“, anhand derer multipolare wechselbezügliche Konflikte geschlichtet werden.[1454] Als hierfür maßgebliche Kriterien werden unter anderem das Prioritätsprinzip, die Repartierung, die Rotation, das Splitting, die Versteigerung und das Losverfahren angeführt.[1455]

Vor diesem Hintergrund ist insbesondere auf die in der Rechtsprechung zum Kartellrecht gestützte anteilsmäßige Befriedigung der Anschlussnehmer (sogenannte Repartierung) zu verweisen.[1456] Ungeachtet der Frage, ob diese Rechtsprechung zu § 26 GWB a.F. (heute § 20 GWB) auf § 17 EnWG übertragbar ist, besteht dabei die Gefahr, allen Kraftwerksprojekten die wirtschaftliche Basis zu entziehen.[1457] Bei einer Repartierung sind die Einspeisemengen der Kraftwerke so

1449 *De Wyl/Thole*, in: Schneider/Theobald (Hrsg.), Recht der Energiewirtschaft, § 16, Rn. 194.

1450 *Hartmann*, in: Danner/Theobald (Hrsg.), Energierecht, § 3 KraftNAV, Rn. 26.

1451 *De Wyl/Hartmann/von Petz*, ZNER 2007, 132 (134).

1452 *Von Petz*, in: Riedel/Zander (Hrsg.), Praxishandbuch Energiebeschaffung, Kap. 8.1.8.1, S. 27.

1453 *De Wyl/Hartmann/von Petz*, ZNER 2007, 132 (134).

1454 *Schmidt-Preuß*, Kollidierende Privatinteressen im Verwaltungsrecht, S. 34 f., S. 781.

1455 *Schmidt-Preuß*, Kollidierende Privatinteressen im Verwaltungsrecht, S. 34 f., S. 781.

1456 BGH, Beschlus v. 03.03.1969, Az. KVR 6/68, abgedruckt in NJW 1969, 1716 (1717 f.); *von Hammerstein*, ZNER 2006, 110 (118).

1457 Bundesnetzagentur, Aktuelle Kraftwerksprojekte in Deutschland und deren Implikationen für das Übertragungsnetz, S. 66.

zu begrenzen, dass möglichst viele Kraftwerke in das Netz einspeisen können.[1458] Da ein Kraftwerksblock, der eigentlich eine Leistung von 300 MW hat und jetzt nur mit beispielsweise 50 MW laufen darf, technisch und wirtschaftlich nicht so effektiv ist wie ein Kraftwerksblock von 300 MW, besteht die Gefahr, dass das Kraftwerksprojekt für den Betreiber nicht mehr profitabel ist.

Als weitere Möglichkeit bietet sich eine Versteigerung der zur Verfügung stehenden Anschlusspunkte an.[1459] Ein Nachteil ist jedoch, dass dabei die finanzstarken Unternehmen bevorzugt werden. Damit hätten insbesondere große, kapitalkräftige Unternehmen die Möglichkeit, potentiellen Wettbewerbern, die weniger finanzstark sind, den Eintritt in den Energieerzeugungsmarkt zu verwehren.[1460]

(b) Lösung des Verordnungsgebers

Zur Lösung dieses Problems hat sich der Verordnungsgeber der KraftNAV für das sogenannte „Windhundprinzip" bzw. für den Prioritätsgrundsatz entschieden.[1461] Hierunter wird ein Auswahlmodus verstanden, bei dem der Zugang zu einer nur begrenzt vorhandenen Ressource von der ressourcenverwaltenden Stelle nur nach der zeitlichen Reihenfolge der Anmeldungen, nicht jedoch nach anderen Kriterien freigegeben wird. [1462]

In dem ersten Fall, bei dem mehrere Anschlussnehmer für einen bestimmten Anschlusspunkt ein Anschlussbegehren nach § 3 Abs. 2 S. 1 KraftNAV an den Netzbetreiber richten, ist nach § 4 Abs. 1 S. 2 KraftNAV dem potentiellen Anschlussnehmer eine Anschlusszusage zu erteilen, dessen Anschlussbegehren zeitlich früher beim Netzbetreiber eingegangen ist. Auch ist es möglich, dass eine Anschlusszusage nach § 4 Abs. 1 S. 1 KraftNAV bereits erteilt ist, aber der Realisierungsfahrplan nicht aufgestellt ist oder nicht eingehalten wird. Ist in diesem Fall zeitlich nachrangig ein weiteres Anschlussbegehren für denselben Anschlusspunkt beim Netzbetreiber eingegangen, so kann sich nach § 4 Abs. 6 KraftNAV

1458 *Lübbert*, in: Wiedemann (Hrsg.), Kartellrecht, § 28, Rn. 32.

1459 Bundesnetzagentur, Aktuelle Kraftwerksprojekte in Deutschland und deren Implikationen für das Übertragungsnetz, S. 66.

1460 Bundesnetzagentur, Aktuelle Kraftwerksprojekte in Deutschland und deren Implikationen für das Übertragungsnetz, S. 66.

1461 *De Wyl/Thole*, in: Schneider/Theobald (Hrsg.), Recht der Energiewirtschaft, § 16, Rn. 194; *de Wyl/Hartmann/von Petz*, ZNER 2007, 132 (134); *Koenig/Kühling/Rasbach*, Energierecht, S. 73.

1462 Vgl. hierzu *Schmidt-Preuß*, Kollidierende Privatinteressen im Verwaltungsrecht, S. 35, S. 415 f.

der Anschlussnehmer, der die Nichtrealisierung ausschließlich oder überwiegend zu vertreten hat, nicht auf den zeitlichen Vorrang berufen.[1463] Der nachfolgende Anschlussnehmer muss sein Anschlussbegehren nicht erneuern oder mehrmals stellen.[1464] Wenn er es nicht zurücknimmt, ruht es beim Netzbetreiber und ist nach der Anschlusszusage entsprechend Abs. 6 zu berücksichtigen.[1465] Liegt kein weiteres Anschlussbegehren vor, so ist es ausreichend, wenn der nachfolgende Anschlussnehmer sein Begehren zum Zeitpunkt des Scheiterns des Realisierungsfahrplans einreicht.[1466]

(c) Kritik an den Vorgaben

Es ist zu begrüßen, dass sich der Verordnungsgeber für das Prioritätsprinzip entschieden hat.[1467] Der Anschlusspetent, der als Erster das Anschlussbegehren an den Netzbetreiber richtet, kann davon ausgehen, dass ihm niemand vorgezogen wird. Er hat somit Planungssicherheit. Er kann sich darauf verlassen, als Erster berücksichtigt zu werden.[1468]

Zu kritisieren ist der Verordnungsgeber deshalb, weil er es übersehen hat, dass auch an anderer Stelle des durchaus komplexen Anschlussverfahrens nach der KraftNAV das Problem der Anschlusskonkurrenz entstehen kann. Möglich wäre auch die Konstellation, die § 4 Abs. 3 KraftNAV aufgreift. Nämlich, dass nach erteilter Anschlusszusage und Zahlung der Reservierungsgebühr der reservierte Anschlusspunkt verfällt, da entweder der Kraftwerksbetreiber das Zustandekommen des Netzanschlussvertrags in der vereinbarten Frist durch die ausschließlich oder überwiegend von ihm zu vertretende Nichteinhaltung des Verhandlungsfahrplans vereitelt (§ 4 Abs. 3 Nr. 1 KraftNAV) oder ein Netzanschlussvertrag drei Monate nach dem im Verhandlungsplan vorgesehenen Zeitpunkt nicht zustande gekommen ist und kein Antrag nach § 31 EnWG gestellt wurde (§ 4 Abs. 3 Nr. 2 KraftNAV). Auch in diesem Fall könnte sich, falls zeitlich nachrangig ein weiteres

---

1463 Hierzu *Wolf*, in: Säcker (Hrsg.), Handbuch zum deutsch-russischen Energierecht, Kap. 5, Rn. 47; *von Petz*, in: Riedel/Zander (Hrsg.), Praxishandbuch Energiebeschaffung, Kap. 8.1.8.1, S. 27.

1464 *Hartmann*, in: Danner/Theobald (Hrsg.), Energierecht, § 4 KraftNAV, Rn. 38.

1465 *Hartmann*, in: Danner/Theobald (Hrsg.), Energierecht, § 4 KraftNAV, Rn. 37.

1466 *Hartmann*, in: Danner/Theobald (Hrsg.), Energierecht, § 4 KraftNAV, Rn. 39.

1467 So auch *de Wyl/Thole*, in: Schneider/Theobald (Hrsg.), Recht der Energiewirtschaft, § 16, Rn. 194.

1468 So zum Prioritätsprinzip *Schmidt-Preuß*, Kollidierende Privatinteressen im Verwaltungsrecht, S. 415 f.

Anschlussbegehren für denselben Anschlusspunkt beim Netzbetreiber eingegangen ist, der Anschlussnehmer nicht auf den zeitlichen Vorrang berufen.

Bei den beiden zuletzt genannten Konstellationen sind die Bedenken, die de Wyl/Hartmann/von Petz geäußert haben, berechtigt.[1469] Es sei nämlich zu befürchten, dass es regelmäßig zu langwierigen gerichtlichen Streitigkeiten kommen werde, wenn ein zeitlich nachrangiger Anschlusspetent geltend mache, der zeitlich vorrangige Anschlussnehmer habe das Nichtzustandekommen des Netzanschlussvertrags oder des Realisierungsfahrplans überwiegend zu vertreten.[1470] Es ist zu vermuten, dass diese Beweislage in der Praxis erhebliche Schwierigkeiten mit sich bringen wird.[1471]

(3) Wann kann der Netzbetreiber den Anschluss verweigern?

Geklärt wurde bisher, dass dem Anschlusspetenten grundsätzlich das Bestimmungsrecht hinsichtlich des Anschlusspunkts zukommt.[1472] Ferner wurde erläutert, dass sich der Gesetzgeber bei einem kapazitätsbezogenen Konkurrenzkonflikt an einem Netzanschlusspunkt für das sogenannte Prioritätsprinzip entschieden hat.[1473] Im Folgenden soll der Frage nachgegangen werden, wann der Netzbetreiber einen Netzanschluss an einem vom Anschlusspetenten begehrten Netzanschlusspunkt verweigern darf.

Der Netzanschluss darf nur bei Vorliegen eines Verweigerungsgrundes nach § 17 Abs. 2 EnWG abgelehnt werden.[1474] Ergänzt wird diese Vorschrift beim Netzanschluss von Kraftwerken durch § 6 der Verordnung, was sich bereits aus dem Wortlaut des § 6 Abs. 1 S. 1 KraftNAV ergibt.[1475]

1469 *De Wyl/Hartmann/von Petz*, ZNER 2007, 132 (134).

1470 *De Wyl/Hartmann/von Petz*, ZNER 2007, 132 (134).

1471 *De Wyl/Hartmann/von Petz*, ZNER 2007, 132 (134); *Hartmann*, in: Danner/Theobald (Hrsg.), Energierecht, § 4 KraftNAV, Rn. 40.

1472 Siehe oben unter (1).

1473 Siehe oben unter (2).

1474 *Bourwieg*, in: Britz/Hellermann/Hermes (Hrsg.), Energiewirtschaftsgesetz, § 17 EnWG, Rn. 26; *Koenig/Kühling/Rasbach*, Energierecht, S. 73; siehe oben unter B. I. 3. a) cc) (5).

1475 *De Wyl/Thole*, in: Schneider/Theobald (Hrsg.), Recht der Energiewirtschaft, § 16, Rn. 199; *Stappert/Johannsen*, in: Rosin/Pohlmann/Gentzsch/Metzenthin/Böwing (Hrsg.), Praxiskommentar zum Energiewirtschaftsgesetz, § 17 EnWG, Rn. 89; *von Petz*, in: Riedel/Zander (Hrsg.), Praxishandbuch Energiebeschaffung, Kap. 8.1.8.1, S. 31, S. 33; siehe oben unter b).

(a) Verweigerung wegen technischer Unzumutbarkeit nach § 17 Abs. 2 EnWG i. V. m. § 6 Abs. 1 KraftNAV

Nach § 6 Abs. 1 S. 1 KraftNAV ist „die Gewährung des Netzanschlusses nach § 17 Abs. 2 des Energiewirtschaftsgesetzes [...] insbesondere dann unzumutbar, wenn der begehrte Netzanschlusspunkt technisch nicht zur Aufnahme des erzeugten Stroms geeignet ist und die Eignung nicht durch dem Netzbetreiber mögliche und zumutbare Maßnahmen zur Ertüchtigung des Netzanschlusspunktes oder zum Ausbau des Netzes bis zum nächsten Netzknoten hergestellt werden kann." In § 6 Abs. 1 S. 2 KraftNAV werden zwei für Kraftwerke derzeit bekannte und typische Fallvarianten fehlender technischer Eignung exemplarisch genannt.[1476] Hierzu zählen eine nicht ausreichende Kurzschlussleistung sowie ein nicht ausreichender Abfuhrquerschnitt. Lässt sich die technische Eignung des Anschlusspunkts oder des Netzes nicht herstellen, so kann der Netzbetreiber den Netzanschluss wegen technischer Unzumutbarkeit verweigern, was aus § 6 Abs. 1 S. 1 1. Hs. KraftNAV folgt.[1477]

(aa) Erste Voraussetzung: Mangelnde Eignung des Anschlusspunkts bzw. des Netzes

Der begehrte Netzanschlusspunkt muss technisch nicht zur Aufnahme des erzeugten Stroms geeignet sein. Aus dem Umkehrschluss aus § 6 Abs. 1 S. 2 KraftNAV folgt, dass der Anschlusspunkt mindestens eine ausreichende Kurzschlussleistung sowie einen ausreichenden Abfuhrquerschnitt aufweisen muss.[1478] Hinzu kommen weitere technische Kriterien, die sich danach einteilen lassen, ob sie sich auf den Anschlusspunkt selbst oder auf dessen Einbindung in das umgebende Netz beziehen.[1479] Zunächst soll auf die erste Fallgruppe eingegangen werden.

Die mangelnde technische Eignung im Anschlusspunkt kann durch Ausstattungsmerkmale wie etwa die Verfügbarkeit eines freien Schaltfelds auf der Sammelschiene, das ausreichende Schaltvermögen der Leistungsschalter, die

---

1476 *Wolf*, in: Säcker (Hrsg.), Handbuch zum deutsch-russischen Energierecht, Kap. 5, Rn. 50; *Stappert/Johannsen*, in: Rosin/Pohlmann/Gentzsch/Metzenthin/Böwing (Hrsg.), Praxiskommentar zum Energiewirtschaftsgesetz, § 17 EnWG, Rn. 89; siehe im Folgenden unter (a) (aa) (aaa) sowie (bbb).

1477 *Brunner*, Wettbewerb im Stromnetz, Kap. 3, S. 334; zur technischen Unzumutbarkeit beim Netzanschluss von Arealnetzen siehe oben unter B. I. 3. a) cc) (5) (c) (bb).

1478 Siehe im Folgenden unter (bbb).

1479 *Lück*, in: Säcker (Hrsg.), Berliner Kommentar, Anh.§ 17 EnWG, § 6 KraftNAV, Rn. 13.

thermische Stromtragfähigkeit sowie die mechanische Stabilität der Sammelschienen hervorgerufen werden.[1480]

Die fehlende technische Eignung, die aus der Einbindung des Anschlusspunkts in das Netz resultiert, kann gegeben sein, wenn der Anschlusspunkt nicht über eine angemessene Kurzschlussleistung oder einen ausreichenden Abfuhrquerschnitt verfügt. Die Kurzschlussleistung ist dann nicht ausreichend, wenn nicht sichergestellt werden kann, dass im Anschlusspunkt genügend Kurzschlussleistung vorhanden ist.[1481] Die Kurzschlussleistung ist eine in der Elektrotechnik verwandte Bemessungsgröße. Auftretende Kurzschlüsse können eine Zerstörung elektrischer Bauteile mit sich bringen, deshalb müssen starkstromtechnische Anlagen Kurzschlusskräften kurzzeitig standhalten bzw. durch Schutzeinrichtungen (Sicherungen, Leistungsschalter) vor deren Auftreten wirksam geschützt werden.[1482] Die Kurzschlussleistung ist also eine Bemessungsgröße, die die maximale Beanspruchung einer elektrischen Anlage im Kurzschlussfall angibt.[1483] Zur Behebung einer nicht ausreichenden Kurzschlussleistung genügt es nicht, den Anschlusspunkt aufzurüsten, sondern es sind umfangreichere Maßnahmen am Netz, jedenfalls bis zum nächsten Netzknoten, durchzuführen.[1484]

Der Abfuhrquerschnitt ist dann nicht ausreichend, wenn das Netz am gewünschten Anschlusspunkt nicht in der Lage ist, die aufgrund der Kraftwerksleistung einzuspeisende Strommenge aufzunehmen.[1485] Unter dem Abfuhrquerschnitt ist somit die Stromtragfähigkeit der Leitungen, die Bestandteil des Netzes sind, zu verstehen. Ursache für einen nicht ausreichenden Abfuhrquerschnitt kann eine generell zu hohe Einspeiseleistung für die betreffende Netzebene sein.[1486]

(bb) Zweite Voraussetzung: Ertüchtigungsmaßnahmen bzw. Netzausbau nach § 6 Abs. 1 2. HS KraftNAV nicht möglich oder zumutbar

Nach § 6 Abs. 1 2. HS KraftNAV ist der Netzanschluss dann unzumutbar, wenn die technische Eignung des Netzanschlusses nicht durch dem Netzbetreiber mögliche

1480 *Lück*, in: Säcker (Hrsg.), Berliner Kommentar, Anh.§ 17 EnWG, § 6 KraftNAV, Rn. 14.

1481 Bundesnetzagentur, Aktuelle Kraftwerksprojekte in Deutschland und deren Implikationen für das Übertragungsnetz, S. 61.

1482 *Altmann/Schlayer*, Lehr- und Übungsbuch, Elektrotechnik, S. 105; *von Petz*, in: Riedel/Zander (Hrsg.), Praxishandbuch Energiebeschaffung, Kap. 8.1.8.1, S. 34.

1483 *Knies/Schierack*, Elektrische Anlagentechnik, S. 176.

1484 Bundesnetzagentur, Aktuelle Kraftwerksprojekte in Deutschland und deren Implikationen für das Übertragungsnetz, S. 61.

1485 *Von Petz*, in: Riedel/Zander (Hrsg.), Praxishandbuch Energiebeschaffung, Kap. 8.1.8.1, S. 34.

1486 *Hartmann*, in: Danner/Theobald (Hrsg.), Energierecht, § 6 KraftNAV, Rn. 24.

und zumutbare Maßnahmen zur Ertüchtigung des Netzanschlusspunkts oder zum Ausbau des Netzes bis zum nächsten Netzknoten hergestellt werden kann. Ertüchtigung meint die Verstärkung des Netzanschlusses.[1487] Netzknoten sind die Punkte im Netz, in denen eine Verteilung des Stroms in weitere Teile des Netzes stattfindet. Die Verteilung erfolgt durch Sammelschienen.[1488]

(aaa) Maßnahmen zur Ertüchtigung des Netzanschlusspunkts

Sind als Ertüchtigungsmaßnahmen nur Auf- oder Umrüstungsarbeiten am Anschlusspunkt (beispielsweise Erweiterung der Sammelschiene) vorzunehmen, so sind diese Vorkehrungen dem Netzbetreiber zuzumuten.[1489] Erweiterungen der Sammelschiene sind technisch grundsätzlich möglich und auch zumutbar. Begehrt der Anschlusspetent den Anschluss an das Netz in der Weise, dass der erforderliche Anschlusspunkt erst noch an einer bestimmten Stelle errichtet werden soll (Neubau einer Trafostation mit Sammelschiene), so fällt dies unter Maßnahmen zum Ausbau des Netzes (bbb).[1490]

(bbb) Maßnahmen zum Ausbau des Netzes von Anschlusspunkt zum nächsten Netzknoten

Ergibt sich aus der technischen Bewertung des Anschlusspunkts, dass die Geeignetheit durch den Ausbau des Netzes zwischen dem Anschlusspunkt und dem nächsten Netzknoten herbeigeführt werden kann, also technisch möglich ist, so stellt sich die Frage, ob eine solche Maßnahme dem Netzbetreiber technisch zumutbar ist. Abzugrenzen ist diese Maßnahme von der Pflicht zum Ausbau des Netzes, das sich vor dem Netzknoten befindet.[1491] Während der Netzanschluss bei technischer Unzumutbarkeit des Ausbaus zum nächsten Netzknoten verweigert werden kann, besteht beispielsweise bei einem Kapazitätsmangel hinter dem Netzknoten nur ein vorübergehendes Zugangsverweigerungsrecht (vgl. § 6 Abs. 2 KraftNAV).[1492]

1487 Bundesrats-Drucksache 283/07, S. 21.

1488 *Schwab*, Elektroenergiesysteme, 11. Schaltanlagen, S. 529.

1489 *Lück*, in: Säcker (Hrsg.), Berliner Kommentar, Anh.§ 17 EnWG, § 6 KraftNAV, Rn. 17.

1490 *Lück*, in: Säcker (Hrsg.), Berliner Kommentar, Anh.§ 17 EnWG, § 6 KraftNAV, Rn. 18.

1491 *Lück*, in: Säcker (Hrsg.), Berliner Kommentar, Anh.§ 17 EnWG, § 6 KraftNAV, Rn. 20.

1492 *Brunner*, Wettbewerb im Stromnetz, Kap. 3, S. 335; *Hartmann*, in: Danner/Theobald (Hrsg.), Energierecht, § 6 KraftNAV, Rn. 7; *de Wyl/Hartmann/Hilgenstock*, IR 2006, 199 (200); *von Hammerstein*, ZNER 2006, 110 (110).

Ein Ausbau des Netzes bis zum nächsten Netzknoten kann Maßnahmen wie den Neubau eines Netzes oder die Umrüstung des am Netzanschlusspunkt vorbeiführenden Netzes auf eine höhere Spannungsebene umfassen.[1493] Dabei gilt jedoch, dass die Anforderungen an die Zumutbarkeit steigen, je umfangreicher die erforderlichen Netzverstärkungsmaßnahmen sind.[1494] Hierbei ist insbesondere die langfristige Netzplanung des Netzbetreibers zu berücksichtigen. Würde eine notwendige Netzverstärkung bis zum nächsten Netzknoten etwa bedeuten, dass eine bestimmte 110-kV-Leitung auf eine höhere Spannungsebene aufgerüstet werden müsste, so kann das in § 1 Abs. 1 EnWG verankerte Gebot einer preisgünstigen und effizienten Versorgung unter Umständen die Wahl eines anderen Anschlusspunkts rechtfertigen.[1495] Dies gilt insbesondere dann, wenn abzusehen ist, dass die Leitung in Zukunft wegen einer geplanten Umsiedlung von Industriekunden zurückgebaut werden soll.[1496]

(ccc) Exkurs: Maßnahmen zum Ausbau des Netzes jenseits des Netzknotens

Fraglich bleibt, ob sich neben der aus § 6 Abs. 1 S. 1 2. HS KraftNAV abgeleiteten Pflicht zum Ausbau des Netzes bis zum nächsten Netzknoten auch eine Pflicht des Netzbetreibers zum Ausbau des Netzes jenseits des Netzknotens ableiten lässt. In § 9 des Verordnungsentwurfs des Bundeswirtschaftsministeriums vom 16.03.2007 war eine Regelung vorgesehen, die besagte, dass „dem Anschlussnehmer aus dem Netzanschluss kein Anspruch gegen den Netzbetreiber auf Netzausbaumaßnahmen zur Beseitigung von Netzkapazitätsengpässen im Sinne von § 7 Abs. 1 erwächst“. Diese Regelung wurde im Regierungsentwurf ersatzlos gestrichen. Dies ist darauf zurückzuführen, dass die Frage, ob der Anschlussnehmer einen Anspruch auf Netzausbau gegenüber dem Netzbetreiber hat, durch das EnWG bereits abschließend bewertet wird. Nach dem EnWG ist jedoch ein entsprechender Individualanspruch auf Erfüllung der Netzausbaupflicht nach § 11 Abs. 1 S. 1 EnWG nur eingeschränkt als Annex zum Netzzugangsanspruch aus § 20 EnWG zu bejahen.[1497] Ein subjektives Recht des Netzzugangspetenten zur Durchsetzung des Netzausbaus vermittelt § 11 Abs. 1 S.

1493 *Lück*, in: Säcker (Hrsg.), Berliner Kommentar, Anh.§ 17 EnWG, § 6 KraftNAV, Rn. 19.
1494 *Lück*, in: Säcker (Hrsg.), Berliner Kommentar, Anh.§ 17 EnWG, § 6 KraftNAV, Rn. 20.
1495 *Lück*, in: Säcker (Hrsg.), Berliner Kommentar, Anh.§ 17 EnWG, § 6 KraftNAV, Rn. 20.
1496 *Lück*, in: Säcker (Hrsg.), Berliner Kommentar, Anh.§ 17 EnWG, § 6 KraftNAV, Rn. 20.
1497 *Hartmann*, in: Danner/Theobald (Hrsg.), Energierecht, § 7 KraftNAV, Rn. 17; *Lück*, in: Säcker (Hrsg.), Berliner Kommentar, Anh. § 17, § 6 KraftNAV, Rn. 19.

1 EnWG nicht.[1498] Ein Annexanspruch auf Netzausbau ergibt sich dann, wenn der Netzbetreiber den Netzzugang wegen eines Kapazitätsmangels verweigert. In diesem Falle lässt sich aus § 20 Abs. 2 S. 3 EnWG i. V. m. § 11 Abs. 1 S. 1 EnWG zumindest mittelbar die Verpflichtung des Netzbetreibers entnehmen, die erforderlichen Maßnahmen zum Netzausbau zu ergreifen.[1499] Dies gilt insbesondere dann, wenn der Zugangspetent die Ausbaukosten übernimmt. In diesem Falle ist der Netzausbau dem Netzbetreiber wirtschaftlich zumutbar im Sinne von § 11 Abs. 1 S. 1 a. E. EnWG, da ihn keine Kostenlast trifft.[1500]

Auf der Tatbestandsseite des § 11 Abs. 1 S. 1 EnWG wird der Anspruch ferner durch das Merkmal des bedarfsgerechten Ausbaus beschränkt. Bedarfsgerecht ist der Netzausbau nur dann, wenn die Nachfrage aller Netznutzer, wie Erzeuger, Händler und Letztverbraucher, im Grundsatz langfristig erfüllt werden kann.[1501] Für den Bereich der Übertragungsnetzebene sind dabei die Möglichkeiten des Engpassmanagements zur Vermeidung eines überdimensionierten Übertragungsnetzes zu nutzen, um lediglich kurzfristig auftretende Engpässe zu bewirtschaften.[1502]

(ddd) Abschließende Übersicht

(cc) Alternativer Anschlusspunkt

Ergibt sich nun, dass der vom Anschlusspetenten begehrte Anschlusspunkt technisch nicht zur Aufnahme des erzeugten Stroms geeignet ist und die Eignung nicht durch dem Netzbetreiber mögliche und zumutbare Maßnahmen zur Ertüchtigung des Netzanschlusspunkts oder zum Ausbau des Netzes bis zum nächsten Netzknoten hergestellt werden kann, so kann der Netzbetreiber gemäß nach § 17 Abs. 2 i. V. m. § 6 Abs. 1 KraftNAV den Netzanschluss verweigern. Gemäß § 6 Abs. 3 KraftNAV ist er jedoch zugleich verpflichtet, dem Anschlussnehmer einen alternativen

---

1498 *Bourwieg*, in: Britz/Hellermann/Hermes (Hrsg.), Energiewirtschaftsgesetz, § 11 EnWG, Rn. 34.

1499 *Säcker/Boesche*, in: Säcker (Hrsg.), Berliner Kommentar, § 20 EnWG, Rn. 280.

1500 *Arndt*, in: Britz/Hellermann/Hermes (Hrsg.), Energiewirtschaftsgesetz, § 20 EnWG, Rn. 235; *Theobald/Zenke/Dessau*, in: Schneider/Theobald (Hrsg.), Energiewirtschaft, § 15, Rn. 129.

1501 *Bourwieg*, in: Britz/Hellermann/Hermes (Hrsg.), Energiewirtschaftsgesetz, § 11 EnWG, Rn. 35; *Theobald*, in: Danner/Theobald (Hrsg.), Energierecht, § 11 EnWG, Rn. 24.

1502 *De Wyl/Hartmann/Hilgenstock*, IR 2006, 218 (219); *Ritzau/de Wyl/Hartmann*, et 2007, 84 (84); *Pritzsche/Stephan/Pooschke*, RdE 2007, 36 (41); *Theobald*, in: Danner/Theobald (Hrsg.), Energierecht, § 11, Rn. 24; siehe hierzu im Folgenden unter (4).

Abb. 31: Abgrenzung von Ertüchtigungsmaßnahmen zum Netzausbau

	Kapazitätsengpass vor dem Netzknoten, der dem Anschlusspunkt vorgelagert ist	Kapazitätsengpass nach dem entsprechenden Netzknoten
Ertüchtigungsmaßnahmen bzw. Ausbau des Netzes	(+), nach § 6 Abs. 1 S. 1 2. HS KraftNAV, wenn Ertüchtigungsmaßnahmen oder Ausbau technisch möglich und wirtschaftlich zumutbar	Ggf. aus § 20 EnWG i. V. m. § 11 Abs. 1 EnWG
Netzengpassmanagement	(-)	Nach § 7 Abs. 1 KraftNAV

Eigene Darstellung, 2013

Anschlusspunkt zu benennen, der die geäußerten Absichten des Anschlussnehmers unter wirtschaftlichen Gesichtpunkten bestmöglich verwirklicht.[1503]

§ 6 Abs. 3 KraftNAV ist also zu entnehmen, dass ein Netzanschluss unter Berücksichtigung der Interessen des Anschlussnehmers und des Netzbetreibers grundsätzlich an dem Punkt erfolgen soll, an dem die geringsten Gesamtkosten für die Herstellung des Anschlusses anfallen.[1504] Zu diesem Zweck ist ein Kostenvergleich durchzuführen, bei dem, losgelöst von der jeweiligen Kostentragungspflicht, die Gesamtkosten miteinander zu vergleichen sind, die bei den verschiedenen Ausführungsmöglichkeiten für den Anschluss der betreffenden Anlage sowie für den Netzausbau anfallen.[1505] § 6 Abs. 3 KraftNAV ist so zu verstehen, dass der Netzbetreiber berechtigt und verpflichtet ist, falls er den Anschluss an dem begehrten (kosten)ungünstigeren Anschlusspunkt verweigert hat, einen anderen (kosten)günstigeren Anschlusspunkt vorzuschlagen, der im Rahmen des wirtschaftlich Zumutbaren die Interessen des Kraftwerksbetreibers bestmöglich verwirklicht.[1506]

1503 Bundesrats-Drucksache 283/07, S. 21.

1504 *Von Petz*, in: Riedel/Zander (Hrsg.), Praxishandbuch Energiebeschaffung, Kap. 8.1.8.1, S. 19, der das EEG vergleichend heranzieht.

1505 *Valentin*, ET 2009, 68 (69) mit Verweis auf BGH, Urteil v. 18.07.2007, Az. VIII ZR 288/05.

1506 Vgl. auch *Höppner*, ZNER 2008, 25 (28); *Brunner*, Wettbewerb im Stromnetz, Kap. 3, S. 342; vgl. auch BGH zum EEG, Urteil v. 18.07.2007, Az. VIII ZR 288/05, abgedruckt in ZNER 2007, 318 (321).

Dem Anschlussnehmer steht, wie bereits festgestellt, zunächst das Wahlrecht des Anschlusspunkts zu.[1507] Grundsätzlich ist davon auszugehen, dass der Anschlusspunkt in kürzester Entfernung zum Standort der Anlage auch mit den geringsten Kosten verbunden ist, da insoweit nur ein kurzer Weg mit Anschlusskabeln versehen werden muss. Sofern der Anschluss nicht mit den geringsten Kosten verknüpft ist, kann der Netzbetreiber den Netzanschluss am begehrten Anschlusspunkt nach § 17 Abs. 2 i. V. m. § 6 Abs. 1 KraftNAV verweigern. Das kann dazu führen, dass der Anschlussnehmer auch den Anschluss an einem von seinem Standort weiter entfernt liegenden Anschlusspunkt akzeptieren muss (einschließlich der höheren Kosten für die Anschlussleitung, die er nach § 8 Abs. 1 KraftNAV zu tragen hat), wenn die Kosten dieses Anschlusses geringer sind als die für eine ansonsten notwendige Aufrüstung eines näher gelegenen Netzabschnitts. Umgekehrt kann der Netzbetreiber aber auch verpflichtet sein, einen standortnahen Netzabschnitt auszubauen, auch wenn ein weiter entfernt liegender Anschlusspunkt verfügbar ist. Dies ist dann der Fall, wenn der standortnähere Anschluss insgesamt die geringeren Kosten, die für die Netzanschluss- und Netzausbaumaßnahmen anfallen, verursacht.

(b) Keine Verweigerungsmöglichkeit nach § 6 Abs. 2 KraftNAV wegen fehlender Netzkapazität

Nach § 6 Abs. 2 KraftNAV kann der Netzanschluss nicht im Hinblick darauf verweigert werden, dass in einem mit dem Anschlusspunkt verbundenen Netz Kapazitätsengpässe auftreten oder auftreten werden. Die Vorschrift stellt also klar, dass Fragen des Netzanschlusses nach § 17 EnWG nicht mit Fragen des Netzzugangs nach § 20 EnWG vermischt werden sollen.[1508] Der Netzanschluss nach § 17 EnWG stellt nur die physische Verbindung einer Erzeugungsanlage mit einem Elektrizitätsversorgungsnetz dar.[1509] Der Netzanschluss allein ermöglicht noch nicht die Einspeisung von Strom in das Netz. Erst der Netzzugang nach § 20 EnWG gibt dem Betreiber einer Erzeugungsanlage das Recht, das

---

1507 Siehe oben unter (1).

1508 *Wolf*, in: Säcker (Hrsg.), Handbuch zum deutsch-russischen Energierecht, Kap. 5, Rn. 50; *Hartmann*, in: Danner/Theobald (Hrsg.), Energierecht, § 6 KraftNAV, Rn. 7; *Stappert/Johannsen*, in: Rosin/Pohlmann/Gentzsch/Metzenthin/Böwing (Hrsg.), Praxiskommentar zum Energiewirtschaftsgesetz, § 17 EnWG, Rn. 89; *von Petz*, in: Riedel/Zander (Hrsg.), Praxishandbuch Energiebeschaffung, Kap. 8.1.8.1, S. 32.

1509 Siehe oben I. 3. a) aa).

Elektrizitätsversorgungsnetz zum „Abtransport" von Energie zu nutzen.[1510] Einspeisung und Entnahme von Energie sind daher Fragen des Netzzugangs nach § 20 EnWG.[1511] Physikalisch gesehen entstehen Netzengpässe nicht durch den Netzanschluss, sondern erst durch die Einspeisung.[1512] Aus diesem Grund stellt ein im Energieversorgungsnetz vorhandener oder drohender Engpass keinen Grund für eine Verweigerung des Netzanschlusses dar.[1513] Fehlende „Netzkapazität", um den Strom abzuleiten, kann nur zur Zugangsverweigerung nach § 20 Abs. 2 EnWG führen.[1514]

(aa) Bewertung vor Inkrafttreten der KraftNAV

Die Übertragungsnetzbetreiber verweigerten vor Inkrafttreten der KraftNAV in vielen Fällen den Netzanschluss. Sie vertraten hierbei die Auffassung, dass ein Netzanschluss erst gewährt werden könne, wenn der eingespeiste Strom jederzeit ohne Einschränkungen abtransportiert werden könne.[1515]

Zunächst spreche der Wortlaut des § 17 Abs. 3 Nr. 3 2. HS EnWG für die Möglichkeit einer Verweigerung des Netzanschlusses wegen eines Kapazitätsmangels im Netz. Hiernach gehören zu den Kriterien, die bei einer Verweigerung des Netzanschlusses berücksichtigt werden müssen, auch Netzstrukturgesichtspunkte, wie § 17 Abs. 3 S. 2 Nr. 3 2. HS EnWG zeige. Zu den Netzstrukturgesichtspunkten zählen wiederum auch im deutschen Übertragungsnetz vorhandene oder drohende Engpässe. Daher seien auch bei der Anschlussgewährung Fragen des Netzzugangs zu berücksichtigen.[1516] Dagegen spricht jedoch, dass diese Vorschrift, wie die Gesetzgebungsgeschichte zeigt, allein dazu dient, Regelungen zu den Anschlussbedingungen für Arealnetze zu

1510 *Hartmann*, in: Danner/Theobald (Hrsg.), Energierecht, § 17 EnWG, Rn. 21.

1511 *Koenig/Kühling/Rasbach*, Energierecht, S. 74.

1512 *De Wyl/Thies/Hartmann/Hilgenstock*, IR 2006, 199 (200).

1513 *Wolf*, in: Säcker (Hrsg.), Handbuch zum deutsch-russischen Energierecht, Kap. 5, Rn. 50.

1514 Bundesnetzagentur, Aktuelle Kraftwerksprojekte in Deutschland und deren Implikationen für das Übertragungsnetz, S.16; *Schmidt-Preuß*, Kollidierende Privatinteressen im Verwaltungsrecht, S. 779.

1515 Bundesnetzagentur, Jahresbericht 2006, S. 138 f.; Monopolkommission, Strom und Gas 2007: Wettbewerbsdefizite und zögerliche Regulierung (49. Sondergutachten), S. 97 f.

1516 Anhörung der Übertragungsnetzbetreiber durch die Bundesnetzagentur vgl. *Lück*, in: Säcker (Hrsg.), Berliner Kommentar, § 17 EnWG, Anh. § 1 KraftNAV, Rn.13, 14 sowie Bundesnetzagentur, Aktuelle Kraftwerksprojekte in Deutschland und deren Implikationen für das Übertragungsnetz, S. 16.

ermöglichen, die das hier vorliegende Problem gar nicht betreffen.[1517] Ferner würde die Anerkennung netzstruktureller Gründe als Beweggrund für eine Anschlussverweigerung zu einem Standortmanagement für Erzeugungsanlagen durch die Netzbetreiber führen.[1518] Der Netzbetreiber hat nicht die Aufgabe, den vom Gesetzgeber angenommenen Wettbewerb auf dem Erzeugungsmarkt zu regeln.[1519]

Behauptet wird von den Übertragungsnetzbetreibern darüber hinaus, dass der Wortlaut des § 17 Abs. 2 S. 3 EnWG („im Falle eines Kapazitätsmangels") zeige, dass der Netzbetreiber einem Kraftwerksanschlussbegehren Kapazitätsgründe entgegenhalten dürfe.[1520] Mit einem Kapazitätsmangel im Sinne von § 17 Abs. 2 S. 3 EnWG ist jedoch nur die mangelnde Anschlusskapazität zu verstehen.[1521] Diese ist streng von einem Fehlen der Netztransportkapazität zu trennen, um die es vorliegend geht.[1522] Zwar ist die Vorschrift missverständlich formuliert, denn sie fordert bei einer Verweigerung des Netzanschlusses wegen fehlender Kapazität vom Netzbetreiber, dem Anschlusspetenten die damit verbundenen „Kosten zum Ausbau des Netzes" mitzuteilen. Das Gesetz scheint also dem ersten Anschein nach davon auszugehen, dass auch ein Kapazitätsmangel im Netz und nicht nur in den Anschlussanlagen zur Anschlussverweigerung führen kann.[1523] Allerdings kann auch ein Ausbau von Anschlussanlagen ein „Ausbau des Netzes" sein, da der Teil der Anschlussanlagen auf Netzbetreiberseite (z. B. Transformatoren oder Sicherungen) Bestandteil des Netzes ist.[1524]

1517 Stellungnahme des Bundesrats, Bundestags Drucksache 15/3917, S. 82 und Erwiderung der Bundesregierung, Bundestags Drucksache 15/4068, S. 3.

1518 Bundesnetzagentur, Aktuelle Kraftwerksprojekte in Deutschland und deren Implikationen für das Übertragungsnetz, S. 18.

1519 Bundesnetzagentur, Aktuelle Kraftwerksprojekte in Deutschland und deren Implikationen für das Übertragungsnetz, S. 18.

1520 Anhörung der Übertragungsnetzbetreiber durch die Bundesnetzagentur, vgl. *Lück*, in: Säcker (Hrsg.), Berliner Kommentar, § 17 EnWG, Anh. § 1 KraftNAV, Rn. 13, 14, sowie Bundesnetzagentur, Aktuelle Kraftwerksprojekte in Deutschland und deren Implikationen für das Übertragungsnetz, S. 16.

1521 *Theobald/Zenke/Dessau*, in: Schneider/Theobald (Hrsg.), Recht der Energiewirtschaft, § 15, Rn. 171; *Stappert/Johannsen*, in: Rosin/Pohlmann/Gentzsch/Metzenthin/Böwing (Hrsg.), Praxiskommentar zum Energiewirtschaftsgesetz, § 17 EnWG, Rn. 88.

1522 *Brunner*, Wettbewerb im Stromnetz, Kap. 3, S. 265 f.; *Theobald/Zenke/Dessau*, in: Schneider/Theobald (Hrsg.), Recht der Energiewirtschaft, § 15, Rn. 171.

1523 *Hartmann*, in: Danner/Theobald (Hrsg.), Energierecht, § 6 KraftNAV, Rn. 12.

1524 *Hartmann*, in: Danner/Theobald (Hrsg.), Energierecht, § 6 KraftNAV, Rn. 12.

Auch wurde vielfach vertreten, dass ein Netzanschluss, der keine Nutzung des Netzes aufgrund von Netzengpässen ermöglicht, wirtschaftlich sinnlos sei.[1525] Es mag zwar richtig sein, dass ein Netzanschluss in Fällen, in denen dieser gar nicht zum Netzzugang genutzt werden kann, wirtschaftlich sinnlos scheint. Systematisch korrekt ist auch in diesen Fällen jedoch nur eine Zugangsverweigerung bei fehlenden Netzkapazitäten. Der Netzbetreiber hat kein berechtigtes Interesse, bei fehlenden Einspeisekapazitäten den Anschluss zu versagen. Ihn schützt die Möglichkeit, bei fehlender Netzkapazität den Netzzugang zu verweigern. Eine „vorbeugende Anschlussverweigerung" wegen des Risikos vereinzelter Engpässe ist nicht erforderlich. Ist eine Einspeisung außerhalb von Engpasszeiten technisch möglich, ist eine vollständige Anschlussverweigerung als unverhältnismäßiger Eingriff in das Recht des Anlagenbetreibers auf Netzanschluss nach § 17 Abs. 1 EnWG zu werten.[1526]

(bb) Klarstellung im Rahmen der KraftNAV

Mit der Regelung des § 6 Abs. 2 KraftNAV hat der Verordnungsgeber endlich für Klarheit gesorgt und den Streit entschieden, ob bereits der Netzanschluss mit Engpässen beim Netzzugang verweigert werden darf.[1527] § 6 Abs. 2 KraftNAV legt somit fest, dass Fragen des Netzanschlusses nach § 17 EnWG nicht mit Fragen des Netzzugangs nach § 20 EnWG vermischt werden sollen. Aus diesem Grund kann ein Netzanschluss nicht mit dem Hinweis darauf verweigert werden, dass in einem mit dem Anschlusspunkt direkt oder indirekt verbundenen Netz Kapazitätsengpässe auftreten oder auftreten werden.[1528]

Allerdings muss dabei berücksichtigt werden, dass auch der Anspruch auf Netzanschluss weiterhin wegen mangelnder Anschlusskapazität verweigert werden kann.[1529] Bezieht sich eine nicht ausreichende Kapazität auf den gewünschten Anschlusspunkt selbst oder auf den Netzabschnitt von diesem

---

1525 Anhörung der Übertragungsnetzbetreiber durch die Bundesnetzagentur, vgl. *Lück*, in: Säcker (Hrsg.), Berliner Kommentar, Anh. § 17 EnWG, § 1 KraftNAV, Rn. 13, 14 sowie Bundesnetzagentur, Aktuelle Kraftwerksprojekte in Deutschland und deren Implikationen für das Übertragungsnetz, S. 16.

1526 *De Wyl/Hartmann/Hilgenstock*, IR 2006, 199 (201).

1527 *De Wyl/Hartmann/von Petz*, ZNER 2007, 132 (136).

1528 *De Wyl/Thole*, in: Schneider/Theobald (Hrsg.), Recht der Energiewirtschaft, § 16, Rn. 200; *de Wyl/Hartmann/von Petz*, ZNER 2007, 132 (136).

1529 Siehe oben unter B. I. 3. a) cc) (5) (b) (aa); vgl. auch *Brunner*, Wettbewerb im Stromnetz, Kap. 3, S. 265, S. 267; *de Wyl/Thole*, in: Schneider/Theobald (Hrsg.), Recht der Energiewirtschaft, § 16, Rn. 200.

Anschlusspunkt bis zum nächsten Netzknoten, so handelt es sich um einen den Netzanschluss betreffenden Kapazitätsmangel.[1530] Dieser kann durch mögliche zumutbare Ertüchtigungsmaßnahmen nach § 6 Abs. 1 S. 1 2. HS KraftNAV beseitigt werden. Handelt es sich dagegen um einen Kapazitätsengpass im Netz, der hinter dem Netzknoten liegt, dem der Anschluss des Kraftwerks vorgelagert ist, so ist nur eine Netzzugangsverweigerung möglich.[1531] In diesen Fällen hat der Gesetzgeber das Engpassmanagement in § 7 KraftNAV gesetzlich geregelt und damit als mildere Maßnahme zur Anschlussverweigerung anerkannt. Eine Netzzugangsverweigerung ist jedenfalls die mildere Maßnahme im Vergleich zur Anschlussverweigerung.[1532] Der Anschlusspetent hat hier den Vorteil, dass er schon an das Netz angeschlossen ist und dass er möglicherweise nicht oder nur reduziert einspeisen darf. Er ist daher, selbst wenn er nicht einspeist, zumindest in das Netz eingebunden und kann, wenn der Engpass beseitigt ist, wieder am Netzbetrieb partizipieren.[1533]

(4) Exkurs: Kurzüberblick über das Netzengpassmanagement der KraftNAV

(a) Überblick

Bei den Netzengpässen ist zwischen temporären und langfristigen Engpässen zu differenzieren.[1534] Langfristige Engpässe können in Deutschland aus der regionalen Verschiebung des Kraftwerksparks, die wiederum zum einen durch die zu erwartende Stilllegung von Kernkraftwerken (tendenziell eher im Süden Deutschlands) sowie zum anderen durch den Aufbau großer Offshore-Kapazitäten bedingt sind, entstehen.[1535] Eine weitere Quelle für mögliche innerdeutsche Engpässe könnte sich aus einer ungeeigneten Ausgestaltung der Regelungen des grenzüberschreitenden Engpassmanagements ergeben. Dies könnte einer Verlagerung der Kapazitätsengpässe ins Landesinnere führen.[1536]

1530 Siehe oben unter (c) (ddd).

1531 Siehe oben unter (c) (ccc) und (ddd); so auch *Lück*, in: Säcker (Hrsg.), Berliner Kommentar, Anh. § 17 EnWG, § 6 KraftNAV, Rn. 7.

1532 *De Wyl/Thole*, in: Schneider/Theobald (Hrsg.), Recht der Energiewirtschaft, § 16, Rn. 170 mit Verweis auf *de Wyl/Hartmann/Hilgenstock*, IR 2006, 199 (201).

1533 *De Wyl/Thole*, in: Schneider/Theobald (Hrsg.), Recht der Energiewirtschaft, § 16, Rn. 167.

1534 *Hartmann*, in: Danner/Theobald (Hrsg.), Energierecht, § 7 KraftNAV, Rn. 30.

1535 Bundesnetzagentur, Aktuelle Kraftwerksprojekte in Deutschland und deren Implikationen für das Übertragungsnetz, S. 12f.

1536 VIK, Stellungnahme zum Fragenkatalog der Monopolkommission zur Vorbereitung eines Sondergutachtens gem. § 62 Abs. 1 EnWG, S. 6 f.

Temporäre Netzengpässe können beispielsweise aus Instandhaltungsmaßnahmen und Störungen im vorgelagerten Übertragungsnetz oder im nachgelagerten Verteilernetz resultieren, die die Abschaltung von Netzabschnitten erfordern.[1537] Ferner können Engpässe bei zusätzlichen Transitdurchleitungen, Lastflussänderungen oder durch zu gering dimensionierte Kuppelstellen entstehen.[1538] Auch bei intakten Netzen können Engpässe beispielsweise bei besonders starkem Wind und einer entsprechend großen Windanlage, die ebenfalls in das Netz einspeist, auftreten.[1539] Das kann dazu führen, dass die eingespeiste Strommenge vom Netz nicht mehr zu bewältigen ist.

(b) Gesetzliche Regelung

Den Kraftwerksbetreibern wird gemäß § 7 Abs. 1 und Abs. 2 KraftNAV bei Engpässen im deutschen Übertragungsnetz ein Anspruch auf bevorzugten Netzzugang eingeräumt, wenn sie bis zum 31.12.2007 ein Netzanschlussbegehren mit vollständigen Angaben nach § 3 Abs. 1 Nr. 1 KraftNAV an den Netzbetreiber gerichtet haben und ihre Erzeugungsanlage in der Zeit vom 01.01.2007 bis zum 31.12.2012 an das Netz angeschlossen wird oder ausschließlich aufgrund von Umständen, die sie nicht zu vertreten haben, erst zu einem späteren Zeitpunkt an das Netz angeschlossen werden kann. Nach § 7 Abs. 3 S. 1 KraftNAV ist der Anspruch auf bevorzugten Netzzugang auf zehn Jahre ab dem Datum der ersten Netzeinspeisung, spätestens jedoch ab dem 31.12.2012, befristet. Gemäß § 7 Abs. 3 S. 2 KraftNAV kann der Zugangspetent bei einem Netzengpass von dem Netzbetreiber die Bereitstellung von Leitungskapazität ohne die Erhebung zusätzlicher Entgelte verlangen.

(c) Kritik

Die Vorschrift des § 7 KraftNAV löst sowohl im Hinblick auf nationales Recht als auch mit Blick auf europäische Vorgaben in der Literatur sowie den Verbänden Bedenken aus.[1540]

1537 *Bourwieg*, in: Britz/Hellermann/Hermes (Hrsg.), Energiewirtschaftsgesetz, § 13 EnWG, Rn. 5.

1538 *De Wyl/Thole*, in: Schneider/Theobald (Hrsg.), Recht der Energiewirtschaft, § 16, Rn. 171.

1539 *De Wyl/Thole*, in: Schneider/Theobald (Hrsg.), Recht der Energiewirtschaft, § 16, Rn. 171.

1540 *Von Petz*, in: Riedel/Zander (Hrsg.), Praxishandbuch Energiebeschaffung, Kap. 8.1.8.1, S. 38; *Höppner*, ZNER 2008, 25 (28); *Stappert*, in: Stuhlmacher/Stappert/

Zunächst wird eine Grundrechtsverletzung von Art. 12 GG gegenüber Betreibern von Altkraftwerken sowie Betreibern von später als 2012 ans Netz angeschlossenen Kraftwerken behauptet.[1541] Gegen einen solchen Verstoß spricht jedoch, dass es verfassungsrechtlich hinreichend geklärt ist, dass Art. 12 GG kein „Recht auf die Erhaltung eines bestimmten Geschäftsumfangs und die Sicherung weiterer Erwerbsmöglichkeiten" gibt.[1542] Wenn sich bei Netzengpässen die Betreiber von Altanlagen auf Bestandsschutz mit der Argumentation berufen, dass derjenige, der zuerst ans Netz angeschlossen war, auch bei einem Engpass am längsten am Netz bleiben kann, würde dies bedeuten, dass die Betreiber einen Schutz vor Wettbewerb beanspruchten.[1543] Einen Schutz von Marktteilnehmern vor Wettbewerb kennt das Grundgesetz jedoch nicht.

Ferner wird ein Verstoß gegen Art. 3 GG wegen einer Ungleichbehandlung der bis 2012 angeschlossenen Kraftwerke gegenüber später an das Netz angeschlossenen Kraftwerken oder Altkraftwerken moniert.[1544] Allerdings ist nicht jede Ungleichbehandlung durch hoheitliches Handeln verfassungswidrig. Zu prüfen ist stets, ob ein sachlich rechtfertigender Grund für eine Ungleichbehandlung gegeben ist.[1545] Als sachlich rechtfertigender Grund für eine Ungleichbehandlung hinsichtlich der Altkraftwerke lassen sich die Ziele des § 1 EnWG anführen.[1546] Die „Starthilfe" für neue Kraftwerksprojekte bezweckt die Herstellung eines wirksamen Wettbewerbs auf dem Erzeugermarkt und damit eine preisgünstige Versorgung mit Strom.[1547] Darüber hinaus sind neue Kraftwerke effizienter und umweltverträglicher als Altkraftwerke.[1548] Daher erscheint ein sachlich rechtfertigender Grund zumindest für die Altkraftwerke gegeben. Im Rahmen der Verhältnismäßigkeit ist zu berücksichtigen, dass es sich nur um eine vorübergehende Maßnahme handelt.[1549]

Schoon/Jansen, Grundriss zum Energierecht, Teil 2, Kap. 2, E., Rn. 42; Pressemitteilung des VDEW v. 24.04.2007.

1541 So der VDEW (heute BDEW), vgl. Pressemitteilung v. 24.04.2007.

1542 *Jarass*, in: Jarass/Pieroth, GG, Art. 12, Rn. 15; BVerfGE 34, 252 (256); BVerfGE 105, 252 (265); BVerfGE, NJW 2005, 273 (274).

1543 *Hartmann*, in: Danner/Theobald (Hrsg.), Energierecht, § 7 KraftNAV, Rn. 41.

1544 Pressemitteilung des VDEW v. 24.04.2007.

1545 BVerfGE, NJW 2010, 2783 (2785); BVerfGE, 91, 118 (123).

1546 *De Wyl/Hartmann/Hilgenstock*, IR 2006, 218 (219).

1547 *De Wyl/Thole*, in: Schneider/Theobald (Hrsg.), Recht der Energiewirtschaft, § 16, Rn. 196.

1548 *De Wyl/Hartmann/von Petz*, ZNER 2007, 132 (135).

1549 *Hartmann*, in: Danner/Theobald (Hrsg.), Energierecht, § 7 KraftNAV, Rn. 48

Problematischer stellt sich hingegen die Rechtfertigung der Bevorzugung gegenüber den nach 2012 angeschlossenen Kraftwerken dar.[1550] Nach § 7 Abs. 2 Nr. 2 KraftNAV sind Anlagen, die nach dem 31.12.2012 an das Netz angeschlossen werden, nicht mehr von der Privilegierung erfasst. Hier lässt sich eine Rechtfertigung mit Blick auf die Effizienz der Kraftwerke nicht anführen, da mit Sicherheit davon auszugehen ist, dass die Kraftwerke, die nach 2012 ans Netz gehen, noch effizienter sind als solche, die derzeit angeschlossen werden. Hier argumentiert der Verordnungsgeber mit dem Ziel, einen möglichst raschen Anschluss von Kraftwerksprojekten voranzutreiben.[1551] Zwar ist diese Begründung im Rahmen der sachlichen Rechtfertigung nicht allein als ausreichend zu qualifizieren, jedoch ist auch hier zu berücksichtigen, dass es sich bei der Engpassregelung um eine vorübergehende Maßnahme handelt, die nur in Engpasssituationen zum Tragen kommt. Ferner ist davon auszugehen, dass sich ab 2020 die Übertragungsnetzbetreiber auf den neuen Kapazitätsbedarf, der durch den Zubau neuer konventioneller Kraftwerke vor allem im Norden sowie durch den Aufbau großer Offshore-Kapazitäten bedingt ist, bereits eingestellt und das Übertragungsnetz ihrer Verpflichtung aus § 11 Abs. 1 EnWG[1552] nachkommend bis zu diesem Zeitpunkt bedarfsgerecht ausgebaut haben werden, so dass keine Engpässe mehr zu befürchten sind.

Auch ein Verstoß von § 7 KraftNAV gegen die Art. 32 EltRl (2009/72/EG) kommt nicht in Betracht. Zwar müssen die Mitgliedstaaten danach den Netzzugang für alle zugelassenen Kunden nach objektiven Kriterien und ohne Diskriminierung ermöglichen. Dennoch lassen sich auch hier die sachlich rechtfertigenden Unterscheidungsmerkmale zwischen Alt- und Neuanlagen, die der deutsche Gesetzgeber im Rahmen seiner Einschätzungsprärogative genutzt hat, anführen.[1553] Somit zeigt sich, dass die Regelung des § 7 KraftNAV insgesamt keinen rechtlichen Bedenken ausgesetzt ist.[1554]

1550 So auch *de Wyl/Hartmann/von Petz*, ZNER 2007, 132 (135).

1551 Bundesrats-Drucksache 283/07, S. 22.

1552 Siehe oben (3) (a) (bb) (ccc).

1553 *De Wyl/Thole*, in: Schneider/Theobald (Hrsg.), Recht der Energiewirtschaft, § 16, Rn. 197; anders *Stappert*, in: Stuhlmacher/Stappert/Schoon/Jansen, Grundriss zum Energierecht, Teil 2, Kap. 2, E., Rn. 43.

1554 So auch *Ritzau/de Wyl/Hartmann*, et 2007, 84 (87).

(5) Kostentragung der Anschlussmaßnahmen und des Netzausbaus

(a) Regelung der KraftNAV

Wie bereits erläutert, trägt grundsätzlich der Anschlussnehmer die Netzanschlusskosten.[1555] Hintergrundgedanke ist das allgemeine Verursachungsprinzip.[1556] Die Anschlussanlagen werden allein für den Anschlussnehmer errichtet und nur von ihm genutzt. Sie kommen nicht dem Netzbetreiber bzw. der Allgemeinheit zugute. Somit muss der Kraftwerksbetreiber die Kosten für die Verbindungsleitung zwischen seiner Anlage und dem Netzanschlusspunkt tragen, soweit er diese alleine beansprucht. Wird die Verbindungsleitung nun von weiteren Anschlussnehmern (mit)genutzt, so lässt das Verursachungsprinzip es nicht zu, dass nur einem Anschlussnehmer die Kosten auferlegt werden.[1557]

Genau diesen Grundsatz greift § 8 Abs. 1 KraftNAV auf und bestimmt, dass der Anschlussnehmer die Kosten für die Verbindung zwischen der Erzeugungsanlage und dem Netzanschlusspunkt zu tragen hat. § 8 Abs. 3 KraftNAV stellt klar, dass neben diesen Netzanschlusskosten vom Kraftwerksbetreiber keine Netzausbaukosten (sogenannte Kosten zur Verstärkung des Netzes) zu tragen sind. Auch hier stimmt die Regelung der KraftNAV mit dem allgemein geltenden Kostentragungsprinzip nach den §§ 17, 18 EnWG überein.[1558]

Was genau unter den Kosten des Netzanschlusses, die dem Anschlussnehmer aufzuerlegen sind, und den Kosten des Netzausbaus, die der Netzbetreiber zu tragen hat, zu verstehen ist, kann § 8 Abs. 2 KraftNAV entnommen werden. Der Kraftwerksbetreiber trägt nach S. 1 die Kosten für alle Neuerrichtungen und Verstärkungen vorhandener Anlagen zwischen seiner Erzeugungsanlage und dem Netzanschlusspunkt. Hierzu zählen insbesondere die Kosten der Anschlusstechnik, die Kosten für die elektrische Zuleitung bis zum Anschlusspunkt, also vor allem für Verbindungsleitungen und die zugehörigen Erdarbeiten, die Kosten für die Messeinrichtungen und ggf. für

---

1555 *Bourwieg*, in: Britz/Hellermann/Hermes (Hrsg.), Energiewirtschaftsgesetz, § 17 EnWG, Rn. 19b; siehe oben unter I. 3. dd) (2).

1556 Zu diesem Grundsatz vgl. *Lück*, in: Säcker (Hrsg.), Berliner Kommentar, Anh. § 17 EnWG, § 8 KraftNAV, Rn. 2; *Wolf*, in: Säcker (Hrsg.), Handbuch zum deutsch-russischen Energierecht, Kap. 5, Rn. 51.

1557 *De Wyl/Thole*, in: Schneider/Theobald (Hrsg.), Recht der Energiewirtschaft, § 16, Rn. 201; *Hartmann*, in: Danner/Theobald (Hrsg.), Energierecht, § 9 NAV, Rn. 14; *de Wyl/Hartmann/von Petz*, ZNER 2007, 132 (136).

1558 Siehe oben I. 3. dd) (3).

Transformatorstationen.[1559] Ist gemäß § 6 Abs. 1 S. 1 letzter Halbsatz KraftNAV auch ein Ausbau des Netzes vom Anschlusspunkt zum nächsten Netzknoten erforderlich, so hat diese Kosten nach § 8 Abs. 2 S. 2 KraftNAV ebenfalls der Kraftwerksbetreiber zu übernehmen. Die elektrischen Bauteile, die zur Verstärkung des Netzes bis zum nächsten Netzknoten errichtet werden, gehen regelmäßig ins Eigentum des Netzbetreibers über, damit auch andere Netznutzer von der Verstärkung profitieren können. Aus diesem Grund hat der Verordnungsgeber § 8 Abs. 2 um einen S. 3 ergänzt, wonach die Anschaffungs- und Herstellungskosten für Betriebsmittel, die in das Eigentum des Netzbetreibers übergehen, nicht der Kraftwerksbetreiber zu tragen hat.[1560]

Eine Abweichung von dem allgemein geltenden Kostentragungsprinzip ergibt sich zuletzt aus § 8 Abs. 3 2. HS KraftNAV, wonach die Erhebung von Baukostenzuschüssen anders als bei Anschlussnehmern, die sich auf Stromentnahmeseite befinden, nicht möglich ist.[1561] Eine über die Netzausbaukosten hinausgehende Beteiligung an netzrelevanten Kosten ist im Interesse wettbewerbsfähiger neuer Kraftwerksprojekte nicht vorgesehen.[1562]

(b) Kostentragung bei Verweis auf alternativen Anschlusspunkt

Fraglich ist, wer die Mehrkosten zu tragen hat, wenn der Netzbetreiber den Kraftwerksbetreiber an einem anderen als dem ursprünglich begehrten Netzanschlusspunkt anschließen möchte. Mehrkosten können aus dem Umstand resultieren, dass der alternativ vorgeschlagene Netzanschlusspunkt vom Kraftwerk weiter entfernt ist als der ursprünglich vorgesehene Verknüpfungspunkt.[1563] Nach dem oben Erläuterten trifft den Kraftwerksbetreiber grundsätzlich die Kostenlast, da er nach § 8 Abs. 1 KraftNAV die Aufwendungen für die Verbindung zwischen der Erzeugungsanlage und dem Netzanschlusspunkt zu tragen hat.[1564] Etwas Abweichendes könnte sich aus einer entsprechenden Heranziehung des § 13 Abs. 2 EEG ergeben.

1559 Zum EEG vgl. *Schäfermeier*, in: Reshöft (Hrsg.), Erneuerbare-Energien-Gesetz, § 13 EEG, Rn. 11.

1560 *Von Petz*, in: Riedel/Zander (Hrsg.), Praxishandbuch Energiebeschaffung, Kap. 8.1.8.1, S. 45.

1561 Siehe oben unter B. I. 3. a) dd) (4) (a).

1562 *Wolf*, in: Säcker (Hrsg.), Handbuch zum deutsch-russischen Energierecht, Kap. 5, Rn. 51;

1563 Zum EEG vgl. *Schäfermeier*, in: Erneuerbare-Energien-Gesetz, § 13 EEG, Rn. 11.

1564 Siehe oben unter (a).

Diese Vorschrift besagt, dass der Netzbetreiber die Mehrkosten zu tragen hat, wenn er dem Anschlussnehmer einen alternativen Anschlusspunkt zugewiesen hat. [1565]

Für eine Anwendung dieses Grundsatzes auch auf die KraftNAV sprechen zwei Argumente. Zum einen ist genau wie dem EEG der KraftNAV eine Privilegierung der jeweiligen in den Anwendungsbereich der Normen fallenden Anlagen zu entnehmen.[1566] Hierzu zählt insbesondere, dass den Anlagenbetreibern nach dem EEG sowie der KraftNAV ein Bestimmungsrecht hinsichtlich der Lage des Netzanschlusspunkts zukommt.[1567] Kann dieses Bestimmungsrecht nun nicht ausgeübt werden, weil der Netzbetreiber auf einen alternativen Anschlusspunkt verweist, so erscheint es sachgerecht, dass der Netzbetreiber die Kosten trägt.

Zum anderen entspricht das Kostentragungssystem der KraftNAV bis auf die Regelung des § 13 Abs. 2 EEG dem des EEG.[1568] Daher kann das Kostentragungssystem des EEG als allgemeiner Rechtsgrundsatz verstanden werden, was zur Folge hat, dass auch die Vorschrift des § 13 Abs. 2 EEG im Bereich der KraftNAV heranzuziehen ist.[1569] Allerdings ist einschränkend zu berücksichtigen, dass die Kostentragungspflicht des Netzbetreibers entsprechend § 13 Abs. 2 EEG nur greifen kann, wenn dem Netzbetreiber kein Netzanschlussverweigerungsgrund zur Seite steht.[1570] Andernfalls ergäbe sich eine unangemessene Benachteiligung des Netzbetreibers. Obwohl dieser sich erfolgreich auf einen Verweigerungsgrund berufen kann, müsste er die Folgekosten der Verweigerung des Netzanschlusses tragen. Zusammenfassend ergibt sich für die KraftNAV daher Folgendes: Der Netzbetreiber muss dann die Netzanschlusskosten übernehmen, wenn er den Anschlussnehmer auf einen alternativen Anschlusspunkt verwiesen hat, ohne dass eine Anschlussverweigerung gerechtfertigt gewesen wäre. Ist also ein Netzanschluss am begehrten Anschlusspunkt nach technisch zumutbaren Ertüchtigungsmaßnahmen oder nach einem technisch zumutbaren Ausbau des Netzes zum nächsten Netzknoten möglich, muss der Netzbetreiber, der zur Vermeidung dieser

---

1565 Bundestags Drucksache 16/8148, S 48; *Altrock*, in: Altrock/Oschmann/Theobald (Hrsg.), Erneuerbare-Energien-Gesetz, § 13 EEG, Rn. 24.

1566 *Hartmann*, in: Danner/Theobald (Hrsg.), Energierecht, § 3 KraftNAV, Rn. 30 sowie § 8 KraftNAV, Rn. 6.

1567 Zur KraftNAV siehe oben (1) (b); zum EEG, vgl. *Bönning*, in: Reshöft, Erneuerbare-Energien-Gesetz, § 5 EEG, Rn. 32; *Salje*, Erneuerbare-Energien-Gesetz, § 5 EEG, Rn. 48.

1568 *De Wyl/Thole*, in: Schneider/Theobald (Hrsg.), Recht der Energiewirtschaft, § 16, Rn. 201.

1569 *Hartmann*, in: Danner/Theobald (Hrsg.), Energierecht, § 8 KraftNAV, Rn. 6.

1570 *Hartmann*, in: Danner/Theobald (Hrsg.), Energierecht, § 8 KraftNAV, Rn. 6.

Maßnahmen den Anschlussnehmer auf einen alternativen Anschlusspunkt verwiesen hat, die daraus resultierenden Mehrkosten tragen.[1571]

4. Abgrenzung zum Netzanschluss von Kraftwerken, die nicht in den Anwendungsbereich der KraftNAV fallen

Es ist zu untersuchen, welche Konflikte sich beim Netzanschluss von Erzeugungsanlagen ergeben, die nicht in den Anwendungsbereich der KraftNAV fallen.

a) Konflikte hinsichtlich des Anschlussverfahrens

Zunächst gibt es für Erzeugungsanlagen außerhalb der KraftNAV kein gesetzlich vorgegebenes Anschlussverfahren. Mangels Vorgaben hinsichtlich eines solchen Verfahrens ist davon auszugehen, dass der Kraftwerksbetreiber eine schriftliche Anfrage an den Netzbetreiber richtet, die Angaben zum Netzanschlussbegehren und eine Prognose zu der benötigten Leitungskapazität für eine entsprechende Anschlussnutzung enthält.[1572] Er muss u. a. Angaben machen zum geplanten Anlagenkonzept, zu besonderen Eigenschaften des Kraftwerks, zum beabsichtigten Zeitpunkt für die Inbetriebnahme, zu den technischen Daten der Generatoren für jede Erzeugungseinheit sowie zu den Kabel- und Freileitungen des Einspeiseanschlusses.[1573] Ergänzend kann der Anschlussnehmer hierzu die Informationen heranziehen, die der Netzbetreiber auf seiner Internetseite nach § 3 Abs. 1 KraftNAV publiziert. Der Netzbetreiber ist dann verpflichtet, entsprechende Prüfungen durchzuführen. Zu Vorschusszahlungen ist der Kraftwerksbetreiber im Unterschied zur Regelung der KraftNAV nicht verpflichtet. Es kann aber zu den AGB des Netzbetreibers gehören, diese zu fordern.[1574]

Nach den Prüfungen ist es auch außerhalb des Anwendungsbereichs der KraftNAV üblich, dass der Netzbetreiber dem Anschlussnehmer eine Anschlusszusage erteilt. Daran anschließend müssen Anschlussnehmer und Netzbetreiber zur Vorbereitung des Netzanschlussvertrags zwar keinen Verhandlungsplan entsprechend § 4 Abs. 2 KraftNAV vereinbaren, der die rasche Realisierung des Netzanschlussvertrags zum Ziel hat, jedoch ist auch eine zeitnahe Umsetzung

---

1571 *Hartmann*, in: Danner/Theobald (Hrsg.), Energierecht, § 8 KraftNAV, Rn. 6.

1572 *Hartmann*, in: Danner/Theobald (Hrsg.), Energierecht, § 17 EnWG, Rn. 73.

1573 *Von Hammerstein*, ZNER 2006, 110 (116).

1574 *De Wyl/Thole*, in: Schneider/Theobald (Hrsg.), Recht der Energiewirtschaft, § 16, Rn. 136; *Hartmann*, in: Danner/Theobald (Hrsg.), Energierecht, § 17 EnWG, Rn. 84.

des Netzanschlussvertrags außerhalb des Anwendungsbereichs der KraftNAV zu fordern. Vereitelt eine Partei das Zustandekommen, so wird den Parteien der Weg zur Regulierungsbehörde mit einem besonderen Missbrauchsverfahren gemäß § 31 EnWG ermöglicht.[1575] In der Regel dürfte es eher Sache des Anschlussnehmers sein, notfalls diesen Weg zu bestreiten. Sobald der Netzanschlussvertrag geschlossen ist, wird ähnlich einem Realisierungsfahrplan das weitere Vorgehen zwischen Netzbetreiber und Kraftwerksbetreiber vereinbart.[1576]

b) Konflikte hinsichtlich der materiellen Anschlussvorgaben

In materieller Hinsicht ist der Anspruch eines Kraftwerksbetreibers auf Netzanschluss genau wie bei Erzeugungsanlagen nach der KraftNAV an § 17 EnWG zu messen, jedoch mit dem Unterschied, dass die konkretisierenden Vorschriften der §§ 3 ff. KraftNAV nicht direkt anwendbar sind.[1577]

aa) Wahlrecht hinsichtlich der Lage des Anschlusspunkts

Außerhalb des Anwendungsbereichs der KraftNAV stellt sich insbesondere die Frage, ob sich auch hier ein Wahlrecht des Kraftwerksbetreibers hinsichtlich der Lage des Anschlusspunkts ergibt.

Die Frage nach einem Bestimmungsrecht des Anschlussnehmers bezüglich der Lage eines geeigneten Anschlusspunkts innerhalb des jeweiligen Netzes wird in § 17 Abs. 1 EnWG nicht geregelt. Mit Beschluss vom 23.06.2009 hat der BGH entschieden, dass dem Anschlussnehmer jedenfalls das Wahlrecht hinsichtlich der Spannungsebene zukomme.[1578] Eine Beschränkung nur auf ein Wahlrecht des Anschlussnehmers im Hinblick auf die Spannungsebene kann der Vorschrift des § 17 EnWG nicht entnommen werden. Wenn schon der Anschlusspetent das freie Wahlrecht hinsichtlich der Anschlussebene hat,[1579] sollte ihm dies auch hinsichtlich der Lage des Anschlusspunkts zukommen. Hierfür spricht auch die Gesetzesbegründung, nach der § 17 EnWG „alle Sachverhalte des Netzanschlusses“ umfassen soll.[1580] Eine Differenzierung zwischen der

---

1575 *Robert*, in: Britz/Hellermann/Hermes (Hrsg.), Energiewirtschaftsgesetz, § 30 EnWG, Rn. 18; *von Hammerstein*, ZNER 2006, 110 (116).

1576 *Rosin/Heinlein*, RdE 2005, 29 (33).

1577 Siehe oben unter 3. b) sowie bb).

1578 BGH, Beschluss v. 23.06.2009, „Agrarfrost“, Az. EnVR 48/08, abgedruckt in RdE 2009, 336 (337); siehe oben unter B. II. 3. b) bb) (3) (b).

1579 BGH, RdE 2009, 336 (337).

1580 Bundestags-Drucksache 15/3917, S. 58.

Wahl der Spannungsebene und der Lage des Anschlusspunkts ist dem gerade nicht zu entnehmen, wenn der Gesetzgeber in § 17 Abs. 1 EnWG „alle Sachverhalte“ regeln wollte. Ein Bestimmungsrecht des Anschlusspetenten, das nur auf die Spannungsebene bezogen ist, wäre auch mit der Systematik des § 17 EnWG nicht zu vereinen. Der Gesetzgeber wollte ausweislich der Gesetzesbegründung in § 17 Abs. 1 EnWG ein umfassendes Wahlrecht des Anschlussnehmers statuieren, was auch dem marktwirtschaftlichen Grundkonzept entspricht, wonach es der Nachfrageseite überlassen ist, welches Angebot sie von einem Anbieter in Anspruch nehmen will.[1581] Somit lässt sich festhalten, dass Kraftwerksbetreiber, deren Erzeugungsanlagen nicht in den Anwendungsbereich der KraftNAV fallen, auch die Lage des Anschlusspunkts innerhalb des Netzes bestimmen können. Aber auch außerhalb der KraftNAV kann ein Bestimmungsrecht des Anschlussnehmers nicht „schrankenlos“ gewährt werden. Die Wahl des Anschlusspunkts findet ihre Grenze im Verweigerungsrecht des Netzbetreibers nach § 17 Abs. 2 EnWG.

bb) Anschlussverweigerung

Der Anschluss kann auch außerhalb des Anwendungsbereichs der KraftNAV mit dem Hinweis auf eine nicht ausreichende Kurzschlussleistung oder einen nicht ausreichenden Abfuhrquerschnitt verweigert werden. Hierbei handelt es sich um technische Gegebenheiten, die unabhängig von der Nennleistung des anzuschließenden Kraftwerks auftreten können.[1582] Allerdings ist auch hier zu beachten, dass diese technischen Gründe nur eine Verweigerung rechtfertigen, wenn der Netzbetreiber die Geeignetheit nicht durch mögliche und zumutbare Maßnahmen herstellen kann.

Die umstrittene Frage, ob ein Netzanschluss wegen mangelnder Netzkapazität verweigert werden kann,[1583] ist durch die KraftNAV abschließend geklärt worden.[1584] Ein Netzanschluss kann hiernach nicht mit dem Hinweis darauf verweigert werden, dass in dem Netz, an das die Energieerzeugungsanlage an-

---

1581 Bundesnetzagentur, „Agrarfrost-Beschluss“ v. 23.08.2007, Az. BK6 07-013, Rn. 57; *Hartmann*, in: Danner/Theobald (Hrsg.), Energierecht, § 17 EnWG, Rn. 37; *Buntscheck*, WuW 2006, 30 (31).

1582 *Altmann/Schlayer*, Lehr- und Übungsbuch, Elektrotechnik, 2.6 S. 105.

1583 Hierzu *de Wyl/Hartmann/Hilgenstock*, IR 2006, 199 (200); *von Hammerstein*, ZNER 2006, 110 (110); Bundesnetzagentur, Aktuelle Kraftwerksprojekte in Deutschland und deren Implikationen für das Übertragungsnetz, S. 15.

1584 Siehe oben unter 3. b) bb) (3) (c).

geschlossen ist, Kapazitätsengpässe auftreten. Somit gilt auch außerhalb der KraftNAV, dass eine Anschlussverweigerung nach § 17 Abs. 2 EnWG nur wegen fehlender Anschlusskapazität möglich ist. Zur Abgrenzung zwischen mangelnder Anschluss- und Netzkapazität kann auf die Bestimmungen der KraftNAV zurückgegriffen werden. Bezieht sich eine nicht ausreichende Kapazität auf den gewünschten Anschlusspunkt selbst oder auf den Netzabschnitt von diesem Anschlusspunkt bis zum nächsten Netzknoten, so handelt es sich um einen den Netzanschluss betreffenden Kapazitätsmangel. Handelt es sich dagegen um einen Kapazitätsengpass im Netz, das hinter dem Netzknoten liegt, dem der Anschluss des Kraftwerks vorgelagert ist, so ist nur eine Netzzugangsverweigerung nach § 20 Abs. 2 EnWG möglich.[1585]

cc) Baukostenzuschüsse

Der KraftNAV ist hinsichtlich der Baukostenzuschüsse eine eindeutige Privilegierung zu entnehmen. In § 8 Abs. 3 KraftNAV wird geregelt, dass der Anschlussnehmer Baukostenzuschüsse sowie die Kosten für sonstige Netzverstärkungsmaßnahmen nicht zu tragen hat.

Fraglich ist, ob dieser Grundsatz auch für Anschlussnehmer von Erzeugungsanlagen gilt, die nicht in den Anwendungsbereich der KraftNAV fallen. Für Anschlusspetenten auf der Stromentnahmeseite, die einen Netzanschluss sowohl in Niederspannung als auch in höheren Spannungsebenen begehren, ist allgemein anerkannt, dass der Netzbetreiber einen Baukostenzuschuss verlangen kann.[1586] Zwar ermächtigt § 11 Abs. 1 NAV nur zur Erhebung von Baukostenzuschüssen beim Netzanschluss in Niederspannung, in allen übrigen Spannungsebenen ist die Erhebung eines Baukostenzuschusses an § 17 Abs. 1 EnWG zu messen.[1587]

Ob dies gleichermaßen für den Netzanschluss von Erzeugungsanlagen, also Anschlusspetenten, die auf der Stromeinspeiseseite stehen, gilt, ist bisher nicht geklärt. Einigkeit besteht nur insoweit, dass der Netzbetreiber von Einspeisern,

---

1585 Siehe oben unter 3. b) bb) (3) (a) (bb) (bbb) sowie (c); *Lück*, in: Säcker (Hrsg.), Berliner Kommentar, Anh. § 17 EnWG, § 6 KraftNAV, Rn. 7.

1586 Siehe oben unter B. I. 3. a) 4) (c) (cc); *Hartmann*, in: Danner/Theobald (Hrsg.), Energierecht, § 17 EnWG, Rn. 98; *de Wyl/Thole*, in: Schneider/Theobald (Hrsg.), Recht der Energiewirtschaft, § 16, Rn. 180.; ebenso *vom Wege*, in: Zander/Riedel/Kraus, Praxishandbuch Energiebeschaffung, II.1.3.8, S. 23; *Boesche*, in: Säcker (Hrsg.), Berliner Kommentar, § 18 EnWG Anh., Rn. 44.

1587 Siehe oben unter B. I. 3. a) 4) (c) (cc); *Rosch/ Hartmann/van der Velden*, IR 2010, 170 (170); *Brunner*, Wettbewerb im Stromnetz, Kap. 3, S. 408.

die Strom zur Eigenbedarfssicherung ihres Kraftwerks aus dem Netz entnehmen, einen Baukostenzuschuss verlangen kann.[1588]

Gegen die Erhebung von Baukostenzuschüssen bei Erzeugungsanlagen könnte die Regelung des § 15 Abs. 1 S. 3 StromNEV sprechen.[1589] Diese Vorschrift legt fest, dass der Netzbetreiber für die Einspeisung elektrischer Energie keine Netzentgelte verlangen kann. Dazu müssten Baukostenzuschüsse auch Netzentgelte sein. Unter einem Entgelt versteht man eine Bezahlung oder Vergütung als Gegenleistung für geleistete Arbeit.[1590] Die Netznutzungsentgelte sind im Energiemarkt Entgelte, die Strom- und Gasnetzbetreiber für den Netzzugang, also für die Netzdurchleitung, von den Netznutzern erheben.[1591] Teilweise wird vertreten, dass der über Baukostenzuschüsse mitfinanzierte Netzausbau die Einspeisung und damit den Netzzugang ermögliche und aus diesem Grund Baukostenzuschüsse als Netzzugangsentgelte zu qualifizieren seien.[1592]

Im Unterschied zu den Netzentgelten wird der Baukostenzuschuss jedoch einmalig vom Anschlussnehmer und nicht über den Verbrauch vom Netznutzer (bzw. mittelbar vom Anschlussnutzer als Stromkunden) gezahlt. Einem solchen Verständnis widerspricht ferner die Regelung des § 9 Abs. 1 und Abs. 2 StromNEV. Hiernach sind neben den Netzanschlusskosten Baukostenzuschüsse von den Netzkosten, welche die Grundlage für die Entgeltbildung sind, in Abzug zu bringen.[1593] Somit zeigt sich, dass Baukostenzuschüsse gerade nicht als Netzentgelte zu qualifizieren sind. Abs. 2 regelt, dass Baukostenzuschüsse, die im Zusammenhang mit der Errichtung eines Anschlusses für die Einspeisung elektrischer Energie entrichtet wurden, anschlussindividuell über die Dauer von 20 Jahren linear aufzulösen sind. Hier wird deutlich, dass der Verordnungsgeber davon ausgeht, dass auch ein Baukostenzuschuss bei Anschlüssen, die der Einspeisung von Elektrizität dienen, verlangt werden kann.[1594]

1588 *Hartmann*, in: Danner/Theobald (Hrsg.), Energierecht, § 17 EnWG, Rn. 103.

1589 *Hartmann*, in: Danner/Theobald (Hrsg.), Energierecht, § 11 NAV, Rn. 18, sowie § 17 EnWG, Rn. 103.

1590 Duden, Das große Wörterbuch der deutschen Sprache, Band 3, S. 1038.

1591 *Koenig/Kühling/Rasbach*, Energierecht, S. 106.

1592 *De Wyl/Hartmann/Bergmann*, IR 2009, 26 (27); *Rosch/Hartmann/van der Velden*, IR 2010, 194 (197); *Schwartz*, Die Zulässigkeit der Erhebung von Baukostenzuschüssen nach nationalen und europäischen Energierecht, S. 160.

1593 Siehe hierzu *Bartsch/Meyer/Pohlmann*, in: Säcker (Hrsg.), Berliner Kommentar, Anh. B § 24 EnWG, § 9 StromNEV.

1594 *Stappert/Johannsen*, in: Rosin/Pohlmann/Gentzsch/Metzenthin/Böwing (Hrsg.), Praxiskommentar zum Energiewirtschaftsgesetz, § 17 EnWG, Rn. 51; *Hartmann*,

Zudem spricht für die Möglichkeit der Erhebung von Baukostenzuschüssen, dass die Ausnahmen in § 8 Abs. 3 KraftNAV und § 14 EEG überflüssig wären, wenn der Gesetzgeber ohnehin von einer Unzulässigkeit von Baukostenzuschüssen auf der Einspeiseseite ausginge.[1595]

Auch das Positionspapier der Bundesnetzagentur spricht, obwohl es nicht direkt zur Erhebung von Baukostenzuschüssen auf Einspeiserseite Stellung bezieht, als Argument für die Zulässigkeit der Erhebung. Die Kernaussage des Positionspapiers lautet nämlich, dass der Netzbetreiber generell berechtigt ist, auch außerhalb der Niederspannung Baukostenzuschüsse zu verlangen.[1596] Eine Differenzierung zwischen der Stromeinspeise- und Stromentnahmeseite nimmt die Bundesnetzagentur nicht vor, sodass daraus geschlossen werden kann, dass die Bundesnetzagentur von der Zulässigkeit in beiden Fällen ausgeht. [1597]

Der Netzbetreiber kann demnach von Betreibern von Erzeugungsanlagen außerhalb der KraftNAV Baukostenzuschüsse verlangen. Dies ergibt sich aus § 17 EnWG.[1598] Die Vorschrift bestimmt, dass der Netzanschluss insbesondere zu technischen und wirtschaftlichen Bedingungen zu erfolgen hat, die angemessen, transparent und diskriminierungsfrei und nicht ungünstiger sind als gegenüber den unternehmens- oder konzerninternen Nachfragern. Zu den Bedingungen zählt auch die Erhebung von Baukostenzuschüssen. Ist die Klausel im Netzanschlussvertrag, die den Baukostenvorschuss vorsieht, angemessen, transparent und diskriminierungsfrei, so steht der Erhebung gegenüber Kraftwerksbetreibern nichts im Wege.[1599]

Hinsichtlich der Baukostenzuschüsse sind Anlagen nach der KraftNAV sowie nicht die Voraussetzungen der Verordnung erfüllende Kraftwerke somit differenziert zu behandeln.

---

in: Danner/Theobald (Hrsg.), Energierecht, § 17 EnWG, Rn. 103, im Ergebnis aber ablehnend.

1595 *Stappert/Johannsen*, in: Rosin/Pohlmann/Gentzsch/Metzenthin/Böwing (Hrsg.), Praxiskommentar zum Energiewirtschaftsgesetz, § 17 EnWG, Rn. 51.

1596 Bundesnetzagentur, Positionspapier zur Erhebung von Baukostenzuschüssen (BKZ) für Netzanschlüsse im Bereich von Netzebenen oberhalb der Niederspannung, S. 1.

1597 *Rosch/Hartmann/van der Velden*, IR 2010, 194 (197); *de Wyl/Hartmann/Bergmann*, IR 2009, 26 (27).

1598 *Vom Wege*, in: Zander/Riedel/Kraus, Praxishandbuch Energiebeschaffung, II.1.3.8, S. 23; *Boesche*, in: Säcker (Hrsg.), Berliner Kommentar, Anh. § 18 EnWG, § 11 NAV, Rn. 44 f.

1599 Siehe oben unter B. I. 3. a) dd) (4) (a) (cc).

c) Fazit

Beim Anschlussverfahren zeigen sich keine großen Unterschiede zum Verfahren nach der KraftNAV. Die Sanktionen, die bei Nichteinhaltung der Vorgaben vorgesehen sind, finden außerhalb der KraftNAV zwar keine Anwendung, jedoch besteht für beide Parteien jederzeit die Möglichkeit, die Bundesnetzagentur im Rahmen eines Missbrauchsverfahrens nach § 31 EnWG wegen eines Verstoßes gegen § 17 EnWG einzuschalten, falls es zu unzumutbaren Verzögerungen im Anschlussverfahren kommt.

Bezüglich der materiellen Vorgaben ist die Rechtslage jedoch eine andere. Entscheidend sind hier die Einschnitte für die Kraftwerksbetreiber hinsichtlich der Baukostenzuschüsse: Der Netzbetreiber ist gegenüber dem Kraftwerksbetreiber zur Erhebung eines solchen Zuschusses berechtigt.

D. Gesamtergebnis

Auf den ersten Blick scheint es, dass der Netzanschluss von Arealnetzen, Industriebetrieben und Elektrizitätserzeugungsanlagen nach der KraftNAV mit einer Vielzahl von Problemen behaftet ist. Werden diese Problemstellungen aufgeschlüsselt, so zeigt sich, dass sich viele Schwierigkeiten systematisch lösen und sich auch in Einklang mit dem Gesetz bringen lassen.

1. Zum Netzanschluss von Arealnetzen und Industriebetrieben

Der Netzanschluss von Arealnetzen und Industriekunden lässt sich in folgende Problemkreise einteilen:

Zunächst stellt sich beim Netzanschluss von Arealnetzen die Frage, ob dem Netzbetreiber ein Wahlrecht hinsichtlich der Spannungsebene zukommt. Des Weiteren ist fraglich, unter welchen Voraussetzungen die Verweigerung eines Netzanschlussbegehrens durch den Netzbetreiber nach § 17 Abs. 2 EnWG möglich ist und welche weiteren Verweigerungsmöglichkeiten bestehen. Auch sollte geklärt werden, welche Folgekosten mit dem Netzanschluss verbunden sind.

Bei den Industriekunden, die bereits über einen Netzanschluss verfügen, aber aus stromwirtschaftlichen Gründen den Wechsel in eine höhere Spannungsebene begehren, stellt sich zunächst die Frage, ob der Anspruch aus § 18 Abs. 1 EnWG dem Anspruch aus § 17 Abs. 1 EnWG vorgeht.[1600] Daran schließt sich die Frage an, ob sich aus § 17 Abs. 1 EnWG auch ein Recht des Industriekunden auf einen Wechsel der Spannungsebene ergibt.[1601] Auch ist zu klären, welche Folgekosten sich aus einem Wechsel der Spannungsebene ergeben. Hier ist insbesondere fraglich, ob der Netzbetreiber einen erneuten Baukostenzuschuss zu entrichten hat. [1602]

§ 18 EnWG regelt den Fall des Netzanschlusses in Niederspannung. Nur in diesem Fall besteht ein Anwendungsvorrang von § 18 EnWG gegenüber § 17 EnWG.

1600 Siehe oben unter B. II. 3. b) bb) (2).
1601 Siehe oben unter B. II. 3. b) bb) (3).
1602 Siehe oben unter B. II. 3. b) cc).

Insoweit legt § 18 EnWG die Voraussetzungen und Rechtsfolgen dieser allgemeinen Anschlusspflicht abschließend fest. Der Vorrang des § 18 EnWG gegenüber § 17 EnWG besteht dann nicht mehr, wenn ein Anschlusspetent in einer höheren Spannungsebene angeschlossen werden möchte. Ein Anschluss richtet sich in diesen Fällen nach § 17 Abs. 1 EnWG.[1603]

Begehrt nun ein Anschlussnehmer einen Anschluss beispielsweise in Mittelspannung oder verfügt der Netzkunde bereits über einen Anschluss, möchte jedoch von der Niederspannungsebene in die Mittelspannungsebene wechseln, so kann sich der Netzbetreiber nicht darauf berufen, dass der Anschlusspetent bereits über einen Anschluss zu angemessenen Bedingungen verfüge. Fiele unter das Merkmal der Angemessenheit auch die Wahl der Spannungsebene, so würde dies im Ergebnis zu einem einseitigen Bestimmungsrecht des Netzbetreibers führen. Daraus folgt, dass § 17 Abs. 1 EnWG sowohl einen Anspruch auf Anschluss an die begehrte Spannungsebene ermöglicht als auch einem bereits über einen Netzanschluss verfügenden Kunden die Möglichkeit einräumt, die Spannungsebene nach seinen Vorstellungen beliebig zu wechseln. Dies folgt auch daraus, dass nach der Gesetzesbegründung § 17 Abs. 1 EnWG alle Sachverhalte des Netzanschlusses mit Ausnahme des in § 18 EnWG geregelten Anschlusses von Letztverbrauchern an das Niederspannungsnetz umfasst.[1604]

Eine Einschränkung des Wahlrechts ist, wie auch vom Gesetzgeber vorgesehen, nur im Rahmen von § 17 Abs. 2 EnWG vorzunehmen.[1605] Hiernach können Betreiber von Energieversorgungsnetzen einen Netzanschluss verweigern, wenn sie nachweisen, dass ihnen die Gewährung des Anspruchs aus betriebsbedingten oder sonstigen wirtschaftlichen oder technischen Gründen unter Berücksichtigung der Ziele des § 1 nicht möglich oder nicht zumutbar ist.

Als betriebsbedingte Verweigerungsgründe wegen Unmöglichkeit kommen diejenigen in Betracht, die auf den innerbetrieblichen Ablauf des Unternehmens, das den Anschluss verweigert, bezogen sind. Als Beispiel lässt sich eine akut bestehende, objektiv nachprüfbare, aber nicht überwindbare Personalknappheit anführen. Ferner kommen Gründe in Betracht, die ihre Ursache unmittelbar in der Funktionsfähigkeit der betrieblichen Anlagen haben. Hierzu zählt beispielsweise mangelnde Sicherheit, die sich aus dem Zusammenspiel zwischen Netzbetrieb und Netzanschluss ergeben kann. Mangelnde Anschlusskapazität wird ferner als Beispiel für das Vorliegen eines betriebsbedingten Verweigerungsgrunds wegen Unmöglichkeit benannt und ist vom Gesetzgeber in § 17 Abs. 2 S. 3 EnWG selbst erwähnt. Droht bei Erfüllung des

1603 Siehe oben unter B. II. 3. b) bb) (2).
1604 Siehe oben unter B. II. 3. b) bb) (3).
1605 Siehe oben unter B. I. 3. a) cc) (5) sowie B. II. 3. b) bb) (4).

Netzanschlussbegehrens am begehrten Anschlusspunkt eine Netzüberlastung oder ist ein Energieausfall zu befürchten, kann der Netzbetreiber sich auf diesen in dem Betrieb seiner Anlagen begründeten (betriebsbedingten) Verweigerungsgrund berufen.[1606] Technische Unmöglichkeit liegt vor, wenn der Anschluss vom Netzbetreiber technisch nicht realisiert werden kann. Das ist beispielsweise der Fall, wenn keine ausreichende Abnahmestelle, z. B. keine Transformatorenanlage zur Umschaltung verschiedener Spannungsebenen, vorhanden ist. Die technische Unmöglichkeit besteht dann, solange die entsprechende Trafoanlage nicht vorhanden ist.[1607]

In Abgrenzung zur Unmöglichkeit ist bei der Unzumutbarkeit der Netzanschluss zwar realisierbar, der damit verbundene Aufwand oder die daraus erwachsenden negativen Folgen für den Netzbetreiber stehen jedoch in keinem angemessenen Verhältnis zu dem Anschlussbegehren. Mit anderen Worten ist eine Unzumutbarkeit nur dann gegeben, wenn ein Missverhältnis zwischen der Anschlussgewährung einerseits und den Einbußen des Netzbetreibers andererseits besteht. Der Netzbetreiber muss dabei Gründe vorbringen, die von derartigem Gewicht sind, dass sie mit den Zielen des Energiewirtschaftsrechts (insbesondere der Preisgünstigkeit, Sicherheit und Umweltverträglichkeit der Energieversorgung) nicht in Einklang zu bringen sind. Gründe wie eine zu befürchtende Beeinträchtigung der Kunden- und Tarifstruktur, eine Zersplitterung des Verteilernetzes oder die Gefährdung der Versorgungssicherheit im gesamten Verteilernetz, die Netzbetreiber oftmals vorbringen, stellen nur bei einem groben Missverhältnis zwischen den Interessen des Netzbetreibers und denen des Anschlusspetenten einen hinreichenden Verweigerungsgrund dar. Ein solches Missverhältnis kann dann vorliegen, wenn die Anschlussleistung des jeweiligen Anschlusspetenten einen Wechsel der Spannungsebene nicht rechtfertigt.[1608] Die Anschlussleistung ist die Gesamtmenge der maximalen Nennleistungen der elektrischen Verbrauchsgeräte bei einem Stromkunden. Diese entspricht also dem elektrischen Maximalbedarf der Kunden. Ist also der Wechsel der Spannungsebene aus stromwirtschaftlichen Gesichtspunkten nicht gerechtfertigt, etwa, wenn der Strombedarf ohne Bedenken aus der Niederspannungsebene gedeckt werden kann, so ist die Verweigerung des Netzanschlusses für den Netzbetreiber erfolgversprechend. Bei der Abwägung ist ferner zu berücksichtigen, ob es sich bei dem Anschlusspetenten um einen Neu- oder einen Bestandskunden handelt.[1609] Das liegt darin begründet, dass der Netzbetreiber bei

1606 Siehe oben unter B. I. 3. a) cc) (5) (b) (aa).
1607 Siehe oben unter B. I. 3. a) cc) (5) (b) (bb).
1608 Siehe oben unter B. III. 1. a).
1609 Siehe oben unter B. III. 1. b).

Bestandskunden wesentlich schutzwürdiger ist und damit die Bedingungen für einen Spannungsebenenwechsel „schärfer“ sein müssen. Mit den Bestandskunden plant der Netzbetreiber fest. Wechseln Bestandskunden die Spannungsebene, so hat der Netzbetreiber in der verlassenen Spannungsebene einen Einnahmeverlust von Netzentgelten zu beklagen. Neukunden sind hingegen vom Netzbetreiber in der Regel nicht in seine Planung einbezogen. Daher ergibt sich ein solcher Verlust hier nicht. Wenn der Bedarf der Kunden sowohl durch einen Anschluss an die niedrigere als auch an die höhere Spannungsebene gedeckt werden kann, beeinträchtigt ein Wechsel von Bestandskunden die bestehende Tarif- und Kundenstruktur wesentlich stärker als bei Neukunden. Bei Neukunden wirkt es sich zwar positiv auf die Kunden- und Preisstruktur des Energieversorgungsnetzes aus, wenn Netzbetreiber den begehrten Netzanschluss in Niederspannung herstellen. Die Auswirkungen auf die Kunden- und Tarifstruktur des Netzbetreibers halten sich jedoch in Grenzen, wenn es sich um Neukunden handelt. Ein Verlust von Kunden ist hier nicht gegeben. Im Gegensatz dazu führt der Wechsel der Spannungsebene bei Bestandskunden in einem ungleich stärkeren Maße zu einer Beeinträchtigung der Netz- und Entgeltstruktur. Daher sind die Anforderungen an den Anschluss dieser Kunden im Rahmen der Verhältnismäßigkeit strenger als bei einem von einem Neukunden begehrten Netzanschluss.[1610]

Nach der hier vertretenen Ansicht ist bezüglich des Baukostenzuschusses zu fordern, dass bei einem Wechsel der Spannungsebene die bereits bezahlten Kapazitäten in der vorgelagerten Netzebene auf den neuen Anschluss angerechnet werden.[1611] Nur so kann die vom EnWG vorgesehene freie Wahl der Spannungsebene auch nahtlos durchgesetzt werden. Aus der Argumentation der Bundesnetzagentur ergeben sich nämlich Widersprüche aus dem Umstand, dass sie zwar einerseits ein grundsätzlich freies Wahlrecht des Anschlussnehmers für seine Spannungsebene anerkennt und auch einen nachträglichen Spannungsebenenwechsel von Bestandskunden ermöglichen will, aber auf der anderen Seite durch die bei der Erhebung von Baukostenzuschüssen vertretenen Position einen solchen Wechsel wieder begrenzt. Gerade bei großen Industriekunden, die aus (strom)wirtschaftlichen Gründen über einen Spannungsebenenwechsel nachdenken, kann im Einzelfall ein solcher Wechsel nicht mehr rentabel sein, wenn für die gesamte bereits bezahlte Kapazität erneut ein Baukostenzuschuss zu zahlen wäre und dieser die durch den Spannungsebenenwechsel hervorgerufene Kostenersparnis aufheben würde. Daher sind bei einem Spannungsebenenwechsel die

1610 Siehe oben unter B. III. 1. b).
1611 Siehe oben unter B. II. 3. b) cc).

Baukostenzuschüsse nur anteilig für die Leistungskapazitäten der höheren Netzebene zu zahlen.[1612]

2. Zum Netzanschluss von Kraftwerken

Der Netzanschluss von Großkraftwerken nach der KraftNAV wirft folgende Probleme auf: Zunächst ist zu klären, welche Kriterien von der Wahl des Anschlusspunkts umfasst sind. Daran schließt sich die Frage an, ob der Anschlussnehmer die Lage des Netzanschlusspunkts innerhalb der gewünschten Netzebene bestimmen kann.

Nach den obigen Feststellungen betrifft die Wahl des Anschlusspunkts zum einen die Bestimmung des Netzes im Hinblick auf den zu verpflichtenden Netzbetreiber, ferner die Auswahl der Spannungsebene sowie die Lage des Anschlusspunkts innerhalb der Netzebene.[1613] Aus den Bestimmungen der KraftNAV ergibt sich, dass dem Anschlussnehmer das Bestimmungsrecht zukommt, den Anschlusspunkt innerhalb eines Netzes und somit die Lage des Verknüpfungspunkts zu wählen, der die kürzeste Entfernung zum Standort des Kraftwerks aufweist. Gestützt wird dieses Verständnis durch § 17 Abs. 1 EnWG.[1614] Aber auch nach der KraftNAV kann ein Bestimmungsrecht des Anschlussnehmers nicht „schrankenlos" gewährt werden. Die Wahl des Anschlusspunkts findet ihre Grenze im Verweigerungsrecht des Netzbetreibers nach § 17 Abs. 2 EnWG in Verbindung mit § 6 KraftNAV.[1615] In der Verordnungsbegründung heißt es, dass die Auswahl des Anschlusspunkts nach den Vorgaben des Anschlussnehmers zwar dem allgemeinen Interesse an wettbewerbsfähigen Kraftwerksstandorten dienen soll, diese aber an der Grenze des dem Netzbetreiber wirtschaftlich Zumutbaren endet. Folglich sind bei der Abwägung nach § 17 Abs. 2 EnWG (neben technischen Gründen) insbesondere wirtschaftliche Aspekte zu berücksichtigen. Eine Verweigerungsmöglichkeit des Netzbetreibers wegen wirtschaftlicher Unzumutbarkeit ergibt sich dann, wenn ein kostengünstigerer Anschlusspunkt innerhalb ein und desselben Netzes verfügbar ist. Dies folgt aus § 6 Abs. 3 2. HS KraftNAV. Falls der Netzbetreiber den Anschluss an dem begehrten (kosten)ungünstigeren Anschlusspunkt verweigert hat, ist er berechtigt und verpflichtet einen anderen, (kosten)günstigeren

1612 Siehe oben unter B. II. 3. b) cc).
1613 Siehe oben unter C. IV. 3. b) bb) (1).
1614 Siehe oben unter C. IV. 3. b) bb) (1) (b).
1615 Siehe oben unter C. IV. 3. b) bb) (3).

Anschlusspunkt vorzuschlagen, der im Rahmen des wirtschaftlich Zumutbaren die Interessen des Kraftwerksbetreibers bestmöglich verwirklicht.[1616]

Technische Verweigerungsgründe benennt die Verordnung in § 6 Abs. 1 S. 2 KraftNAV. Eine Anschlussverweigerung ist bei einer nicht ausreichenden Kurzschlussleistung oder einem nicht ausreichenden Abfuhrquerschnitt gegeben. Zu unterscheiden ist hierbei zwischen technischen Gründen im Anschlusspunkt oder im Netzabschnitt bis zum nächsten Netzknoten, die beide eine Verweigerung rechtfertigen, sofern nicht die Eignung durch dem Netzbetreiber mögliche und zumutbare Maßnahmen im ersten Fall zur Ertüchtigung des Netzanschlusspunkts oder im zweiten Fall zum Ausbau des Netzes bis zum nächsten Netzknoten gewährleistet werden kann.

Ferner stellt § 6 Abs. 2 KraftNAV klar, dass Fragen des Netzanschlusses nach § 17 EnWG nicht mit Fragen des Netzzugangs nach § 20 EnWG vermischt werden sollen.[1617] Daher kann ein Netzanschluss nicht mit dem Hinweis darauf verweigert werden, dass in einem mit dem Anschlusspunkt direkt oder indirekt verbundenen Netz Kapazitätsengpässe auftreten oder auftreten werden. In § 7 regelt die KraftNAV das sogenannte Engpassmanagement, das nach der hier vertretenen Ansicht keinen verfassungsrechtlichen Bedenken ausgesetzt ist.[1618]

Schlussendlich ist festzuhalten, dass sich aus der Nichtanwendbarkeit bei Kraftwerken, die die Kriterien der Verordnung nicht erfüllen, Nachteile ergeben. Insbesondere Baukostenzuschüsse haben die Kraftwerksbetreiber zu entrichten.[1619]

Dabei ist jedoch zu berücksichtigen, dass der Anteil der Kraftwerksprojekte, die nicht unter die KraftNAV fallen, abzüglich der EE- sowie KWK-Anlagen äußerst gering ist (ca. 2 %). Es ist daher nur theoretisch davon auszugehen, dass bei einer solch geringen Anzahl von Kraftwerksprojekten Konflikte insbesondere hinsichtlich des geeigneten Anschlusspunkts entstehen werden.[1620]

1616 Siehe oben unter C. IV. 3. b) bb) (3) (a) (cc).
1617 Siehe oben unter C. IV. 3. b) bb) (3) (c).
1618 Siehe oben unter C. IV. 3. b) bb) (4) (c).
1619 Siehe oben unter C. IV. 4. b) cc).
1620 Bundesrats Drucksache 283/07, S. 16.

Literaturverzeichnis

I. Kommentare, Monographien und sonstige Veröffentlichungen

Altmann, Siegfried/ Schlayer, Detlef
Lehr- und Übungsbuch Elektrotechnik
3. Auflage, München 2008
[zitiert: Altmann/Schlayer, Lehr- und Übungsbuch Elektrotechnik, Kapitel, Seite]

Altrock, Martin/ Oschmann, Volker Theobald, Christian (Hrsg.)
Kommentar zum Erneuerbare-Energien-Gesetz
3. Auflage, München 2011
[zitiert: Bearbeiter, in: Altrock/Oschmann/Theobald (Hrsg.), Erneuerbare-Energien-Gesetz, Paragraph, Randnummer]

Bartsch, Michael/ Röhling, Andrea/ Salje, Peter/ Scholz, Ulrich (Hrsg.)
Stromwirtschaft – Ein Praxishandbuch
2. Auflage, Köln 2008
[zitiert: Bearbeiter, in: Bartsch/Röhling/Salje/Scholz (Hrsg.), Stromwirtschaft, Kapitel, Randnummer]

Bassenge, Peter/ Brudermüller, Gerd/ Diederichsen, Uwe/ Edenhofer, Wolfgang/ Ellenberger, Jürgen u. a.
Palandt – Bürgerliches Gesetzbuch
72. Auflage, München 2012
[zitiert: Bearbeiter, in: Palandt, BGB, Paragraph, Randnummer]

Bätge, Frank
Besonderes Verwaltungsrecht Nordrhein-Westfalen: Kommunalrecht
2. Auflage, Heidelberg 2011
[zitiert: Bätge, Kommunalrecht NRW, Kapitel, Seite]

Baur, Jürgen/ Salje, Peter/ Schmidt-Preuß, Matthias (Hrsg.)	Regulierung in der Energiewirtschaft 1. Auflage, Köln 2011 [zitiert: Bearbeiter, in: Baur/Salje/Schmidt-Preuß (Hrsg.), Regulierung in der Energiewirtschaft, Seite]
Bechtold, Rainer (Hrsg.)	GWB: Kartellgesetz, Gesetz gegen Wettbewerbsbeschränkungen 6. Auflage, München 2010 [zitiert: Bearbeiter, in: Bechtold (Hrsg.), GWB, Paragraph, Randnummer]
Becker, Sebastian	Individuelles Energiewirtschaftsrecht 1. Auflage, Essen 2009 [zitiert: Becker, Individuelles Energiewirtschaftsrecht, Seite]
Bethge, Herbert	Zur Problematik von Grundrechtskollisionen 1. Auflage, München 1977 [zitiert: Bethge, Zur Problematik von Grundrechtskollisionen, Seite]
Britz, Gabriele/ Hellermann, Johannes/ Hermes, Georg (Hrsg.)	Kommentar zum Energiewirtschaftsgesetz 2. Auflage, München 2010 [zitiert: Bearbeiter, in: Britz/Hellermann/Hermes (Hrsg.), EnWG, Paragraph, Randnummer]
Brunner, Beatrice	Wettbewerb im Stromnetz – Der Netzanschlussanspruch nach § 17 EnWG 1. Auflage, Baden-Baden 2011 [zitiert: Brunner, Wettbewerb im Stromnetz, Kapitel, Seite]
Büdenbender, Ulrich	EnWG – Kommentar zum Energiewirtschaftsgesetz 1. Auflage, Köln 2003 [zitiert: Büdenbender, EnWG, Paragraph, Randnummer]

Büdenbender, Ulrich/ Rosin, Peter — Kommentar zum KWK-AusbauG
1. Auflage, Köln 2002
[zitiert: Büdenbender/Rosin, Kommentar zum KWK AusbauG, Paragraph, Randnummer]

Büdenbender, Ulrich/ Heintschel von Heinegg, Wolff/ Rosin, Peter — Energierecht I, Recht der Energieanlagen
1. Auflage, Berlin 1999
[zitiert: Büdenbender/Heintschel von Heinegg/Rosin, Energierecht I, Recht der Energieanlagen, Seite, Randnummer]

Bundesnetzagentur — § 17 EnWG: Veröffentlichung zu Fragen des Netzanschlusses auf Entnahmeseite
Bonn 2007

[zitiert: Bundesnetzagentur, Veröffentlichung zum Netzanschluss, Seite]

Bundesnetzagentur — Merkblatt für Anträge nach § 110 EnWG vom 07.09.2006 (Anmerkung: § 110 EnWG a. F.)
Bonn 2005
[zitiert: Bundesnetzagentur, Merkblatt für Anträge nach § 110 EnWG, Seite]

Bundesnetzagentur — Positionspapier zur Erhebung von Baukostenzuschüssen (BKZ) für Netzanschlüsse im Bereich von Netzebenen oberhalb der Niederspannung
Bonn 2009
[zitiert: BNetzA, Positionspapier zu BKZ, Seite]

Bundesnetzagentur — Aktuelle Kraftwerksprojekte in Deutschland und deren Implikationen für das Übertragungsnetz – Sachstandsbericht für den Beirat der Bundesnetzagentur
Bonn 2007
[zitiert: Bundesnetzagentur, Aktuelle Kraftwerksprojekte in Deutschland und deren Implikationen für das Übertragungsnetz, Seite]

Bundesnetzagentur Leitfaden der Regulierungsbehörden zur Ermittlung von Sonderentgelten nach § 20 Abs. 2 GasNEV (Entgelte zur Vermeidung von Direktleitungsbau)
Bonn 2012
[zitiert: Bundesnetzagentur, Leitfaden der Regulierungsbehörden zur Ermittlung von Sonderentgelten nach § 20 Abs. 2 GasNEV, Seite]

Bundesnetzagentur Bundesnetzagentur, Leitfaden zur Genehmigung von Befreiungen von den Netzentgelten nach § 19 Abs. 2 S. 2 StromNEV
Bonn 2012
[zitiert: Bundesnetzagentur, Leitfaden zur Genehmigung von Befreiungen von den Netzentgelten nach § 19 Abs. 2 S. 2 StromNEV (Stand Dezember 2012), Seite]

Bundesnetzagentur Gemeinsames Positionspapier
der Regulierungsbehörden der Länder und
der Bundesnetzagentur
zu geschlossenen Verteilernetzen gem. § 110 EnWG vom 23.02.2012
Bonn 2012
[zitiert: Bundesnetzagentur, Gemeinsames Positionspapier der Regulierungsbehörden der Länder und der Bundesnetzagentur zu geschlossenen Verteilernetzen, Seite]

Busche, Jan Privatautonomie und Kontrahierungszwang
1. Auflage, Tübingen 1999
[zitiert: Busche, Privatautonomie und Kontrahierungszwang, Seite]

Callies, Christian/ Ruffert, Matthias (Hrsg.) EUV / AEUV - Kommentar
4. Auflage, München 2011
[zitiert: Bearbeiter, in: Callies/Ruffert (Hrsg.), EUV / AEUV, Artikel, Randnummer]

Danner, Wolfgang/ Theobald, Christian (Hrsg.) — Kommentar zum Energierecht
76. Ergänzungslieferung, München 2013
[zitiert: Bearbeiter, in: Danner/Theobald (Hrsg.), Energierecht, Paragraph, Randnummer]

Dena (Deutsche Energie-Agentur) — Integration der erneuerbaren Energien in den deutsch-europäischen Strommarkt (Endbericht vom 15.08.2012)
Berlin 2012
[zitiert: Deutsche Energie-Agentur (Dena), Integration der erneuerbaren Energien in den deutsch-europäischen Strommarkt, Seite]

Detterbeck, Steffen — Allgemeines Verwaltungsrecht mit Verwaltungsprozessrecht
11. Auflage, München 2013
[zitiert: Detterbeck, Allgemeines Verwaltungsrecht, Kapitel, Seite]

Dettmann, Klaus-Dieter/ Schulz, Detlef/ Heuck, Klaus — Elektrische Energieversorgung. Erzeugung, Transport und Verteilung elektrischer Energie für Studium und Praxis
8. Auflage, Wiesbaden 2010
[zitiert: Dettmann/Schulz/Heuck, Elektrische Energieversorgung, Seite]

Dreier, Horst (Hrsg.) — Grundgesetz Kommentar
Bd. I: Präambel, Art. 1-19
2. Auflage, München 2004
[zitiert: Bearbeiter, in: Dreier (Hrsg.), Artikel, Randnummer]

Flosdorff, René/ Hilgarth, Günther — Elektrische Energieverteilung
9. Auflage, Wiesbaden 2005
[zitiert: Flosdorff/Hilgarth, Elektrische Energieverteilung, Seite]

Frenz, Walter/ Müggenborg, Hans-Jürgen (Hrsg.) — EEG – Erneuerbare-Energien-Gesetz – Kommentar
3. Auflage, Berlin 2013
[zitiert: Bearbeiter, in: Frenz/Müggenborg (Hrsg.), Erneuerbare-Energien-Gesetz, Paragraph, Randnummer]

Geiger, Rudolf/ Khan, Daniel-Erasmus/ Kotzur, Markus — EUV/AEUV – Vertrag über die Europäische Union und Vertrag über die Arbeitsweise der Europäischen Union – Kommentar
5. Auflage, München 2010
[zitiert: Bearbeiter, in: Geiger/Khan/Kotzur (Hrsg.), EUV/AEUV, Artikel, Randnummer]

Gersdorf, Hubertus — Öffentliche Unternehmen im Spannungsfeld zwischen Demokratie- und Wirtschaftlichkeitsprinzip
1. Auflage, Berlin 2000
[zitiert: Gersdorf, Öffentliche Unternehmen im Spannungsfeld zwischen Demokratie- und Wirtschaftlichkeitsprinzip, Seite]

Holznagel, Bernd/ Schütz, Raimund (Hrsg.) — Anreizregulierungsverordnung – Kommentar
1. Auflage, München 2012
[zitiert: Bearbeiter, in: Holznagel/Schütz (Hrsg.), ARegV, Paragraph, Randnummer]

Knies, Wilfried/ Schierack, Klaus — Elektrische Anlagentechnik: Kraftwerke, Netze, Schaltanlagen, Schutzeinrichtungen
6. Auflage, München 2012
[zitiert: Knies/Schierack, Elektrische Anlagentechnik, Seite]

Koch, Hans-Joachim/ Rubel, Rüdiger/ Heselhaus, Sebastian — Allgemeines Verwaltungsrecht
3. Auflage, München 2003
[zitiert: Koch/Rubel/Heselhaus, Allgemeines Verwaltungsrecht, Seite]

Koenig, Christian/ Kühling, Jürgen/ Rasbach, Winfried — Energierecht
3. Auflage, Baden-Baden 2013
[zitiert: Koenig/Kühling/Rasbach, Seite]

Konstantin, Panos — Praxisbuch Energiewirtschaft – Energieumwandlung, -transport und -beschaffung im liberalisierten Markt
2. Auflage, Heidelberg 2009
[zitiert: Konstantin, Praxishandbuch Energiewirtschaft, Kapitel, Seite]

Kopp, Ferdinand/ Schenke, Wolf-Rüdiger — VwGO
Verwaltungsgerichtsordnung – Kommentar
19. Auflage, München 2013
[zitiert: Kopp/Schenke, Paragraph, Randnummer]

Küchler, Andreas — Hochspannungstechnik: Grundlagen – Technologie – Anwendungen,
3. Auflage, Berlin 2009
[zitiert: Küchler, Hochspannungstechnik, Seite]

Landmann, Robert/ Rohmer, Gustav (Hrsg.) — Umweltrecht - Kommentar
67. Ergänzungslieferung, München 2013
[zitiert: Bearbeiter, in: Landmann/Rohmer (Hrsg.), Umweltrecht, Paragraph, Randnummer]

Lippert, Michael — Energiewirtschaftsrecht
Gesamtdarstellung für Wissenschaft und Praxis
1. Auflage, Köln 2002
[zitiert: Lippert, Energiewirtschaftsrecht, Seite]

Mahne, Helen — Eigentum an Versorgungsleitungen
1. Auflage, Berlin 2009
[zitiert: Mahne, Eigentum an Versorgungsleitungen, Seite]

Mangoldt, Hermann von/ Klein, Friedrich/ Starck, Christian (Hrsg.) — Kommentar zum Grundgesetz
Band 1
6. Auflage, München 2010
[zitiert: Bearbeiter, in: v. Mangoldt/Klein/Starck (Hrsg.), GG Kommentar, Artikel, Randnummer]

Manssen, Gerrit — Staatsrecht/1
4. Auflage, München 2005
[zitiert: Manssen, Staatsrecht/1, Seite, Randnummer]

Maunz, Theodor
Dürig, Günter
Grundgesetz Kommentar
53. Auflage, München 2009
[zitiert: Bearbeiter, in: Maunz/Dürig, GG Kommentar, Artikel, Randnummer]

Maurer, Hartmut
Allgemeines Verwaltungsrecht
18. Auflage, München 2011
[zitiert: Maurer, Allgemeines Verwaltungsrecht, Kapitel, Seite]

Merk, Sebastian
Recht der gaswirtschaftlichen Netzregulierung - Der Zugang zu den Gasversorgungsnetzen nach § 20 Abs. 1 b EnWG
1. Auflage, Baden-Baden 2012
[zitiert: Merk, Recht der gaswirtschaftlichen Netzregulierung - Der Zugang zu den Gasversorgungsnetzen nach § 20 Abs. 1 b EnWG, Seite]

Möstl, Markus
Grundrechtsbindung öffentlicher Wirtschaftstätigkeit
1. Auflage, München 1999
[zitiert: Möstl, Grundrechtsbindung öffentlicher Wirtschaftstätigkeit, Seite]

Musielak, Hans-Joachim
Grundkurs BGB
12. Auflage, München 2011
[zitiert: Musielak, Grundkurs BGB, Kapitel, Seite]

Reshöft, Jan (Hrsg.)
Erneuerbare Energien-Gesetz (EEG) – Handkommentar
3. Auflage, Baden-Baden 2009
[zitiert: Bearbeiter, in: Reshöft (Hrsg.), Erneuerbare-Energien-Gesetz, Paragraph, Randnummer]

Riedel, Martin/
Schroeder-Czaja, Hanna/
Jacobshagen, Ulf (Hrsg.)
Objekt- und Arealnetze
1. Auflage, Frankfurt am Main 2007
[zitiert: Bearbeiter, in: Riedel/Schroeder-Czaja/Jacobshagen (Hrsg.), Objekt- und Arealnetze, Seite]

Rosin, Peter/ Pohlmann, Mario/ Gentzsch, Andrees/ Metzenthin, Andreas/ Böwing, Andreas (Hrsg.) Praxiskommentar zum Energiewirtschaftsgesetz
Loseblattsammlung, Stand 04/2012, Köln 2012
[zitiert: Bearbeiter, in: Rosin/Pohlmann/Gentzsch/Metzenthin/Böwing (Hrsg.), Praxiskommentar zum Energiewirtschaftsgesetz, Paragraph, Randnummer]

Sachs, Michael (Hrsg.) Grundgesetz Kommentar
6. Auflage, München 2011
[zitiert: Bearbeiter, in: Sachs (Hrsg.), Artikel, Randnummer]

Säcker, Franz Jürgen/ Wolf, Maik Integrierte Energieversorgung in geschlossenen Verteilernetzen: Zum Gestaltungsspielraum des Gesetzgebers zur Neuregelung des § 110 EnWG im Lichte des Dritten EG-Energiepakets
1. Auflage, Frankfurt am Main 2009
[zitiert: Säcker/Wolf, Integrierte Energieversorgung in geschlossenen Verteilernetzen, Seite]

Säcker, Franz Jürgen (Hrsg.) Berliner Kommentar zum Energierecht
2. Auflage, Frankfurt am Main 2010
[zitiert: Bearbeiter, in: Säcker (Hrsg.), Berliner Kommentar, Paragraph, Randnummer]

Säcker, Franz Jürgen (Hrsg.) Handbuch zum deutsch-russischen Energierecht
1. Auflage, München 2010
[zitiert: Bearbeiter, in: Säcker (Hrsg.), Handbuch zum deutsch-russischen Energierecht, Kapitel, Randnummer]

Salje, Peter Kommentar zum Energiewirtschaftsgesetz
1. Auflage, Köln 2006
[zitiert: Salje, Energiewirtschaftsgesetz, Paragraph, Randnummer]

Salje, Peter EEG 2012: Erneuerbare-Energien-Gesetz
6. Auflage, Köln 2011
[zitiert: Salje, Erneuerbare-Energien-Gesetz, Paragraph, Randnummer]

Schmidt-Aßmann, Eberhard — Das Allgemeine Verwaltungsrecht als Ordnungsidee
1. Auflage, Heidelberg 2006
[zitiert: Schmidt-Aßmann, Das Allgemeine Verwaltungsrecht als Ordnungsidee, Seite]

Schmidt-Preuß, Matthias — Kollidierende Privatinteressen im Verwaltungsrecht – Das subjektive öffentliche Recht im multipolaren Verwaltungsrechtsverhältnis
2. Auflage, Berlin 2005
[zitiert: Schmidt-Preuß, Kollidierende Privatinteressen im Verwaltungsrecht, Seite]

Schoch, Friedrich/ Schneider, Jens-Peter/ Bier, Wolfgang (Hrsg.) — VwGO Kommentar
24. Auflage, München 2012
[zitiert: Bearbeiter, in: Schoch/Schneider/Bier (Hrsg.), VwGO, Paragraph, Randnummer]

Schufft, Wolfgang — Taschenbuch der elektrischen Energietechnik
1. Auflage, München 2007
[zitiert: Schufft, Taschenbuch der elektrischen Energietechnik, Kapitel, Seite]

Schulze, Reiner/ Dörner, Heinrich/ Ebert, Ina/ Hoeren, Thomas/ Kemper, Rainer u. a. — Bürgerliches Gesetzbuch – Handkommentar
7. Auflage, Baden-Baden 2011
[zitiert: Bearbeiter, in: BGB-Handkommentar, Paragraph, Randnummer]

Schwab, Adolf J. — Elektroenergiesysteme
Erzeugung, Transport, Übertragung und Verteilung elektrischer Energie
3. Auflage, Heidelberg 2012
[zitiert: Schwab, Elektroenergiesysteme, Kapitel, Seite]

Schwartz, Joseph — Die Zulässigkeit der Erhebung von Baukostenzuschüssen nach nationalem und europäischem Energierecht
München 2013
[zitiert: Schwartz, Die Zulässigkeit der Erhebung von Baukostenzuschüssen nach nationalem und europäischem Energierecht, Seite]

Sieder, Frank/ Zeitler, Herbert/ Dahme, Heinz/ Knopp, Günther-Michael (Hrsg.)
Wasserhaushaltsgesetz
Abwasserabgabengesetz
44. Ergänzungslieferung, München 2012
[zitiert: Bearbeiter, in: Sieder/Zeitler/Dahme/Knopp (Hrsg.), WHG, Paragraph, Randnummer]

Spring, Eckhard
Elektrische Energienetze, Energieübertragung und -verteilung
1. Auflage, Berlin 2003
[zitiert: Spring, Elektrische Energienetze, Energieübertragung und -verteilung, Seite]

Steiner, Udo
Besonderes Verwaltungsrecht – Ein Lehrbuch
8. Auflage, Heidelberg 2006
[zitiert: Steiner (Hrsg.), Besonderes Verwaltungsrecht, Kapitel, Seite]

Storr, Stefan
Der Staat als Unternehmer
Öffentliche Unternehmen in der Freiheits- und Gleichheitsdogmatik des nationalen Rechts und des Gemein

schaftsrechts
1. Auflage, Tübingen 2001
[zitiert: Storr, Der Staat als Unternehmer, Seite]

Streinz, Rudolf (Hrsg.)
EUV/AEUV – Vertrag über die Europäische Union und Vertrag über die Arbeitsweise der Europäischen Union – Kommentar
2. Auflage, München 2012
[zitiert: Bearbeiter, in: Streinz (Hrsg.), EUV/AEUV, Artikel, Randnummer]

Ströbele, Wolfgang/ Pfaffenberger, Wolfgang/ Heuterkes, Michael
Energiewirtschaft
Einführung in Theorie und Politik
3. Auflage, München 2012
[zitiert: Ströbele/Pfaffenberger/Heuterkes, Energiewirtschaft, Kapitel, Seite]

Stuhlmacher, Gerd/ Stappert, Holger/ Schoon, Heike/ Jansen, Guido (Hrsg.)
Grundriss zum Energierecht: Der rechtliche Rahmen der Energiewirtschaft
[zitiert: Bearbeiter, in: Stuhlmacher/Stappert/Schoon/ Jansen (Hrsg.), Grundriss zum Energierecht, Paragraph, Randnummer]

Theobald, Christian/ De Wyl, Christian/ Eder, Jost
Der Wechsel des Stromlieferanten – Wege zum preiswerten und rechtssicheren Strombezug
1. Auflage, München 2004
[zitiert: Theobald/de Wyl/Eder, Der Wechsel des Stromlieferanten, Seite]

Verband der Industriellen Energie- und Kraftwirtschaft (VIK)
Stellungnahme zum Fragenkatalog der Monopolkommission zur Vorbereitung eines Sondergutachtens gemäß § 62 Abs.1 EnWG
Essen 2008
[zitiert: VIK, Stellungnahme zum Fragenkatalog der Monopolkommission, Seite]

Verband der Netzbetreiber (VDN)
Kommentarband zur VV II Plus – Für die praktische Umsetzung der Verbändevereinbarung über den Zugang zu den Stromnetzen
Berlin 2002
[zitiert: VDN, Kommentarband zur VV II Plus, Seite]

Einheitliche Berechnungsmethoden für Baukostenzuschüsse
Berlin 2007
[zitiert: VDN, Einheitliche Berechnungsmethoden für Baukostenzuschüsse, Seite]

Wiedemann, Gerhard (Hrsg.)
Handbuch des Kartellrechts
2. Auflage, München 2008
[zitiert: Bearbeiter, in: Wiedemann (Hrsg.), Kartellrecht, Paragraph, Randnummer]

Wissenschaftlicher Rat der Dudenredaktion — Duden – Das große Wörterbuch der deutschen Sprache in zehn Bänden
3. Auflage, Bibliographisches Institut, Mannheim 1999
[zitiert: Duden, das große Wörterbuch der deutschen Sprache, Band, Seite]

Zander, Wolfgang/ Riedel, Martin (Hrsg.) — Praxishandbuch Energiebeschaffung: wirtschaftlicher Strom- und Gaseinkauf – Strategien und Konzepte
Loseblattsammlung, Stand 03/2013, München 2013
[zitiert: Bearbeiter, in: Zander/Riedel (Hrsg.), Praxishandbuch Energiebeschaffung, Kapitel, Seite]

II. Festschriften

Schmidt-Preuß, Matthias — Brennpunkte des neuen Energiewirtschaftsgesetzes
Festschrift für Richard Bartlsperger, Berlin 2006
[zitiert: Schmidt-Preuß, in: FS-Bartelsperger, 573]

Schmidt-Preuß, Matthias — Staat, Verwaltung und Rechtsschutz
Festschrift für Wolf-Rüdiger Schenke, Berlin 2011
[zitiert: Schmidt-Preuß, in: FS-Schenke, 1167]

Schmidt-Preuß, Matthias — Die soziale Marktwirtschaft als Wirtschaftsverfassung der Europäischen Union
Festschrift für Franz Jürgen Säcker, München 2011
[zitiert: Schmidt-Preuß, in: FS-Säcker, 969]

Schmidt-Preuß, Matthias — Das Erneuerbare-Energien-Gesetz: Aktuelle rechtliche Fragen und Probleme
Festschrift für Peter Salje, Köln 2013
[zitiert: Schmidt-Preuß, in: FS-Salje, 397]

III. Zeitschriften

Ahnis, Erik/ De Wyl, Christian
Maßgebliche Neuerungen der NAV/NDAV unter besonderer Berücksichtigung der Netzbetreiberhaftung (Teil 1)
InfrastrukturRecht, München 2007
[zitiert: Ahnis/de Wyl, IR 2007, 77]

Ahnis, Erik/ De Wyl, Christian
Maßgebliche Neuerungen der NAV/NDAV unter besonderer Berücksichtigung der Netzbetreiberhaftung (Teil 2)
InfrastrukturRecht, München 2007
[zitiert: Ahnis/de Wyl, IR 2007, 102]

Ahnis, Erik/ Bartsch, Andreas
Überblick über Leitungsrechte in der Energiewirtschaft
InfrastrukturRecht, München 2013
[zitiert: Ahnis/Bartsch, IR 2013, 122]

Albrecht, Matthias
Anmerkung zu OLG Düsseldorf vom 25.06.2008
InfrastrukturRecht, München 2008
[zitiert: OLG Düsseldorf mit Anmerkung Albrecht, IR 2008, 231]

Balzer, Miriam/ Schönefuß, Stephan
Erste rechtliche Bewertung des Endberichts der BNetzA zur Anreizregulierung nach § 112a EnWG
Recht der Energiewirtschaft, Köln 2006
[zitiert: Balzer/Schönefuß, RdE 2006, 213]

Becker, Carsten
Kartellrecht und Konzessionsverträge
InfrastrukturRecht, München 2004
[Zitiert: Becker, IR 2004, 151]

Beste, Stefanie/ Kuck, Jochen
Zur Netzentgeltbefreiung für stromintensive Unternehmen – Überblick über die Netzentgeltbefreiung nach § 19 StromNEV unter besonderer Berücksichtigung von geschlossenen Verteilernetzen
Zeitschrift für das gesamte Recht der Energiewirtschaft, München 2013
[zitiert: Beste/Kuck, EnWZ 2013, 195]

Blumenthal-Barby, Cordula/ Hartmann, Thies Christian
Erhebung von Baukostenzuschüssen im Bereich Strom
Zeitschrift für das gesamte Recht der Energiewirtschaft, München 2013
[zitiert: Blumenthal-Barby/Hartmann, EnWZ 2013, 108]

Boesche, Katharina/ Wolf, Maik
Viel Lärm um kleine Netze
Zeitschrift für Neues Energierecht, Bochum 2005
[zitiert: Boesche/Wolf, ZNER 2005, 285]

Büdenbender, Ulrich
Grundlagen und Grenzen eines Anspruchs von Niederspannungskunden auf einen Wechsel zu einem Anschluss in Mittelspannung
Recht der Energiewirtschaft, Köln 2005
[zitiert: Büdenbender, RdE 2005, 285]

Büdenbender, Ulrich/ Rosin, Peter
Eckpunkte der Energierechtsreform 2011
Recht der Energiewirtschaft, Köln 2010
[zitiert: Büdenbender/Rosin, RdE 2010, Seite]

Buntschek, Martin
Der Anspruch auf Anschluss an die Energieversorgungsnetze nach § 17 EnWG
Wirtschaft und Wettbewerb, Düsseldorf 2006
[zitiert: Buntschek, WuW 2006, 30]

Buntschek, Martin
Strom-Contracting nach „Mainova" – Ansprüche des Arealnetzbetreibers auf Anschluss an das vorgelagerte Mittelspannungsnetz
Contracting und Recht, Düsseldorf 2005
[zitiert: Buntschek, CuR 2005, 3]

De Wyl, Christian/ Hartmann, Thies Christian/ Bergmann, Peter
Brennpunkt Netzanschluss – Das neue Positionspapier der Bundesnetzagentur zur Erhebung von Baukostenzuschüssen
(Teil 1)
InfrastrukturRecht, München 2009
[zitiert: de Wyl/Hartmann/Bergmann, IR 2009, 26]

De Wyl, Christian/ Hartmann, Thies Christian/ Bergmann, Peter
Brennpunkt Netzanschluss – Das neue Positionspapier der Bundesnetzagentur zur Erhebung von Baukostenzuschüssen (Teil 2)
InfrastrukturRecht, München 2009
[zitiert: de Wyl/Hartmann/Bergmann, IR 2009, 53]

De Wyl, Christian/ Hartmann, Thies Christian/ Hilgenstock, Niels
Wettbewerb auf dem Erzeugermarkt? – Zur Netzeinbindung von Großkraftwerken (Teil 1)
InfrastrukturRecht, München 2006
[zitiert: de Wyl/Hartmann/Hilgenstock, IR 2006, 199]

De Wyl, Christian Hartmann, Thies Christian/ Hilgenstock, Niels
Wettbewerb auf dem Erzeugermarkt? – Zur Netzeinbindung von Großkraftwerken (Teil 2)
InfrastrukturRecht, München 2006
[zitiert: de Wyl/Hartmann/Hilgenstock, IR 2006, 218]

De Wyl, Christian/ Hartmann, Thies Christian/ Petz, Ferdinand von
Die Kraftwerks-Netzanschlussverordnung – eine Chance für Newcomer auf dem deutschen Stromerzeugermarkt
Zeitschrift für Neues Energierecht, Bochum 2007
[zitiert: de Wyl/Hartmann/von Petz, ZNER 2007, 132]

De Wyl, Christian/ Vom Wege, Jan-Hendrik
Die rechtlichen Handlungsspielräume von Netzbetreibern und -nutzern beim Abschluss von Netznutzungsverträgen
Zeitschrift für Neues Energierecht, Bochum 2006
[zitiert: De Wyl/vom Wege, ZNER 2008, 20]

De Wyl, Christian/ Vom Wege, Hendrik
Handlungsbedarf aus der Ablösung der Haftungsregelung des § 6 AVBEltV
Zeitschrift für Energie, Markt, Wettbewerb, Essen 2006
[zitiert: de Wyl/vom Wege, e|m|w 2006, 36]

Engelhoven, Peter Philipp/ Fuhlrott, Michael
Anmerkung zum Kammerbeschluss des Bundesverfassungsgerichts vom 18.05.2009
Entscheidungen zum Wirtschaftsrecht, Köln 2009
[zitiert: BVerfG mit Anmerkung Engelhoven/Fuhlrott, EWiR 2009, 609]

Ernst, Lukas/ Koenig, Christian	Befreiung stromintensiver Netznutzer gem. § 19 Abs. 2 S. 2 StromNEV Zeitschrift für das gesamte Recht der Energiewirtschaft, München 2012 [zitiert: Ernst/Koenig, EnWZ 2012, 51]
Fischer, Florian	Anmerkung zum Urteil des EuGH vom 09.10.2008 Recht der Energiewirtschaft, Köln 2009 [zitiert: EuGH mit Anmerkung Fischer, RdE 2009, 177]
Gabler, Andreas	Regulierung privater Netze? Ausgestaltung des Rechtsrahmens zu Objekt- und Arealnetzen durch die Regulierungsbehörden und Gerichte Contracting und Recht, Düsseldorf 2007 [zitiert: Gabler, CuR 2007, 128]
Galahn, Gunbritt	Die Anschluss- und Versorgungspflicht gem. § 10 EnWG Recht der Energiewirtschaft, Köln 2004 [zitiert: Galahn, RdE 2004, 35]
Gussone, Peter/ Wünsch, Daniel	Zugang zu Kundenanlagen nach dem Energiewirtschafts- und dem Kartellrecht Zeitschrift für Deutsches und Europäisches Wettbewerbsrecht, Düsseldorf 2013 [zitiert: Gussone/Wünsch, WuW 2013, 464]
Gutbrodt, Tobias	Grundrechtsfähigkeit gemischt-wirtschaftlicher Unternehmen im Energiesektor und der Grundrechtsschutz der privaten Anteilseigner Recht der Energiewirtschaft, Köln 2012 [zitiert: Gutbrodt, RdE 2012, 280]
Hampel, Christian	Von der Tarifkundenversorgung zur Grundversorgung Zeitschrift für Neues Energierecht, Bochum 2004 [zitiert: Hampel, ZNER 2004, 117]

Hellermann, Johannes	Von der allgemeinen Versorgung zur Grundversorgung: Rechtsgrundlage der Gebietsversorgungspflicht und Folgen für den Versorgerwechsel InfrastrukturRecht, München 2004 [zitiert: Hellermann, IR 2004, 266]
Helmes, Sebastian	Netz oder Nicht-Netz? Die Stellung von Kundenanlagen im EnWG Zeitschrift für das gesamte Energierecht, München 2013 [zitiert: Helmes, EnWZ 2013, 23]
Holznagel, Bernd/ Schuhmacher, Pascal	Netzanschluss, Netzzugang und Grundversorgung im EnWG 2005 Zeitschrift für Neues Energierecht, Bochum 2006 [zitiert: Holznagel/Schuhmacher, ZNER 2006, 218]
Höppner, Thomas	Die Kraftwerks-Netzanschlussverordnung. Eine kritische Würdigung Zeitschrift für Neues Energierecht, Bochum 2008 [zitiert: Höppner, ZNER 2008, 25]
Jacobshagen, Ulf/ Kachel, Markus/ Baxmann, Juliane	Geschlossene Verteilernetze und Kundenanlagen als neuer Maßstab der Regulierung InfrastrukturRecht, München 2012 [zitiert: Jacobshagen/Kachel/Baxmann, IR 2012, 2]
Jarass, Hans D./ Schnittker, Daniel/ Milstein, Alexander	Schwerpunktbereich – Einführung in das Raumordnungs- und Landesplanungsrecht Juristische Schulung, München 2011 [zitiert: Jarass/Schnittker/Milstein, JuS 2011, 215]
Kilian, Michael	Kontrahierungszwang und Zivilrechtssystem Archiv für die civilistische Praxis (AcP), Tübingen 1980 [zitiert: Kilian, AcP 1980, 47].
Klemm, Andreas	Objektnetze im neuen Energiewirtschaftsrecht – Eine erste Bestandsaufnahme zu den Vorgaben aus § 110 EnWG Contracting und Recht, Düsseldorf 2005 [zitiert: Klemm, CuR 2005, 111]

Koenig, Christian/ Kühling, Jürgen/ Winter, Kay — Pflichten zur Veränderung von Netzinfrastrukturen
Wirtschaft und Wettbewerb, Düsseldorf 2003
[zitiert: Koenig/Kühling/Winter, WuW 2003, 228]

Köhn, Kai — Zweckkonforme Auslegung und Rechtsfortbildung im Energierecht
Zeitschrift für Neues Energierecht, Bochum 2005
[zitiert: Köhn, ZNER 2005, 16]

Koppensteiner, Hans-Georg — Zur Grundrechtsfähigkeit gemischtwirtschaftlicher Unternehmen
Neue Juristische Wochenschrift, Frankfurt am Main 1990
[zitiert: Koppensteiner, NJW 1990, 3105]

Kriebel, Lothar/ Schalle, Heidrun — Erneuerung des Kraftwerksparks, Netzausbau und Engpassmanagement
Zeitschrift für Energie, Markt, Wettbewerb, Essen 2007
[zitiert: Kriebel/Schalle, e|m|w 2007, 84]

Kühling, Jürgen/ Pisal, Ruben — Das Dritte Energiebinnenmarktpaket
Recht der Energiewirtschaft, Köln 2010
[zitiert: Kühling/Pisal, RdE 2010, Seite]

Kühne, Gunther — Anmerkung zum Kammerbeschluss des Bundesverfassungsgerichts vom 18.05.2009
JuristenZeitung, Tübingen 2009
[zitiert: BVerfGE mit Anmerkung Kühne, JZ 2009, 1069]

Kussel, Stephanie — Der Rechtsrahmen für die Privilegierung von Objektnetzen nach § 110 EnWG
Netzwirtschaft & Recht, Frankfurt am Main, 2007
[zitiert: Kussel, N&R 2007, 21]

Meinhold, Wilko — Netzanschluss von Areal- und Objektnetzen nach „Mainova" und dem neuen EnWG, Auftrieb für Kraft-Wärme-Kopplung (KWK) und Contracting?
Zeitschrift für Neues Energierecht, Bochum 2005
[zitiert: Meinhold, ZNER 2005, 196]

Mevert, Heiko/ Hobbeling, Florian — Arealnetze
Zeitschrift für Energie, Markt, Wettbewerb, Essen 2004
[zitiert: Mevert/Hobbeling, e|m|w 2004, 42]

Missling, Stefan — Das Regulierungskonto in der Anreizregulierung
InfrastrukturRecht, München 2010
[zitiert: Missling, IR 2010, 98]

Moench, Christoph/ Kappel, Thomas — Zur Wirksamkeit individueller Netzentgelte unter Berücksichtigung der Fallgestaltung vermiedener Direktleitungen

Recht der Energiewirtschaft, Köln 2012
[zitiert: Moench/Kappel, RdE 2012, 309]

Ortlieb, Birgit/ Bier, Christoph — Die Zukunft der Objektnetze vor dem Hintergrund der neuesten Entwicklungen in Rechtsprechung und EG-Gesetzgebung
Netzwirtschaft & Recht, Frankfurt am Main, 2009
[zitiert: Ortlieb/Bier, N&R 2009, 143]

Pieroth, Bodo — Die Grundrechtsberechtigung gemischtwirtschaftlicher Unternehmen
Nordrhein-Westfälische Verwaltungsblätter, Münster 1992
[zitiert: Pieroth, NWVBl. 1992, 85]

Polak, Olaf — Geschlossene Verteilernetze: Vertreibung aus dem Paradies
Energiewirtschaftliche Tagesfragen, Essen 2011
[zitiert: Polak, ET 2011, 54]

Pritzsche, Kai/ Stephan, Michael/ Pooschke, Sebastian — Engpassmanagement durch marktorientiertes Redispatching
Recht der Energiewirtschaft, Köln 2007
[zitiert: Pritzsche/Stephan/Pooschke, RdE 2007, 36]

Ritzau, Michael/ De Wyl, Christian/ Hartmann, Thies Christian	Rechtliche und energiewirtschaftliche Grundsätze zur Bewirtschaftung und Veröffentlichung von Engpässen im Übertragungsnetz Energiewirtschaftliche Tagesfragen, Essen 2007 [zitiert: Ritzau/de Wyl/Hartmann, et 2007, 84]
Ronellenfitsch, Michael	Energieversorgung und Raumordnung Wirtschaft und Verwaltung, München 1985 [zitiert: Ronellenfitsch, WiVerw 1985, 168]
Rosch, Cordula/ Hartmann, Thies Christian/ Van der Velden, Alwin	Streit um BKZ in höheren Spannungsebenen (Teil 1) InfrastrukturRecht, München 2010 [zitiert: Rosch/Hartmann/van der Velden, IR 2010, 170]
Rosch, Cordula/ Hartmann, Thies Christian/ Van der Velden, Alwin	Streit um BKZ in höheren Spannungsebenen (Teil 2) InfrastrukturRecht, München 2010 [zitiert: Rosch/Hartmann/van der Velden, IR 2010, 194]
Rosin, Peter/ Heinlein, Björn	Vertragsmanagement bei Kraftwerksprojekten unter besonderer Berücksichtigung der „Netzverträge“ Recht der Energiewirtschaft, Köln 2005 [zitiert: Rosin/Heinlein, RdE 2005, 29]
Rosin, Peter	Die Privilegierung von Objektnetzen nach § 110 EnWG Recht der Energiewirtschaft, Köln 2006 [zitiert: Rosin, RdE 2006, 9]
Ruge, Reinhard	Die neue Anreizregulierungsverordnung (ARegV) – Systemwechsel bei der Regulierung der Netzentgelte im Energiebereich Deutsches Verwaltungsblatt, Köln 2008 [zitiert: Ruge, DVBl. 2008, 956]
Säcker, Franz-Jürgen/ Schönborn, Ansgar/ Wolf, Maik	Die Anordnung der aufschiebenden Wirkung der Beschwerde im Preisgenehmigungsverfahren nach § 23a EnWG

Neue Zeitschrift für Verwaltungsrecht, München 2006
[zitiert: Säcker/Schönborn/Wolf, NVwZ 2006, 865]

Schalle, Heidrun — Geschlossene Verteilernetze und Kundenanlagen – neue Kategorien im EnWG
Zeitschrift für Neues Energierecht, Bochum 2011
[zitiert: Schalle, ZNER 2011, 406]

Schau, Götz-Friedrich — Wann ist ein Netz ein Netz ? (Teil 1)
InfrastrukturRecht, München 2007
[Zitiert: Schau, IR 2007, 98]

Schau, Götz-Friedrich — Wann ist ein Netz ein Netz ? (Teil 2)
InfrastrukturRecht, München 2007
[Zitiert: Schau, IR 2007, 122]

Schink, Alexander — Steuerung von Industrievorhaben durch Landes- und Regionalplanung
Zeitschrift für Immissionsschutzrecht und Emissionshandel, Berlin 2011
[zitiert: Schink, I+E 2011, 211]

Schmidt-Preuß, Matthias — Der rechtliche Rahmen für Kernkraftwerke in Deutschland
Recht der Energiewirtschaft, Köln 2008
[zitiert: Schmidt-Preuß, RdE 2008, 153]

Schmidt-Preuß, Matthias — Netz, Preis und Regulierung im Energiesektor – die aktuellen Entwürfe für das Energiewirtschaftsgesetz 2004 und die Netzentgelt-Verordnung Strom,
Netzwirtschaft & Recht, Frankfurt am Main, 2004
[zitiert: Schmidt-Preuß, N&R 2004, 90]

Schoch, Friedrich — Grundrechtsfähigkeit juristischer Personen
Juristische Ausbildung, Berlin 2001
[zitiert: Schoch, Jura 2001, 201]

Scholtka, Boris/ Helmes, Sebastian — Das Objektnetz ist tot. Es lebe das Industrienetz
Neue Zeitschrift für Verwaltungsrecht, München 2008
[zitiert: Scholtka/Helmes, NVwZ 2008, 1310]

Scholtka, Boris/ Helmes, Sebastian — Energiewende 2011 – Schwerpunkte der Neuregelungen im Energiewirtschafts- und Energieumweltrecht
Neue Juristische Wochenschrift, München 2011
[zitiert: Scholtka/Helmes, NJW 2011, 3185]

Schroeder-Czaja, Hanna/ Jacobshagen, Ulf — Objekt- und Arealnetze (Teil 1): Neue Netzbegriffe vor dem Hintergrund des EnWG 2005
InfrastrukturRecht, München 2006
[zitiert: Schroeder-Czaja/Jacobshagen, IR 2006, 50]

Schroeder-Czaja, Hanna/ Jacobshagen, Ulf — Objekt- und Arealnetze (Teil 2): Neue Netzbegriffe vor dem Hintergrund des EnWG 2005
InfrastrukturRecht, München 2006
[zitiert: Schroeder-Czaja/Jacobshagen, IR 2006, 78]

Schwartz, Joseph — Perspektiven für Objektnetzbetreiber nach dem Urteil des BGH vom 24. August 2010
Recht der Energiewirtschaft, Köln 2011
[zitiert: Schwartz, RdE 2011, 177]

Stappert, Holger — Die Wahl der Anschlussebene im Rahmen des Netzanschlussanspruches gemäß § 17 EnWG
Zeitschrift für Energie, Markt, Wettbewerb, Essen 2008
[zitiert: Stappert, e|m|w 2008, 66]

Stenneken, Christian/ Thomale, Hans-Christoph — Die neuen Netzanschlussverordnungen Strom und Gas
Netzwirtschaft & Recht, Frankfurt am Main 2004
[zitiert: Stenneken/Thomale, N&R 2007, 51]

Strohe, Dirk — Geschlossene Verteilernetze – Ein Überblick über § 110 EnWG und die Abgrenzung zur Kundenanlage
Contracting und Recht, Düsseldorf 2011
[zitiert: Strohe, CuR 2011, 105]

Strohe, Dirk	Arealnetze und Objektnetze Energiewirtschaftliche Tagesfragen, Essen 2005 [zitiert: Strohe, ET 2005, 77]
Valentin, Florian	Der Anspruch auf Netzanschluss und Erweiterung der Netzkapazität nach dem EEG 2009 Energiewirtschaftliche Tagesfragen, Essen 2009 [zitiert: Valentin, ET 2009, 68]
Arnauld, Andreas von	Grundrechtsfragen im Bereich von Postwesen und Telekommunikation – Ein Betrag zur Geltung der Grundrechte für und gegen gemischtwirtschaftliche Unternehmen und staatliche Eigengesellschaften Die öffentliche Verwaltung, Stuttgart 1998 [zitiert: von Arnauld, DÖV 1998, 437]
Hammerstein, Christian von	Netzanschluss und Netzzugang für Kohle- und Gaskraftwerke Zeitschrift für Neues Energierecht, Bochum 2006 [zitiert: von Hammerstein, ZNER 2006, 110]
Wagemann, Markus	Anschluss und Betrieb von Arealnetzen aus kartellrechtlicher Sicht Zeitschrift für Energie, Markt, Wettbewerb, Essen 2006 [zitiert: Wagemann, e|m|w 06/2006, S. 6]
Zimmermann, Norbert	Zur Grundrechtssubjektivität kommunaler Energieversorgungsunternehmen Juristische Schulung, München 1991 [zitiert: Zimmermann, JuS 1991, 294]

Deutsches und Europäisches Wirtschaftsrecht

Herausgegeben von Jürgen F. Baur

Band 1 Matthias Wolter: Das Tatbestandsmerkmal der Lückenlosigkeit qualitativer Selektivvertriebssysteme im Spannungsverhältnis zwischen Wettbewerbs- und Kartellrecht. 2001.

Band 2 Nicole Hagemann: Rechtsschutz gegen Kennzeichenmissbrauch unter Berücksichtigung der Internet-Domain-Name-Problematik. 2001.

Band 3 Bernd Nelißen: Die Abgrenzung "horizontaler" und "vertikaler" Wettbewerbsbeschränkungen nach der 6. GWB-Novelle. 2001.

Band 4 Silke Rütters: Die neue *Schirm*- Gruppenfreistellungsverordnung (EG) Nr. 2790/1999 der Kommission. Zu den Ursachen der weitreichenden Reform der EG-Wettbewerbspolitik gegenüber vertikalen Wettbewerbsbeschränkungen und deren materiellrechtlichen Grenzen. 2002.

Band 5 Dirk Strohe: Demarkationen und Bezugsbindungen in gewerblichen Energielieferverträgen. 2003.

Band 6 Cyrille de Crozals: Die Anwendung der Artikel 81 und 82 EGV durch die französischen Behörden und Gerichte. 2003.

Band 7 Daniela Seeliger: Geltungsbereich der Zusammenschlusskontrolle und Grundsätze für die Beurteilung von Zusammenschlüssen nach der 6. Novelle des Gesetzes gegen Wettbewerbsbeschränkungen. Ausgewählte Anwendungsprobleme aus der Praxis zu §§ 35 und 36 GWB. 2003.

Band 8 Till Schreiber: Das argentinische Gesetz 25.156 zum Schutz des Wettbewerbs. Eine rechtsvergleichende Darstellung unter besonderer Berücksichtigung des Protokolls zum Schutz des Wettbewerbs im MERCOSUR und der Rechtsprechung der Comisión Nacional de Defensa de la Competencia. 2003.

Band 9 Mathias Mantler: Der GMP-Vertrag aus bauvergaberechtlicher Sicht. 2004.

Band 10 Christoph Renard: Das französische Fusionskontrollrecht. 2004.

Band 11 Anika Gerken: Rechtsschutzmöglichkeiten europäischer Wirtschaftsteilnehmer gegen GATT-widrige Wirtschaftshemmnisse. 2004.

Band 12 Markus Röhrig: Schadensersatzansprüche im deutschen Kartellrecht nach der 6. GWB-Novelle. Eine ökonomische Betrachtung privater Wettbewerbsaufsicht am Beispiel des neuen Mißbrauchsverbots gemäß § 19 GWB. 2004.

Band 13 Christopher Quandt: Squeeze-out in Deutschland. Eine Diskussion der §§ 327a-f AktG unter besonderer Berücksichtigung der Barabfindung ausgeschlossener Minderheitsaktionäre. 2004.

Band 14 Thomas Brunn: Die EG-Kartellverfahrensverordnung 1/2003 und ihre Auswirkungen auf die Gruppenfreistellungsverordnungen und die Entzugsverfahren der Vertikal-GVO. 2004.

Band 15 Beatrix Besche: Wasser und Wettbewerb. Möglichkeiten und Grenzen einer Öffnung des Wassermarktes. 2004.

Band 16 Astrid Örtel: Die Oligopolproblematik in Wettbewerbstheorie und europäischer Fusionskontrollpraxis. 2005.

Band 17 Anne Jakob: Die Assoziation zwischen der Europäischen Gemeinschaft und ihren Mitgliedstaaten sowie Tunesien, Marokko und Algerien. Eine Überprüfung der Europa-Mittelmeer-Abkommen anhand Gemeinschafts- und internationalem Wirtschaftsrecht. 2006.

Band 18 Iris Vasbender: Das europäische Konzept der Nebenabreden im europäischen und deutschen Kartellrecht. Eine rechtsübergreifende Gesamtdarstellung anhand von Wettbewerbsverboten zu Unternehmenskaufverträgen. 2006.

Band 19 Robert Jürgens: Strukturkrisenkartelle im deutschen und europäischen Kartellrecht. 2007.

Band 20 Michael Dietrich: Wettbewerb in Gegenwart von Netzwerkeffekten. Eine kartellrechtliche Untersuchung des Wettbewerbs zwischen inkompatiblen proprietären Systemen. 2006.

Band 21 Rita Simon: Wettbewerbsunterstützende Regulierung bei der Liberalisierung des deutschen Telekommunikationsmarktes. Unzureichender Infrastrukturwettbewerb. Nationale Gesetzgestaltung nach europäischen Vorgaben. 2007.

Band 22 Margret Schellberg: Die Regulierung der Netzzugangsentgelte nach der EnWG-Novelle. 2007.

Band 23 Ritesh Rajani: Regulierung der europäischen Telekommunikationsmärkte im Zeitalter der Liberalisierung. Eine rechtsvergleichende Analyse der Konzepte der Marktabgrenzung und Marktmacht in den Telekommunikationsmärkten Deutschlands, des Vereinigten Königsreichs und Spaniens unter Berücksichtigung des EU-Rechts und netzökonomischer Aspekte. 2008.

Band 24 Karina Lott: Kommunale ÖPNV-Unternehmen im Wettbewerb. Eine Untersuchung unter besonderer Berücksichtigung europa-, vergabe- und wettbewerbsrechtlicher Fragen im Zusammenhang mit der bevorstehenden Wettbewerbsintensivierung. 2008.

Band 25 Jan F. Orth: Vereins- und Verbandsstrafen am Beispiel des Fußballsports. 2009.

Band 26 Johanna Hartog: Der Zusammenschlusstatbestand des wettbewerblich erheblichen Einflusses. 2010.

Band 27: René Grafunder: Verhaltensbezogene Nebenbestimmungen in der deutschen und europäischen Fusionskontrolle. Welche Zukunft hat das Verbot einer laufenden Verhaltenskontrolle im GWB? 2011.

Band 28: Julian Florin Faasch: Rechtsfragen des Netzanschlusses im Stromsektor nach § 17 EnWG. Unter Berücksichtigung von Arealnetzen, Industriebetrieben sowie Erzeugungsanlagen nach der KraftNAV. 2014.

www.peterlang.com

www.ingramcontent.com/pod-product-compliance
Ingram Content Group UK Ltd.
Pitfield, Milton Keynes, MK11 3LW, UK
UKHW021815051026
8980IPUK00042B/206

9 783631 645581